BASKETBALL
TRAINING
FÜR JEDEN TAG

THOMAS RÖHRICH

BASKETBALL TRAINING FÜR JEDEN TAG

Die 365 besten Übungen

COPRESS

Der Autor:

Thomas Röhrich spielte beim TSV Bayer Leverkusen in der Bundesliga, wurde 1979 Deutscher Meister und war Nationalspieler. Heute ist er Jugendkoordinator in Leverkusen, aktuell Headcoach der männlichen Jugend U-14.

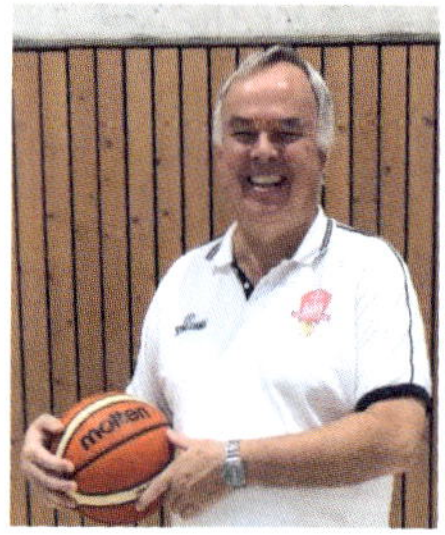

Co-Autoren:
Johannes Aron Trawinski,
Jens-Peter Müller

Fotos im Innenteil:
Michael Fleschenberg
(www.michael-fleschenberg.de),
Ute Johannes, Peter Gotzmann

Alle Illustrationen wurden von den Autoren erstellt, außer Cover: dvarg, Julydfg (Fotolia)

Umschlaggestaltung, und Lektorat:
Pierre Sick
Layout: Dirk Brauns (nach einer Vorlage von Dietmar Schmitz)

Bibliografische Information der Deutschen Nationalbibliothek
Die Deutsche Nationalbibliothek verzeichnet diese Publikation in der Deutschen Nationalbibliografie; detaillierte bibliografische Daten sind im Internet über http://dnb.d-nb.de abrufbar.

Trainingsprogramme und Empfehlungen stellen die Meinung und Erfahrung der Autoren dar. Sie können eine individuelle Trainingsberatung nicht ersetzen. Eine medizinische Beratung vor dem Beginn intensiver sportlicher Betätigung wird dringend empfohlen. Weder Autor noch Verlag können für eventuelle Schäden, die aus den gegebenen Empfehlungen hervorgehen könnten, in Haftung genommen werden.

3. durchgesehene Auflage 2024

Gesamtherstellung: Stiebner, München
Druck: Balto print, Litauen
ISBN 978-3-7679-1285-4
www.copress.de

Inhalt

Vorwort ... 6
Zu diesem Buch ... 7

Übungsteil

Warmup ... 12
Lauf-ABC mit Ball ... 12
Dynamisches Dehnen ... 28
Gangschule ... 43
Laufschule ... 49

Koordination ... 50
Seilspringen ... 50
Koordinationsleiter ... 60
Footwork ... 69
Tennisballdrills ... 84
Lifekinetic ... 89

KSÜ ... 99
Core ... 99

Offense ... 109
Ballhandling ... 109
Dribbling ... 134
Lifekinetic/First Step ... 155
Penetration ... 160
Layups/Finishing ... 175
Shooting ... 197
Postup Moves ... 224
Freethrows ... 234
Passing ... 239
Cutting ... 259
Rebounding ... 265
Footwork ... 275
Pick and Roll ... 282
Pick and Pop ... 294
Transition ... 296

Defense ... 311
On Ball ... 311
Close out ... 321
Deny ... 326
Rebounding ... 332
Shell ... 337

Offense, Defense ... 346
Shell ... 346
Transition ... 347

Defense ... 348
Transition ... 348

Multi Skill ... 352
Multi-Skill Drills ... 352
Games ... 367

Danksagung ... 382

Vorwort

Liebe Leserinnen und Leser!

Wenn Sie dieses Buch gekauft haben, ist die Wahrscheinlichkeit groß, dass Sie eine oder mehrere Mannschaften als Trainer oder Trainerin betreuen. Besonders im Jugendbereich tragen wir Trainer eine große Verantwortung. Einerseits sollen die uns anvertrauten Kinder und Jugendliche Spaß und Freude an der Bewegung und am Sport in der Gemeinschaft haben, andererseits sollen sie lernen und sich in allen Bereichen unserer schönen Sportart verbessern. Unser größtes Kompliment dabei ist meistens, dass die Spielerinnen und Spieler gerne zum Training kommen und mit Freude und Einsatzwillen dabei sind.

Es ist erwiesen, dass »Lernen« am besten funktioniert, wenn der »Lernstoff« interessant und abwechslungsreich vermittelt wird. Ich möchte Sie dazu ermutigen, zu einem Thema in Ihrem Training möglichst viele unterschiedliche Drills und Übungen auszuprobieren und diese nach einer kurzen Einführungsphase zusätzlich noch mit anderen Drills und Übungen zu kombinieren. Vergessen Sie dabei aber nicht, dass der bloße »Technikerwerb« noch nichts damit zu tun hat, ob die betreffende Technik dann auch angewendet werden kann. Die Anwendung kann jeweils nur im Spiel erlernt werden!

Ich möchte Ihnen also dazu raten, zur Technik-Einführung und -Festigung unterschiedliche Drills, beispielsweise aus diesem Buch, zu nutzen und diese dann im Anschluss in kleinen Spielen mit entsprechenden Vorgaben zum Einsatz zu bringen. Ermutigen möchte ich Sie dazu, den Anteil der Spiele 1vs1, 2vs2 und 3vs3 in Ihren Trainingseinheiten deutlich zu erhöhen. Seien Sie kreativ damit, den Spielerinnen und Spielern Vorgaben zu machen, die zur Folge haben, dass die Inhalte, die trainiert werden sollen, dabei in hohem Maße zum Einsatz kommen müssen. Dazu gehört es auch, dass Sie mit Überzahl- und Unterzahlspielen arbeiten. Es ist manchmal überraschend, wieviel besser Inhalte trainiert werden können, wenn Offense oder Defense jeweils in Überzahl oder Unterzahl gebracht werden.

Besonders gefreut habe ich mich über die vielen Zuschriften und persönlichen Nachrichten, die mich erreicht haben. 365 Übungen sind schon mal ein schöner Fundus, in dem man zu fast zu jedem Thema einige Drills und Übungen finden kann. Ich freue mich sehr, dass das Buch guten Anklang gefunden hat und nunmehr in der zweiten Auflage erscheint.

Viele Spaß beim Training mit Ihren Teams!

Ihr ***Thomas Röhrich***

Zu diesem Buch

Basketball ist ein Sport, der sowohl von Mädchen und Frauen als auch von Jungen und Männern gespielt wird. Um die deshalb ständig notwendigen Wortkombinationen »Spielerinnen und Spieler«, »Verteidigerinnen und Verteidiger«, »Angreiferinnen und Angreifer«, »Athletinnen und Athleten«, »Trainerinnen und Trainer« und andere geschlechtsspezifisch notwendige Unterscheidungen zu vermeiden, habe ich mich der Einfachheit halber entschlossen, nur die jeweils männliche Bezeichnungsform zu wählen. Ich bitte die weiblichen Leser dieses Buches, dies nicht etwa als Diskriminierung zu betrachten, die Entscheidung soll nur zur besseren »Lesbarkeit« beitragen.

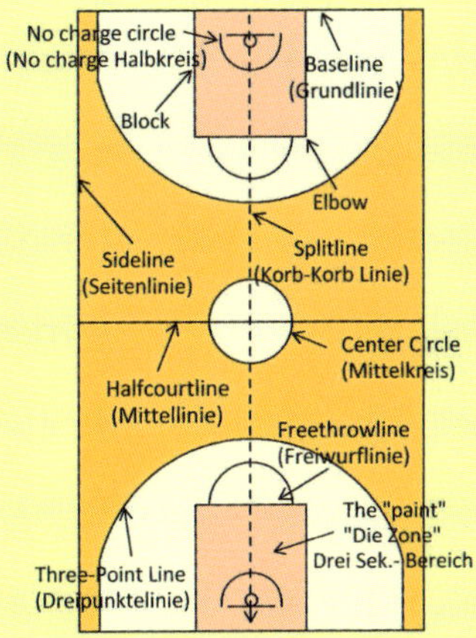

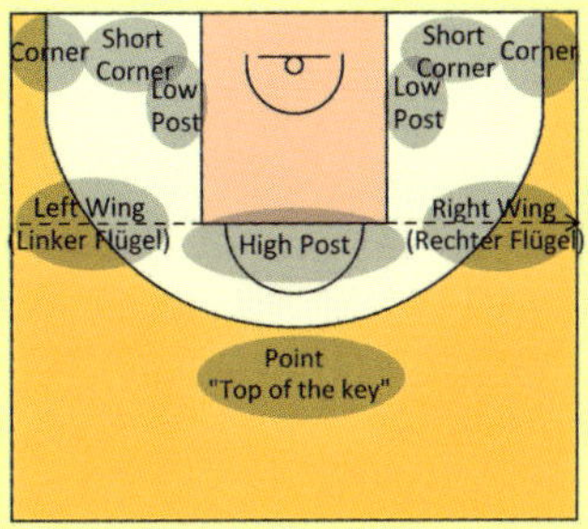

Im Buch werden für Markierungen und Positionen jeweils die gebräuchlichsten englischen bzw. deutschen Begriffe verwendet.

Namen für die Markierungen und Positionen auf dem Feld gibt es viele. Manche Linien werden üblicherweise mit deutschen Begriffen bezeichnet und andere mit englischen. So hat sich beispielsweise in der hiesigen Basketball-Terminologie für die End- oder Grundlinie meist die englische Bezeichnung »Baseline« durchgesetzt, während die Freiwurflinie eher selten »Freethrowline« genannt wird. Der »Elbow« wiederum heißt eben »Elbow« und nicht »Ecke der Zonenmarkierung«. Derartige Begrifflichkeiten gibt es im Sprachgebrauch des Basketballsports viele und im Buch selbst werden jeweils die gebräuchlichsten verwendet.

Einige Drills in diesem Buch habe ich selbst ersonnen und ich darf mich getrost mit der »Urheberschaft« schmücken. Der weitaus überwiegende Anteil der Drills wurde irgendwann und irgendwo von einem engagierten Coach erdacht, der damit seine Spieler besser machen wollte. Da ich diese Drills selbst in Lehrgängen, Clinics oder beim Beobachten von Trainingseinheiten anderer Coaches kennengelernt habe, kann ich mich bei den »Erfindern« dieser Übungen nur in seltenen Fällen persönlich bedanken. Ohne neue attraktive Drills, ohne einen wechselnden Rahmen, innerhalb dessen ein Coach seinen Spielern die technischen Grundfertigkeiten beibringen kann, wird das Training schnell langweilig und führt zu Unzufriedenheit besonders bei Spielern, aber auch bei den Coaches selbst. Ich möchte daher alle Trainer ermutigen, viele Drills in den eigenen Trainingseinheiten auszuprobieren, denn je abwechslungsreicher das Training ist, desto mehr Spaß werden besonders die jungen Spieler haben. Mein herzlicher Dank gilt an dieser Stelle allen Coaches, die kreativ mit den uns wichtigen Themen umgehen und uns an ihrem Erfindungsreichtum teilhaben lassen. Das bringt unseren schönen Sport voran!

Die Drills, die in diesem Buch präsentiert werden, entheben die Trainer nicht der Aufgabe, auf die korrekte Durchführung zu achten. So wird bei der Erklärung der Drills nicht auf die jeweiligen technischen Anforderungen eingegangen, sondern es werden vielmehr nur der Übungsaufbau und der Ablauf beschrieben. Die Auswahl der korrekten oder der zu trainierenden Passtechnik beispielsweise bleibt dabei dem Coach überlassen. Auch bei den beschriebenen Wurfübungen wird nicht auf die Wurftechnik eingegangen, sondern es wird nur der Rahmen geboten, die bereits vorher erlernte Technik anzuwenden oder zu vertiefen.

In diesem Buch gibt es Drills, die verschiedenen Ansprüchen gerecht werden. So gibt es einfache oder spielerische Drills, die sich eher für junge Einsteiger eignen und es gibt andererseits auch relativ schwierige oder komplexe Übungen, die sich eher für reifere Spieler eignen. Grundsätzlich möchte ich allen Coaches raten, die Spieler immer zu fordern, aber eben auch nicht laufend zu überfordern. Zu viel Komplexität kann gerade bei jüngeren Spielern zu unnötigen Frustrationen und zur Vernachlässigung von Basistechniken führen. Hier hat das gute alte Sprichwort »Manchmal ist weniger mehr!« durchaus seine Berechtigung.

Zur Orientierung, ob der Schwierigkeitsgrad passend ist, sind die Drills auf einer kleinen Skala bewertet:

1. AGA, die *Allgemeine Grundausbildung*, bezeichnet den ersten Schritt auf dem Weg eines jeden Sportlers. Allgemeine Bewegungsschulung wird in diesem Buch mit einfachen basketballspezifischen Inhalten gemischt, die teilweise bereits in den nächsten Bereich (GLT) fallen. Der Übergang in dieser Empfehlung ist relativ fließend und lässt sich selten klar abgrenzen.

2. GLT, das *Grundlagentraining*, befasst sich mit den grundlegenden, sportspezifischen Inhalten der Sportart Basketball
3. ABT, das *Aufbautraining*, befasst sich mit der Steigerung des Niveaus der erlernten Grundfähigkeiten und soll Spieler auf höhere Belastungen vorbereiten.
4. AST, das *Anschlusstraining*, soll Spielern auf der Etappe vom Nachwuchs- zum Hochleistungssport helfen. Vertiefung des Erlernten und die Anwendung unter schwierigen und/oder wechselnden Voraussetzungen stehen hier im Vordergrund.
5. HLT, das *Hochleistungstraining*, welches von Bundesliga- oder Kadermannschaften durchgeführt wird ist meistens sehr komplex. Dennoch kommen auch in diesen Bereichen immer wieder Drills aus diesem Buch zum Einsatz.

Die Übergänge der Empfehlungen sind insgesamt recht fließend und die jeweilige Einordnung bedeutet nicht, dass ein Drill in einem anderen Anforderungsprofil keine Berechtigung

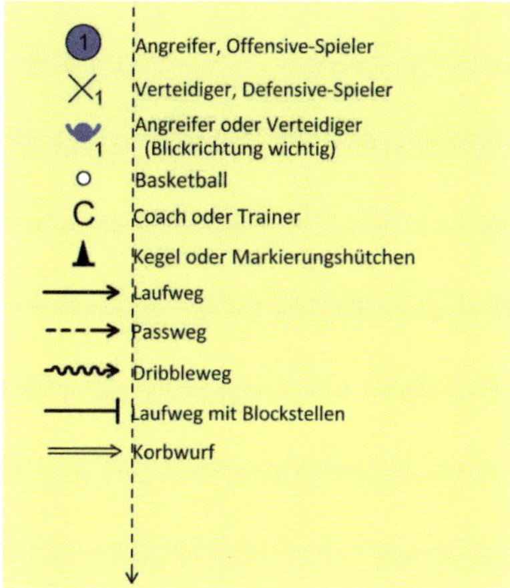

Legende zu den im Buch vorkommenden Illustrationen

hätte. Die Einordnung soll lediglich eine Orientierung darstellen.

In diesem Sinne wünsche ich allen Nutzern viel Spaß bei der Zusammenstellung des nächsten Trainingsplans und möchte dazu ermutigen, die Einheiten interessant und abwechslungsreich zu gestalten. Training ist dann erfolgreich, wenn die Spieler gerne und häufig kommen, interessiert sind und mit Begeisterung mitmachen.

Thomas Röhrich

Übungsteil

Run and Wind Body

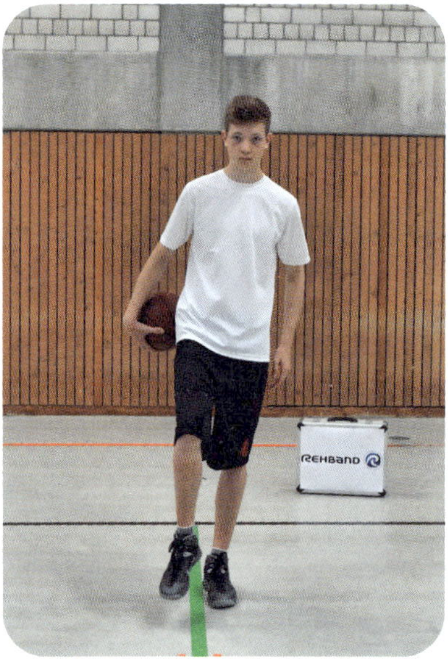

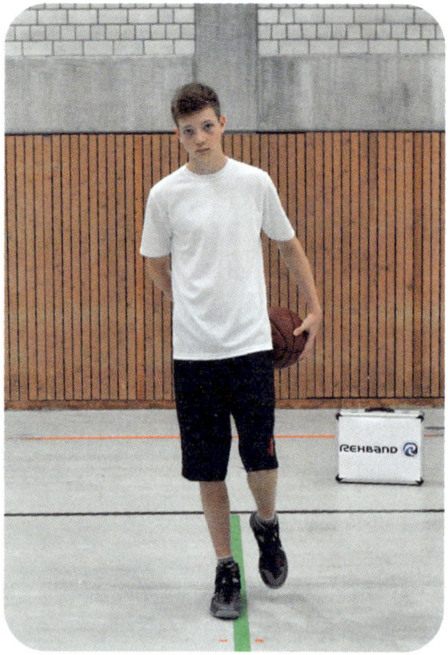

Zielgruppe

AGA	GLT	ABT	AST	HLT
🏀	🏀	🏀	🏀	🏀

Spielerzahl:
Individuallaufschule

Lernziele/Drillschwerpunkt:
Physiologische, koordinative und kognitive Stretching-Vorbereitung

Empfohlene Dauer:
Vorwärts von der Baseline zur Mittellinie hin, rückwärts zurück.

Übungsbeschreibung:
Die Spieler laufen in gemäßigtem Tempo vorwärts von der Baseline zur Mittellinie und rückwärts zurück, wobei gleichzeitig der Ball um alle Körperteile gewickelt wird.

Variationen:
Alle im Folgenden vorgestellten Lauf-ABC-Übungen können auch ohne Ball oder im Stand durchgeführt werden.

Korrekturhinweise:
Alle Körperteile (Kopf, Rumpf, Beine, Füße etc.) sollen abgearbeitet werden.

Materialbedarf:
1 Basketball oder Tennisball

→ 2

Run and Wind Through Legs

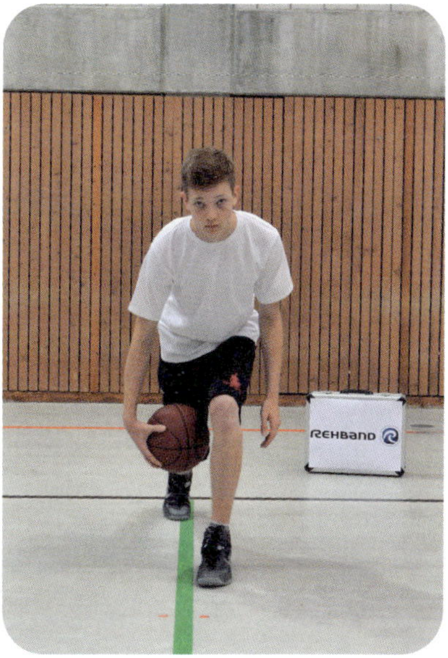

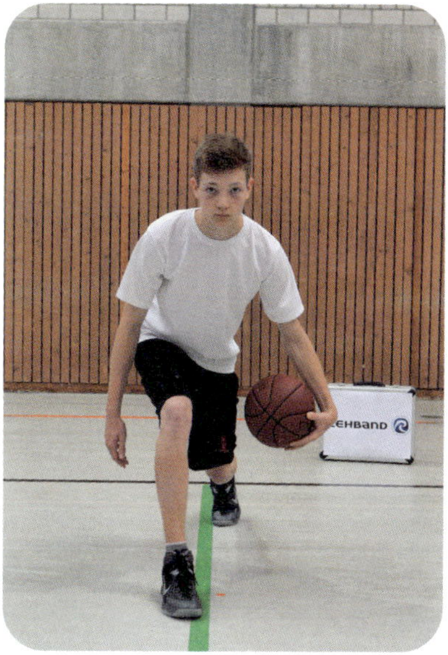

Zielgruppe

AGA	GLT	ABT	AST	HLT
🏀	🏀	🏀	🏀	🏀

Spielerzahl:
Individuallaufschule

Lernziele/Drillschwerpunkt:
Physiologische, koordinative und kognitive Stretching-Vorbereitung

Empfohlene Dauer:
Vorwärts von der Baseline zur Mittellinie hin, rückwärts zurück.

Übungsbeschreibung:
Die Spieler wickeln den Ball bei jedem Schritt einmal durch die Beine.

Korrekturhinweise:
Große Schritte und aufrechte Körperhaltung beachten.

Materialbedarf:
1 Basketball oder Tennisball

→ 3

Patter Feet and Ball

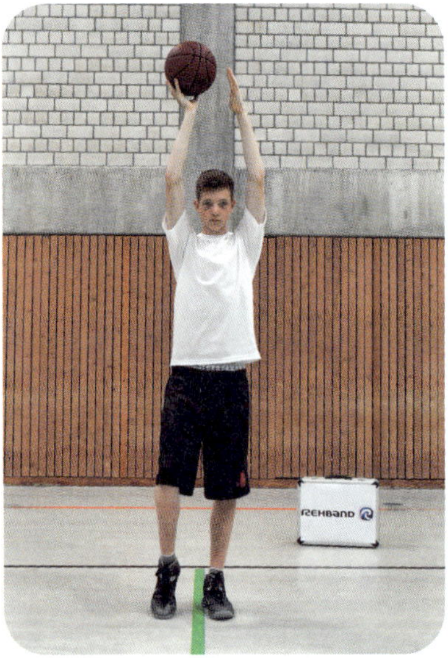

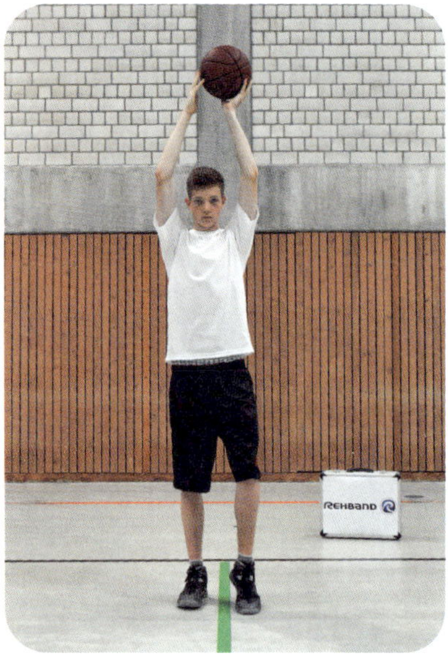

Zielgruppe

AGA	GLT	ABT	AST	HLT
🏀	🏀	🏀	🏀	🏀

Spielerzahl:
Individuallaufschule

Lernziele/Drillschwerpunkt:
Physiologische, koordinative und kognitive Stretching-Vorbereitung

Empfohlene Dauer:
Vorwärts von der Baseline zur Mittellinie hin, rückwärts zurück.

Übungsbeschreibung:
Die Spieler tippeln mit den Füßen kleine Schritte und tippeln den Ball mit ausgestreckten Armen und Händen über dem Kopf.

Variationen:
Hierbei kann auch eine Rumpfrotation durchgeführt werden.

Korrekturhinweise:
Kleine Schritte und aufrechte Körperhaltung beachten.

Materialbedarf:
1 Basketball oder Tennisball

→ 4

Layup Move

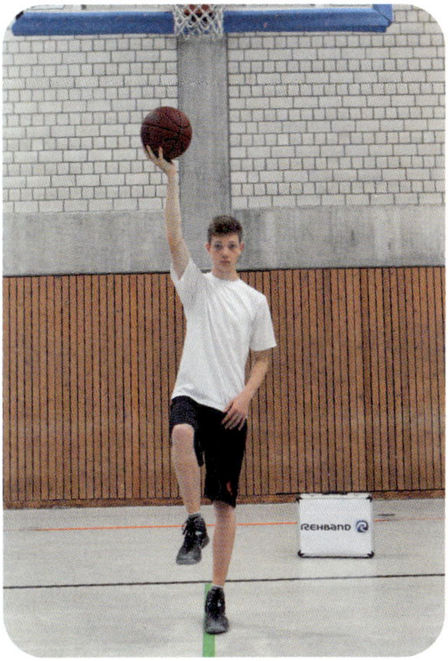

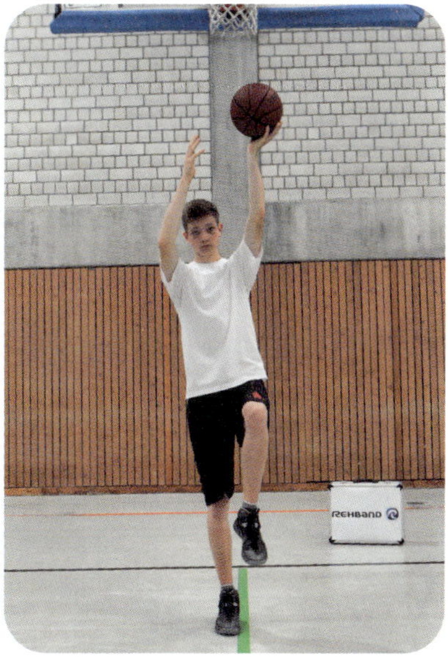

Zielgruppe

AGA	GLT	ABT	AST	HLT
🏀	🏀	🏀	🏀	🏀

Spielerzahl:
Individuallaufschule

Lernziele/Drillschwerpunkt:
Physiologische, koordinative und kognitive Stretching-Vorbereitung

Empfohlene Dauer:
Vorwärts von der Baseline zur Mittellinie hin, rückwärts zurück.

Übungsbeschreibung:
Die Spieler machen immer abwechselnd die normalen Korblegerschritte und werfen dabei den Ball auf einen imaginären Korb.

Variationen:
Wenn dies koordinativ zu schwierig sein sollte, kann die Übung auch auf dem Rückweg vorwärts durchgeführt werden.

Materialbedarf:
1 Basketball oder Tennisball

→ 5

Dynamic Quadriceps

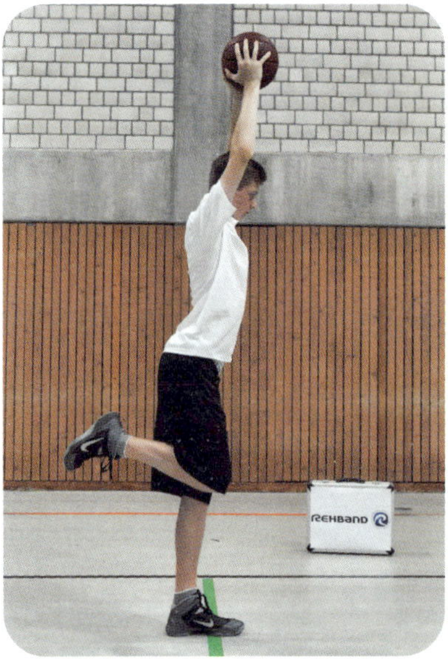

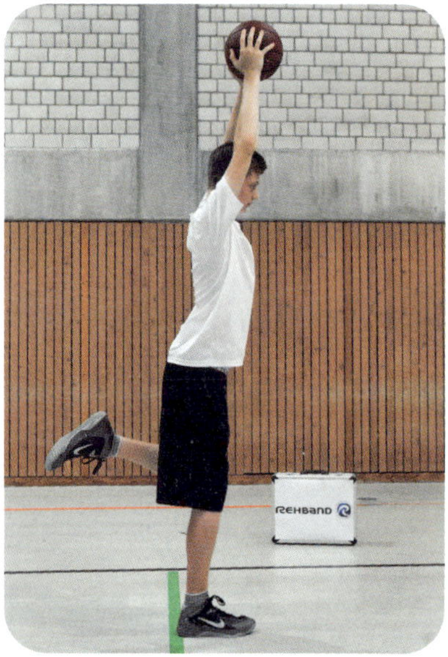

Zielgruppe

AGA	GLT	ABT	AST	HLT
🏀	🏀	🏀	🏀	🏀

Spielerzahl:
Individuallaufschule

Lernziele/Drillschwerpunkt:
Physiologische, koordinative und kognitive Stretching-Vorbereitung

Empfohlene Dauer:
Vorwärts von der Baseline zur Mittellinie hin, rückwärts zurück.

Übungsbeschreibung:
Die Spieler bringen dynamisch und immer abwechselnd die Fersen an das Gesäß und halten dabei den Ball mit ausgestreckten Armen und Händen nur mit den Fingerspitzen über dem Kopf.

Korrekturhinweise:
Aufrechte Körperhaltung und Fingerspitzen beachten.

Materialbedarf:
1 Basketball oder Tennisball

→ 6

Knees Up

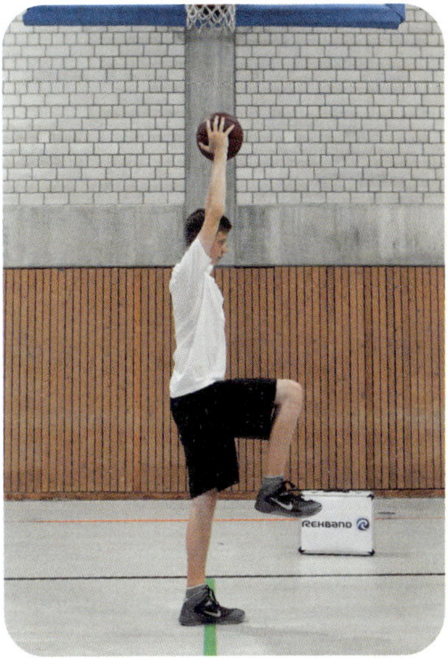

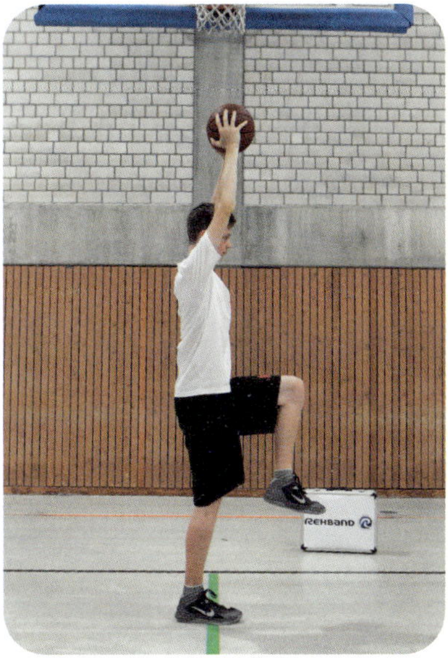

Zielgruppe

AGA	GLT	ABT	AST	HLT

Spielerzahl:
Individuallaufschule

Lernziele/Drillschwerpunkt:
Physiologische, koordinative und kognitive Stretching-Vorbereitung

Empfohlene Dauer:
Vorwärts von der Baseline zur Mittellinie hin, rückwärts zurück.

Übungsbeschreibung:
Die Spieler bringen dynamisch und immer abwechselnd ihre Knie möglichst weit nach vorne oben und halten dabei den Ball mit ausgestreckten Armen und Händen nur mit den Fingerspitzen über dem Kopf.

Korrekturhinweise:
Aufrechte Körperhaltung und Fingerspitzen beachten.

Materialbedarf:
1 Basketball oder Tennisball

→ 7

Side Step Bodycontrol

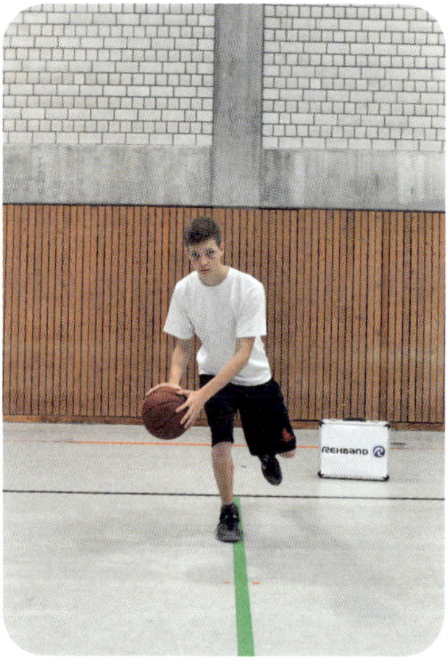
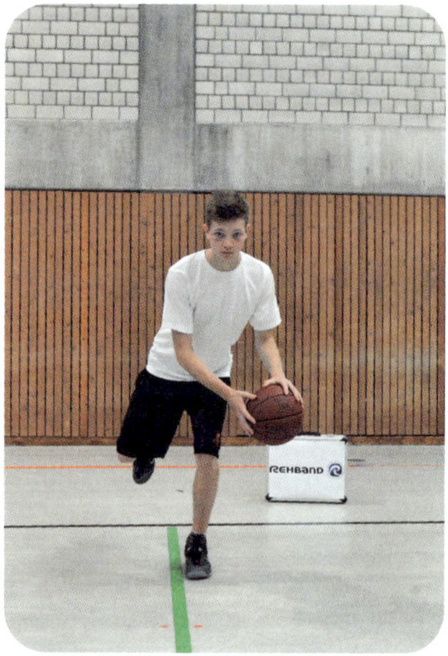

Zielgruppe

AGA	GLT	ABT	AST	HLT
🏀	🏀	🏀	🏀	🏀

Spielerzahl:
Individuallaufschule

Lernziele/Drillschwerpunkt:
Physiologische, koordinative und kognitive Stretching-Vorbereitung

Empfohlene Dauer:
Vorwärts von der Baseline zur Mittellinie hin, rückwärts zurück.

Übungsbeschreibung:
Die Spieler springen von einem Bein nach schräg vorne auf das andere Bein, dabei müssen sie einmal dribbeln. Die Position soll für ca. drei Sekunden gehalten werden. Die gleiche Bewegung wird nun spiegelverkehrt in die andere Richtung durchgeführt, wobei ein beliebiges Crossoverdribbling gemacht wird.

Variationen:
Es kann auch jeweils mit der entgegengesetzten Hand des Sprungbeins gedribbelt werden.

Korrekturhinweise:
Auf Richtungswechsel und Dribblings achten.

Materialbedarf:
1 Basketball oder Tennisball

→ 8

Shoot and Run

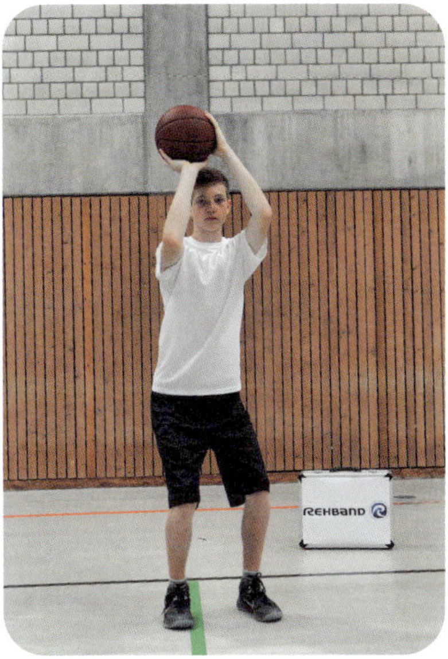

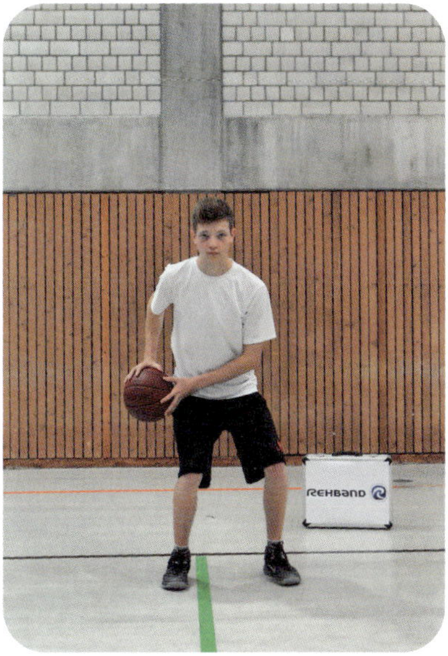

Zielgruppe

AGA	GLT	ABT	AST	HLT
🏀	🏀	🏀	🏀	🏀

Spielerzahl:
Individuallaufschule

Lernziele/Drillschwerpunkt:
Physiologische, koordinative und kognitive Stretching-Vorbereitung

Empfohlene Dauer:
Vorwärts von der Baseline zur Mittellinie hin, rückwärts zurück.

Übungsbeschreibung:
Die Spieler nehmen die Wurfposition ein und werfen den Ball ca. 2 m nach vorne, laufen hinterher und fangen den Ball nach einem Bodenkontakt in der SPD-Position wieder auf. Auf dem Rückweg werfen sie den Ball rückwärts über den Kopf und müssen eine Drehung vornehmen.

Materialbedarf:
1 Basketball oder Tennisball

→ 9

Back to Front/Front to back

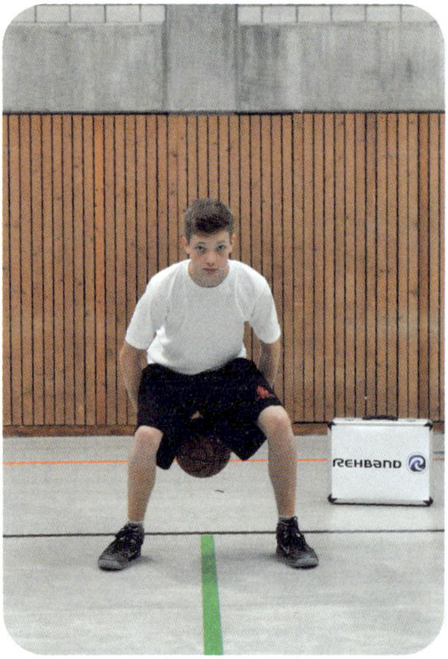

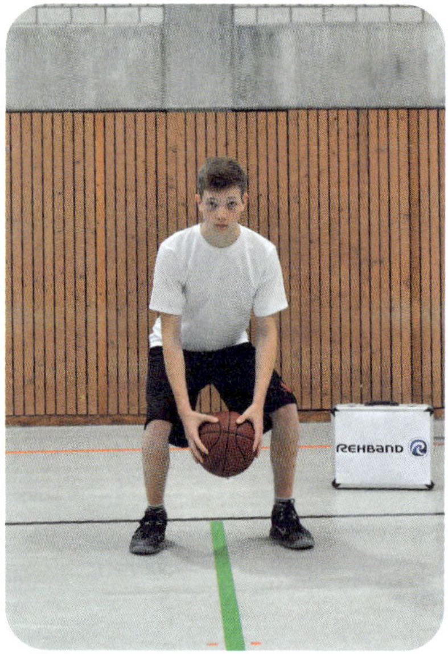

Zielgruppe

AGA	GLT	ABT	AST	HLT

Spielerzahl:
Individuallaufschule

Lernziele/Drillschwerpunkt:
Physiologische, koordinative und kognitive Stretching-Vorbereitung

Empfohlene Dauer:
Vorwärts von der Baseline zur Mittellinie hin, rückwärts zurück.

Übungsbeschreibung:
Die Spieler dribbeln den Ball mit beiden Händen von hinten durch die parallel gestellten Beine nach vorne. Beim nächsten Schritt dann von vorne nach hinten.

Materialbedarf:
1 Basketball oder Tennisball

→ 10

Kobe Move

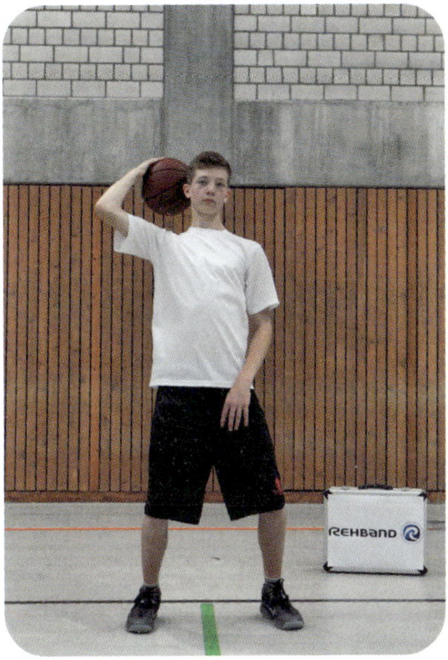

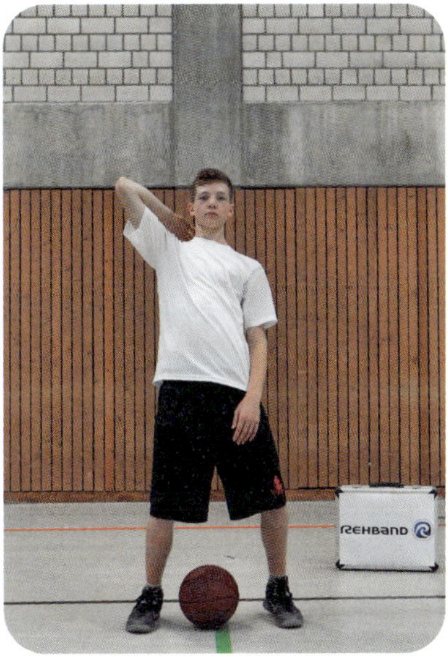

Zielgruppe

AGA	GLT	ABT	AST	HLT
		●	●	●

Spielerzahl:
Individuallaufschule

Lernziele/Drillschwerpunkt:
Physiologische, koordinative und kognitive Stretching-Vorbereitung

Empfohlene Dauer:
Vorwärts von der Baseline zur Mittellinie hin, rückwärts zurück.

Übungsbeschreibung:
Die Spieler werfen den Ball einhändig über die gleichseitige Schulter von hinten durch die Beine. Anschließend Handwechsel.

Materialbedarf:
1 Basketball oder Tennisball

→ 11

Crossstep and Wind

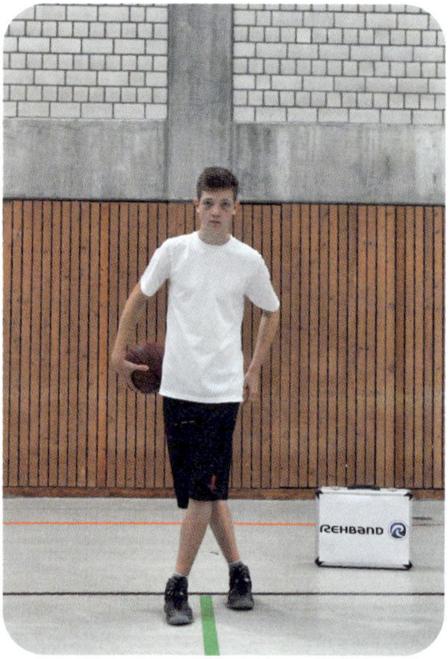

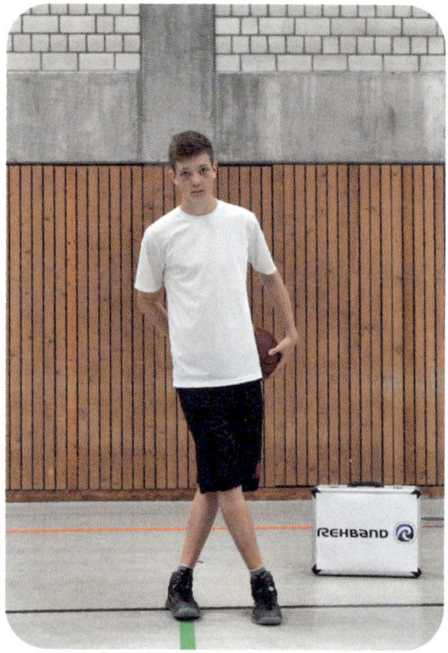

Zielgruppe

AGA	GLT	ABT	AST	HLT

Spielerzahl:
Individuallaufschule

Lernziele/Drillschwerpunkt:
Physiologische, koordinative und kognitive Stretching-Vorbereitung

Empfohlene Dauer:
Vorwärts von der Baseline zur Mittellinie hin, rückwärts zurück.

Übungsbeschreibung:
Die Spieler machen wechselseitig dynamische Kreuzschritte und wickeln dabei den Ball um den Körper.

Korrekturhinweise:
Man muss beachten, dass nicht immer die gleiche Richtung gelaufen wird, also kein Drehen an der Mittellinie!

Materialbedarf:
1 Basketball oder Tennisball

→ 12

Dribble and Run

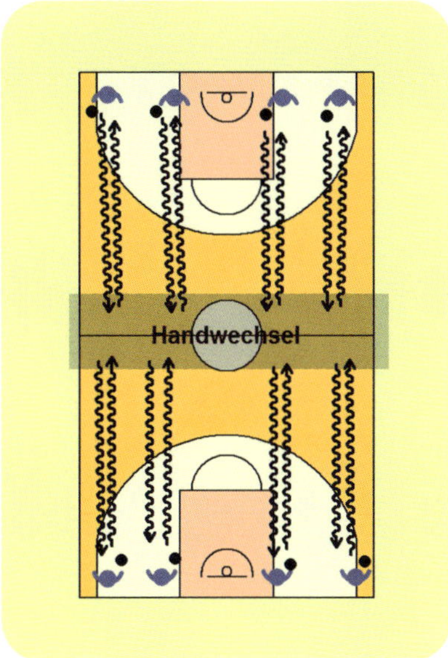

Zielgruppe

AGA	GLT	ABT	AST	HLT

Spielerzahl:
Individuallaufschule

Lernziele/Drillschwerpunkt:
Physiologische, koordinative und kognitive Stretching-Vorbereitung

Empfohlene Dauer:
Vorwärts von der Baseline zur Mittellinie hin, rückwärts zurück.

Übungsbeschreibung:
Die Spieler dribbeln in hohem Tempo bis zur Mittellinie, machen dort einen beliebigen Crossover und dribbeln rückwärts mit der anderen Hand zurück. Dann mit derselben Hand wieder vorwärts hin, Crossover, und mit der anderen Hand zurück.

Materialbedarf:
1 Basketball oder Tennisball

→ 13

Soccer Run

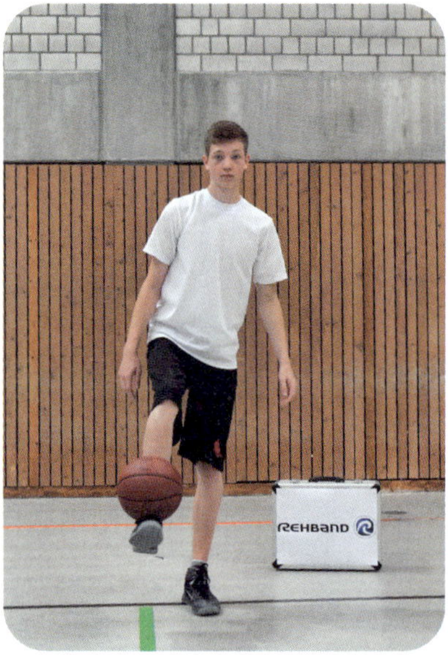

Zielgruppe

AGA	GLT	ABT	AST	HLT
🏀	🏀	🏀	🏀	🏀

Spielerzahl:
Individuallaufschule

Lernziele/Drillschwerpunkt:
Physiologische, koordinative und kognitive Stretching-Vorbereitung

Empfohlene Dauer:
Vorwärts von der Baseline zur Mittellinie hin, rückwärts zurück.

Übungsbeschreibung:
Die Spieler halten den Ball auf dem Weg zur Mittellinie möglichst lange mit einem Fuß in der Luft, auf dem Rückweg wird der Ball mit dem gleichen Fuß in der Luft gehalten, dann wird der Fuß gewechselt.

Variationen:
Der Ball kann auch von Fuß zu Fuß hin und her gespielt werden.

Materialbedarf:
1 Basketball oder Tennisball

→ 14

Finger Spider

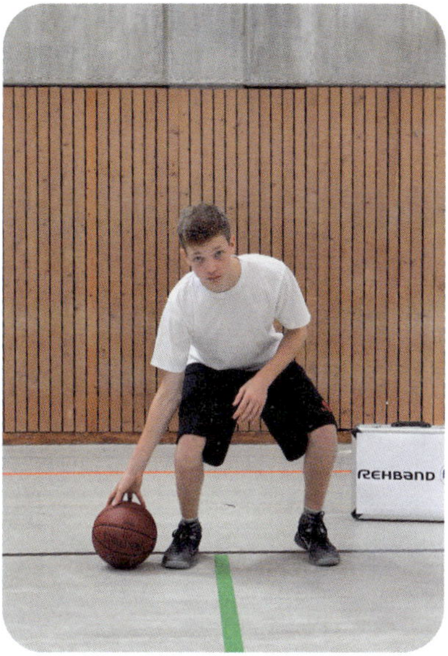

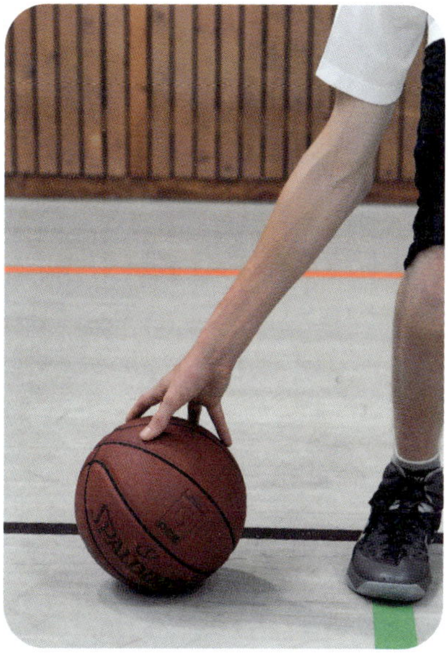

Zielgruppe

AGA	GLT	ABT	AST	HLT
🏀	🏀	🏀	🏀	🏀

Spielerzahl:
Individuallaufschule

Lernziele/Drillschwerpunkt:
Physiologische, koordinative und kognitive Stretching-Vorbereitung

Empfohlene Dauer:
Vorwärts von der Baseline zur Mittellinie hin, rückwärts zurück.

Übungsbeschreibung:
Die Spieler dürfen den auf dem Boden liegenden Ball nur mit ihren Fingerspitzen in möglichst hohem Tempo bis zur Mitte bewegen, rückwärts zurück, dann Handwechsel.

Korrekturhinweise:
Mindestens ein Finger muss immer den Ball berühren, er darf nicht vorgerollt werden!

Materialbedarf:
1 Basketball oder Tennisball

→ 15

90° Jump

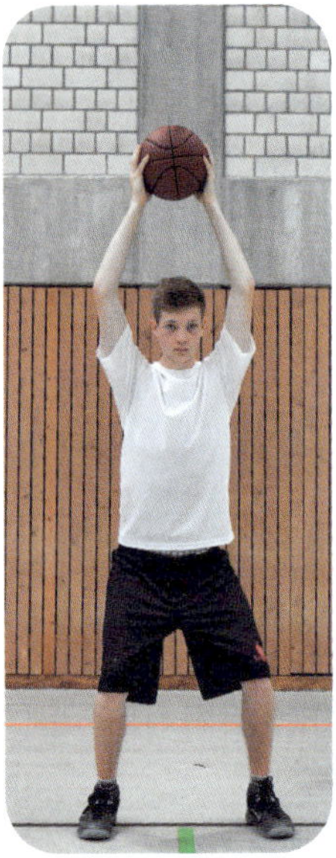

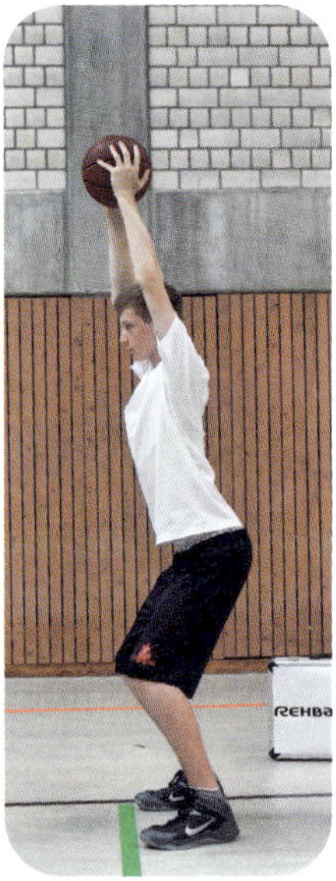

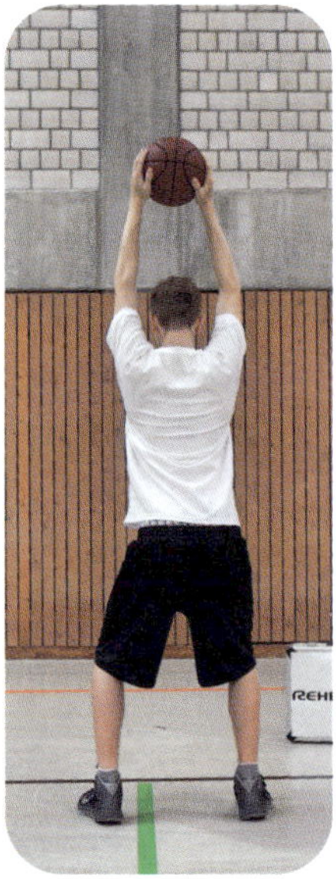

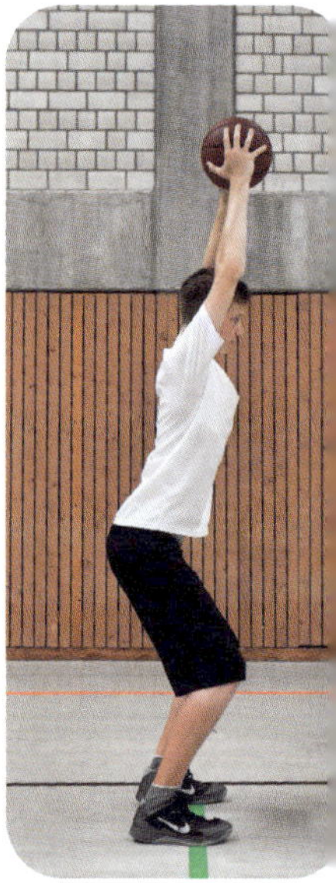

Zielgruppe

AGA	GLT	ABT	AST	HLT
🏀	🏀	🏀	🏀	🏀

Spielerzahl:
Individuallaufschule

Lernziele/Drillschwerpunkt:
Physiologische, koordinative und kognitive Stretching-Vorbereitung

Empfohlene Dauer:
Vorwärts von der Baseline zur Mittellinie hin, rückwärts zurück.

Übungsbeschreibung:
Die Spieler springen mit jeweils 90-Grad-Drehungen Richtung Mittellinie, sodass der Spieler, dort angekommen, mindestens zwei 360-Grad-Drehungen durchgeführt hat.

Korrekturhinweise:
Auf parallele Fußstellung achten!

Materialbedarf:
1 Basketball oder Tennisball

→ 16

Calculate and Run

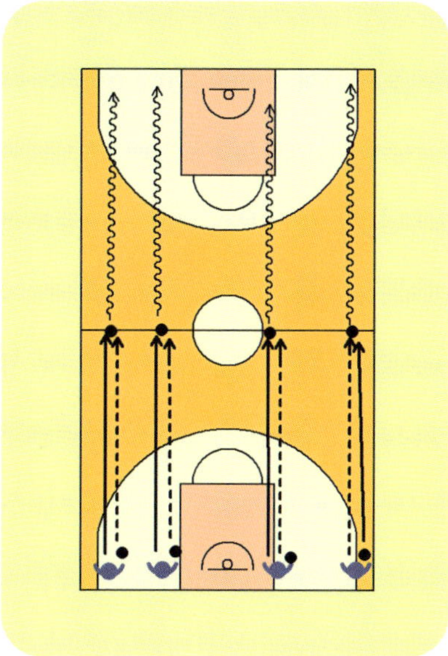

Zielgruppe

AGA	GLT	ABT	AST	HLT
🏀	🏀	🏀	🏀	🏀

Spielerzahl:
Individuallaufschule

Lernziele/Drillschwerpunkt:
Physiologische, koordinative und kognitive Stretching-Vorbereitung

Empfohlene Dauer:
Vorwärts von der Baseline zur Mittellinie hin, rückwärts zurück.

Übungsbeschreibung:
Die Spieler rollen den Ball in Richtung der Mittellinie und müssen diesen möglichst nahe an der Mittellinie wieder aufheben. Von der Stelle aus dribbeln sie zur gegenüberliegenden Baseline oder machen einen Korbleger.

Materialbedarf:
1 Basketball oder Tennisball

→ 1

Push Up Long Leg Stretch

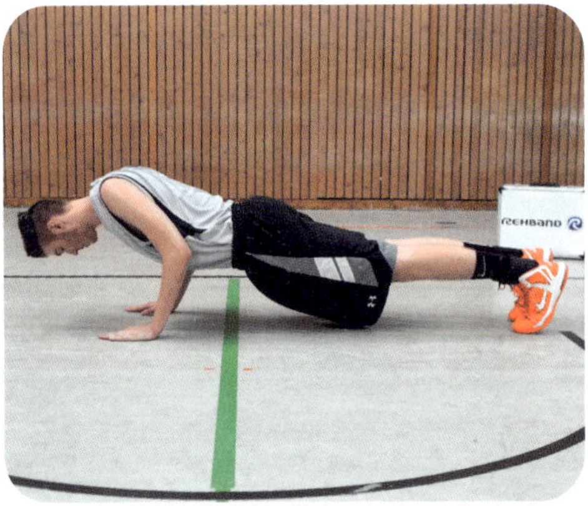

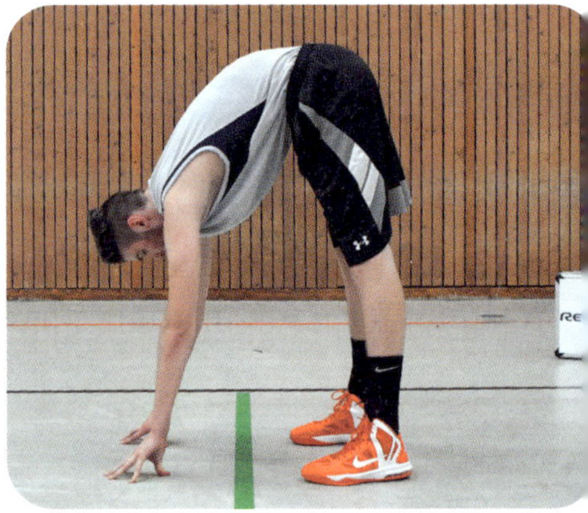

Zielgruppe

AGA	GLT	ABT	AST	HLT
	●	●	●	●

Spielerzahl:
Individualstretching

Lernziele/Drillschwerpunkt:
Physiologische Trainings- und Spielvorbereitung, Verletzungsprophylaxe für hintere Beinmuskulatur

Empfohlene Dauer:
Von Sideline zu Sideline oder von der Baseline zur Freiwurflinie und zurück.

Übungsbeschreibung:
Der Spieler nimmt die Trizeps-Liegestütz-Position ein, macht einen Liegestütz, und nähert dann die Füße den Händen an. Dann »läuft« er mit den Händen nach vorne, bis er wieder die Liegestütz-Position erreicht hat, und beginnt von vorne.

Korrekturhinweise:
Die Beine müssen gestreckt bleiben. Der Liegestütz muss korrekt durchgeführt und eine Grundspannung gehalten werden.

→ 18

18

Standing Long Leg Stretch

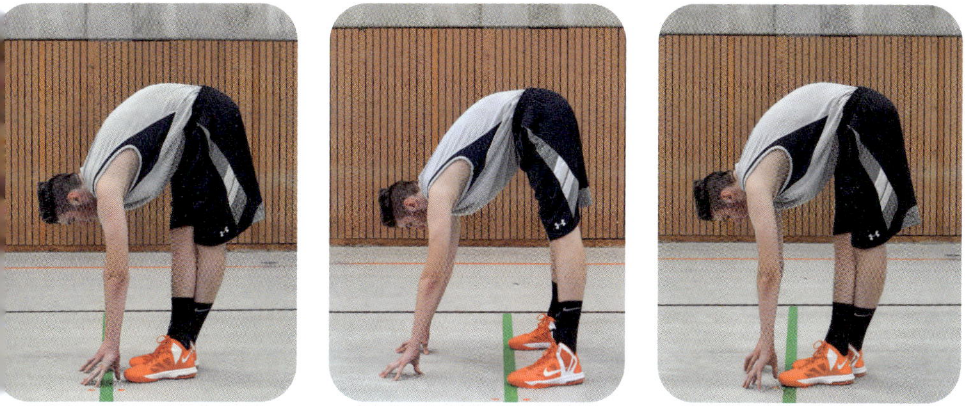

Zielgruppe

AGA	GLT	ABT	AST	HLT
	●	●	●	●

Spielerzahl:
Individualstretching

Lernziele/Drillschwerpunkt:
Physiologische Trainings- und Spielvorbereitung, Verletzungsprophylaxe für hintere Beinmuskulatur

Empfohlene Dauer:
Von Sideline zu Sideline oder von der Baseline zur Freiwurflinie und zurück.

Übungsbeschreibung:
Der Spieler überkreuzt die Füße, sodass Außenkante an Außenkante steht. Dann werden die Hände möglichst weit Richtung Boden geführt. Anschließend macht der Spieler einen Schritt nach vorne und wiederholt die Übung mit getauschten Fußpositionen.

Korrekturhinweise:
Jeder Spieler nur so weit, wie es ihm möglich ist. Am Ende ein maximaler Stretch. Nicht wippen!

→ 19

Quadriceps Stretch

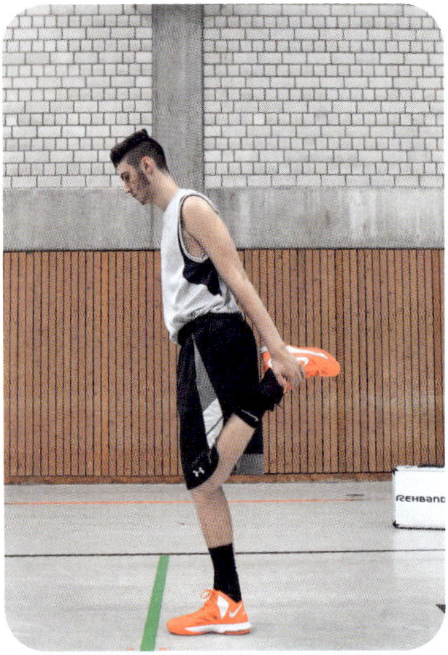

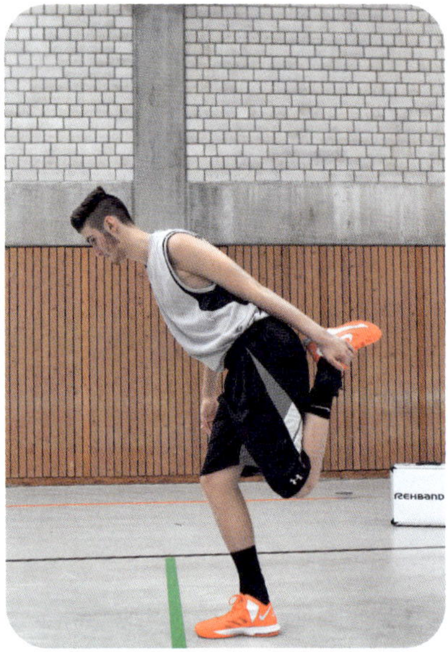

Zielgruppe

AGA	GLT	ABT	AST	HLT
	●	●	●	●

Spielerzahl:
Individualstretching

Lernziele/Drillschwerpunkt:
Physiologische Trainings- und Spielvorbereitung, Verletzungsprophylaxe für vordere Beinmuskulatur

Empfohlene Dauer:
Von Sideline zu Sideline oder von der Baseline zur Freiwurflinie und zurück.

Übungsbeschreibung:
Ein Bein wird mit der gleichseitigen Hand am Knöchel angefasst, der Oberkörper leicht nach vorne gebeugt, dann wird der Fuß Richtung Gesäß und das Knie Richtung Decke gezogen. Anschließend macht der Spieler einen Schritt nach vorne und wiederholt die Übung mit dem anderen Bein.

Korrekturhinweise:
Jeder Spieler nur so weit, wie er kann. Am Ende ein maximaler Stretch. Nicht wippen!

→ 20

Combination Rotation Stretch Leg, Hip and Back

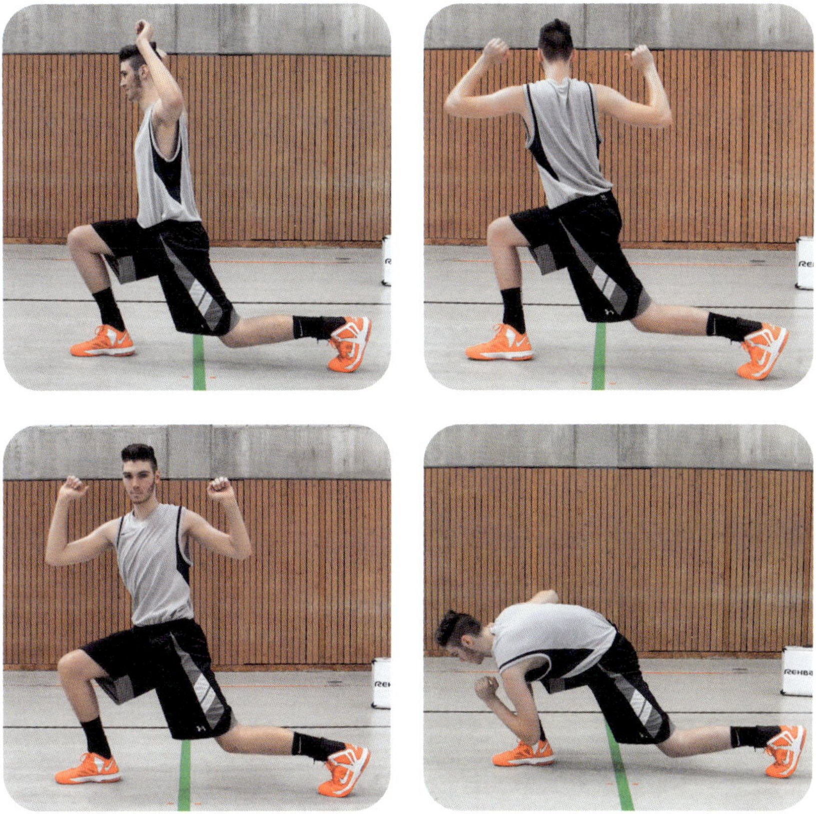

Zielgruppe

AGA	GLT	ABT	AST	HLT
	●	●	●	●

Spielerzahl:
Individualstretching

Lernziele/Drillschwerpunkt:
Physiologische Trainingsvorbereitung, Verletzungsprophylaxe für Hüft-, Rücken- und hintere Oberschenkelmuskulatur

Empfohlene Dauer:
Von Sideline zu Sideline oder von der Baseline zur Freiwurflinie und zurück.

Übungsbeschreibung:
Der Spieler macht einen Ausfallschritt nach vorne, wobei das vordere Bein in 90-Grad-Stellung in Hüfte und Knie geführt wird. Der Oberkörper ist aufrecht und die Arme in U-Halte positioniert. In dieser Position wird der Oberkörper einmal nach rechts und einmal nach links rotiert, dann wird der gegenüberliegende Ellenbogen an den Knöchel des vorderen Beines geführt. Danach erfolgt der nächste Ausfallschritt.

Korrekturhinweise:
Hierbei muss die ganze Zeit eine Grundspannung vorherrschen, diese Übung dient auch der Stabilisation.

→ 21

Abductor Stretch 1

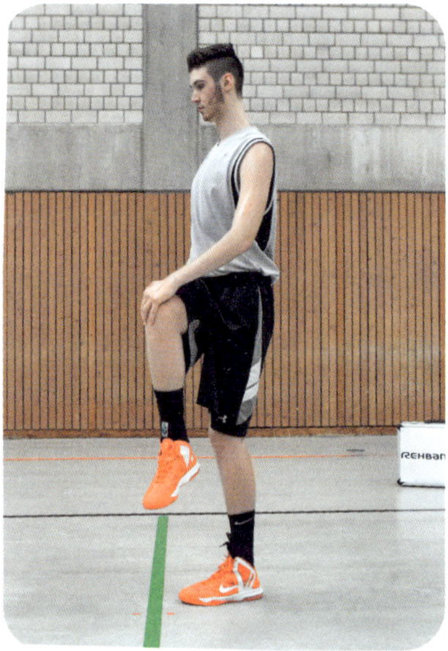

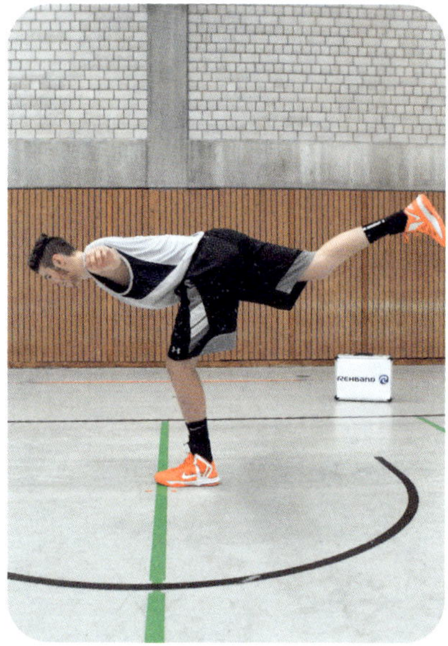

Zielgruppe

AGA	GLT	ABT	AST	HLT
	●	●	●	●

Spielerzahl:
Individualstretching

Lernziele/Drillschwerpunkt:
Physiologische Trainings- und Spielvorbereitung, Verletzungsprophylaxe für seitliche Hüft- und Oberschenkelmuskulatur, Rückenmuskulatur (Standwaage)

Empfohlene Dauer:
Von Sideline zu Sideline oder von der Baseline zur Freiwurflinie und zurück.

Übungsbeschreibung:
Ein Knie wird im Einbeinstand mit der gegenüberliegenden Hand soweit wie möglich zur »Handseite« gezogen, gleichzeitig der Oberkörper in die andere Richtung rotiert. Nach einem Schritt wird die Übung auf dem anderen Bein wiederholt.

Variationen:
Aus dieser Position kann dann das gestretchte Bein nach hinten in die Standwaage geführt werden, dabei den Oberkörper nach vorne beugen.

Korrekturhinweise:
Hierbei muss die ganze Zeit eine Grundspannung vorherrschen, diese Übung dient auch der Stabilisation.

→ 22

Adductor Stretch 2

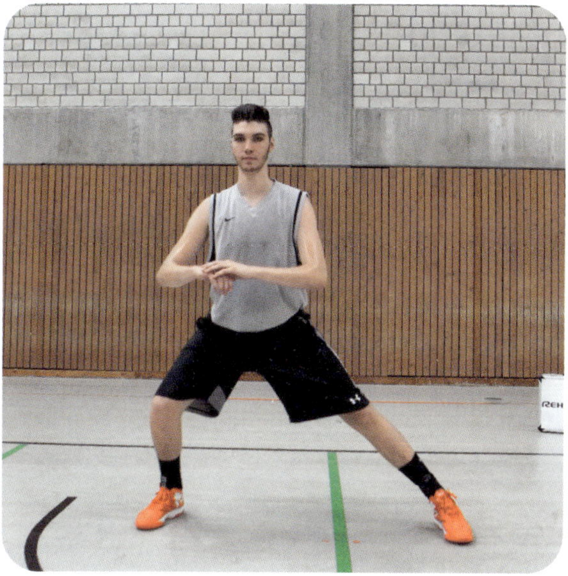

Zielgruppe

AGA	GLT	ABT	AST	HLT
	●	●	●	●

Spielerzahl:
Individualstretching

Lernziele/Drillschwerpunkt:
Physiologische Trainings- und Spielvorbereitung, Verletzungsprophylaxe für innere Hüft- und Oberschenkelmuskulatur

Empfohlene Dauer:
Von Sideline zu Sideline oder von der Baseline zur Freiwurflinie und zurück.

Übungsbeschreibung:
Der Spieler macht einen seitlichen Ausfallschritt, dabei bleibt der Oberkörper aufrecht. Dann wird ein Bein gebeugt, sodass das andere Bein maximal gestretcht wird. Die aufrechte Position wird wieder eingenommen und der Ausfallschritt mit dem anderen Bein ausgeführt.

Korrekturhinweise:
Hierbei muss die ganze Zeit eine Grundspannung vorherrschen, diese Übung dient auch der Stabilisation. Nicht wippen!

→ 23

Dynamic Extensive Long Leg Stretch

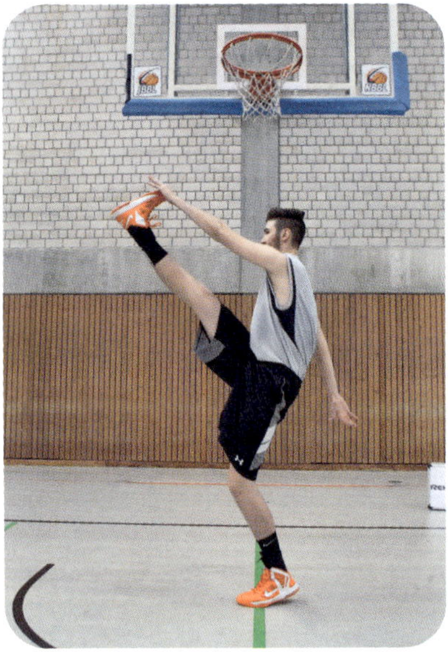

Zielgruppe

AGA	GLT	ABT	AST	HLT
	●	●	●	●

Spielerzahl:
Individualstretching

Lernziele/Drillschwerpunkt:
Physiologische Trainings- und Spielvorbereitung, Verletzungsprophylaxe für hintere Beinmuskulatur

Empfohlene Dauer:
Von Sideline zu Sideline oder von der Baseline zur Freiwurflinie und zurück.

Übungsbeschreibung:
Der Spieler schwingt sein Bein, so hoch es geht, zur gegenüberliegenden Hand, möglichst auf Kopfhöhe. Dann macht er einen Schritt nach vorne und wiederholt die Übung mit dem anderen Bein.

Korrekturhinweise:
Das Bein muss gestreckt bleiben, der Oberkörper möglichst gerade. Auf dem Rückweg darf das Bein nicht herunterfallen gelassen werden, sondern muss langsam abgesetzt werden (extensives Training).

→ 24

Hip and Back Rotation Wave Front

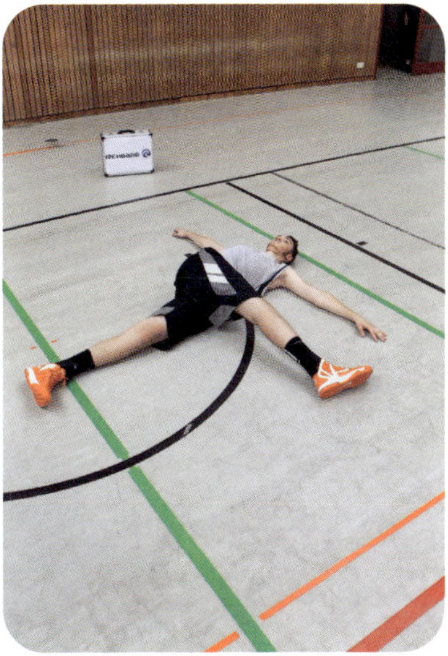

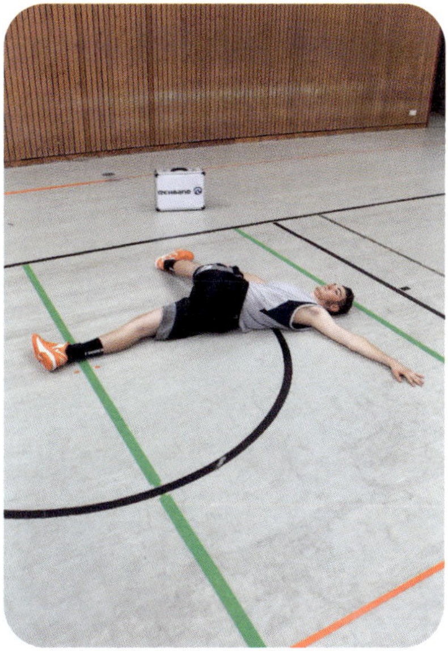

Zielgruppe

AGA	GLT	ABT	AST	HLT
	●	●	●	●

Spielerzahl:
Individualstretching

Lernziele/Drillschwerpunkt:
Physiologische Trainings- und Spielvorbereitung, Verletzungsprophylaxe für Rumpf- und Rückenmuskulatur

Empfohlene Dauer:
10-mal rechts, 10-mal links

Übungsbeschreibung:
Aus der Rückenlage, wobei die Arme im 90-Grad-Winkel in der Schulter ausgestreckt zu beiden Seiten liegen, wird die Fußspitze eines Beines möglichst nahe in Richtung der gegenüberliegenden Hand geführt und dann zurück in die Ausgangstellung.

Korrekturhinweise:
Beide Schultern bleiben auf dem Boden!

→ 25

Hip and Back Rotation Wave Back

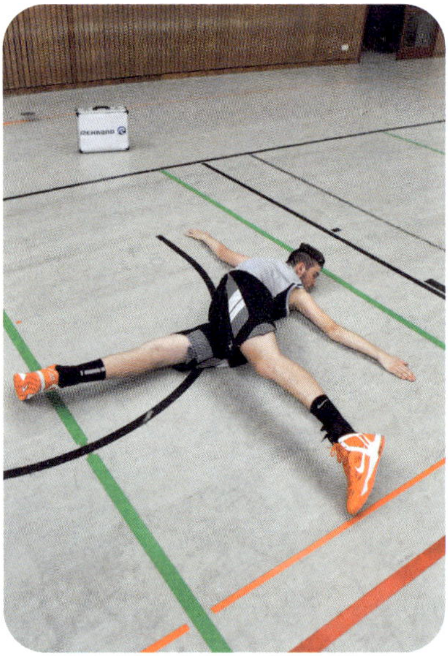

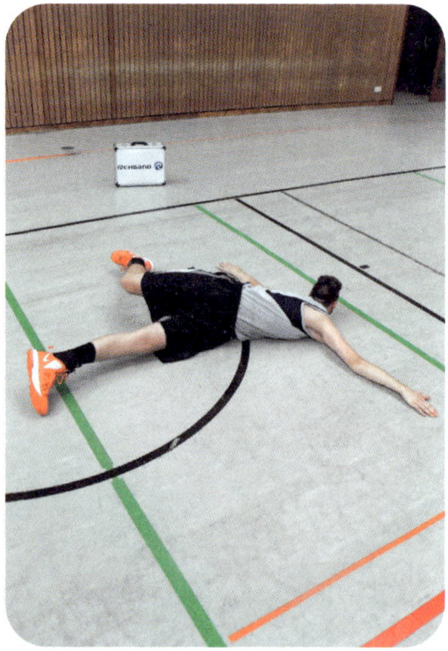

Zielgruppe

AGA	GLT	ABT	AST	HLT
	●	●	●	●

Spielerzahl:
Individualstretching

Lernziele/Drillschwerpunkt:
Physiologische Trainings- und Spielvorbereitung, Verletzungsprophylaxe für Rumpf- und Rückenmuskulatur

Empfohlene Dauer:
10-mal rechts, 10-mal links

Übungsbeschreibung:
wie Übung 61, nur aus der Bauchlage

→ 26

Tricepsstretch Head

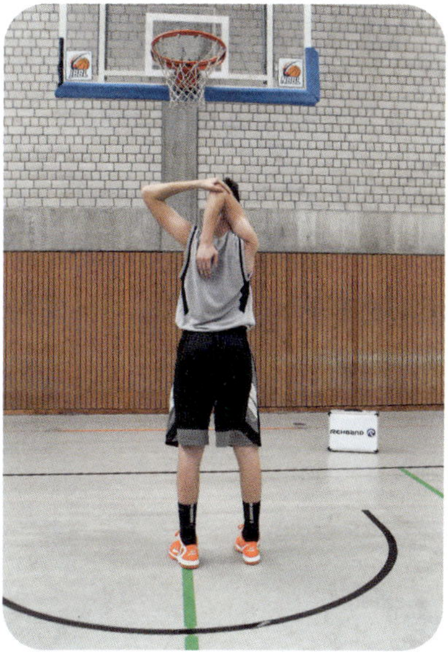

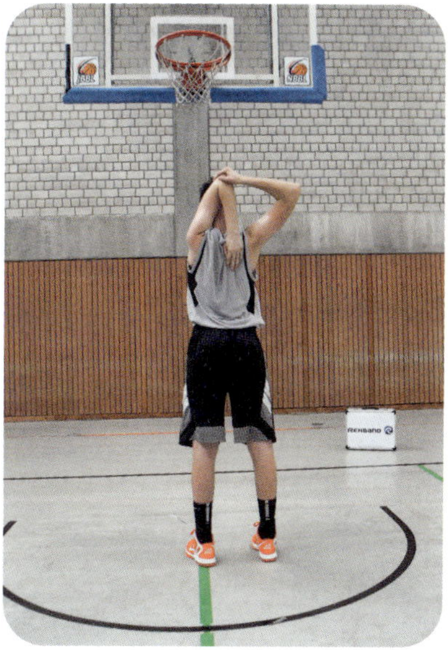

Zielgruppe

AGA	GLT	ABT	AST	HLT
	●	●	●	●

Spielerzahl:
Individualstretching

Lernziele/Drillschwerpunkt:
Physiologische Trainings- und Spielvorbereitung, Verletzungsprophylaxe für Arm- und Schultermuskulatur

Empfohlene Dauer:
Von Sideline zu Sideline oder zur Freiwurflinie und zurück.

Übungsbeschreibung:
Ein Arm wird über den Kopf geschwungen, sodass die Hand ca. in Höhe der Schulterblätter verharrt. Dann wird der Ellbogen mit der anderen Hand in Richtung der Hand zwischen den Schulterblättern gestretcht. Danach sollte der gestretchte Arm kurz ausgeschwungen werden. Dann wird ein Schritt nach vorne gemacht und die Übung mit dem jeweils anderen Arm durchgeführt.

Variationen:
Durch Seitneigung des Kopfes kann hier auch die seitliche Halsmuskulatur gedehnt werden.

→ 27

Tricepsstretch Throat

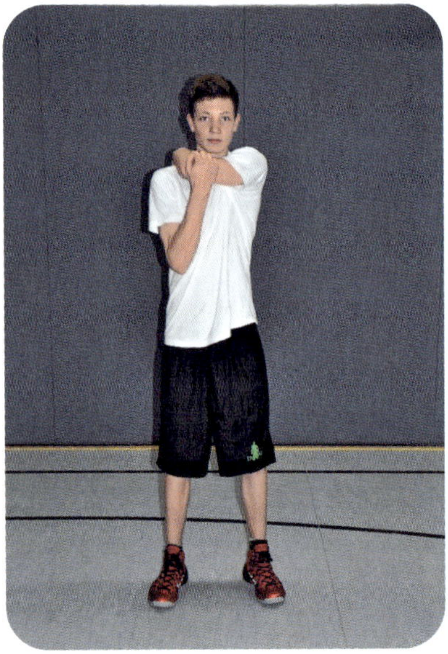

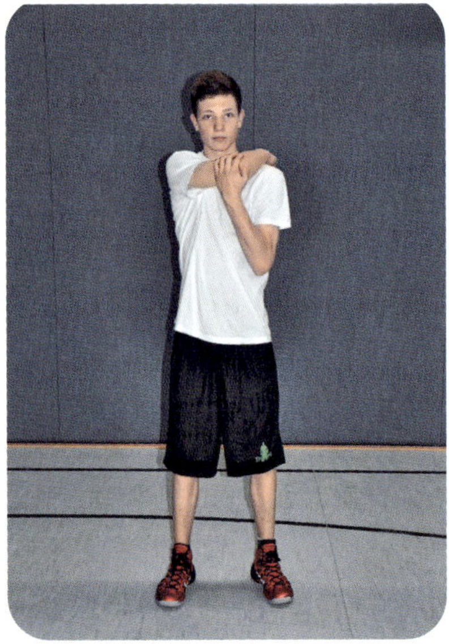

Zielgruppe

AGA	GLT	ABT	AST	HLT
	🏀	🏀	🏀	🏀

Spielerzahl:
Individualstretching

Lernziele/Drillschwerpunkt:
Physiologische Trainings- und Spielvorbereitung, Verletzungsprophylaxe für hintere Arm- und Schultermuskulatur

Empfohlene Dauer:
Von Sideline zu Sideline oder zur Freiwurflinie und zurück.

Übungsbeschreibung:
Ein Arm wird um den Hals gelegt und der Ellbogen mit der anderen Hand möglichst weit nach hinten gestretcht. Danach sollte der gestretchte Arm kurz ausgeschwungen werden. Dann wird ein Schritt nach vorne gemacht und die Übung mit dem anderen Arm durchgeführt.

Variationen:
Durch Seitneigung des Kopfes kann hier auch die seitliche Halsmuskulatur gedehnt werden.

→ 28

Bicepsstretch

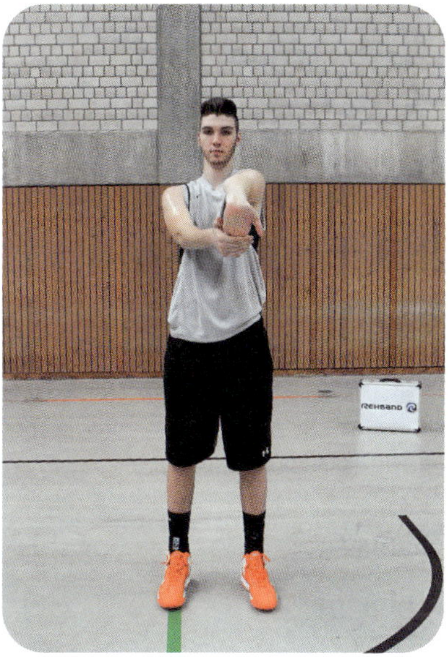

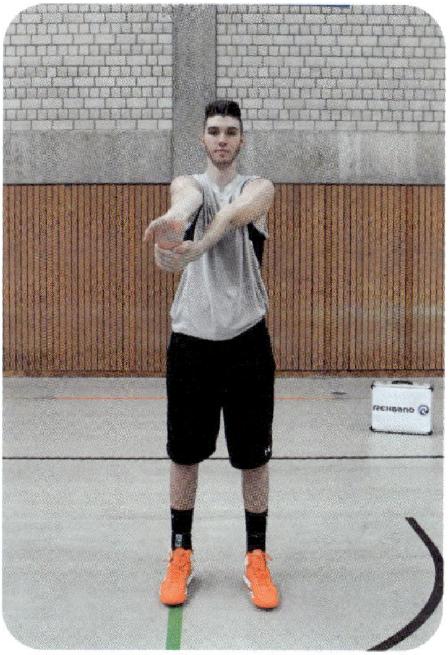

Zielgruppe

AGA	GLT	ABT	AST	HLT
	●	●	●	●

Spielerzahl:
Individualstretching

Lernziele/Drillschwerpunkt:
Physiologische Trainings- und Spielvorbereitung, Verletzungsprophylaxe für vordere Armmuskulatur

Empfohlene Dauer:
Von Sideline zu Sideline oder zur Freiwurflinie und zurück.

Übungsbeschreibung:
Ein Arm wird mit der Innenseite nach oben gestreckt nach vorne geführt, und mit der anderen Hand wird die Hand des zu stretchenden Armes in beide Richtungen gedehnt. Nach der Hälfte des Weges wird der andere Arm gestretcht.

Variationen:
Durch Seitneigung des Kopfes kann hier auch die seitliche Halsmuskulatur gedehnt werden.

→ 29

Dynamic Arm and Shoulder Rotation

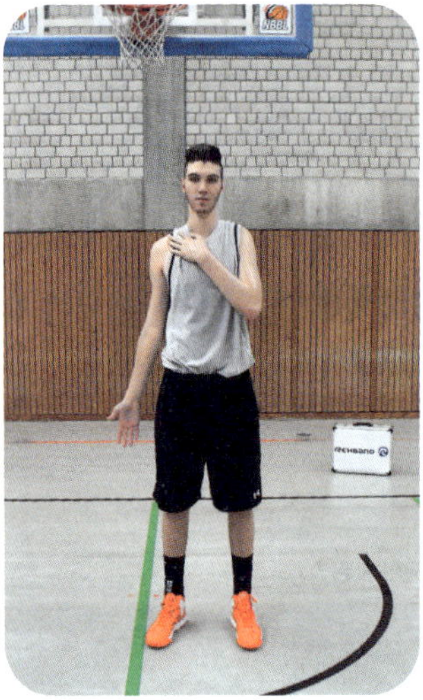
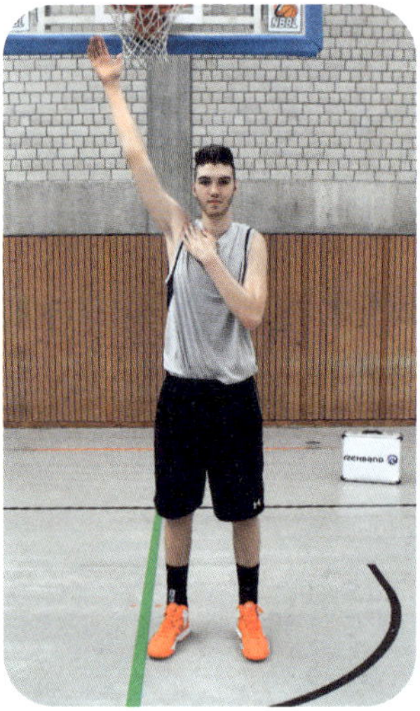
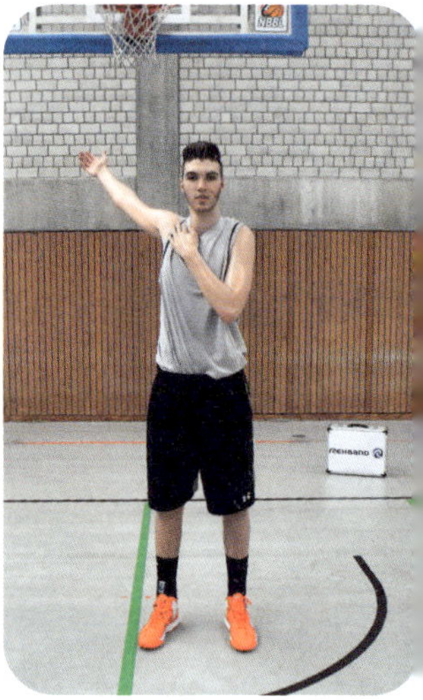

Zielgruppe

AGA	GLT	ABT	AST	HLT
	●	●	●	●

Spielerzahl:
Individualstretching

Lernziele/Drillschwerpunkt:
Physiologische Trainings- und Spielvorbereitung, Verletzungsprophylaxe für Arm- und Schultermuskulatur

Empfohlene Dauer:
Von Sideline zu Sideline oder zur Freiwurflinie und zurück.

Übungsbeschreibung:
Ein Arm wird gestreckt in großen Schwungbewegungen über die Schulter rotiert, wobei die Hand des anderen Arms an der rotierenden Schulter anliegt. Auf dem Rückweg wird die Rotationsrichtung umgekehrt. Die Übung wird dann mit dem anderen Arm wiederholt.

→ 30

Combined Dynamic Arm and Shoulder Rotation

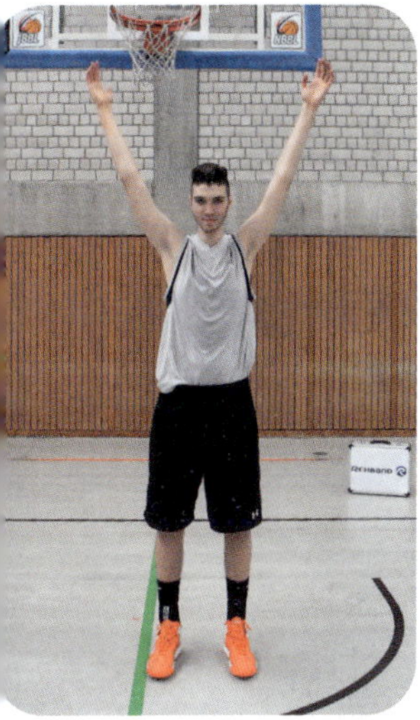
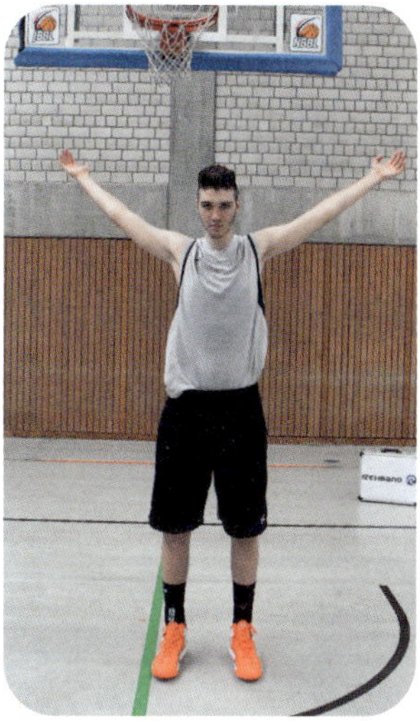
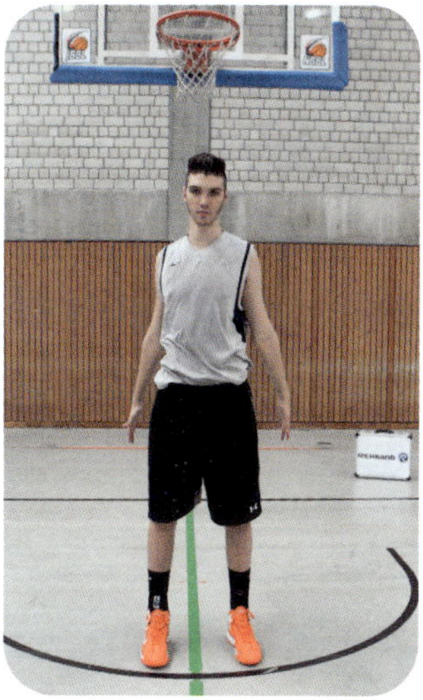

Zielgruppe

AGA	GLT	ABT	AST	HLT
	🏀	🏀	🏀	🏀

Spielerzahl:
Individualstretching

Lernziele/Drillschwerpunkt:
Physiologische Trainings- und Spielvorbereitung, Verletzungsprophylaxe für Arm- und Schultermuskulatur, Koordination

Empfohlene Dauer:
Von Sideline zu Sideline oder zur Freiwurflinie und zurück.

Übungsbeschreibung:
Beide Arme werden gleichzeitig und in die gleiche Richtung in großen Schwungbewegungen über die Schulter rotiert. Auf dem Rückweg wird die Rotationsrichtung umgekehrt!

Variationen:
Diese Übung kann man auch reziprok durchführen, in dem ein Arm vorwärts und der andere rückwärts rotiert.

→ 31

Whole Body Stretch

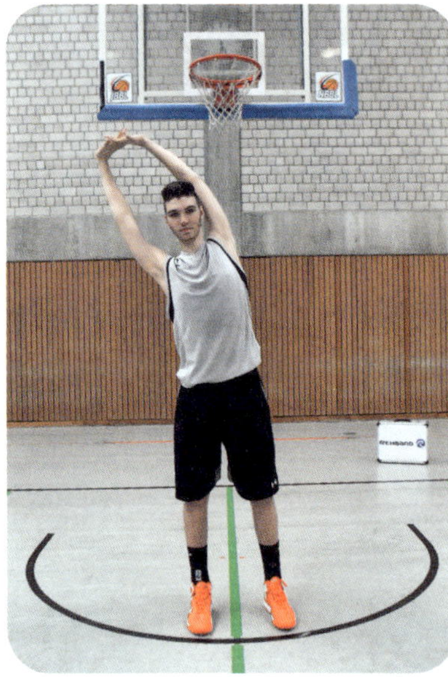

Zielgruppe

AGA	GLT	ABT	AST	HLT
	●	●	●	●

Spielerzahl:
Individualstretching

Lernziele/Drillschwerpunkt:
Physiologische Trainings- und Spielvorbereitung, Verletzungsprophylaxe für gesamten Körper

Empfohlene Dauer:
Von Sideline zu Sideline oder zur Freiwurflinie und zurück.

Übungsbeschreibung:
Die Finger beider Hände verschließen sich und die Arme werden maximal gestreckt über den Kopf geführt. Aus dieser Position soll der Körper nach vorne und hinten und zu beiden Seiten gedehnt werden.

Korrekturhinweise:
Die Arme bleiben immer gestreckt!

→ 17

Foot-Hand-Coordination 1

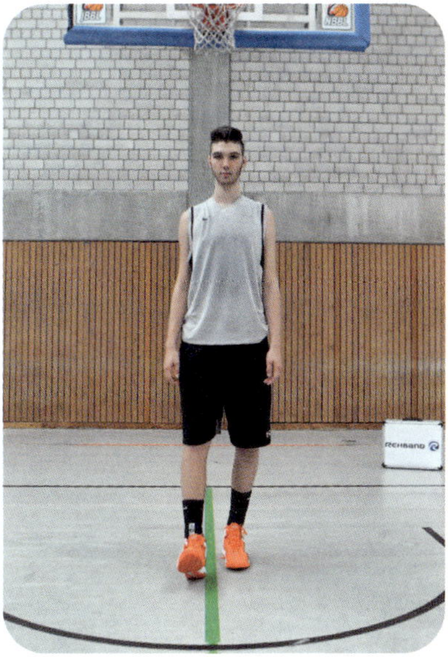

Zielgruppe

AGA	GLT	ABT	AST	HLT
	●	●	●	●

Spielerzahl:
Individualstretching

Lernziele/Drillschwerpunkt:
Physiologische Trainings- und Spielvorbereitung, Verletzungsprophylaxe, Gehirnhälftentraining, Koordination

Empfohlene Dauer:
Von Sideline zu Sideline oder zur Freiwurflinie und zurück.

Übungsbeschreibung:
Beide Füße werden bewusst und abwechselnd von der Ferse über die Zehen abgerollt. Vorwärts hin, rückwärts zurück.

Variationen:
Gleichzeitig soll an der einen Hand kleiner Finger und Daumen und an der anderen Hand Zeigefinger und Mittelfinger gestreckt werden. Die Fingerpositionen sollen mit jedem Schritt an beiden Händen abwechseln. Hierbei kann man auch die Augen schließen!

→ 33

Foot-Hand-Coordination 2

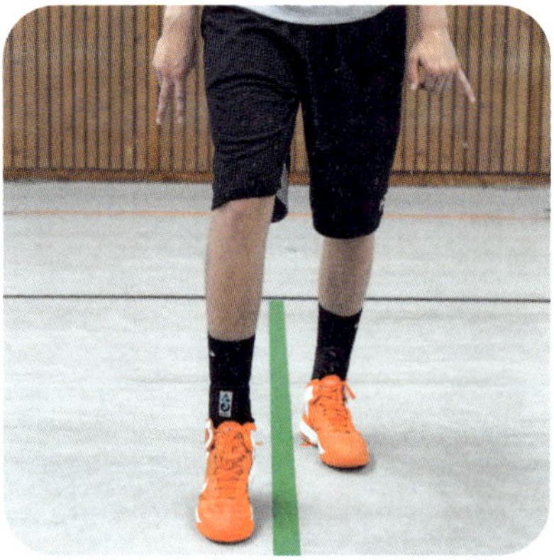

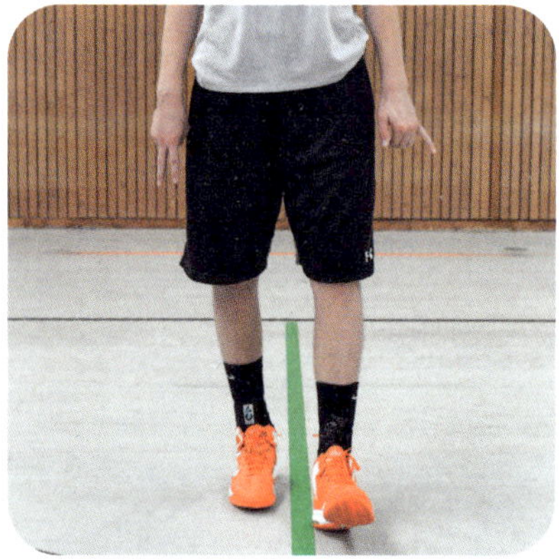

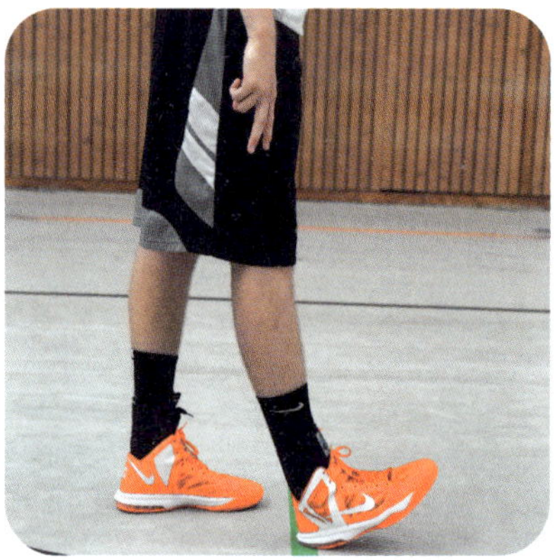

Zielgruppe

AGA	GLT	ABT	AST	HLT
	●	●	●	●

Spielerzahl:
Individualstretching

Lernziele/Drillschwerpunkt:
Physiologische Trainings- und Spielvorbereitung, Verletzungsprophylaxe, Gehirnhälftentraining, Koordination

Empfohlene Dauer:
Von Sideline zu Sideline oder zur Freiwurflinie und zurück.

Übungsbeschreibung:
Beide Füße werden bewusst und abwechselnd von den Zehen über die Ferse abgerollt. Vorwärts hin, rückwärts zurück.

Variationen:
Gleichzeitig soll an der einen Hand kleiner Finger und Daumen und an der anderen Hand Zeigefinger und Mittelfinger gestreckt werden. Die Fingerpositionen sollen mit jedem Schritt an beiden Händen abwechseln. Hierbei kann man auch die Augen schließen!

→ 34

Foot-Hand-Coordination 3

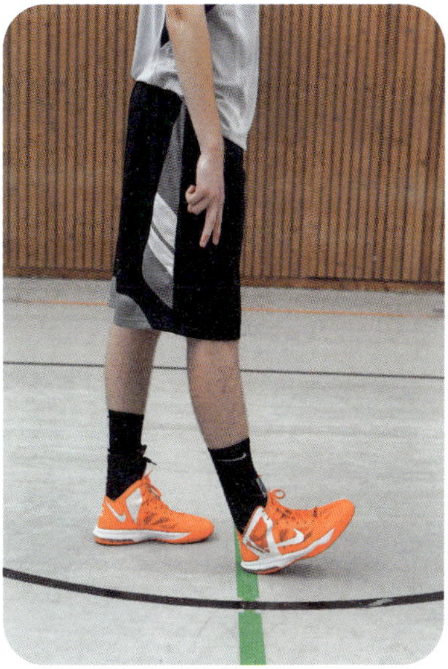

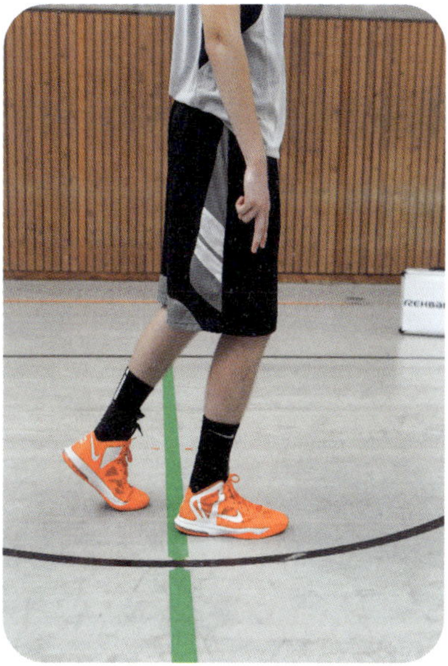

Zielgruppe

AGA	GLT	ABT	AST	HLT
	🏀	🏀	🏀	🏀

Spielerzahl:
Individualstretching

Lernziele/Drillschwerpunkt:
Physiologische Trainings- und Spielvorbereitung, Verletzungsprophylaxe, Gehirnhälftentraining, Koordination

Empfohlene Dauer:
Von Sideline zu Sideline oder zur Freiwurflinie und zurück.

Übungsbeschreibung:
Nun werden 32 und 33 kombiniert entgegengesetzt durchgeführt, ein Fuß rollt über die Ferse ab, der andere über die Zehen. Auf der Hälfte des Weges oder auf dem Rückweg dann umgekehrt. Vorwärts hin, rückwärts zurück.

Variationen:
siehe 32; Diese Übung kann man erschweren, indem jeder Fuß immer abwechselnd die beiden Kantenstellungen durchführen muss.

→ 35

Foot-Hand-Coordination 4

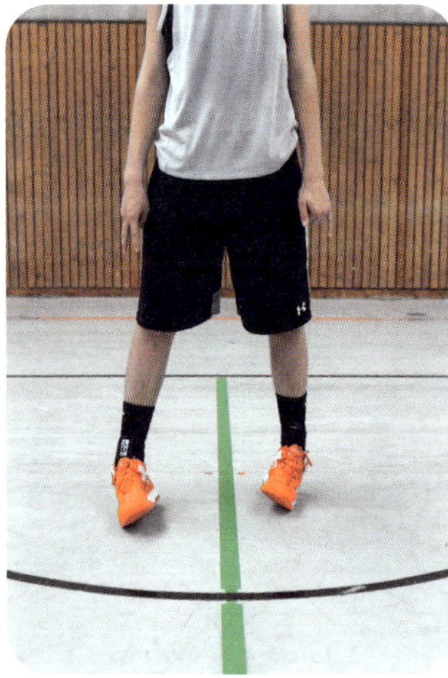

Zielgruppe

AGA	GLT	ABT	AST	HLT
	●	●	●	●

Spielerzahl:
Individualstretching

Lernziele/Drillschwerpunkt:
Physiologische Trainings- und Spielvorbereitung, Verletzungsprophylaxe, Gehirnhälftentraining, Koordination

Empfohlene Dauer:
Von Sideline zu Sideline oder zur Freiwurflinie und zurück.

Übungsbeschreibung:
Der Spieler darf mit beiden Füßen nur auf der Außenkante des Fußes laufen. Vorwärts hin, rückwärts zurück.

Variationen:
Gleichzeitig soll an der einen Hand kleiner Finger und Daumen und an der anderen Hand Zeigefinger und Mittelfinger gestreckt werden. Die Fingerpositionen sollen mit jedem Schritt an beiden Händen abwechseln. Hierbei kann man auch die Augen schließen!

→ 36

Foot-Hand-Coordination 5

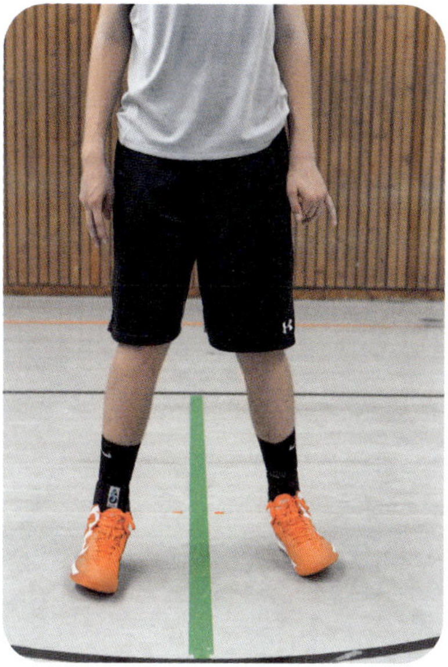

Zielgruppe

AGA	GLT	ABT	AST	HLT
	🏀	🏀	🏀	🏀

Spielerzahl:
Individualstretching

Lernziele/Drillschwerpunkt:
Physiologische Trainings- und Spielvorbereitung, Verletzungsprophylaxe, Gehirnhälftentraining, Koordination

Empfohlene Dauer:
Von Sideline zu Sideline oder zur Freiwurflinie und zurück.

Übungsbeschreibung:
Der Spieler darf mit beiden Füßen nur auf der Innenkante des Fußes laufen. Vorwärts hin, rückwärts zurück.

Variationen:
Gleichzeitig soll an der einen Hand kleiner Finger und Daumen und an der anderen Hand Zeigefinger und Mittelfinger gestreckt werden. Die Fingerpositionen sollen mit jedem Schritt an beiden Händen abwechseln. Hierbei kann man auch die Augen schließen!

→ 37

Foot-Hand-Coordination 6

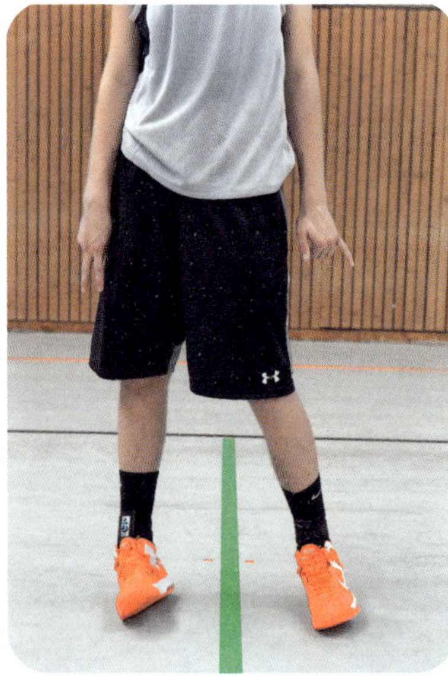

Zielgruppe

AGA	GLT	ABT	AST	HLT
	●	●	●	●

Spielerzahl:
Individualstretching

Lernziele/Drillschwerpunkt:
Physiologische Trainings- und Spielvorbereitung, Verletzungsprophylaxe, Gehirnhälftentraining, Koordination

Empfohlene Dauer:
Von Sideline zu Sideline oder zur Freiwurflinie und zurück.

Übungsbeschreibung:
Nun werden die Übungen 35 und 36 kombiniert entgegengesetzt durchgeführt, auf einer Seite darf nur auf der Außenkante, auf der anderen Seite nur mit der Innenkante gelaufen werden. Auf der Hälfte des Weges oder auf dem Rückweg dann umgekehrt. Vorwärts hin, rückwärts zurück.

Variationen:
siehe 32; Diese Übung kann man erschweren, indem jeder Fuß immer abwechselnd die beiden Kantenstellungen durchführen muss.

→ 39

Sprint

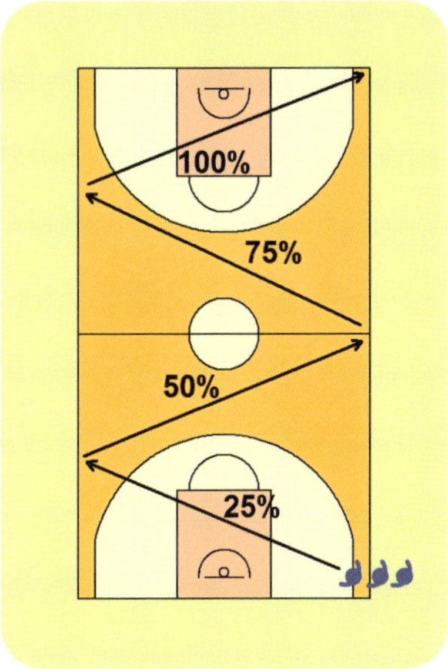

Zielgruppe

AGA	GLT	ABT	AST	HLT
	●	●	●	●

Spielerzahl:
Individualstretching

Lernziele/Drillschwerpunkt:
Physiologische Trainings- und Spielvorbereitung, Verletzungsprophylaxe

Empfohlene Dauer:
2–3 Durchgänge

Übungsbeschreibung:
Es wird eine viergeteilte Laufstrecke vorgegeben (z. B. zweimal Sideline-Sideline oder Baseline-Mittellinie-Baseline und zurück). Die Spieler quivern zum Abschluss des Stretchings hart, um die Gelenke und den Körper auf die anstehenden Belastungen vorzubereiten und hinzuweisen. Der Spieler, der das Stretching durchgeführt hat (jeder ist mal dran), gibt ein Kommando und nun starten alle. Das erste Viertel wird bei 25% Maximalgeschwindigkeit, das zweite Viertel bei 50%, das dritte Viertel bei 75% und das letzte unter Maximalgeschwindigkeit gesprintet.

Variationen:
Die Spieler können die Übung auch nacheinander durchführen, wie in der Abbildung. Jeder Spieler quivert dabei solange, bis der vor ihm laufende Spieler eine bestimmte Position erreicht hat.

Abschluss der Warm-up-Einheit

Regular Skip

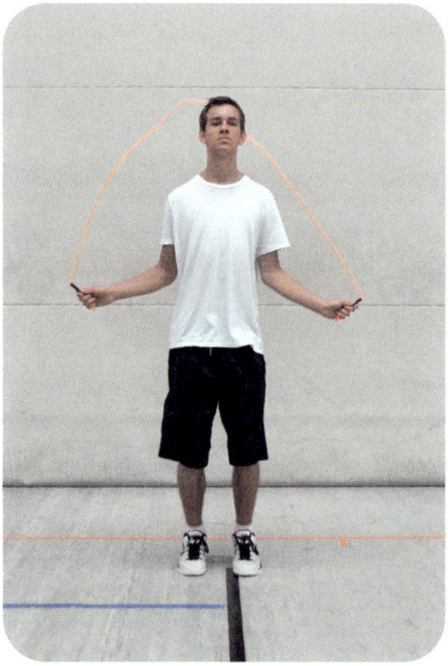

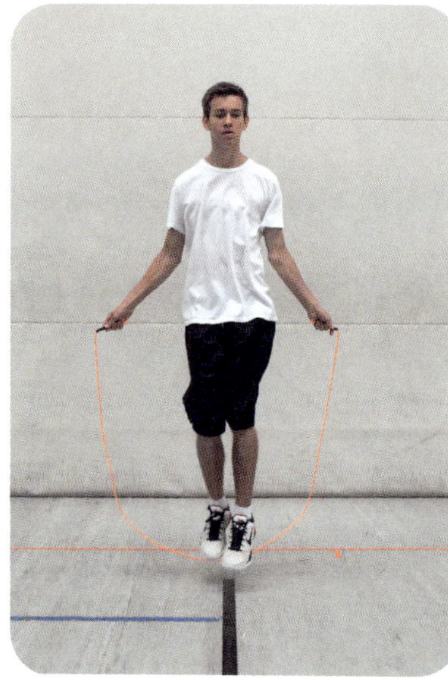

Zielgruppe

AGA	GLT	ABT	AST	HLT

Spielerzahl:
Individualtraining

Lernziele/Drillschwerpunkt:
Verbesserung von Koordination und Fitness

Empfohlene Dauer:
Anpassen an die Zielgruppe.

Übungsbeschreibung:
Die Basistechnik beim Seilspringen besteht aus dem beidfüßigen Absprung und einer einmaligen Seilrotation zwischen den Sprüngen. Anfangs ist es evtl. ratsam, einen Zwischensprung während der Seilrotation einzubauen.

Variationen:
Für Fortgeschrittene mit doppelter Seilrotation.

Korrekturhinweise:
Das Seil wird aus den Händen und nicht aus den Armen geschwungen. Nicht zu hoch springen!

Materialbedarf:
1 Seil pro Person

Wettkampf:
Wer erreicht in einer vorgegebenen Zeit die meisten Sprünge?

→ 40

Side to Side - Forward and Back

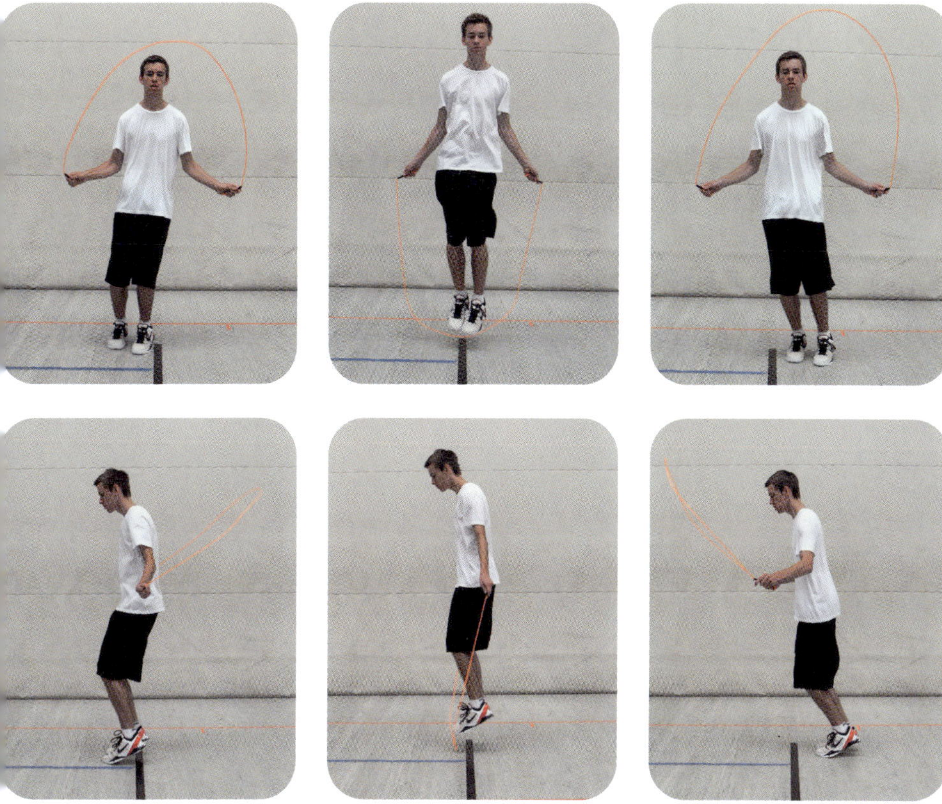

Zielgruppe

AGA	GLT	ABT	AST	HLT
🏀	🏀	🏀	🏀	🏀

Spielerzahl:
Individualtraining

Lernziele/Drillschwerpunkt:
Verbesserung von Koordination und Fitness

Empfohlene Dauer:
Anpassen an die Zielgruppe.

Übungsbeschreibung:
Bei diesem Drill wird das Seil pro Rotation einmal übersprungen, jedoch springt man nicht auf der Stelle, sondern immer seitlich von rechts nach links und zurück und/oder von vorne nach hinten und zurück.

Variationen:
Für Fortgeschrittene mit doppelter Seilrotation.

Korrekturhinweise:
Das Seil wird aus den Händen und nicht aus den Armen geschwungen. Nicht zu hoch springen!

Materialbedarf:
1 Seil pro Person

Wettkampf:
Wer erreicht in einer vorgegebenen Zeit die meisten Sprünge?

→ 41

Heel to Toe

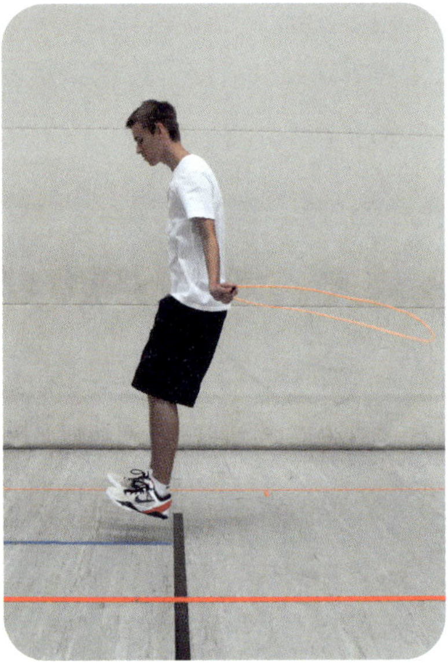 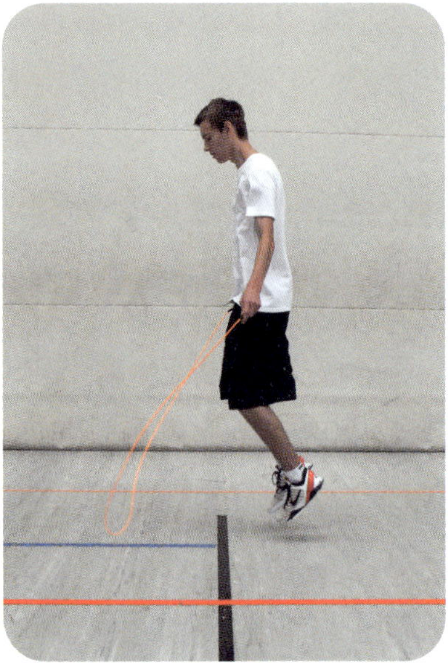

Zielgruppe

AGA	GLT	ABT	AST	HLT
	●	●	●	●

Spielerzahl:
Individualtraining

Lernziele/Drillschwerpunkt:
Verbesserung von Koordination und Fitness

Empfohlene Dauer:
Anpassen an die Zielgruppe.

Übungsbeschreibung:
Nach jeder Seilrotation landet man bei dieser Übung wechselweise auf den Fersen oder den Fußspitzen und springt auch von dort wieder ab.

Korrekturhinweise:
Das Seil wird aus den Händen und nicht aus den Armen geschwungen. Nicht zu hoch springen!

Materialbedarf:
1 Seil pro Person

Wettkampf:
Wer erreicht in einer vorgegebenen Zeit die meisten Sprünge?

→ 42

Scissors

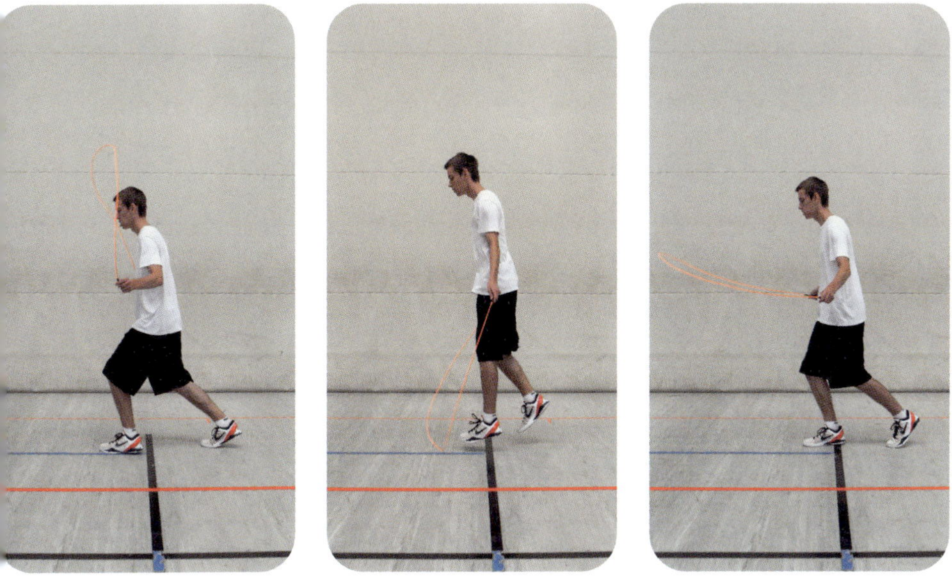

Zielgruppe

AGA	GLT	ABT	AST	HLT
	●	●	●	●

Spielerzahl:
Individualtraining

Lernziele/Drillschwerpunkt:
Verbesserung von Koordination und Fitness

Empfohlene Dauer:
Anpassen an die Zielgruppe.

Übungsbeschreibung:
Dieser Drill wird auf der Stelle in einer Schrittstellung durchgeführt. Nach jeder Seilrotation wird die Schrittstellung geändert, indem das vordere Bein zum hinteren wird und umgekehrt.

Variationen:
Schrittstellung erst nach einer gewissen Anzahl von Sprüngen ändern.

Korrekturhinweise:
Das Seil wird aus den Händen und nicht aus den Armen geschwungen. Nicht zu hoch springen!

Materialbedarf:
1 Seil pro Person

Wettkampf:
Wer erreicht in einer vorgegebenen Zeit die meisten Sprünge?

→ 43

Running on the Spot

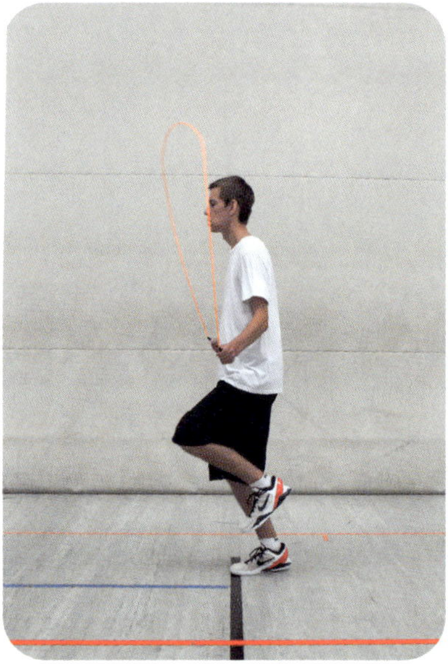

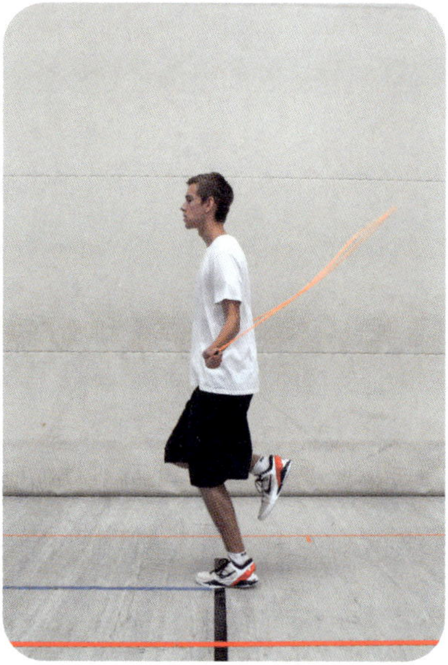

Zielgruppe

AGA	GLT	ABT	AST	HLT

Spielerzahl:
Individualtraining

Lernziele/Drillschwerpunkt:
Verbesserung von Koordination und Fitness

Empfohlene Dauer:
Anpassen an die Zielgruppe.

Übungsbeschreibung:
Auf der Stelle laufen und bei jedem Schritt eine Seilrotation durchführen.

Variationen:
Pro Seilrotation zwei oder drei Schritte laufen.

Korrekturhinweise:
Das Seil wird aus den Händen und nicht aus den Armen geschwungen. Nicht zu hoch springen!

Materialbedarf:
1 Seil pro Person

Wettkampf:
Wer erreicht in einer vorgegebenen Zeit die meisten Sprünge?

→ 44

Butt Kicks

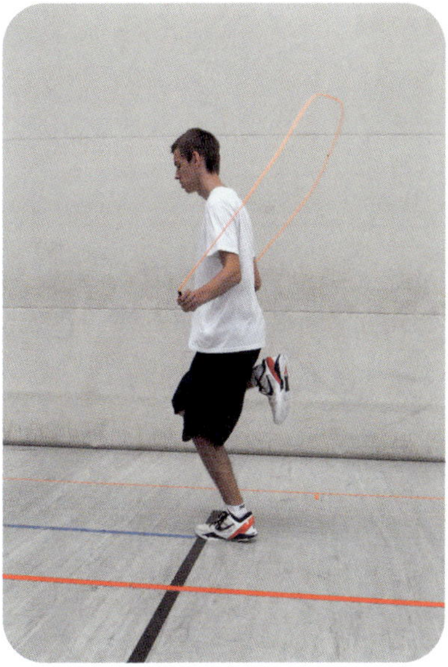 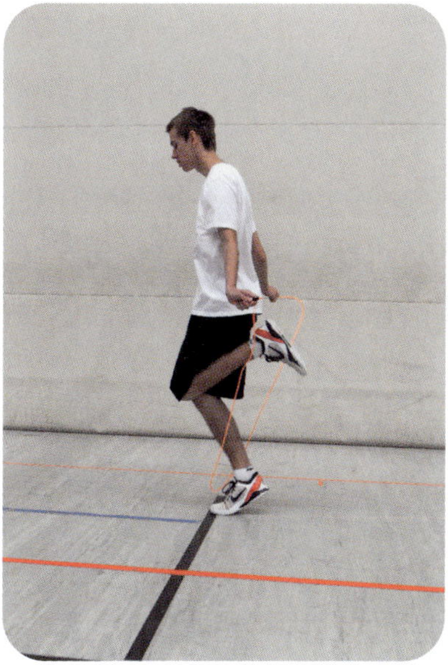

Zielgruppe

AGA	GLT	ABT	AST	HLT
	●	●	●	●

Spielerzahl:
Individualtraining

Lernziele/Drillschwerpunkt:
Verbesserung von Koordination und Fitness

Empfohlene Dauer:
Anpassen an die Zielgruppe.

Übungsbeschreibung:
Bei der »Butt-Kick«-Technik wird als Basis die »Running on the Spot«-Technik angewendet. Nach jedem Sprung wird der Sprungfuß »angeferst«, das bedeutet, der Sprungfuß wird nach hinten hochgehoben.

Variationen:
Auch mit einem beidbeinigen Zwischensprung möglich.

Korrekturhinweise:
Das Seil wird aus den Händen und nicht aus den Armen geschwungen. Nicht zu hoch springen!

Materialbedarf:
1 Seil pro Person

Wettkampf:
Wer erreicht in einer vorgegebenen Zeit die meisten Sprünge?

→ 45

Knee Lifts

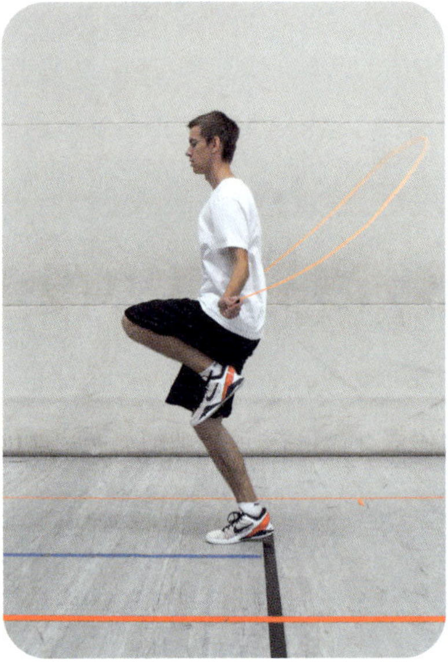 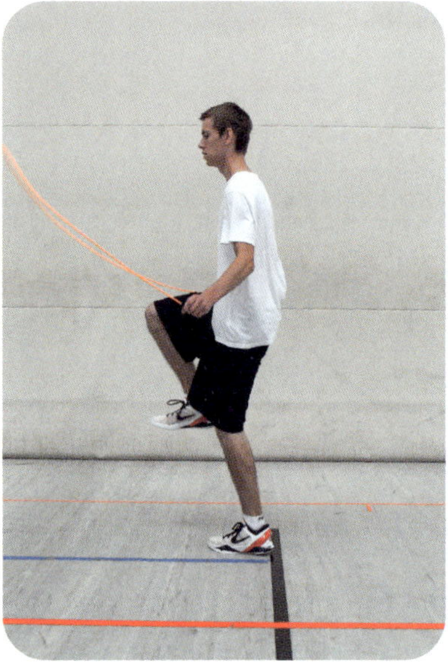

Zielgruppe

AGA	GLT	ABT	AST	HLT
	●	●	●	●

Spielerzahl:
Individualtraining

Lernziele/Drillschwerpunkt:
Verbesserung von Koordination und Fitness

Empfohlene Dauer:
Anpassen an die Zielgruppe.

Übungsbeschreibung:
Bei der »Knee Lift«-Technik wird als Basis die »Running on the spot«-Technik angewendet. Bei jedem Sprung wird zusätzlich das Knie nach vorne hochgehoben, sodass der Oberschenkel eine waagerechte Position einnimmt.

Variationen:
Auch mit einem beidbeinigen Zwischensprung möglich.

Korrekturhinweise:
Das Seil wird aus den Händen und nicht aus den Armen geschwungen. Nicht zu hoch springen!

Materialbedarf:
1 Seil pro Person

Wettkampf:
Wer erreicht in einer vorgegebenen Zeit die meisten Sprünge?

→ 46

One Foot Hops

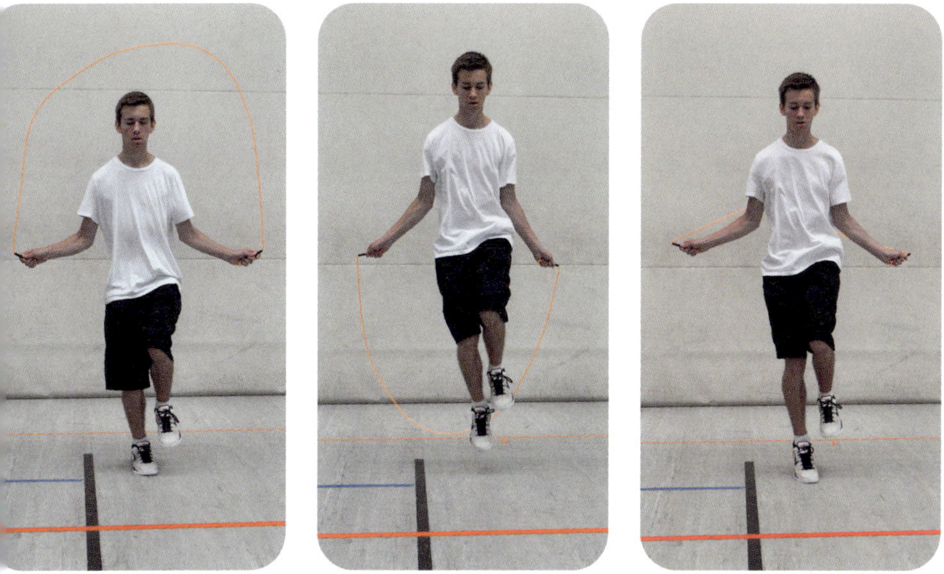

Zielgruppe

AGA	GLT	ABT	AST	HLT
🏀	🏀	🏀	🏀	🏀

Spielerzahl:
Individualtraining

Lernziele/Drillschwerpunkt:
Verbesserung von Koordination und Fitness

Empfohlene Dauer:
Anpassen an die Zielgruppe.

Übungsbeschreibung:
Bei diesem Drill springt man nur auf einem Bein. Dabei wird das Bein nach einer vorher bestimmten Anzahl von Sprüngen gewechselt.

Variationen:
Der Drill kann mit »Side to Side« und »Forward and Back« gut kombiniert werden.

Korrekturhinweise:
Das Seil wird aus den Händen und nicht aus den Armen geschwungen. Nicht zu hoch springen!

Materialbedarf:
1 Seil pro Person

Wettkampf:
Wer erreicht in einer vorgegebenen Zeit die meisten Sprünge?

→ 47

Two at a Time

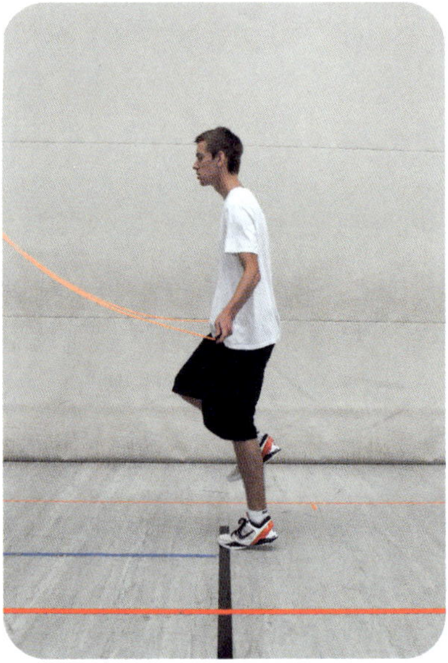

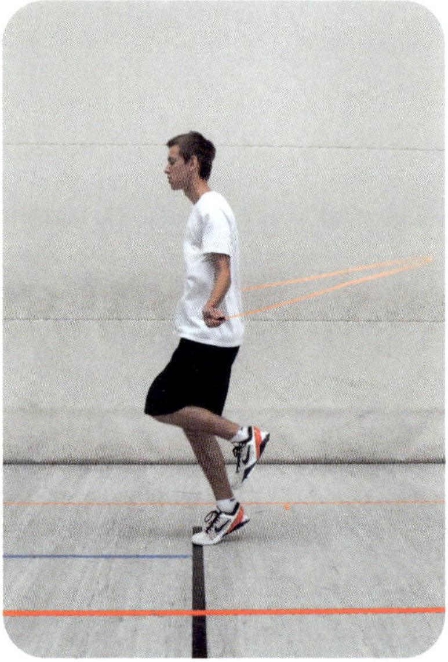

Zielgruppe

AGA	GLT	ABT	AST	HLT
	●	●	●	●

Spielerzahl:
Individualtraining

Lernziele/Drillschwerpunkt:
Verbesserung von Koordination und Fitness

Empfohlene Dauer:
Anpassen an die Zielgruppe.

Übungsbeschreibung:
Einbeiniges Seilspringen, bei dem nach jeweils zwei Sprüngen das Bein gewechselt wird.

Korrekturhinweise:
Das Seil wird aus den Händen und nicht aus den Armen geschwungen. Nicht zu hoch springen!

Materialbedarf:
1 Seil pro Person

Wettkampf:
Wer erreicht in einer vorgegebenen Zeit die meisten Sprünge?

→ 48

Circles

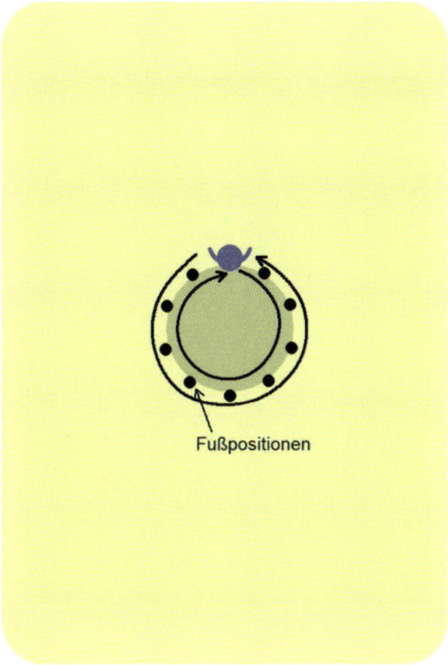

Zielgruppe

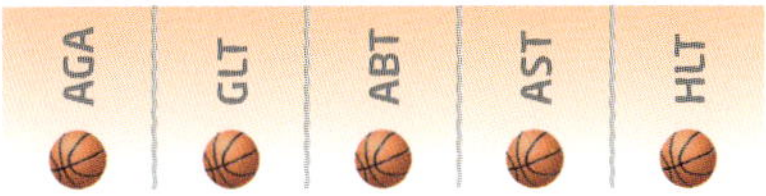

Spielerzahl:
Individualtraining

Lernziele/Drillschwerpunkt:
Verbesserung von Koordination und Fitness

Empfohlene Dauer:
Anpassen an die Zielgruppe.

Übungsbeschreibung:
Bei diesem Drill springt man während der Seilrotation auf einem Bein einer vorhandenen oder gedachten Kreislinie entlang. Auf dem einen Bein in die eine Richtung und auf dem anderen Bein in die andere Richtung.

Variationen:
An einem Kreuzungspunkt von zwei Linien ein bestimmtes Muster springen.

Korrekturhinweise:
Das Seil wird aus den Händen und nicht aus den Armen geschwungen. Nicht zu hoch springen!

Materialbedarf:
1 Seil pro Person

→ 39

Lateral Three Contact Move

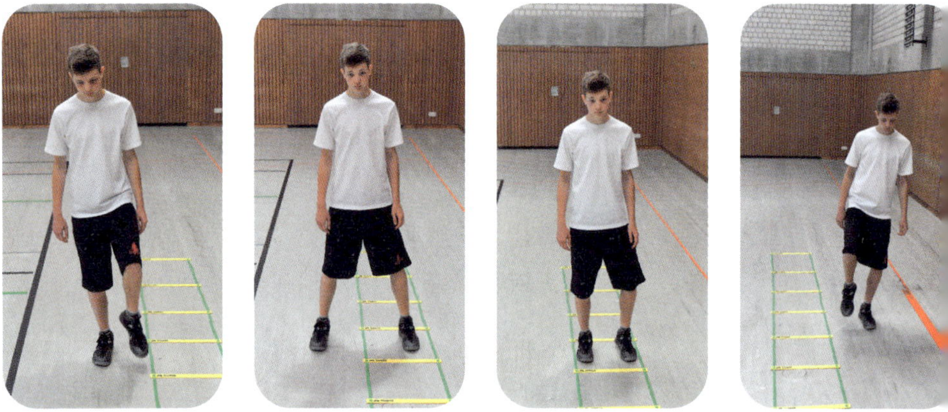

Zielgruppe

AGA	GLT	ABT	AST	HLT
	●	●	●	●

Spielerzahl:
1+

Lernziele/Drillschwerpunkt:
Verbesserung der Koordination

Empfohlene Dauer:
2–5 Durchgänge

Übungsbeschreibung:
Der Spieler steht seitlich am Anfang der Koordinationsleiter neben dem ersten Leiterquadranten. Er muss nun zuerst den inneren, dann den äußeren Fuß in den ersten Quadranten stellen. Danach setzt er den ersten Fuß auf die andere Seite des Quadranten, außerhalb der Leiter, und zieht den anderen Fuß hinterher, ohne mit diesem den Boden zu berühren. Dieser Fuß beginnt nun die Übung im nächsten Quadranten.

Variationen:
Diese Übung kann auch mit einem oder zwei Basketbällen im Dribbling durchgeführt werden. Außerdem können Abschluss- und/oder Passübungen im Anschluss durchgeführt werden. Ebenfalls rückwärts und mit Bricks durchführbar.

Korrekturhinweise:
Auf richtige Schrittfolge, Bodenkontakte und Geschwindigkeit achten. Möglichst kurze Bodenkontakte mit den Fußspitzen!

Materialbedarf:
1 Koordinationsleiter, 1–2 Basketbälle

→ 50

Cross Lateral Three Contact Move

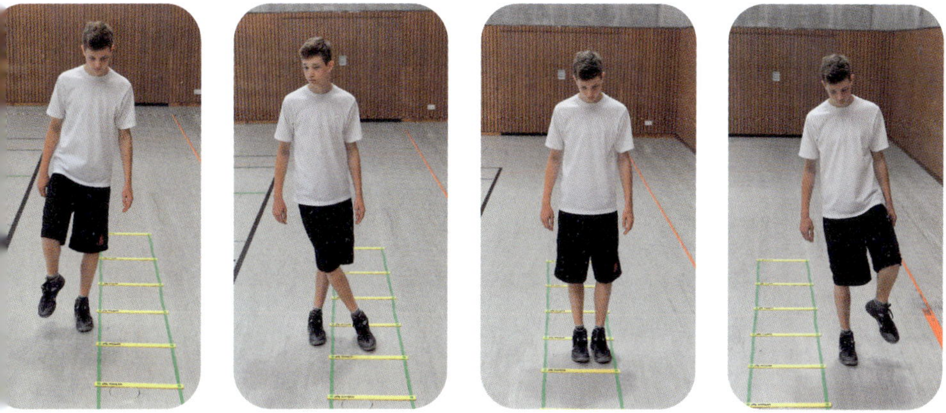

Zielgruppe

AGA	GLT	ABT	AST	HLT
	●	●	●	●

Spielerzahl:
1+

Lernziele/Drillschwerpunkt:
Verbesserung der Koordination

Empfohlene Dauer:
2–5 Durchgänge

Übungsbeschreibung:
Der Spieler steht seitlich am Anfang der Koordinationsleiter neben dem ersten Leiterquadranten. Er muss nun zuerst mit dem äußeren Fuß, dann mit dem inneren Fuß in den ersten Quadranten. Danach setzt er den ersten Fuß wieder aus dem Quadranten raus und zieht den anderen Fuß hinterher, ohne mit diesem den Boden zu berühren. Dieser Fuß beginnt nun die Übung im nächsten Quadranten.

Variationen:
Diese Übung kann auch mit einem oder zwei Basketbällen im Dribbling durchgeführt werden. Außerdem können Abschluss- und/oder Passübungen im Anschluss durchgeführt werden. Ebenfalls rückwärts und mit Bricks durchführbar.

Korrekturhinweise:
Auf richtige Schrittfolge, Bodenkontakte und Geschwindigkeit achten. Möglichst kurze Bodenkontakte mit den Fußspitzen!

Materialbedarf:
1 Koordinationsleiter, 1–2 Basketbälle

→ 51

Lateral Four Contact Move

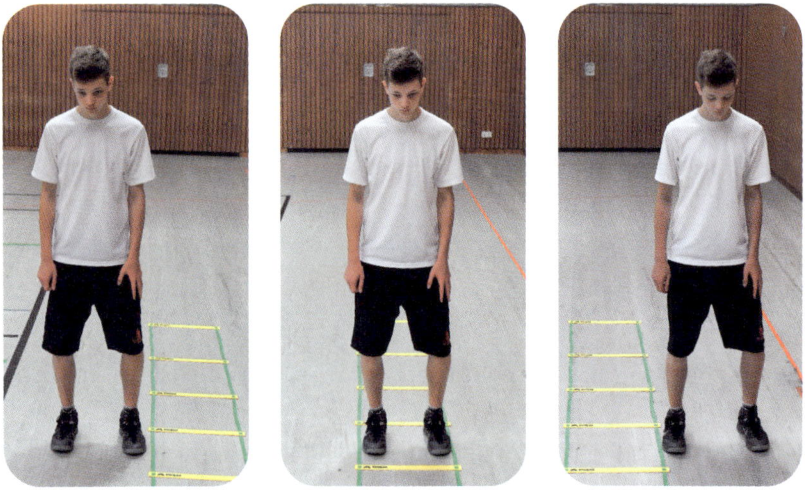

Zielgruppe

AGA	GLT	ABT	AST	HLT

Spielerzahl:
1+

Lernziele/Drillschwerpunkt:
Verbesserung der Koordination

Empfohlene Dauer:
2–5 Durchgänge

Übungsbeschreibung:
Der Spieler steht seitlich am Anfang der Koordinationsleiter neben dem ersten Leiterquadranten. Er setzt nun zuerst den inneren Fuß, dann den äußeren Fuß in den ersten Quadranten. Danach bewegt er den ersten Fuß wieder aus dem Quadranten hinaus und folgt mit dem anderen Fuß (Bodenkontakt). Dieser Fuß beginnt nun die Übung im nächsten Quadranten.

Variationen:
Diese Übung kann auch mit einem oder zwei Basketbällen im Dribbling durchgeführt werden. Außerdem können Abschluss- und/oder Passübungen im Anschluss durchgeführt werden. Ebenfalls rückwärts und mit Bricks durchführbar.

Korrekturhinweise:
Auf richtige Schrittfolge, Bodenkontakte und Geschwindigkeit achten. Möglichst kurze Bodenkontakte mit den Fußspitzen!

Materialbedarf:
1 Koordinationsleiter, 1–2 Basketbälle

→ 52

Cross Lateral Four Contact Move

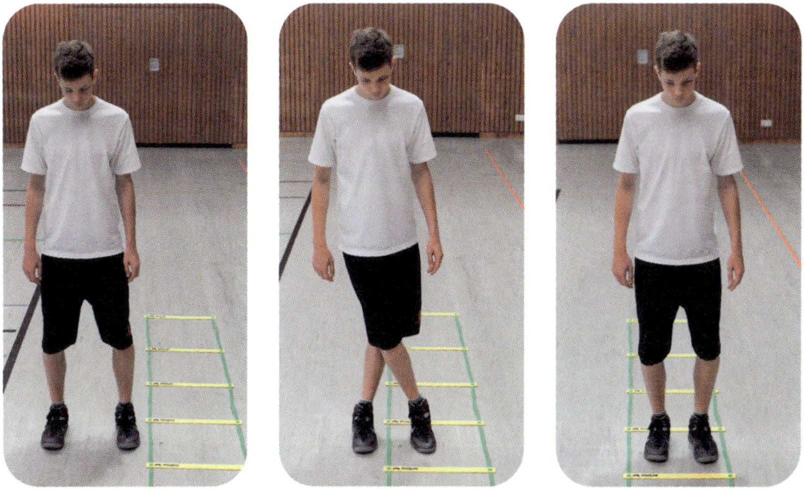

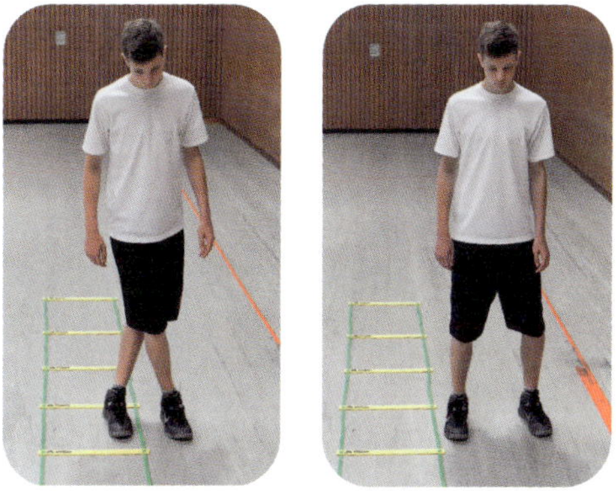

Zielgruppe

AGA	GLT	ABT	AST	HLT
	●	●	●	●

Spielerzahl:
1+

Lernziele/Drillschwerpunkt:
Verbesserung der Koordination

Empfohlene Dauer:
2–5 Durchgänge

Übungsbeschreibung:
Der Spieler steht seitlich am Anfang der Koordinationsleiter neben dem ersten Leiterquadranten. Er setzt nun zuerst den äußeren, dann den inneren Fuß in den ersten Quadranten. Danach bewegt er den ersten Fuß auf der anderen Seite wieder aus dem Quadranten hinaus und folgt mit dem anderen Fuß (Bodenkontakt). Dieser Fuß beginnt nun die Übung im nächsten Quadranten.

Variationen:
Diese Übung kann auch mit einem oder zwei Basketbällen im Dribbling durchgeführt werden. Außerdem können Abschluss- und/oder Passübungen im Anschluss durchgeführt werden. Ebenfalls rückwärts und mit Bricks durchführbar.

Korrekturhinweise:
Auf richtige Schrittfolge, Bodenkontakte und Geschwindigkeit achten. Möglichst kurze Bodenkontakte mit den Fußspitzen!

Materialbedarf:
1 Koordinationsleiter, 1–2 Basketbälle

→ 53

Inside Out Anterior Foot

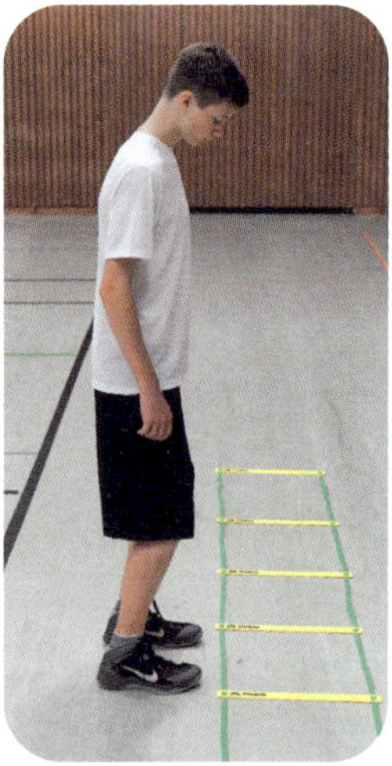

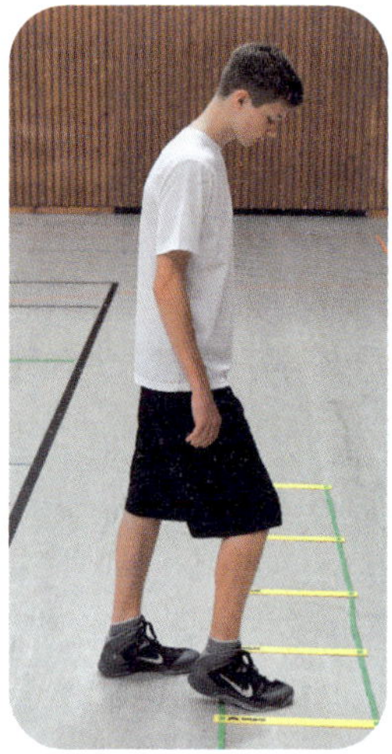

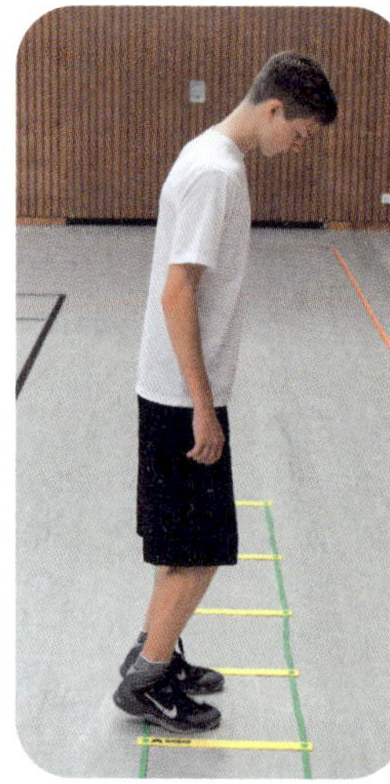

Zielgruppe

AGA	GLT	ABT	AST	HLT
	●	●	●	●

Spielerzahl:
1+

Lernziele/Drillschwerpunkt:
Verbesserung der Koordination

Empfohlene Dauer:
2–5 Durchgänge

Übungsbeschreibung:
Der Spieler steht mit den Fußspitzen in Richtung Leiter rechts am ersten Quadranten. Nun setzt er die rechte Fußspitze in den Quadranten, danach die linke Fußspitze. Dann stellt er die rechte Fußspitze vor den nächsten Quadranten und zieht den linken Fuß nach. Die Übung wird dann von der anderen Seite wiederholt.

Variationen:
Diese Übung kann auch mit einem oder zwei Basketbällen im Dribbling durchgeführt werden. Außerdem können Abschluss- und/oder Passübungen im Anschluss durchgeführt

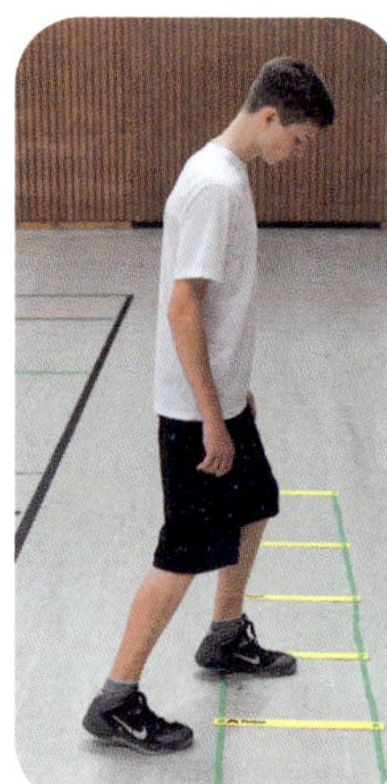

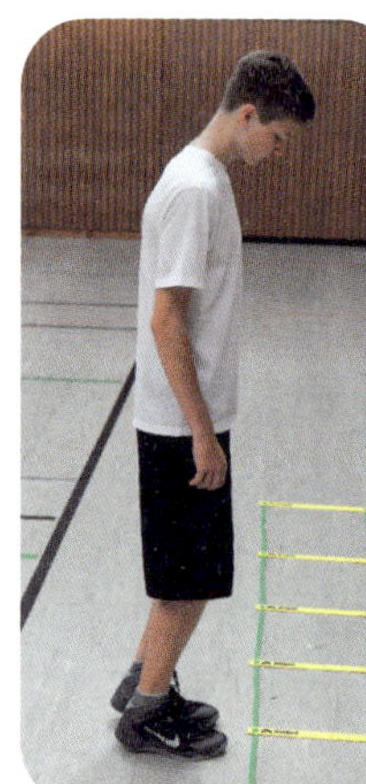

werden. Ebenfalls rückwärts und mit Bricks durchführbar.

Korrekturhinweise:
Auf richtige Schrittfolge, Bodenkontakte und Geschwindigkeit achten. Möglichst kurze Bodenkontakte mit den Fußspitzen!

Materialbedarf:
1 Koordinationsleiter, 1–2 Basketbälle

→ 54

Inside Out Posterior Foot

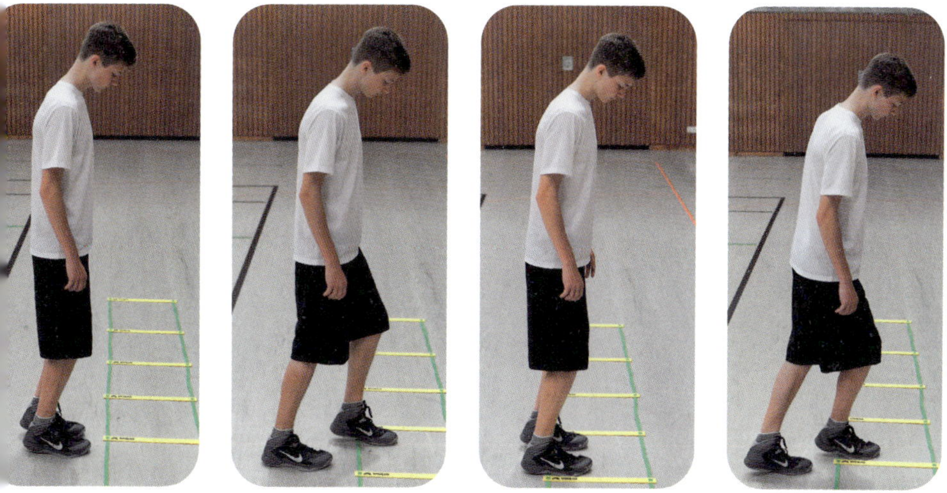

Zielgruppe

AGA	GLT	ABT	AST	HLT
	●	●	●	●

Spielerzahl:
1+

Lernziele/Drillschwerpunkt:
Verbesserung der Koordination

Empfohlene Dauer:
2–5 Durchgänge

Übungsbeschreibung:
Der Spieler steht mit den Fußspitzen in Richtung Leiter rechts am ersten Quadranten. Nun muss er setzt er die linke Fußspitze in den Quadranten, danach die rechten Fußspitze. Dann bewegt er die linke Fußspitze vor den nächsten Quadranten und zieht seinen rechten Fuß hinterher. Die Übung dannach von der linken Seite durchführen!

Variationen:
Diese Übung kann auch mit einem oder zwei Basketbällen im Dribbling durchgeführt werden. Außerdem können Abschluss- und/oder Passübungen im Anschluss durchgeführt werden. Ebenfalls rückwärts und mit Bricks durchführbar.

Korrekturhinweise:
Auf richtige Schrittfolge, Bodenkontakte und Geschwindigkeit achten. Möglichst kurze Bodenkontakte mit den Fußspitzen!

Materialbedarf:
1 Koordinationsleiter, 1–2 Basketbälle

→ 55

Jumping Jack

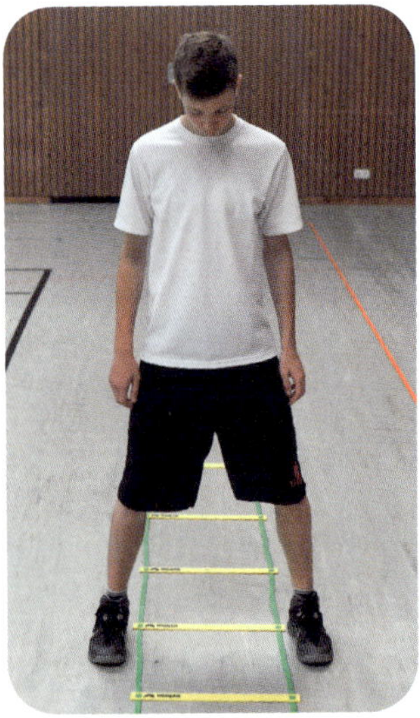 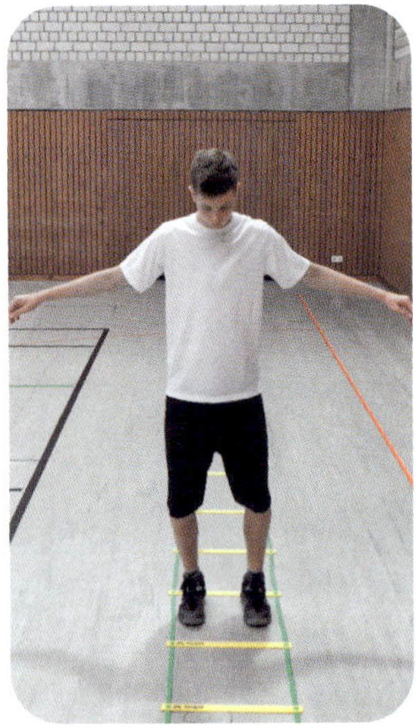 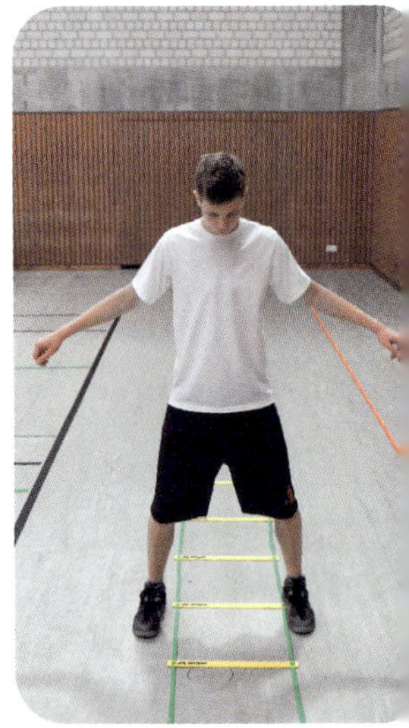

Zielgruppe

AGA	GLT	ABT	AST	HLT
	●	●	●	●

Spielerzahl:
1+

Lernziele/Drillschwerpunkt:
Verbesserung der Koordination

Empfohlene Dauer:
2–5 Durchgänge

Übungsbeschreibung:
Der Spieler steht breitbeinig über dem ersten Quadranten. Jetzt muss er mit beiden Füßen gleichzeitig in den ersten Quadranten springen, um sofort wieder breitbeinig über dem nächsten Quadranten aufzukommen. Dann geht es Quadrant für Quadrant so weiter.

Variationen:
Diese Übung kann auch mit einem oder zwei Basketbällen im Dribbling durchgeführt werden. Außerdem können Abschluss- und/oder Passübungen im Anschluss durchgeführt werden. Ebenfalls rückwärts und mit Bricks durchführbar.

Korrekturhinweise:
Auf richtige Schrittfolge, Bodenkontakte und Geschwindigkeit achten. Möglichst kurze Bodenkontakte mit den Fußspitzen!

Materialbedarf:
1 Koordinationsleiter, 1–2 Basketbälle

→ 56

Front to Back Jump

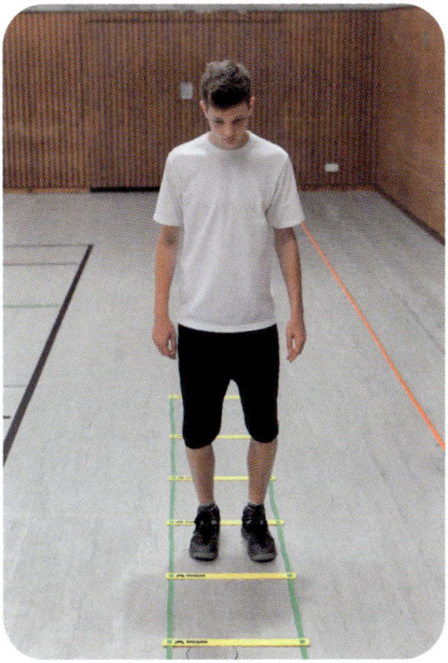

Zielgruppe

AGA	GLT	ABT	AST	HLT
	🏀	🏀	🏀	🏀

Spielerzahl:
1+

Lernziele/Drillschwerpunkt:
Verbesserung der Koordination

Empfohlene Dauer:
2–5 Durchgänge

Übungsbeschreibung:
Der Spieler steht vor dem ersten Quadranten. Nun muss er diesen überspringen und im zweiten Quadranten landen, um dann sofort rückwärts in den ersten Quadranten zu springen. Von dort aus muss er in den dritten Quadranten und dann zurück in den zweiten Quadranten springen usw.

Variationen:
Diese Übung kann auch mit einem oder zwei Basketbällen im Dribbling durchgeführt werden. Außerdem können Abschluss- und/oder Passübungen im Anschluss durchgeführt werden. Ebenfalls rückwärts und mit Bricks durchführbar. Hier können auch verschiedene Sprungvarianten, z. B. 180-Grad-Sprünge angewandt werden. Auch rückwärts und mit Bricks durchführbar.

Korrekturhinweise:
Auf richtige Schrittfolge, Bodenkontakte und Geschwindigkeit achten. Möglichst kurze Bodenkontakte mit den Fußspitzen!

Materialbedarf:
1 Koordinationsleiter, 1–2 Basketbälle

→ 57

Short Contact Run

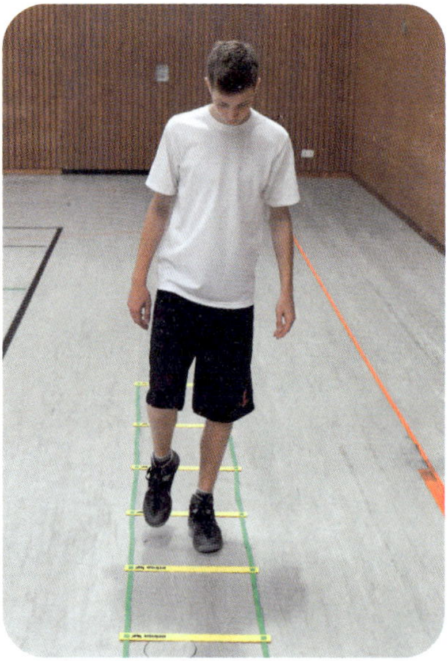

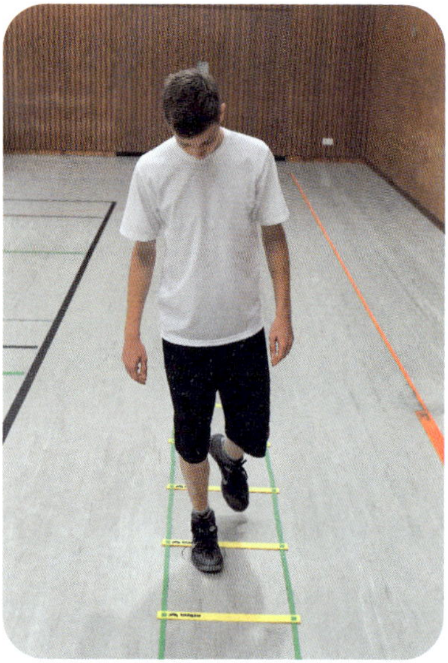

Zielgruppe

AGA	GLT	ABT	AST	HLT
	●	●	●	●

Spielerzahl:
1+

Lernziele/Drillschwerpunkt:
Verbesserung der Koordination

Empfohlene Dauer:
2–5 Durchgänge

Übungsbeschreibung:
Der Spieler nimmt etwas Anlauf und darf in einem Quadranten den Boden nur einmal mit einem Fuß berühren.

Variationen:
Bei dieser Übung können Vorgaben gemacht werden: Einbeinig, abwechselnd einbeinig oder auch nach bestimmten Rhythmen: Links, links, rechts, rechts oder ähnlich ...

Korrekturhinweise:
Auf richtige Schrittfolge, Bodenkontakte und Geschwindigkeit achten. Möglichst kurze Bodenkontakte mit den Fußspitzen!

Materialbedarf:
1 Koordinationsleiter, 1–2 Basketbälle

→ 49

Footspeed 1

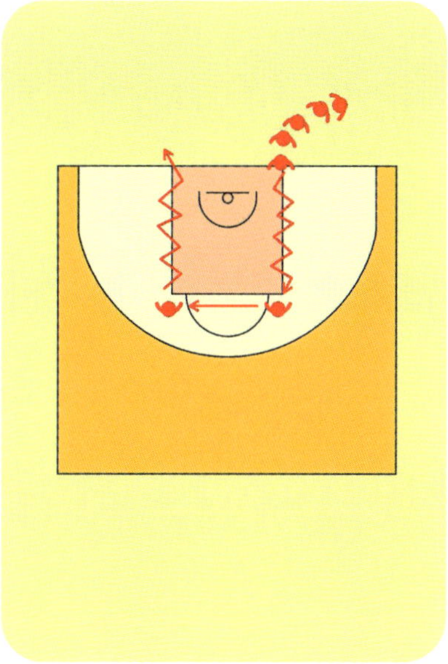

Zielgruppe

AGA	GLT	ABT	AST	HLT
🏀	🏀	🏀		

Spielerzahl:
1+

Lernziele/Drillschwerpunkt:
Verbesserung der Beweglichkeit/Fußschnelligkeit

Empfohlene Dauer:
mehrere Durchgänge

Übungsbeschreibung:
Die Spieler stehen am Schnittpunkt der Lane- mit der Baseline. Nach dem Startzeichen führen Sie die jeweils angesagten Bewegungen durch und bewegen sich dabei Richtung Elbow. Das Gesicht ist dabei dem gegenüberliegenden Korb zugewandt. Am Elbow drehen sie sich um und führen zwei bis drei seitliche (defensive) Gleitschritte bis zum anderen Elbow durch. Von dort führen sie die gleiche Bewegung wie zuvor bis zur Baseline durch. Dort warten sie, bis alle Spieler die Übung durchgeführt haben und machen die gleiche Übung in umgekehrter Richtung. 1. Skijumps beidbeinig (beide Füße landen abwechselnd auf der anderen Seite der Linie), 2. Skijumps einbeinig, erst mit dem einen Bein, dann mit dem anderen Bein. 3. Sprünge über die Linie, wobei die Spieler jeweils vom dem der Linie zugewandten Bein auf das andere Bein springen.

Variationen:
Eine Bahn rückwärts!

Korrekturhinweise:
Besonders zu Beginn das Tempo anpassen. Am Elbow Platz machen für die nachfolgenden Spieler.

→ 59

Footspeed 2

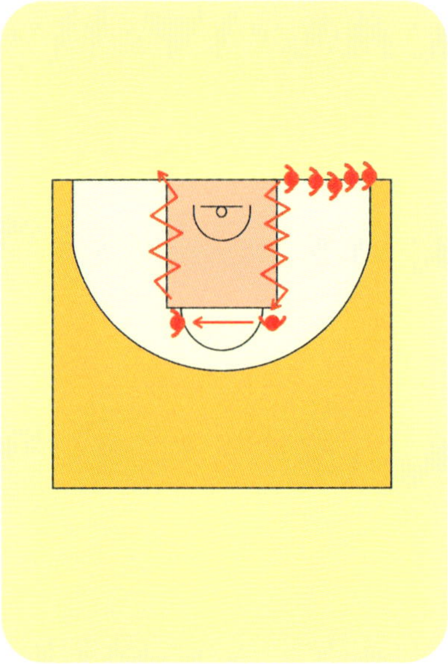

Zielgruppe

AGA	GLT	ABT	AST	HLT
●	●	●		

Spielerzahl:
1+

Lernziele/Drillschwerpunkt:
Verbesserung der Beweglichkeit/Fußschnelligkeit

Empfohlene Dauer:
mehrere Durchgänge

Übungsbeschreibung:
Übungsform wie 58 mit folgenden Vorgaben:
1. Genau auf der Laneline zwischen den Markierungslinien (Hedgemarks) jeweils drei schnelle beidbeinige Sprünge durchführen,
2. Gesicht zur Zone gewandt mit beiden Füßen jeweils vor und wieder hinter die Linie springen,
3. Schritt nach vorne mit einem Fuß über die Linie, dann mit dem anderen Fuß, dann das Gleiche rückwärts. Füße immer abwechseln!

Korrekturhinweise:
Besonders zu Beginn das Tempo anpassen. Am Elbow Platz machen für die nachfolgenden Spieler.

→ 60

Footspeed 3

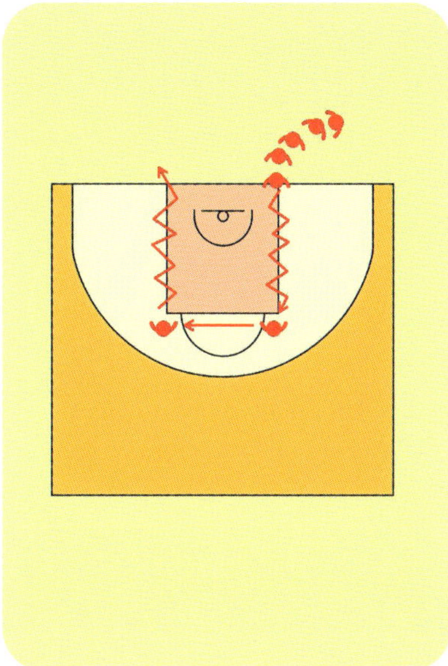

Zielgruppe

AGA	GLT	ABT	AST	HLT
●	●	●		

Spielerzahl:
1+

Lernziele/Drillschwerpunkt:
Verbesserung der Beweglichkeit/Fußschnelligkeit

Empfohlene Dauer:
mehrere Durchgänge

Übungsbeschreibung:
Übungsform wie 58 mit rhythmischen Vorgaben, wie z. B.
1. Drei Sprünge mit dem äußeren Fuß außerhalb der Zone, dann einen Sprung mit dem inneren Bein innerhalb der Zone,
2. Ein Sprung mit dem inneren Bein außerhalb der Zone, zwei beidbeinige Sprünge innerhalb der Zone (der Phantasie sind fast keine Grenzen gesetzt).

Korrekturhinweise:
Besonders zu Beginn das Tempo anpassen. Am Elbow Platz machen für die nachfolgenden Spieler.

→ 58

Reaction Drill 1

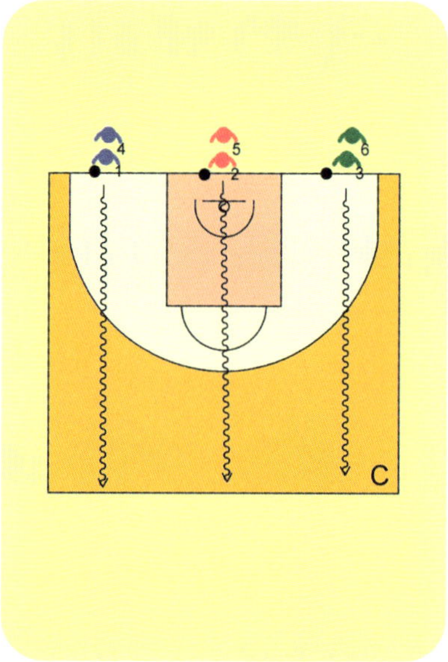

Zielgruppe

AGA	GLT	ABT	AST	HLT
🏀	🏀	🏀		

Spielerzahl:
2+

Lernziele/Drillschwerpunkt:
Verbesserung der Beweglichkeit/Handlungsschnelligkeit

Empfohlene Dauer:
mehrere Durchgänge

Übungsbeschreibung:
2–5 Spieler befinden sich jeweils in einer der beschriebenen Startpositionen an der Baseline. Jeder Spieler hat einen Ball. Auf Pfiff dribbeln sie so schnell wie möglich zur Mittellinie und versuchen dort zuerst anzukommen. Verschiedene Startpositionen ansagen:
1. Im Stand, Gesicht nach vorne,
2. Im Stand Gesicht nach hinten,
3. Im Sitzen, Füße nach vorne und auf der Linie, Ball auf den Füßen,
4. Im Sitzen, Füße nach hinten und auf der Linie, Ball auf den Füßen.
5. Im Liegen, Ball vor dem Kopf, Kopf nach vorne, Kopf auf der Linie usw. ...

Variationen:
Verschiedene Startpositionen wählen, pro Person 2 Bälle, Sprintentfernung ändern.

Korrekturhinweise:
Ball bei Dribbelbeginn »pushen«!

Materialbedarf:
1 Ball pro Spieler

→ 62

Reaction Drill 2

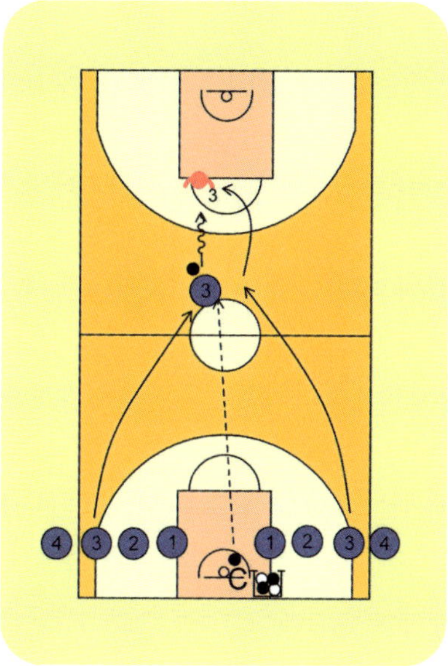

Zielgruppe

AGA	GLT	ABT	AST	HLT
●	●	●		

Spielerzahl:
2, 4, 6, 8, 10 oder 12

Lernziele/Drillschwerpunkt:
Verbesserung der Wahrnehmungsfähigkeit/ Handlungsschnelligkeit

Empfohlene Dauer:
mehrere Durchgänge

Übungsbeschreibung:
Die Spieler werden in gleichgroße Gruppen geteilt. Der Coach teilt beiden Gruppen jeweils die Nummer 1 bis x zu, wobei er die Spieler in etwa der Schnelligkeit nach ordnet. Der Coach hat 2 Bälle. Die Teams stehen nebeneinander an der Baseline mit dem Gesicht zum anderen Korb gewandt. Er wirft oder rollt nun den Ball auf das Feld. Plötzlich ruft er eine Zahl und die beiden Spieler mit der aufgerufenen Nummer versuchen, den Ball zu erlaufen. Wer den Ball erlaufen hat, spielt auf den gegenüberliegenden Korb 1-1. Der Coach kann auch eine zweistellige Zahl rufen, das bedeutet beispielsweise bei 42, dass die Spieler mit der Nummer 2 und mit der 4 laufen müssen. Die Mannschaft, deren Spieler den Ball erkämpft, erhält einen Punkt, einen zusätzlichen Punkt gibt es, wenn das 1-1 erfolgreich ist.

Variationen:
Verschiedene Startpositionen wählen, mehrere Bälle gleichzeitig ins Spiel bringen.

Materialbedarf:
2-4 Bälle

→ 61

Dribble and Pivot Drill

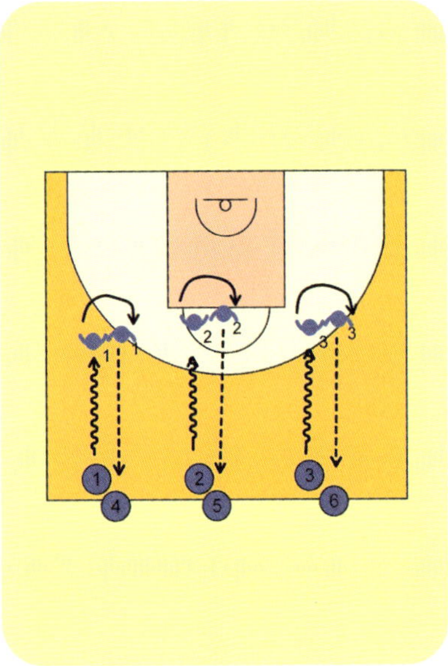

Zielgruppe

AGA	GLT	ABT	AST	HLT

Spielerzahl:
2+

Lernziele/Drillschwerpunkt:
Sternschritt trainieren, Passtechniken verbessern

Empfohlene Dauer:
5–8 Minuten

Übungsbeschreibung:
Zwei oder auch mehrere Spieler stehen hintereinander an der Mittellinie. Der vordere Spieler hat einen Ball und dribbelt eine vorgegebene Anzahl von Dribblings (2–4, je nach Passtechnik und Physis) auf die Baseline zu. Er stoppt ab, macht einen Sternschritt und passt den Ball zurück zum nächsten Spieler. Dann läuft er zurück und stellt sich wieder hinten an.

Variationen:
Dribbelhand variieren, Anzahl der Dribblings variieren, Einkontakt- oder Zweikontaktstop vorgeben. Standbein bestimmen, Sternschrittrichtung vorgeben, Passart vorgeben.

Korrekturhinweise:
Ballschutz kontrollieren, stabilen Stand testen, Passtechniken beobachten.

Materialbedarf:
1 Ball pro Gruppe

Star Slide Drill

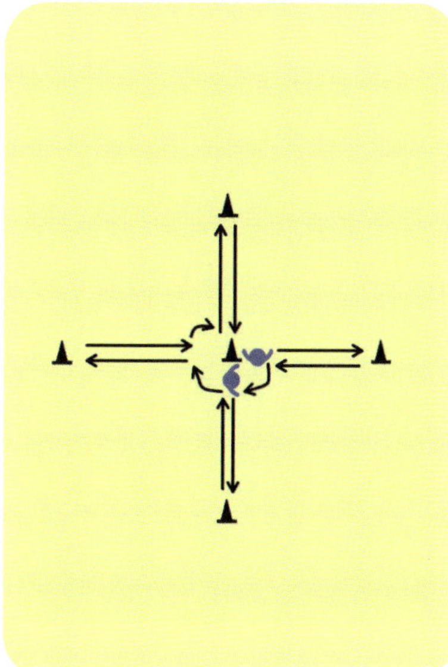

Zielgruppe

AGA	GLT	ABT	AST	HLT
	🏀	🏀	🏀	

Spielerzahl:
1+

Lernziele/Drillschwerpunkt:
Verbesserung der defensiven Fußarbeit

Empfohlene Dauer:
4–5 Wiederholungen

Übungsbeschreibung:
Auf dem Mittelpunkt des Feldes wird ein Kegel platziert. In etwa 4 m Abstand werden auf der Mittellinie rechts und links und auf jeder Platzhälfte auf der Splitline je ein Kegel aufgestellt. Der Spieler beginnt die Übung am zentralen Kegel indem er diesen mit der Hand berührt. Er führt nun Slidesteps zu einem der äußeren Kegel aus, berührt diesen und »slidet« zurück zum Ausgangspunkt, wo er den Kegel wiederum berührt. Mit dem äußeren Bein führt er nun einen 90-Grad-Rückwärtssternschritt (Dropstep) durch und führt die Übung sofort zum nächsten Kegel aus. Dieser Drill wird fortgesetzt, bis alle Kegel berührt wurden.

Variationen:
Abstand der Kegel verändern, Anzahl der Kegel verändern, 2 Spieler arbeiten gleichzeitig.

Korrekturhinweise:
Tiefer Körperschwerpunkt, Füße kreuzen nicht, Gerader Rücken.

Materialbedarf:
5 Kegel pro Trainingsgruppe

Wettkampf:
Wer braucht die wenigste Zeit?

→ 65

Star Sprint and Backpedal Drill

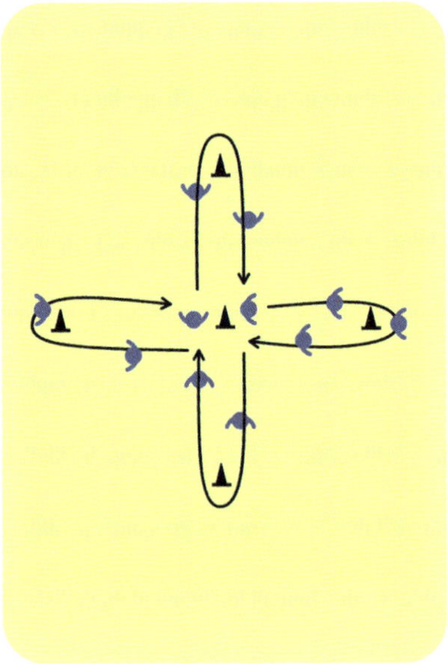

Zielgruppe

AGA	GLT	ABT	AST	HLT
	●	●	●	

Spielerzahl:
1+

Lernziele/Drillschwerpunkt:
Verbesserung der defensiven Fußarbeit

Empfohlene Dauer:
4–5 Wiederholungen

Übungsbeschreibung:
Gleiche Übungsform wie bei Drill 64, jedoch Sprint nach vorne und Rückwärtslauf zurück. Kegel werden jedoch nicht berührt, sondern umrundet.

Variationen:
Abstand der Kegel verändern, Anzahl der Kegel verändern, 2 Spieler arbeiten gleichzeitig.

Korrekturhinweise:
Aufpassen beim Umrunden der Kegel, diese sollen nicht umgerannt werden.

Materialbedarf:
5 Kegel pro Trainingsgruppe

Wettkampf:
Wer braucht die wenigste Zeit?

→ 66

Star Hustle Drill

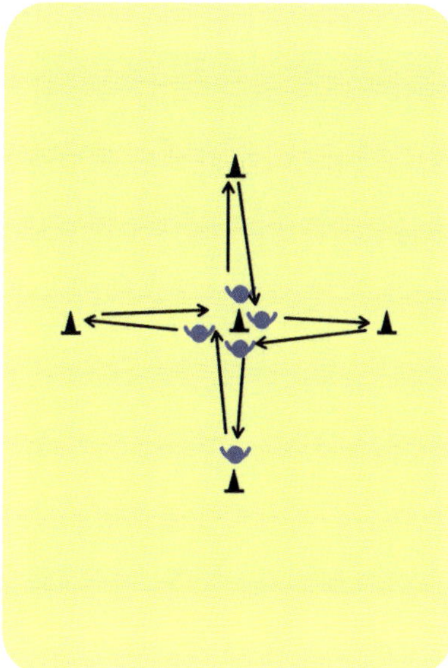

Zielgruppe

AGA	GLT	ABT	AST	HLT
	x	x	x	

Spielerzahl:
1+

Lernziele/Drillschwerpunkt:
Verbesserung der defensiven Fußarbeit

Empfohlene Dauer:
4–5 Wiederholungen

Übungsbeschreibung:
Gleiche Übungsform wie bei Drill 64, jedoch startet der Spieler mit einem Vorwärtssprint zu einem Korb, dem er die ganze Übung lang zugewandt bleibt. Er läuft rückwärts zurück und führt dann Slidesteps zu einer Seite aus und wieder zurück zur Mitte. Von dort läuft er rückwärts zum hinteren Kegel usw. Bei diesem Drill soll der Spieler jeweils die Hütchen mit der Hand berühren.

Variationen:
Abstand der Kegel verändern, Anzahl der Kegel verändern, 2 Spieler arbeiten gleichzeitig.

Korrekturhinweise:
Tiefer Körperschwerpunkt, Füße kreuzen nicht, gerader Rücken.

Materialbedarf:
5 Kegel pro Trainingsgruppe

Wettkampf:
Wer braucht die wenigste Zeit?

→ 67

Two Bench Drill

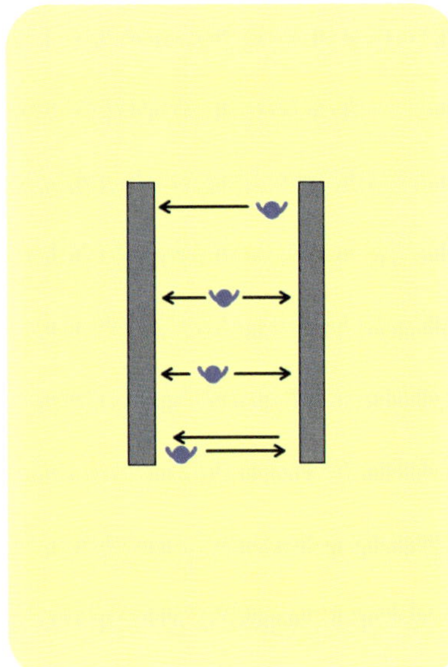

Zielgruppe

AGA	GLT	ABT	AST	HLT
	●	●	●	

Spielerzahl:
bis zu 4 pro 2 Bänke gleichzeitig

Lernziele/Drillschwerpunkt:
Verbesserung der defensiven Fußarbeit

Empfohlene Dauer:
3–5 x 24 Sekunden

Übungsbeschreibung:
2 Turnbänke werden in etwa 4 m Abstand parallele zueinander aufgestellt. Die Spieler fangen die Übung auf Zeichen an und führen Slidesteps von einer zu anderen Bank aus, wobei sie die Bank jeweils berühren müssen. Jede Berührung zählt einen Punkt.

Variationen:
Abstand der Bänke verändern.

Korrekturhinweise:
Tiefer Körperschwerpunkt, Füße kreuzen nicht, gerader Rücken.

Materialbedarf:
2 Turnbänke pro Trainingsgruppe

Wettkampf:
Wer schafft die meisten Berührungen?

→ 68

Two Bench Cone Drill

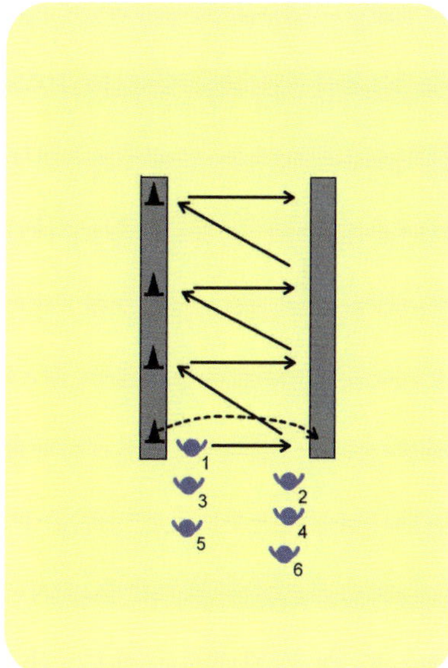

Zielgruppe

AGA	GLT	ABT	AST	HLT
	🏀	🏀	🏀	

Spielerzahl:
ab 2 Spieler

Lernziele/Drillschwerpunkt:
Verbesserung der defensiven Fußarbeit

Empfohlene Dauer:
3–5 Durchgänge

Übungsbeschreibung:
Dieser Drill ähnelt dem Drill 67 jedoch beinhaltet er das Zusammenwirken in der Gruppe. Auf einer der beiden Bänke werden 4 Kegel oder andere Gegenstände in gleichem Abstand platziert. Der erste Spieler startet die Übung, indem er mit Slidesteps den ersten Kegel zur anderen Bank bringt und ihn dort etwa auf der gleichen Position abstellt. Mit Slidesteps bewegt er sich nun schräg nach vorne zum nächsten Kegel und bringt diesen dann in gleicher Weise zur anderen Bank, wie auch die Kegel 3 und 4. Der 2. Spieler startet auf der anderen Seite und bringt die Kegel zurück zur Ausgangsposition usw.

Variationen:
Abstand der Bänke verändern, Spieler drehen sich mit dem Gesicht in die andere Richtung.

Korrekturhinweise:
Tiefer Körperschwerpunkt, Füße kreuzen nicht, Gerader Rücken.

Materialbedarf:
2 Turnbänke pro Trainingsgruppe

Wettkampf:
Eignet sich bestens für den Wettbewerb als Staffellauf!

→ 69

Bean Bag Hustle Drill

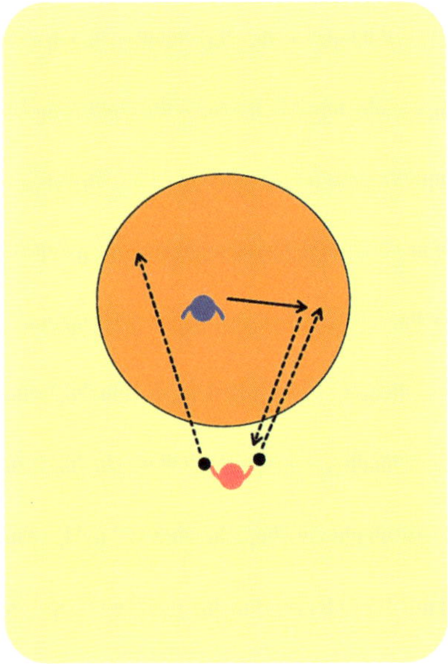

Zielgruppe

AGA	GLT	ABT	AST	HLT
	🏀	🏀	🏀	

Spielerzahl:
ab 2 Spieler

Lernziele/Drillschwerpunkt:
Verbesserung der defensiven Fußarbeit

Empfohlene Dauer:
3–5 Durchläufe für das ganze Team

Übungsbeschreibung:
Ein Spieler steht z. B. im Mittelkreis. Der Coach oder ein Mitspieler hat 2 Bohnensäckchen in der Hand. Bei Drillbeginn wirft er 1 davon so in den Kreis, dass der arbeitende Spieler das Säckchen nicht fangen kann, sondern aufheben muss. Während dieser es aufhebt und zurückwirft und zwar so, dass es leicht gefangen werden kann, wirft er das 2. Säckchen an eine andere Stelle. Der Spieler benutzt Slidesteps um dorthin zu gelangen, er hebt das Bohnensäckchen auf und wirft es wieder zurück, usw. .

Variationen:
Übungszeit verändern/steigern.

Korrekturhinweise:
Tiefer Körperschwerpunkt, Füße kreuzen nicht, Gerader Rücken.

Materialbedarf:
2 Bohnensäckchen pro Trainingsgruppe

→ 70

Colour Exercise 1vs1

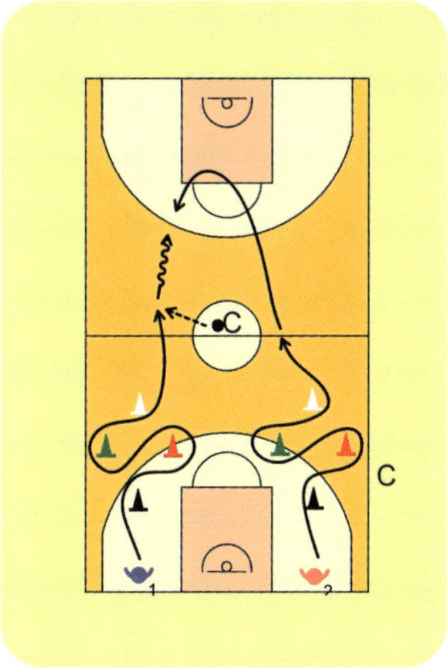

Zielgruppe

AGA	GLT	ABT	AST	HLT
🏀	🏀	🏀	🏀	

Spielerzahl:
ab 2 Spieler

Lernziele/Drillschwerpunkt:
Verbesserung der allgemeinen Fußarbeit, Kognitionsverbesserung

Empfohlene Dauer:
4–6 Durchgänge

Übungsbeschreibung:
Es werden vor jedem Spieler in gleichem, frei wählbarem Abstand und in gleicher Farbkonstellation die Markierungen postiert (siehe Abb.). Nun gibt der Trainer eine Farbreihenfolge vor und gibt das Signal zum Start. Die Spieler müssen in der richtigen Reihenfolge möglichst schnell um die Markierungen laufen und danach auf den Trainer zulaufen, der an der Mittellinie steht. Wer als Erster da ist, ist Offense, der andere ist Defense. Gespielt wird auf den gegenüberliegenden Korb.

Variationen:
Man kann die Übung erschweren, indem man anstatt oder zusätzlich zu den Farben den Markierungen Nummern oder Himmelsrichtungen gibt, und diese dann kombiniert. Anstatt des 1vs1 kann man auch athletische Anschlussübungen machen.

Korrekturhinweise:
Richtige Reihenfolge beachten! Verschiedene Kombinationen wählen, Schwierigkeitsgrad dadurch erhöhen.

Materialbedarf:
mindestens 8 Markierungen, paarweise in 4 verschiedenen Farben, 1 Basketball

Wettkampf:
Wer zuerst 3-mal gescored hat, gewinnt!

→ 71

Circle Chase

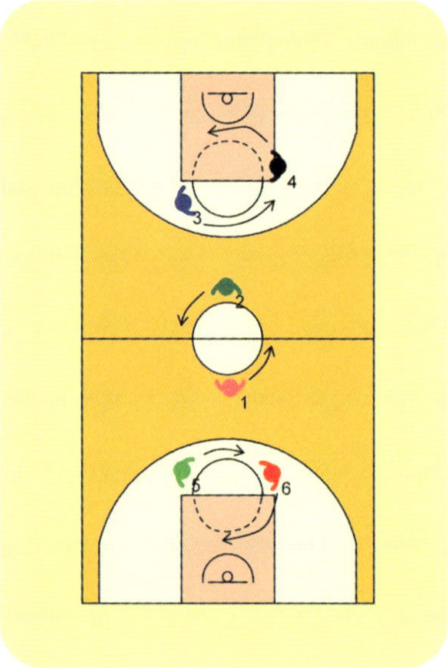

Zielgruppe

AGA	GLT	ABT	AST	HLT
●	●	●		

Spielerzahl:
2 pro Kreis

Lernziele/Drillschwerpunkt:
Verbesserung der Fußarbeit

Empfohlene Dauer:
6–8 Minuten

Übungsbeschreibung:
2 Spieler stehen sich am Mittelkreis gegenüber. Einer hat die Aufgabe, den anderen mit der Hand zu berühren. Beide Spieler dürfen sich nur knapp außerhalb der Kreislinie bewegen. Die Rollen werden nach jeder Berührung gewechselt. Auch die beiden Kreise um die Freiwurflinie können benutzt werden.

Variationen:
Der »Gejagte« muss einen Ball dribbeln.

Korrekturhinweise:
Den Kreis nicht betreten, niedriger Körperschwerpunkt.

Materialbedarf:
1 Ball pro Paar für die Variation

Wettbewerb:
Jeweils 30 Sekunden arbeiten, der Sieger erhält 1 Punkt. Wer erzielt in 5 Versuchen die meisten Punkte?

→ 72

Clock Reaches

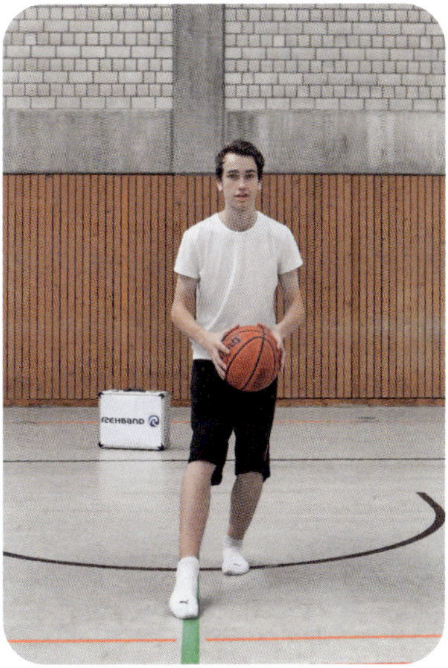

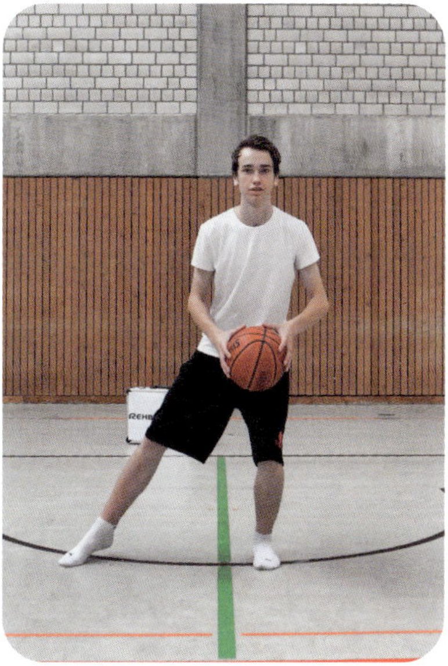

Zielgruppe

AGA	GLT	ABT	AST	HLT
●	●	●	●	

Spielerzahl:
Individual

Lernziele/Drillschwerpunkt:
Verbesserung des Balancegefühls

Empfohlene Dauer:
3–5 30-Sekunden-Einheiten pro Bein

Übungsbeschreibung:
Der Spieler zieht seine Schuhe aus und stellt beider Füße nebeneinander. Er hebt dann den rechten Fuß an führt ihn nach vorne und berührt ganz leicht den Boden etwa 50–70 cm geradewegs vor sich (12 Uhr) mit der Ferse. Er hebt den Fuß wieder an und bewegt ihn Richtung Ausgangsposition, berührt dort mit den Fußspitzen wieder ganz leicht den Boden. Diese Bewegung wiederholt er ganz langsam in Richtung »Halb Zwei«, »Drei«, »Halb Fünf« und »Sechs Uhr« und wieder zurück. Danach macht er die Übung spiegelverkehrt mit dem linken Bein.

Variationen:
Den Drill mit geschlossenen Augen durchführen. Den Drill durchführen und dabei einen Basketball um die Hüfte kreisen lassen oder mit der gegenüberliegenden Hand dribbeln.

Korrekturhinweise:
Den bewegten Fuß nur ganz leicht aufsetzen!

Materialbedarf:
1 Ball für die Variation

→ 58

Tennisballdrill 1

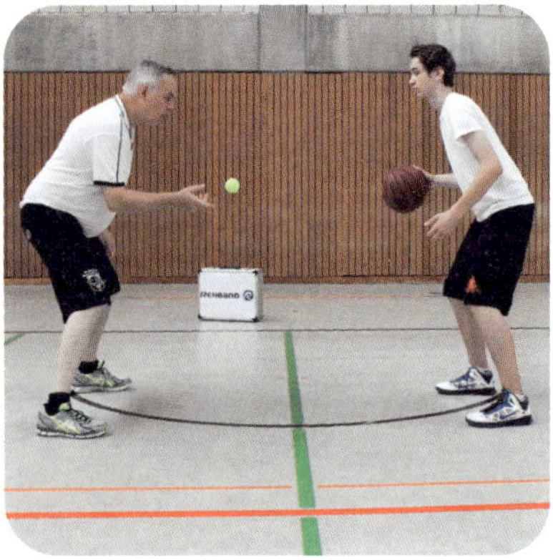

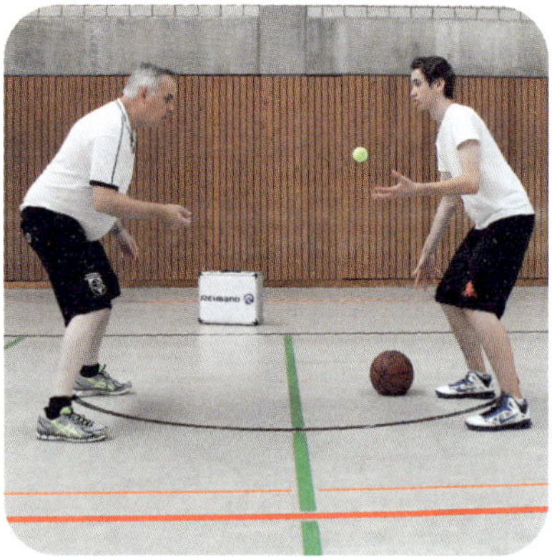

Zielgruppe

AGA	GLT	ABT	AST	HLT
🏀	🏀	🏀		

Spielerzahl:
2+

Lernziele/Drillschwerpunkt:
Verbesserung der Koordination, Reaktionsfähigkeit und der Ballhandling-Skills

Empfohlene Dauer:
mehrere Abschnitte à 60 Sekunden

Übungsbeschreibung:
Zwei Spieler stehen sich etwa 3 m gegenüber, ein Spieler 1 hat einen Tennisball, Spieler 2 dribbelt einen Basketball. Spieler 1 wirft dem Spieler 2 den Ball zunächst von unten in die linke Hand, während dieser mit rechts dribbelt. Dieser fängt den Tennisball und wirft ihn zurück. Nach einigen Versuchen wirft Spieler 1 den Ball dann in die rechte Hand, während Spieler 2 mit links dribbelt. Wenn Spieler 2 sich an das Fangen gewöhnt hat, wirft Spieler 1 abwechselnd in die rechte und linke Hand, sodass Spieler 2 jeweils einen Handwechsel durchführen muss. Letztlich wirft Spieler 1 zufällig auf die rechte oder linke Hand, sodass Spieler 2 jeweils schnell reagieren muss.

Variationen:
Es können verschieden Bälle benutzt werden. Softbälle in verschiedenen Größen, Minifootballs, Gummiringe etc.

Korrekturhinweise:
Tennisbälle werden zu flach geworfen, Abstand ist zu groß oder zu kurz, Blick auf den Tennisball richten.

Materialbedarf:
1 Basketball und 1 Tennisball pro Paar

Wettkampf:
Welcher Spieler fängt in einer Minute die meisten Tennisbälle?

→ 74

Tennisballdrill 2

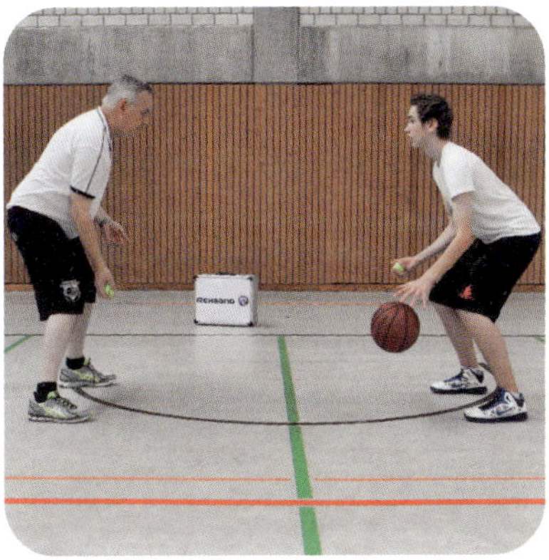

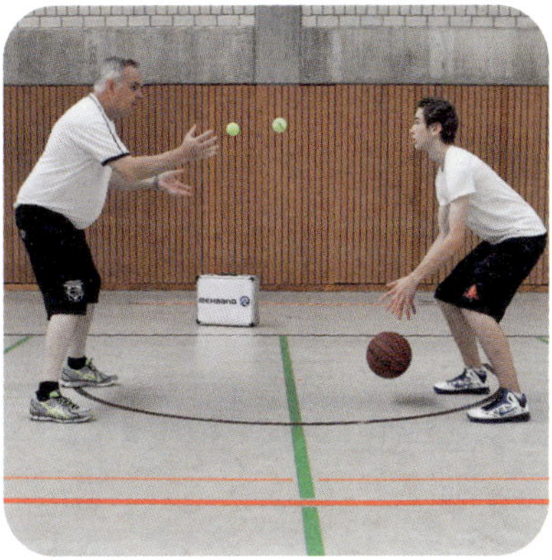

Zielgruppe

AGA	GLT	ABT	AST	HLT
	🏀	🏀	🏀	

Spielerzahl:
2+

Lernziele/Drillschwerpunkt:
Verbesserung der Koordination, Reaktionsfähigkeit und der Ballhandling-Skills

Empfohlene Dauer:
mehrere Abschnitte à 60 Sekunden

Übungsbeschreibung:
Setup wie bei Drill 73, jedoch hat Spieler 1 zwei Tennisbälle, einen in der rechten und einen in der linken Hand. Er wirft zunächst den ersten Tennisball aus seiner rechten in die linke Hand des Dribblers. Während dieser ihn zurückwirf, wirft er den Tennisball aus seiner linken Hand in die rechte Hand des Dribblers, usw. Wenn dies gut funktioniert, kann Spieler 1 die Bälle zufällig auf eine Seite werfen, sodass die Reaktion des Dribblers gefordert ist.

Variationen:
Es können verschieden Bälle benutzt werden. Softbälle in verschiedenen Größen, Minifootballs, Gummiringe etc.

Korrekturhinweise:
Tennisbälle werden zu flach geworfen, Abstand ist zu groß oder zu kurz, Blick auf den Tennisball richten.

Materialbedarf:
1 Basketball und 2 Tennisbälle pro Paar

Wettkampf:
Welcher Spieler fängt in einer Minute die meisten Tennisbälle?

→ 75

Tennisballdrill 3

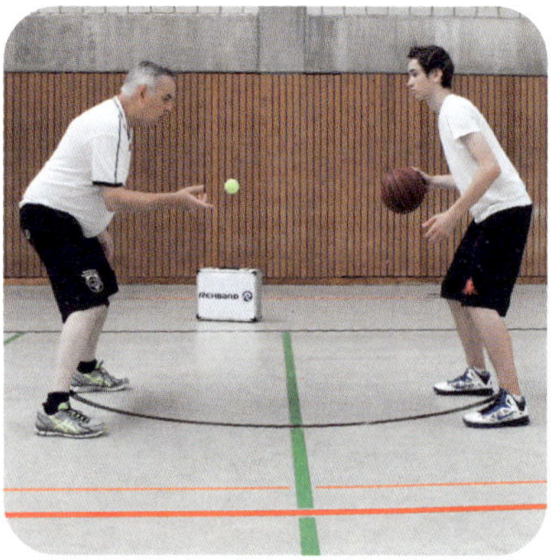

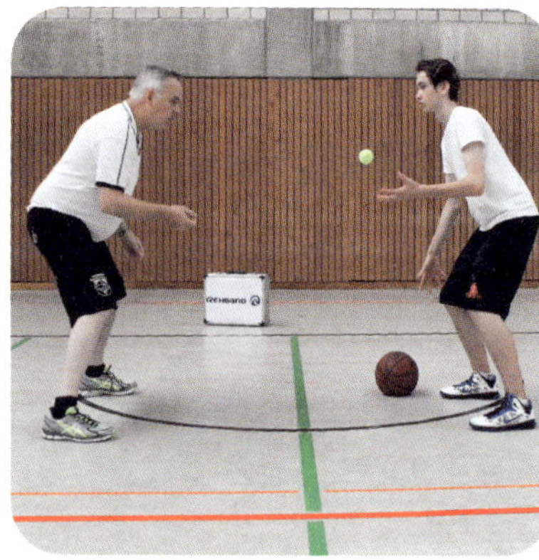

Zielgruppe

AGA	GLT	ABT	AST	HLT

Spielerzahl:
2+

Lernziele/Drillschwerpunkt:
Verbesserung der Koordination, Reaktionsfähigkeit und der Ballhandling-Skills

Empfohlene Dauer:
mehrere Abschnitte à 60 Sekunden

Übungsbeschreibung:
Setup wie bei Drill 73 und 74, jedoch hat Spieler 1 zwei Tennisbälle, einen in der rechten und einen in der linken Hand. Er wirft zunächst den ersten Tennisball aus seiner rechten in die linke Hand des Dribblers. Während dieser ihn zurückwirf, wirft er den Tennisball aus seiner linken Hand in die rechte Hand des Dribblers, usw. Wenn dies gut funktioniert, kann Spieler 1 die Bälle zufällig auf eine Seite werfen, sodass die Reaktion des Dribblers gefordert ist. Um die Schwierigkeit weiter zu erhöhen werden jetzt auch Bodenpässe mit dem Tennisball zugelassen. Außerdem kann der Zuwerfer die Bälle jetzt auch »zu hoch« (über Kopf) oder zu weit nach außen werfen, während der Fänger stets weiterdribbeln muss.

Variationen:
Es können verschieden Bälle benutzt werden. Softbälle in verschiedenen Größen, Minifootballs, Gummiringe etc.

Korrekturhinweise:
Tennisbälle werden zu flach geworfen, Abstand ist zu groß oder zu kurz, Blick auf den Tennisball richten.

Materialbedarf:
1 Basketball und 2 Tennisbälle pro Paar

Wettkampf:
Welcher Spieler fängt in einer Minute die meisten Tennisbälle?

→ 76

Tennisballdrill 4

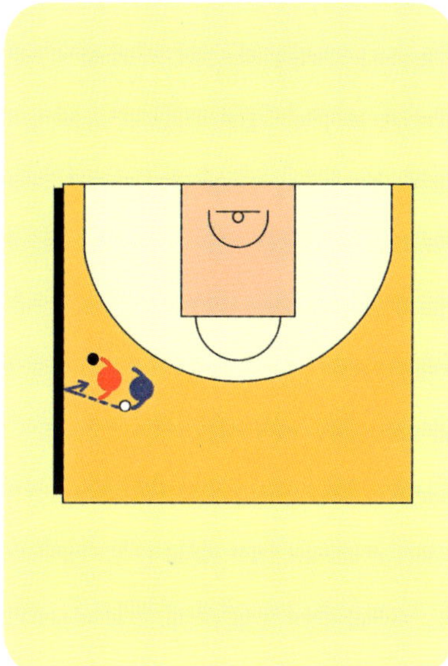

Zielgruppe

AGA	GLT	ABT	AST	HLT
	●	●	●	

Spielerzahl:
2+

Lernziele/Drillschwerpunkt:
Verbesserung der Koordination, Reaktionsfähigkeit und der Ballhandling-Skills

Empfohlene Dauer:
mehrere Abschnitte à 60 Sekunden

Übungsbeschreibung:
Der Spieler 1 mit dem Basketball steht mit dem Gesicht zur einer Wand im Abstand von etwa 3 m und dribbelt. Spieler 2 steht dahinter und wirft den Tennisball aus verschiedenen Winkeln (auch als Bodenpass) gegen die Wand. Spieler 1 muss den Tennisball fangen und zu Spieler 2 zurückwerfen.

Korrekturhinweise:
Tennisball wird zu hart gegen die Wand geworfen.

Materialbedarf:
1 Basketball und 1 Tennisball pro Paar

Wettkampf:
Wer fängt in der vorgegebenen Zeiteinheit die meisten Bälle?

→ 77

Tennisballdrill 5

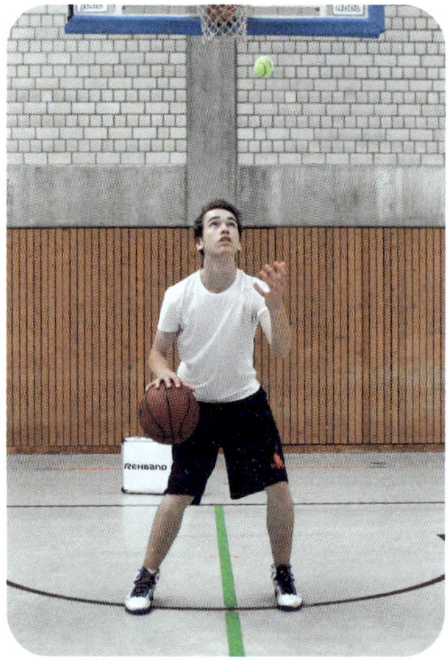

Zielgruppe

AGA	GLT	ABT	AST	HLT
	●	●	●	

Spielerzahl:
1+

Lernziele/Drillschwerpunkt:
Verbesserung der Koordination, Reaktionsfähigkeit und der Ballhandling-Skills

Empfohlene Dauer:
mehrere Abschnitte à 60 Sekunden

Übungsbeschreibung:
Spieler steht in einem athletischen Stand mit einem Basketball und einem Tennisball. Zunächst dribbelt er mit seiner schwachen Hand und wirft den Tennisball hoch und fängt ihn dann wieder auf. Dann wechselt er die Hand. Zuletzt wechselt er bei jedem Tennisballwurf die Hand. Um die Schwierigkeit zu erhöhen, kann er während der Tennisball in der Luft ist, mit dem Basketball zwei-, drei- oder gar vier Handwechsel machen.

Variationen:
Handwechsel vor dem Körper, Handwechsel zwischen den Beinen, Mischformen von Handwechseln.

Korrekturhinweise:
Tennisball wird zu wenig hoch geworfen, Augen beobachten nicht den Tennisball.

Materialbedarf:
1 Basketball und 1 Tennisball

Wettkampf:
Wer schafft die meisten/meisten verschiedenen Handwechsel während des Tennisballfluges?

→ 73

Hop and Sprint

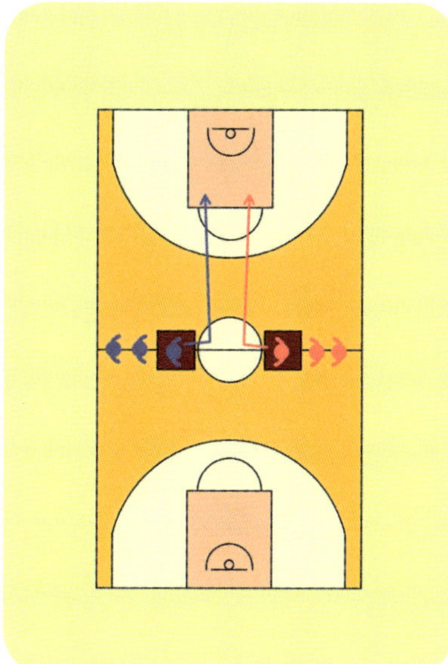

Zielgruppe

AGA	GLT	ABT	AST	HLT
	●	●	●	

Spielerzahl:
2+

Lernziele/Drillschwerpunkt:
Verbesserung der Handlungsschnelligkeit, Verbesserung der Fußarbeit

Empfohlene Dauer:
3–5 Minuten

Übungsbeschreibung:
Zwei Turnkästen werden im Abstand von etwa 5 m auf der Mittellinie platziert. Die Spieler werden in zwei Gruppen geteilt und stehen zur Sideline hintereinander an den Kästen. Die ersten Spieler jeder Reihe steigen auf die Kästen und schauen sich an, die Spieler sind einander zugewandt. Der Coach gibt codierte Anweisungen. Den beiden Körben werden Farben, Buchstaben oder Zahlen zugeordnet. Wenn der Coach eine Anweisung gibt, springen die Spieler vom Kasten herunter, drehen sich in die angegebene Richtung und sprinten bis zur jeweiligen Freiwurflinie.

Variationen:
Zuerst nur das Kommando zum Herabspringen geben und bei der Landung die Richtung angeben.

Korrekturhinweise:
Die Füße sollen bei der Landung parallele zur Splitline stehen.

Materialbedarf:
2 Turnkästen

Wettkampf:
Welcher Spieler ist am schnellsten am Ziel? Jeder Einzelsieg bringt dem Team (der Seite) 1 Punkt. Die Mannschaft, die zuerst 10 Punkte hat, gewinnt.

→ 79

Hop and Sprint or Backpedal

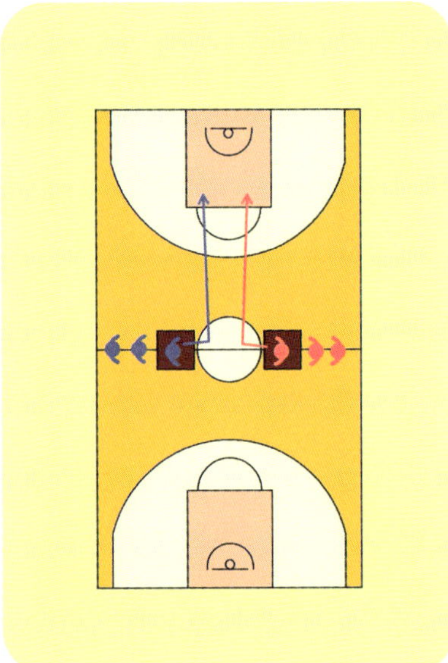

Zielgruppe

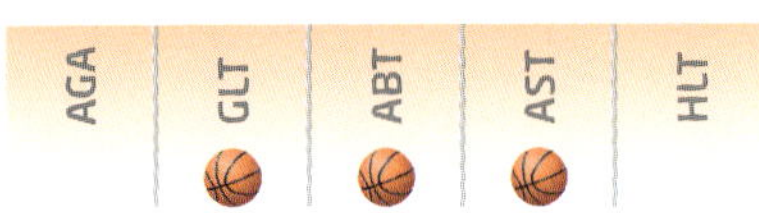

Spielerzahl:
2+

Lernziele/Drillschwerpunkt:
Verbesserung der Handlungsschnelligkeit, Verbesserung der Fußarbeit

Empfohlene Dauer:
3–5 Minuten

Übungsbeschreibung:
Zwei Turnkästen werden im Abstand von etwa 5 m auf der Mittellinie platziert. Die Spieler werden in zwei Gruppen geteilt und stehen zur Sideline hintereinander an den Kästen. Die ersten Spieler jeder Reihe steigen auf die Kästen und schauen sich an, die Spieler sind einander zugewandt. Der Coach gibt codierte Anweisungen. Den beiden Körben werden Farben, Buchstaben oder Zahlen zugeordnet und der Laufrichtung (vorwärts oder rückwärts) ebenfalls. Beispielsweise könnte eine Anweisung heißen: Blau 5, wobei Blau für einen Korb steht und 5 als ungerade Zahl für die Laufrichtung »Rückwärts«. Wenn der Coach eine Anweisung gibt, springen die Spieler vom Kasten herunter, drehen sich in die angegebene Richtung und sprinten vorwärts oder rückwärts bis zur jeweiligen Freiwurflinie.

Variationen:
Zuerst nur das Kommando zum Herabspringen geben und bei der Landung die Richtung angeben.

Korrekturhinweise:
Die Füße sollen bei der Landung parallele zur Splitline stehen.

Materialbedarf:
2 Turnkästen

Wettkampf:
Welcher Spieler ist am schnellsten am Ziel? Jeder Einzelsieg bringt dem Team (der Seite) 1 Punkt. Die Mannschaft, die zuerst 10 Punkte hat, gewinnt.

→ 80

Slide and Sprint

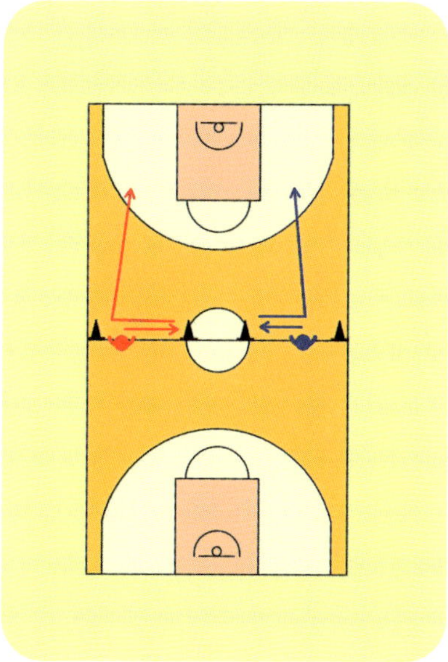

Zielgruppe

AGA	GLT	ABT	AST	HLT
	●	●	●	

Spielerzahl:
2+

Lernziele/Drillschwerpunkt:
Verbesserung der Handlungsschnelligkeit, Verbesserung der Fußarbeit

Empfohlene Dauer:
3–5 Minuten

Übungsbeschreibung:
Auf der Mittellinie werden auf jeder Seite zwei gleichbreite Bereiche mit Kegeln markiert. Die Spieler werden in zwei Gruppen geteilt. Der erste Spieler jeder Gruppe stellt sich an den der Mittellinie zugewandten Kegel. Auf Kommando führen die Spieler »Slideschritte« zwischen den Kegeln aus, wobei die Geschwindigkeit keine Rolle spielt. Beide Spieler schauen in die gleiche Richtung. Der Coach stellt nun eine Rechenaufgabe. Ist das Ergebnis eine gerade Zahl, sprinten die beiden Spieler nach vorne bis zur Freiwurflinie, ist das Ergebnis ungerade, drehen sie sich um und sprinten zur anderen Freiwurflinie.

Variationen:
Ein weiteres Kommando für »vorwärts« oder »rückwärts« einbauen!

Korrekturhinweise:
Auf gute Ausführung der Slideschritte achten.

Materialbedarf:
4 Kegel

Wettkampf:
Welcher Spieler ist am schnellsten am Ziel? Jeder Einzelsieg bringt dem Team (der Seite) 1 Punkt. Die Mannschaft, die zuerst 10 Punkte hat, gewinnt.

→ 78

Physical-Condition-Exercise Layup-Jump

1
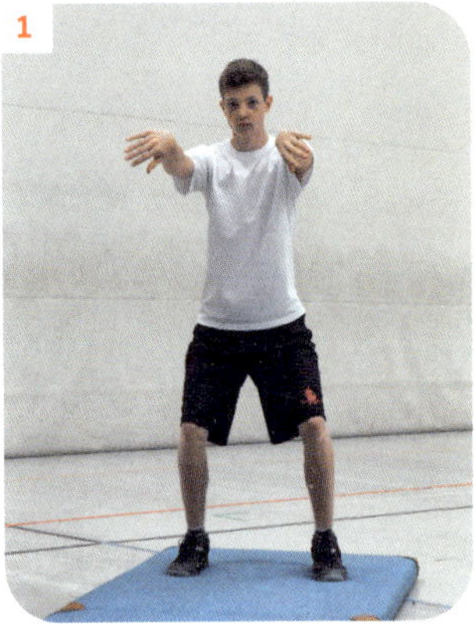

2
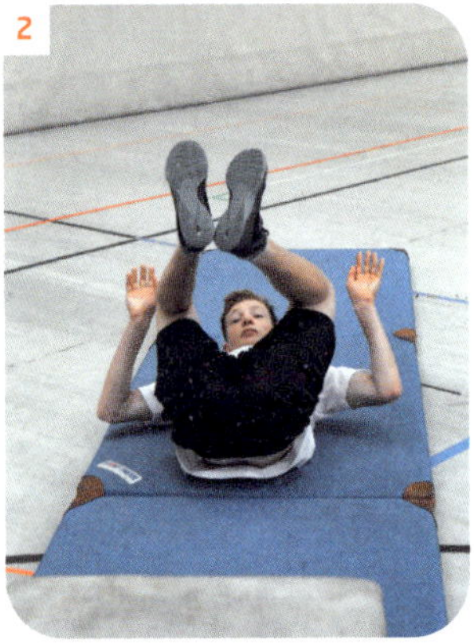

3
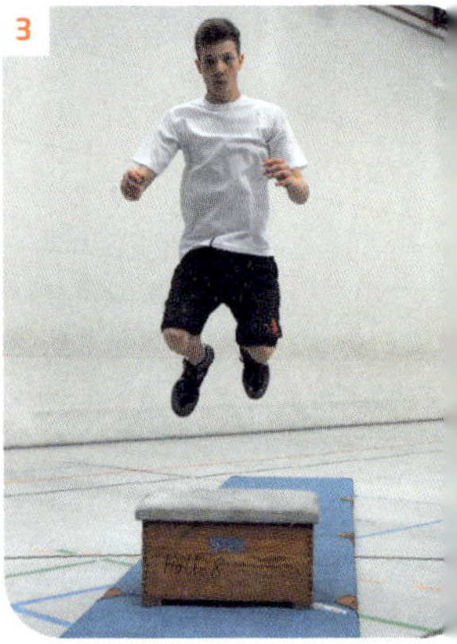

7
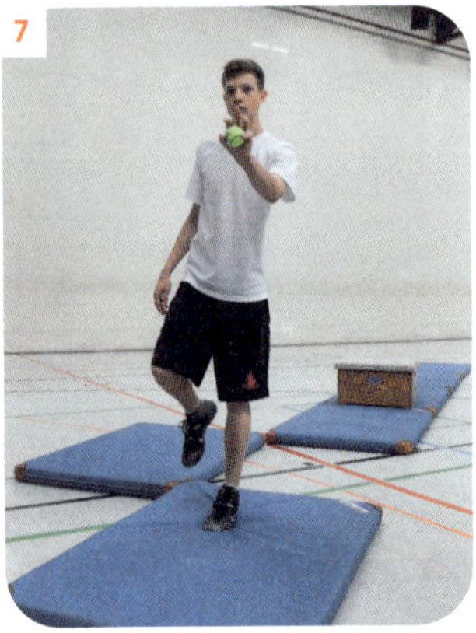

8
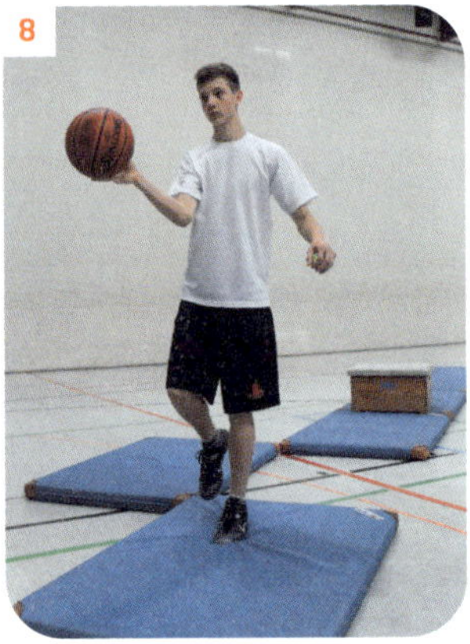

9
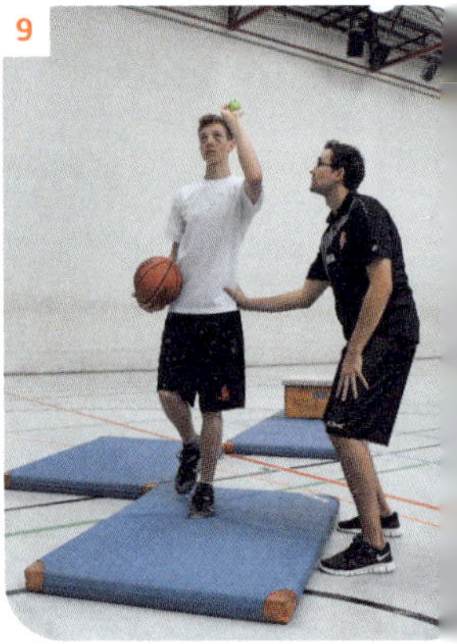

Zielgruppe

AGA	GLT	ABT	AST	HLT
	🏀	🏀	🏀	

Spielerzahl:
Individualtraining

Lernziele/Drillschwerpunkt:
Verbesserung der Kondition (Koordination, Beweglichkeit, Flexibilität, Kraft, Schnelligkeit und Kognition)

Empfohlene Dauer:
10 Minuten, mehrere Durchgänge

Übungsbeschreibung:
Die Spieler stehen mit dem Ball in der Hand am Anfang der Mattenkombination (siehe Abb.), welche an der rechten 45-Grad-Position ca. 1 m hinter der Dreierlinie ihren Startpunkt hat. Der Ball wird zum Trainer gepasst. Dann macht der Spieler folgende Übungsreihe: Er führt eine Rolle vorwärts aus, bis er wieder auf den Füßen steht. Dann springt er über den Kasten und kommt im Ein-Kontakt hinter dem Kasten auf. Von dort springt er seitlich auf die nächste einzelne Matte und kommt mit dem rechten Fuß auf und muss seinen Sprung stabilisieren. Jetzt balanciert er auf einem Bein, der Trainer passt während-

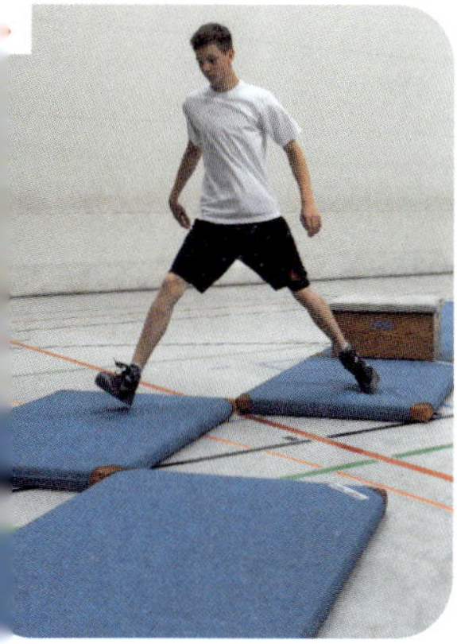

5

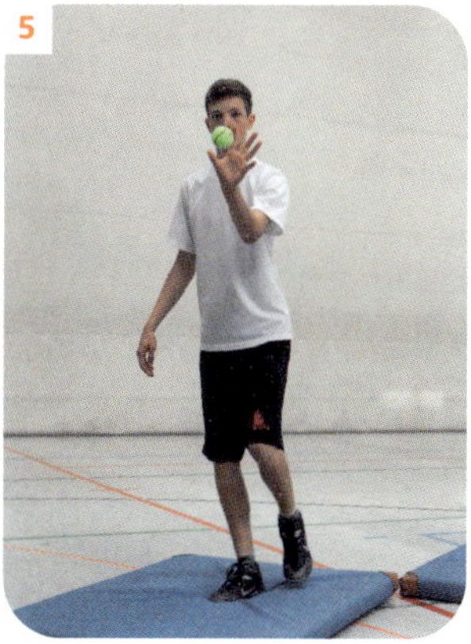

6

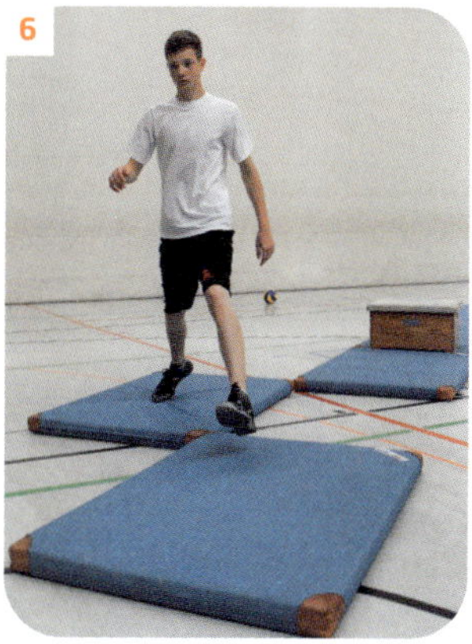

10

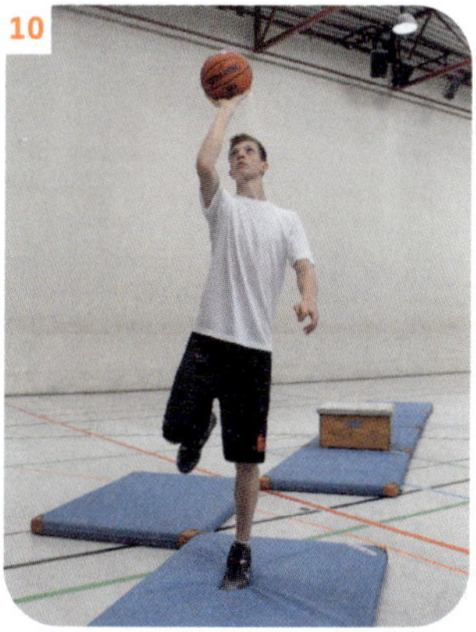

dessen den Tennisball zum Spieler und dieser zurück. Dann springt der Spieler seitlich auf die nächste Matte und kommt mit dem linken Fuß auf und muss wieder seine Bewegung stabilisieren. Der Tennisball wird wieder gepasst, nun aber in der Hand behalten, denn als nächstes wird der Basketball in die andere Hand gepasst. Der Spieler muss in dieser Position bleiben und auch bei kleinen Pushs und Kontakten des Trainers stabil bleiben. Als Abschluss der Übung werden nun zuerst der Tennisball und dann der Basketballball durch diverse Layup-Varianten in den Korb geworfen. Diese Übung soll man natürlich dann auch von links machen.

Variationen:
Diese Übung kann in den verschiedensten Übungsreihenfolgen durchgeführt werden, je nach Schwerpunkt. Die zusätzlichen Schwierigkeitsgrade und Elemente sind frei wählbar. Sie ist auch ohne Tennisball durchführbar. Sie kann auch aus jeder Gradposition des Feldes durchgeführt werden.

Korrekturhinweise:
Auf richtige Ausführung achten. Stabil bleiben, Bewegungen und Sprünge auffangen und Konterbewegungen entgegenwirken. Versuchen nicht umzufallen. Passtechnik und Layup-Technik beachten. Beim Layup maximal springen.

Materialbedarf:
1 Basketball, mindestens 5 kleine Turn-Matten,
1 Kasten, 1 Tennisball

→ 82

Physical-Condition-Exercise Countermovement Jump(shot)

1
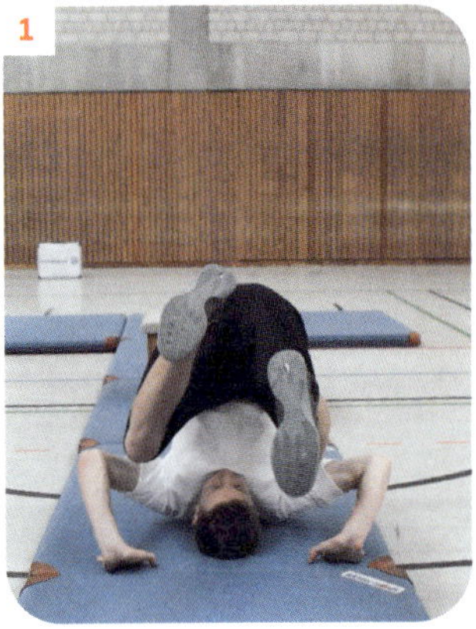

2
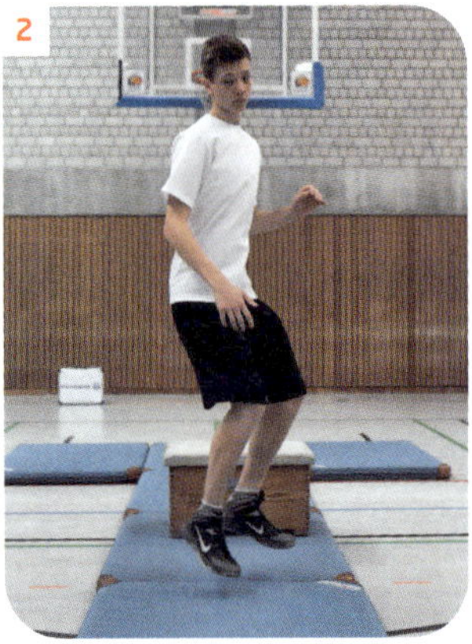

3
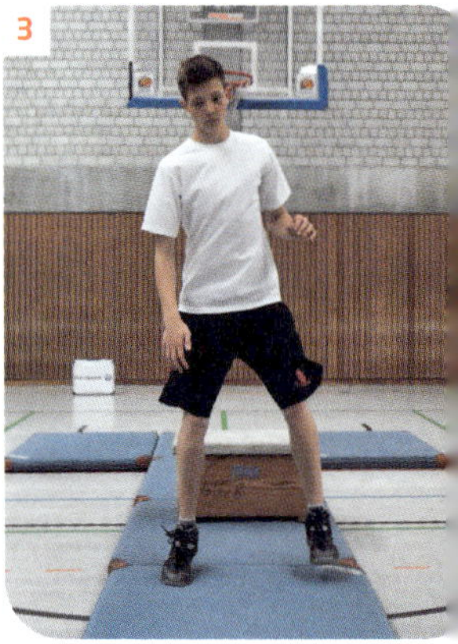

7
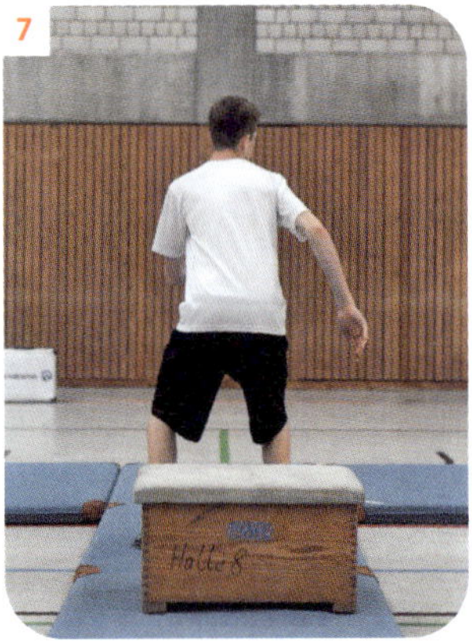

8
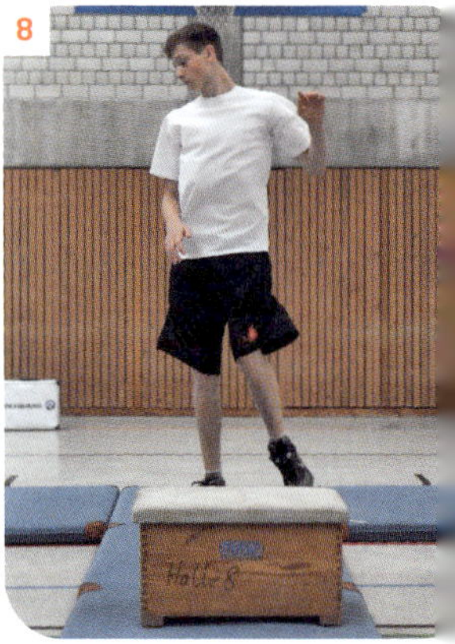

Zielgruppe

AGA	GLT	ABT	AST	HLT

Spielerzahl:
Individualtraining

Lernziele/Drillschwerpunkt:
Verbesserung der Kondition (Koordination, Beweglichkeit, Flexibilität, Kraft, Schnelligkeit und Kognition)

Empfohlene Dauer:
10 Minuten, mehrere Durchgänge

Übungsbeschreibung:
Die Ausgangsstellung des Spielers ist wieder gleich wie in Übung 81. Nur die Mattenkombination ist leicht verändert (siehe Abb.) und der Startpunkt ist auf der 90-Grad-Position mindestens 2 m außerhalb der Dreierlinie. Der Ball wird wieder zum Trainer gepasst. Nun macht der Spieler eine Rolle vorwärts, direkt danach einen 180-Grad-Sprung nach vorne und springt sofort wieder 180 Grad in die entgegengesetzte Richtung nach vorne. Dann überspringt er sofort den Kasten, nach der Landung folgt ein 360-Grad-Sprung nach vorne. Von da aus wird entweder nach links oder rechts auf die Matten gesprungen und

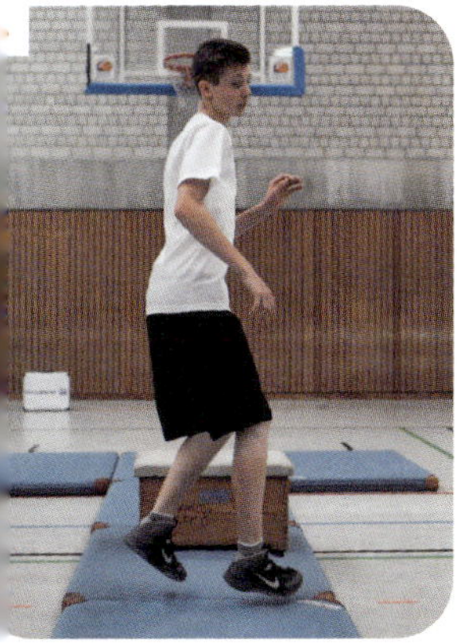

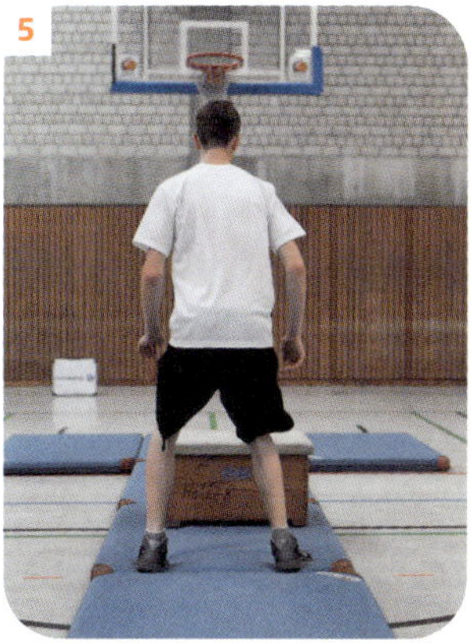

5

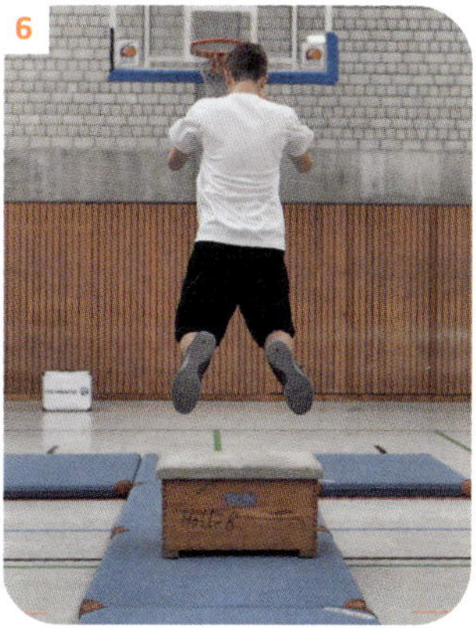

6

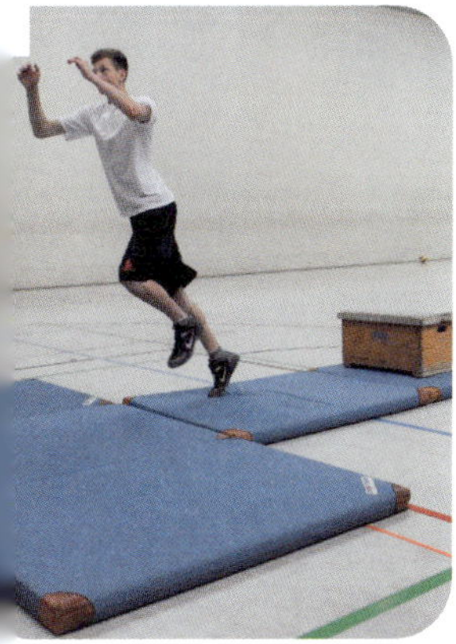

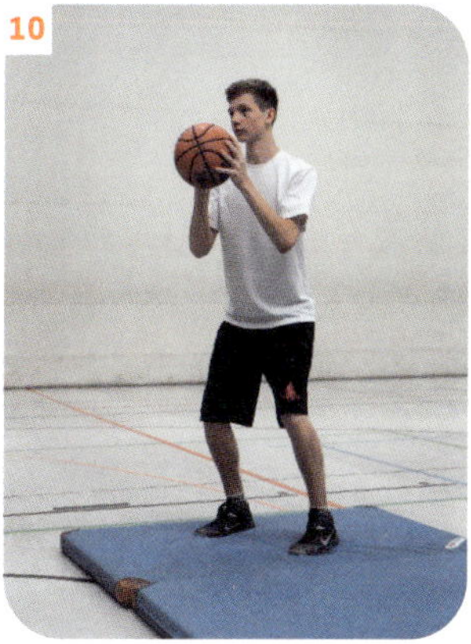

10

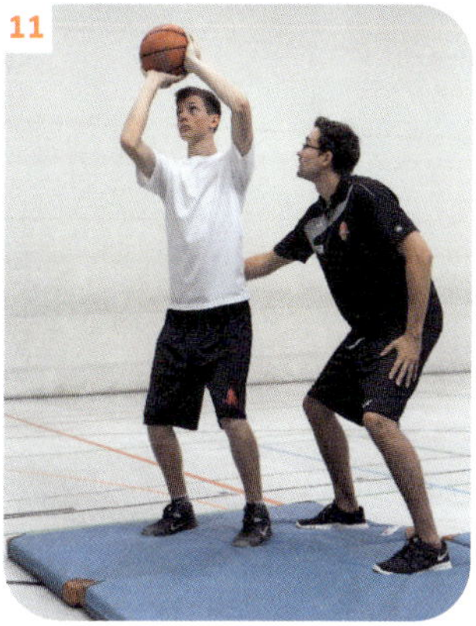

11

der Spieler landet im Ein-Kontakt-Stop. Jetzt wird der Ball gepasst, und der Spieler bleibt in einer wurfvorbereitenden Stellung. In dieser gibt der Trainer von verschiedenen Seiten Pushes, der Spieler muss die Stellung halten. Nach Signal macht der Spieler einen Jumpshot.

Variationen:
Diese Übung kann in den verschiedensten Übungsreihenfolgen durchgeführt werden, je nach Schwerpunkt. Die zusätzlichen Schwierigkeitsgrade und Elemente sind frei wählbar. Sie ist auch mit Tennisball durchführbar. Sie kann auch aus jeder Gradposition des Feldes durchgeführt werden.

Korrekturhinweise:
Auf richtige Ausführung achten. Stabil bleiben, Bewegungen und Sprünge auffangen und Konterbewegungen entgegenwirken. Versuchen, nicht umzufallen. Passtechnik und Layup-Technik beachten. Beim Jumpshot maximal springen.

Materialbedarf:
1 Basketball, mindestens 6 kleine Turn-Matten, 1 Kasten, 1 Tennisball

→ 81

Balance Pass Exercise

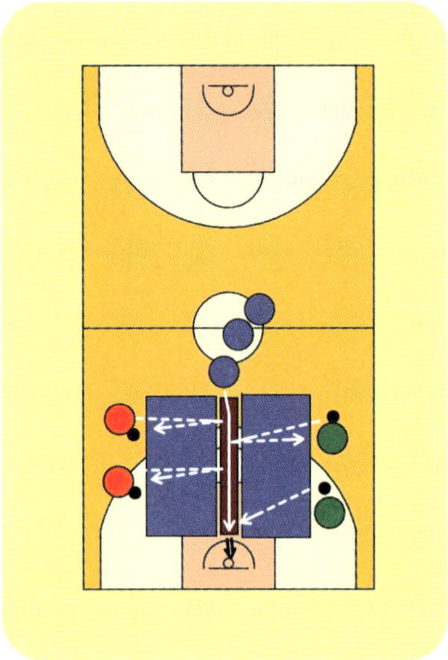

Zielgruppe

AGA	GLT	ABT	AST	HLT
●	●	●	●	

Spielerzahl:
Individualtraining

Lernziele/Drillschwerpunkt:
Verbesserung der Kondition (Koordination, Beweglichkeit, Flexibilität, Kraft und Kognition)

Empfohlene Dauer:
10 Minuten, mehrere Durchgänge

Übungsbeschreibung:
Die Bank wird (umgedreht) in Richtung Korb auf der 90-Grad-Position mit dem Ende der Bank auf Höhe der Freiwurflinie von Weichbodenmatten umschlossen. Der Spieler steht auf der Bank. Er muss die Bank nun Fuß vor Fuß überqueren, gleichzeitig aber Bälle fangen und zurückpassen. Am Ende behält er einen Basketball in der Hand und macht auf der Bank einen Jumpshot nach vorne auf den Boden.

Variationen:
Diese Übung kann von allen Positionen durchgeführt und die Abschlüsse variiert werden. Als Teamübung könnte mit weicheren Bällen versucht werden, den Spieler von der Bank zu werfen. Oder der Spieler darf nur bestimmte Bälle fangen. Auch ist ein einbeiniges Verharren auf der Bank z. B. in der Mitte möglich. Diese Übung kann auch rückwärts durchgeführt werden.

Korrekturhinweise:
Passtechnik beachten und variieren. Versuchen zu balancieren, ein möglicher Sturz wird durch die Matten aufgefangen. Stabilität durch Grundspannung sichern!

Materialbedarf:
mehrere Weichbodenmatten, 1 Bank, diverse und unterschiedliche Bälle

→ 84

Standing Scale Pass Exercise

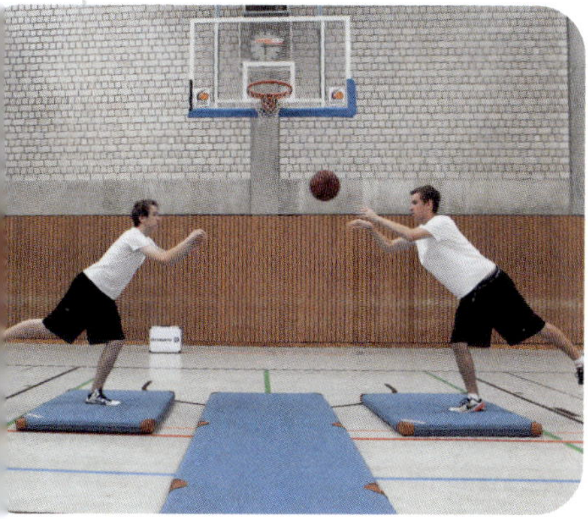

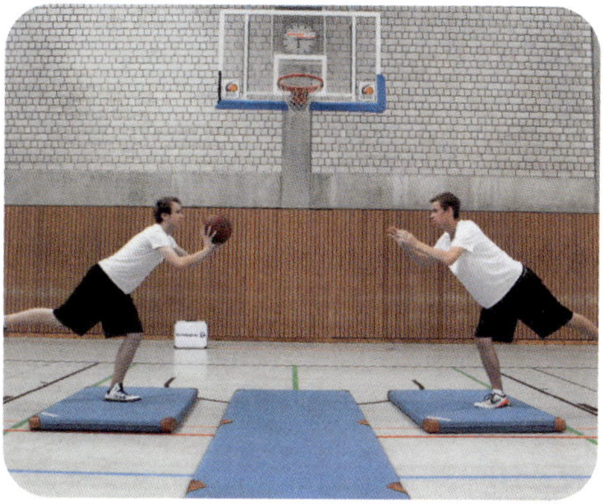

Zielgruppe

AGA	GLT	ABT	AST	HLT
	●	●	●	

Spielerzahl:
2+

Lernziele/Drillschwerpunkt:
Verbesserung der Kondition (Koordination, Beweglichkeit, Flexibilität, Kraft und Kognition)

Empfohlene Dauer:
10 Minuten, mehrere Durchgänge

Übungsbeschreibung:
Die beiden (oder mehrere im Vieleck) Spieler stehen sich im Abstand von ca. 3–4 m in der Standwaage-Position gegenüber. Jeder hat einen Tennis- und/oder Basketball. Aus der Standwaage-Position werden die Bälle nun hin und her gepasst, die Art des Passens kann der Trainer vorgegeben. Die Passfrequenz geben die Spieler selbst vor.

Variationen:
Diese Übung kann auf und neben der Matte durchgeführt werden. Die Anzahl der Spieler und der Bälle kann variieren. Gerne kann der Trainer auch Kontakte geben zur Destabilisierung. Passempfänger darf erst auf Signal die Augen öffnen.

Korrekturhinweise:
Passtechnik beachten und variieren. Richtige Standwaage-Position, Grundspannung.

Materialbedarf:
Tennisball, Basketball, Matten

Wettkampf:
Welches Team hat, ohne die Position zu verlassen, eine vorgegebene Anzahl von Pässen erreicht?

→ 85

Balance Pass Dribble Exercise

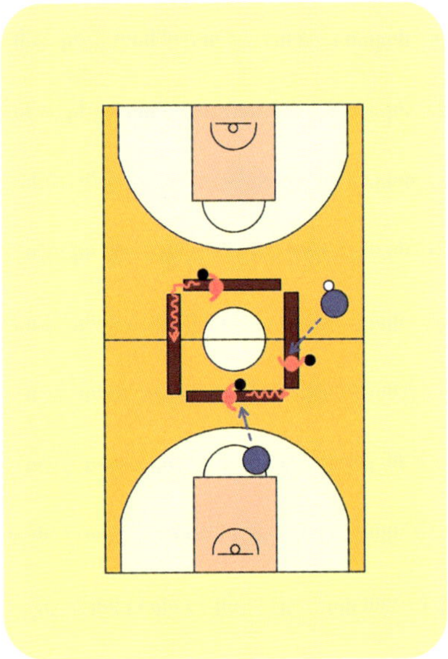

Zielgruppe

AGA	GLT	ABT	AST	HLT

Spielerzahl:
Individualtraining

Lernziele/Drillschwerpunkt:
Verbesserung der Kondition (Koordination, Beweglichkeit, Flexibilität, Kraft, Schnelligkeit und Kognition)

Empfohlene Dauer:
10 Minuten, mehrere Durchgänge

Übungsbeschreibung:
Die Bänke werden in einem Quadrat aufgebaut, wobei immer eine Bank normal steht und die nächste dann umgedreht. Die Matten liegen um die Bänke zum Sturzschutz. Nun dribbelt der Spieler auf den Bänken und versucht, ohne den Ball zu verlieren oder herunterzufallen, das Quadrat zu umrunden. Zwischendurch passt der Trainer die Tennisbälle zum Spieler, dieser muss sie fangen und sie zurückpassen.

Variationen:
Diese Übung kann auch rückwärts durchgeführt werden. Die Bänke können, müssen aber nicht umgedreht werden. Man kann anstatt des Dribblings auch andere Aufgaben mit Ball geben, z. B. durch die Beine führen.

Materialbedarf:
4 Bänke, 1 Basketball, mehrere Tennisbälle, mehrere Turn-Matten zum Schutz

Wettkampf:
Diese Übung kann auch als Wettkampf zwischen zwei Spielern durchgeführt werden. Wer holt wen ein?

→ 83

Front Lunge Ball Over Head

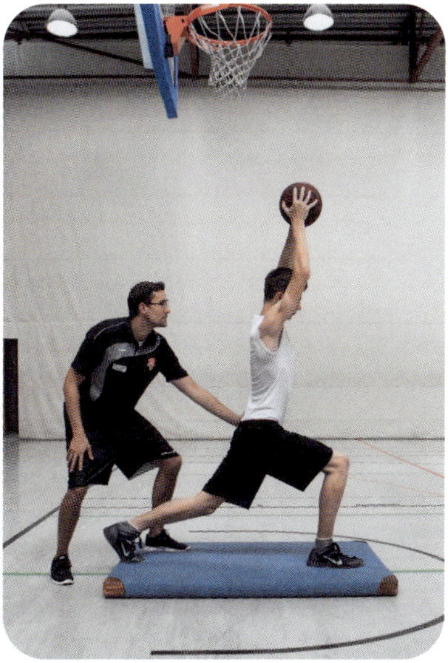

Zielgruppe

AGA	GLT	ABT	AST	HLT
	🏀	🏀	🏀	🏀

Spielerzahl:
2+

Lernziele/Drillschwerpunkt:
Verbesserung der Stabilität

Empfohlene Dauer:
2–3 Wiederholungen von je 10 Sekunden

Übungsbeschreibung:
Der agierende Spieler steht mit über dem Kopf ausgestreckten Armen und dem Ball in den Händen im tiefen Ausfallschritt nach vorne. Er baut eine Ganzkörper-Grundspannung auf. Jetzt übt der andere Spieler an frei gewählten Distanzpunkten des Körpers des agierenden Spielers einen leichten Druck aus. Der agierende Spieler muss seine Position halten.

Variationen:
Diese Übung kann auch mit Verdrehung des Balles und der Hände durchgeführt werden. Die Wiederholungen sind variabel, je nach Leistungsstand.

Korrekturhinweise:
Grundspannung beachten! Der agierende Spieler muss seine Spannung halten und nicht nur gegen den Druck arbeiten. Richtige Ausgangstellung beachten!

Materialbedarf:
1 Basketball (oder Heavy Ball), ggfs. Matten

→ 87

Front Lunge Ball In Front Of Body

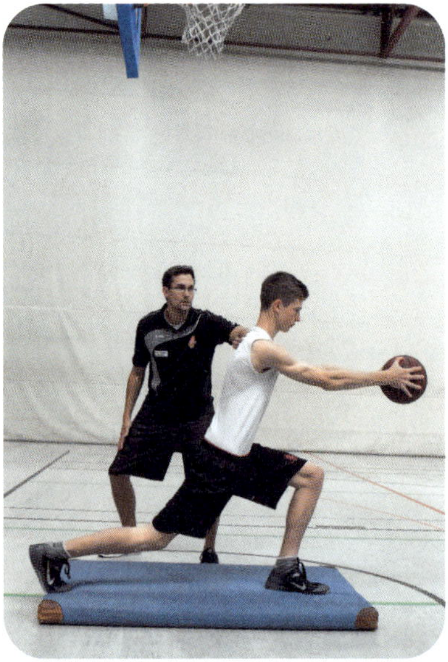

Zielgruppe

AGA	GLT	ABT	AST	HLT
	●	●	●	●

Spielerzahl:
2+

Lernziele/Drillschwerpunkt:
Verbesserung der Stabilität

Empfohlene Dauer:
2–3 Wiederholungen von je 10 Sekunden

Übungsbeschreibung:
Der agierende Spieler steht mit vor dem Körper ausgestreckten Armen und dem Ball in den Händen im tiefen Ausfallschritt nach vorne. Er baut eine Ganzkörper-Grundspannung auf. Jetzt übt der andere Spieler an frei gewählten Distanzpunkten des Körpers des agierenden Spielers einen leichten Druck aus. Der agierende Spieler muss seine Position halten.

Variationen:
Diese Übung kann auch mit Verdrehung des Balles und der Hände durchgeführt werden. Die Wiederholungen sind variabel, je nach Leistungsstand.

Korrekturhinweise:
Grundspannung beachten! Der agierende Spieler muss seine Spannung halten und nicht nur gegen den Druck arbeiten. Richtige Ausgangstellung beachten!

Materialbedarf:
1 Basketball (oder Heavy Ball), ggfs. Matten

→ 88

Triceps Push-Up Two Hands

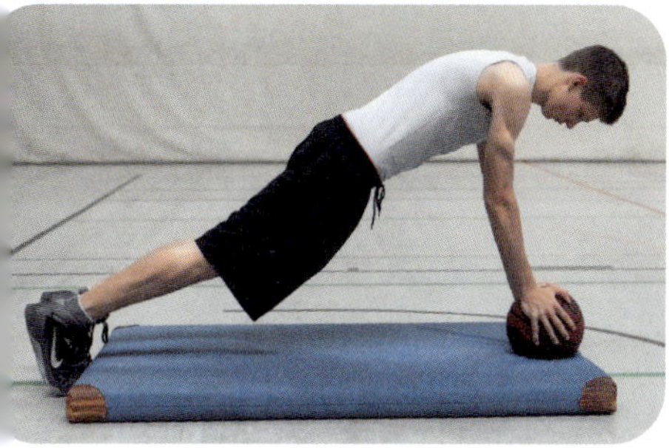

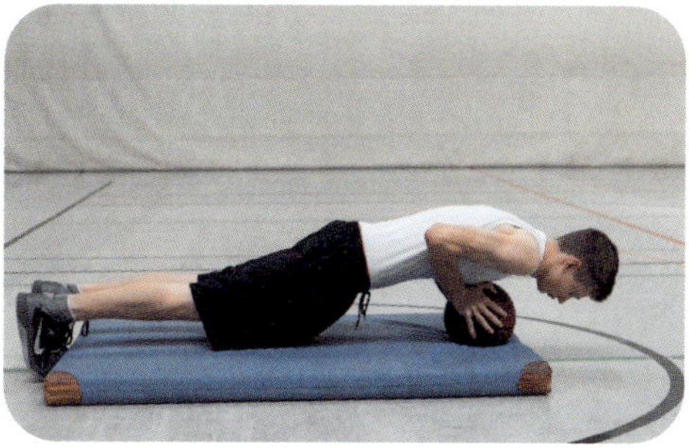

Zielgruppe

AGA	GLT	ABT	AST	HLT
	●	●	●	●

Spielerzahl:
Individualtraining

Lernziele/Drillschwerpunkt:
Verbesserung der Stabilität

Empfohlene Dauer:
2-3 Sätze à 10-15 Wiederholungen

Übungsbeschreibung:
Der Spieler nimmt die Trizeps-Liegestütz-Position ein und baut eine Ganzkörper-Grundspannung auf. Die Hände sind beide auf dem Ball, nun muss er die Liegestütz durchführen.

Variationen:
Diese Übung kann auch als Pectoralis-Liegestütz und ohne Ball durchgeführt werden. Die Sätze und Wiederholungen sind variabel, je nach Leistungsstand.

Korrekturhinweise:
Grundspannung beachten! Richtige Ausführung beachten! Tempo dosieren, es muss nicht schnell, sondern richtig sein!

Materialbedarf:
1 Basketball (oder Heavy Ball), ggfs. Matten

→ 89

Triceps Push-Up One Hand Dynamic

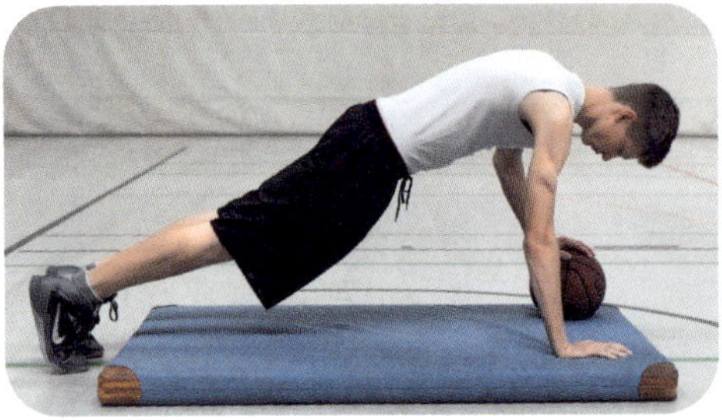

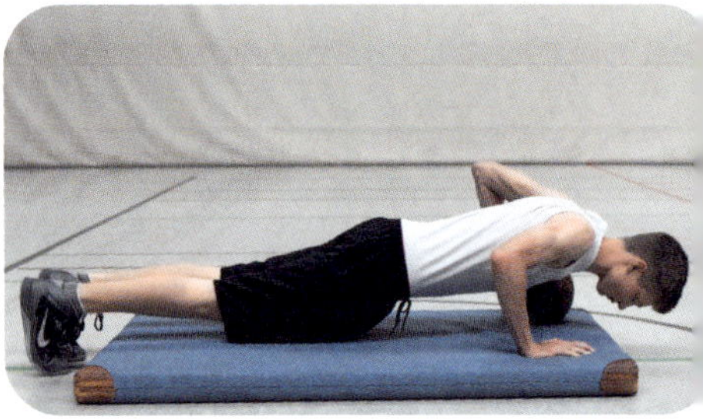

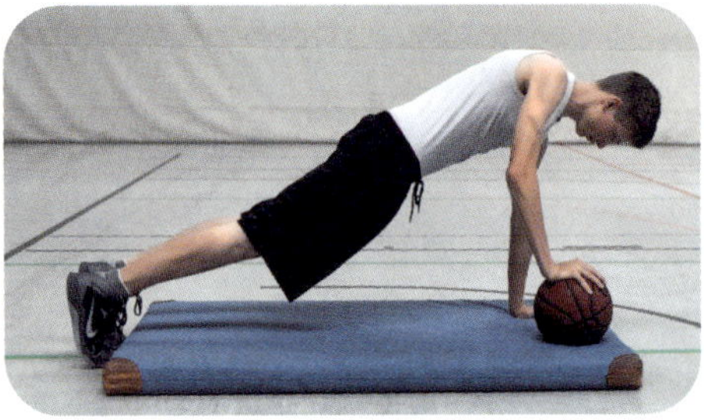

Zielgruppe

AGA	GLT	ABT	AST	HLT
	●	●	●	●

Spielerzahl:
Individualtraining

Lernziele/Drillschwerpunkt:
Verbesserung der Stabilität

Empfohlene Dauer:
2–3 Sätze à 10–15 Wiederholungen

Übungsbeschreibung:
Der Spieler nimmt die Trizeps-Liegestütz-Position ein und baut eine Ganzkörper-Grundspannung auf. Der Ball liegt ca. unterhalb seines Kopfes auf dem Boden. Nun muss der Spieler immer abwechselnd mit einer Hand auf dem Ball und einer Hand auf dem Boden die Liegestütz durchführen.

Variationen:
Diese Übung kann auch als Pectoralis-Liegestütz und ohne Ball durchgeführt werden. Die Sätze und Wiederholungen sind variabel, je nach Leistungsstand.

Korrekturhinweise:
Grundspannung beachten! Richtige Ausführung beachten! Tempo dosieren, es muss nicht schnell, sondern richtig sein!

Materialbedarf:
1 Basketball (oder Heavy Ball), ggfs. Matten

→ 90

Back Plank

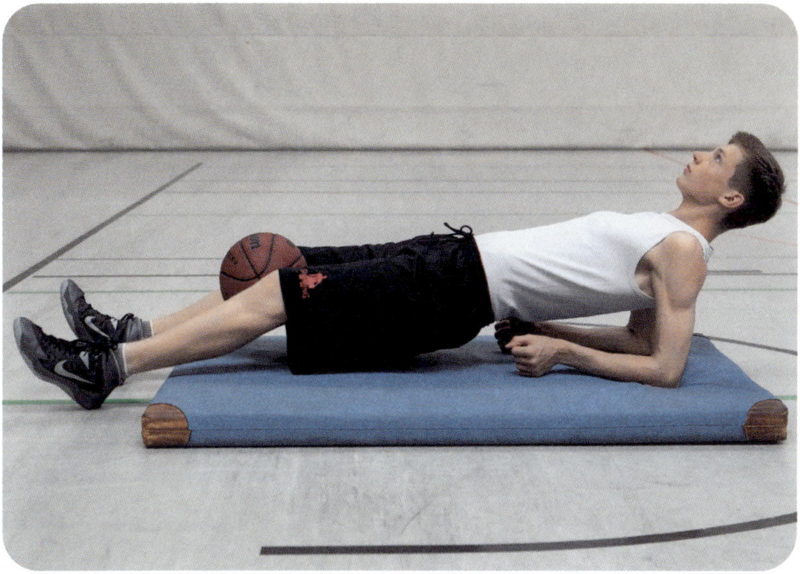

Zielgruppe

AGA	GLT	ABT	AST	HLT
	●	●	●	●

Spielerzahl:
Individualtraining

Lernziele/Drillschwerpunkt:
Verbesserung der Stabilität

Empfohlene Dauer:
2–3 Sätze à 10–15 Wiederholungen

Übungsbeschreibung:
Der Spieler nimmt die Unterarmstütz-Position mit dem Bauch nach oben ein und baut eine Grundspannung auf. Der Ball wird dabei zwischen die Knie genommen und muss dort bis zum Ende der Übung gehalten werden.

Variationen:
Diese Übung kann auch ohne Ball durchgeführt werden, die Sätze und Wiederholungen sind variabel, je nach Leistungsstand.

Korrekturhinweise:
Grundspannung beachten! Richtige Ausführung beachten!

Materialbedarf:
1 Basketball (oder Heavy Ball), ggfs. Matten

→ 91

Front Plank

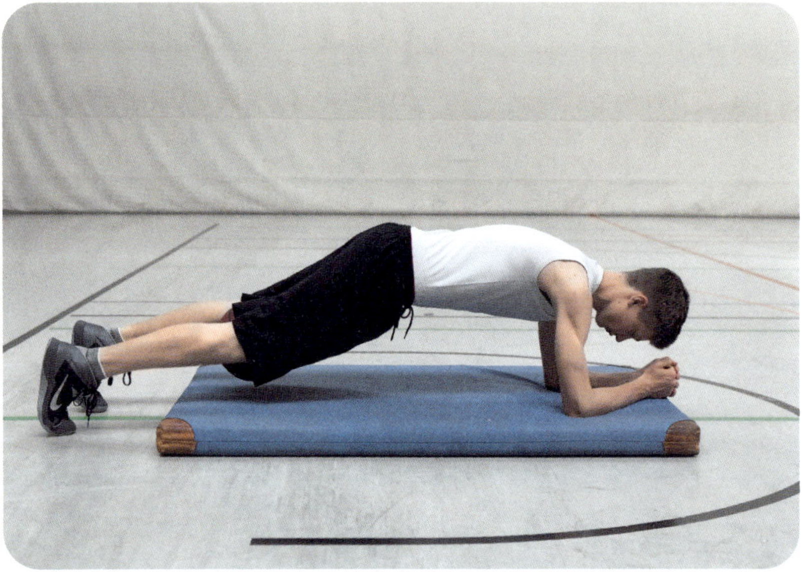

Zielgruppe

AGA	GLT	ABT	AST	HLT
	🏀	🏀	🏀	🏀

Spielerzahl:
Individualtraining

Lernziele/Drillschwerpunkt:
Verbesserung der Stabilität

Empfohlene Dauer:
2–3 Sätze à 10–15 Wiederholungen

Übungsbeschreibung:
Der Spieler nimmt die Unterarmstütz-Position mit dem Bauch nach unten ein und baut eine Grundspannung auf. Der Ball wird dabei zwischen die Knie genommen und muss dort bis zum Ende der Übung gehalten werden.

Variationen:
Diese Übung kann auch ohne Ball durchgeführt werden, die Sätze und Wiederholungen sind variabel, je nach Leistungsstand.

Korrekturhinweise:
Grundspannung beachten! Richtige Ausführung beachten!

Materialbedarf:
1 Basketball (oder Heavy Ball), ggfs. Matten

→ 92

Side Plank

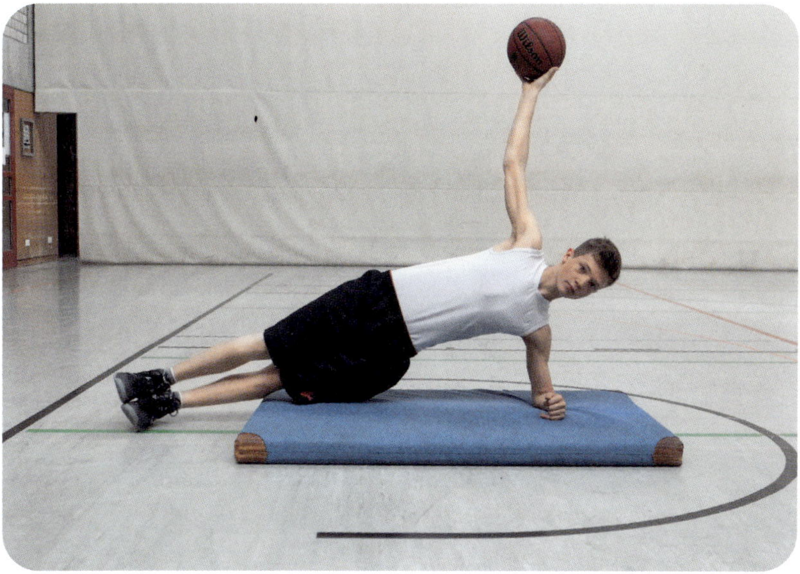

Zielgruppe

AGA	GLT	ABT	AST	HLT
	●	●	●	●

Spielerzahl:
Individualtraining

Lernziele/Drillschwerpunkt:
Verbesserung der Stabilität

Empfohlene Dauer:
2–3 Sätze à 10–15 Wiederholungen

Übungsbeschreibung:
Der Spieler nimmt die Seitstütz-Position ein und hält den Ball mit ausgestrecktem Arm in einer Hand nach oben. Auch das obere Bein ist Richtung Decke abgespreizt. Jetzt baut er die Grundspannung auf und hält sie bis zum Ende der Übung.

Variationen:
Diese Übung kann auch ohne Ball durchgeführt werden, die Sätze und Wiederholungen sind variabel, je nach Leistungsstand.

Korrekturhinweise:
Grundspannung beachten! Richtige Ausführung beachten! Rechte und linke Seite beüben.

Materialbedarf:
1 Basketball (oder Heavy Ball), ggfs. Matten

→ 93

Sit-Up With Ball

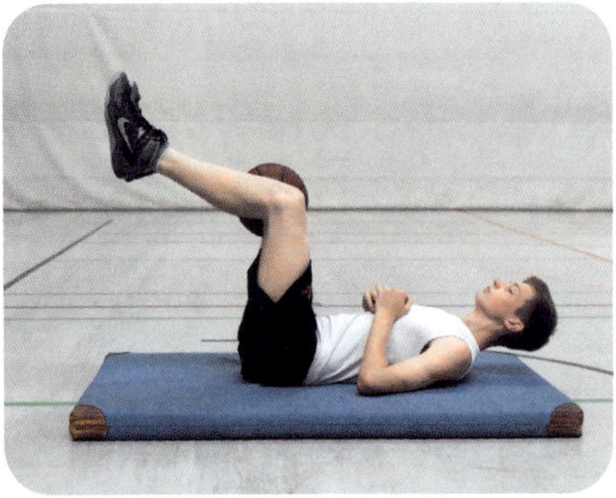

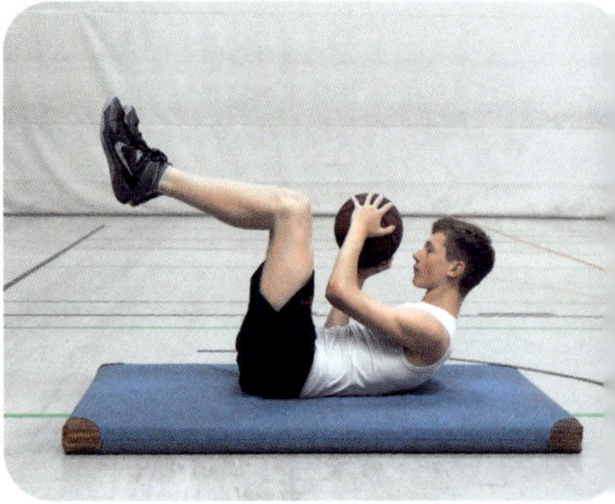

Zielgruppe

AGA	GLT	ABT	AST	HLT
	●	●	●	●

Spielerzahl:
Individualtraining

Lernziele/Drillschwerpunkt:
Verbesserung der Stabilität

Empfohlene Dauer:
2–3 Sätze à 20–25 Wiederholungen

Übungsbeschreibung:
Der Spieler nimmt die Sit-Up-Position ein, wobei er den Ball entweder in den Händen oder zwischen den Knien/Füßen hat. Jetzt macht er Sit-Ups, immer einen nach vorne, dann einen nach rechts, wieder einen nach vorne, dann nach links und so weiter. Der Ball muss entweder vor dem Körper, über dem Körper gehalten oder zwischen den Knien/Füßen gehalten werden.

Variationen:
Diese Übung kann auch ohne Ball durchgeführt werden, die Sätze und Wiederholungen sind variabel, je nach Leistungsstand.

Korrekturhinweise:
Richtige Ausführung beachten, die Stirn geht zur Decke, nicht Richtung Knie. Nur kurze Bewegung und den Rücken nicht krumm machen. Tempo dosieren, es muss nicht schnell, sondern richtig sein!

Materialbedarf:
1 Basketball (oder Heavy Ball), ggfs. Matten

→ 94

Strong Man's Back Two Hands

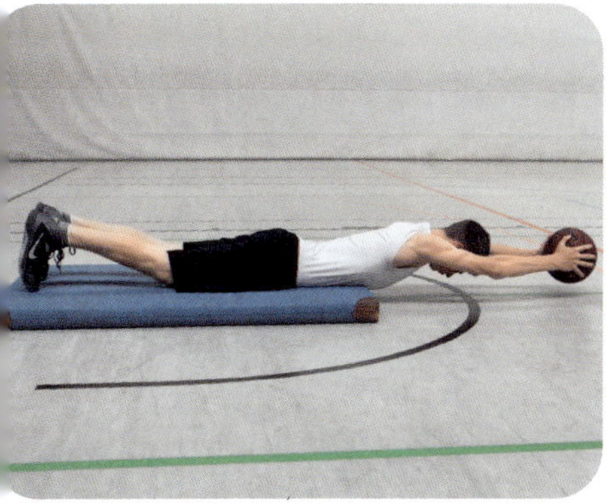

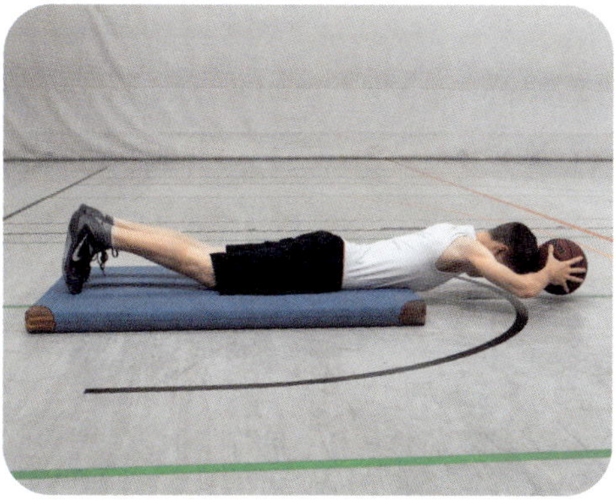

Zielgruppe

AGA	GLT	ABT	AST	HLT
	🏀	🏀	🏀	🏀

Spielerzahl:
Individualtraining

Lernziele/Drillschwerpunkt:
Verbesserung der Stabilität

Empfohlene Dauer:
2–3 Sätze à 10–15 Wiederholungen

Übungsbeschreibung:
Der Spieler liegt auf dem Bauch (am besten mit leichtem Überhang ab der Brust) mit angezogenen Füßen, sodass nur die Zehenspitzen den Boden berühren. Er hat den Ball in beiden Händen. Jetzt baut der Spieler die Grundspannung auf. Nun muss er den Ball vom Kopf aus mit beiden Händen möglichst weit nach vorne strecken und wieder zurück führen.

Variationen:
Diese Übung kann auch ohne Ball durchgeführt werden, die Sätze und Wiederholungen sind variabel, je nach Leistungsstand.

Korrekturhinweise:
Grundspannung beachten! Richtige Ausführung beachten! Tempo dosieren, es muss nicht schnell, sondern richtig sein!

Materialbedarf:
1 Basketball (oder Heavy Ball), ggfs. Matten

→ 95

Strong Man's Back One Hand

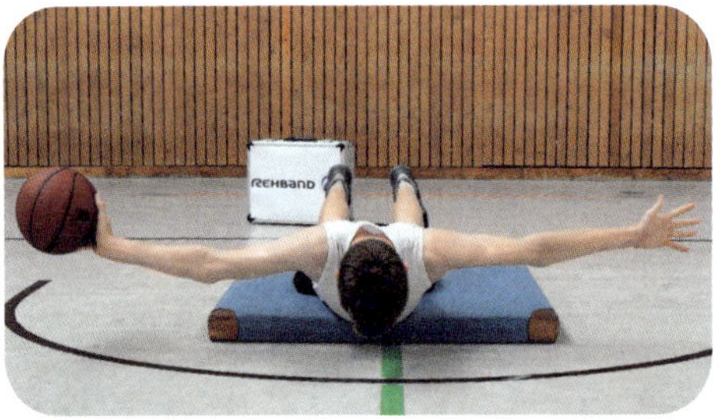

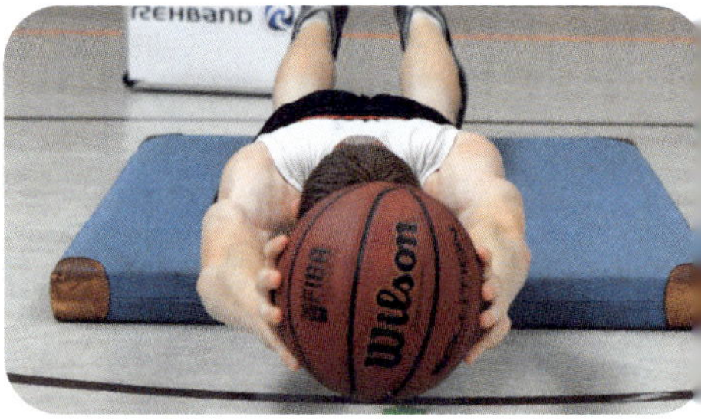

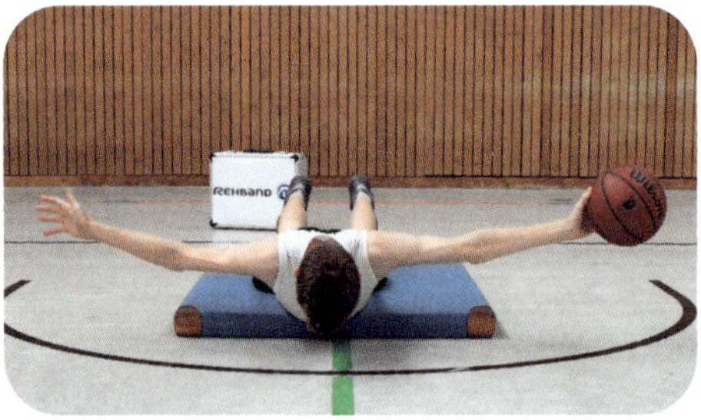

Zielgruppe

AGA	GLT	ABT	AST	HLT
	●	●	●	●

Spielerzahl:
Individualtraining

Lernziele/Drillschwerpunkt:
Verbesserung der Stabilität

Empfohlene Dauer:
2–3 Sätze à 10–15 Wiederholungen

Übungsbeschreibung:
Der Spieler liegt auf dem Bauch (am besten mit leichtem Überhang ab der Brust) mit angezogenen Füßen, sodass nur die Zehenspitzen den Boden berühren. Die Arme sind seitlich abgespreizt, in einer Hand hält er den Basketball. Nun muss der Ball mit ausgestreckten Armen in die andere Hand (Übergabe auf Höhe des Kopfes) übergeben und wieder die Ausgangslage, jetzt mit dem Ball in der anderen Hand, eingenommen werden.

Variationen:
Diese Übung kann auch ohne Ball durchgeführt werden, die Sätze und Wiederholungen sind variabel, je nach Leistungsstand.

Korrekturhinweise:
Grundspannung beachten! Richtige Ausführung beachten! Tempo dosieren, es muss nicht schnell, sondern richtig sein!

Materialbedarf:
1 Basketball (oder Heavy Ball), ggfs. Matten

→ 87

Flip Roll

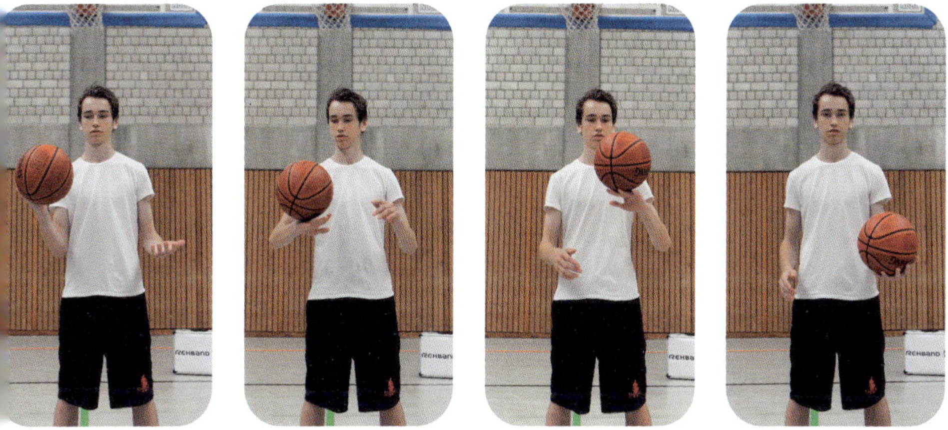

Zielgruppe

AGA	GLT	ABT	AST	HLT
	●	●		

Spielerzahl:
1+

Lernziele/Drillschwerpunkt:
Verbesserung des Ballgefühls, der Handgeschwindigkeit und -koordination

Empfohlene Dauer:
2–3 Minuten

Übungsbeschreibung:
Der Spieler hält den Ball in einer Hand. Er lässt ihn von der Handfläche über den Handrücken der gleichen Hand über den Handrücken der anderen Hand in die andere Handfläche rollen. Anschließend wird die Bewegung in die andere Richtung wiederholt.

Variationen:
Den Drill mit geschlossenen Augen durchführen.

Korrekturhinweise:
Auf den flüssigen Ablauf der Bewegung achten.

Materialbedarf:
Pro Spieler 1 Ball

→ 96

Through and Around

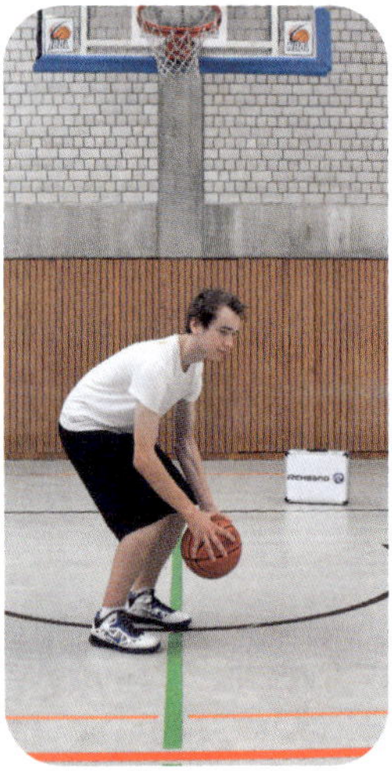
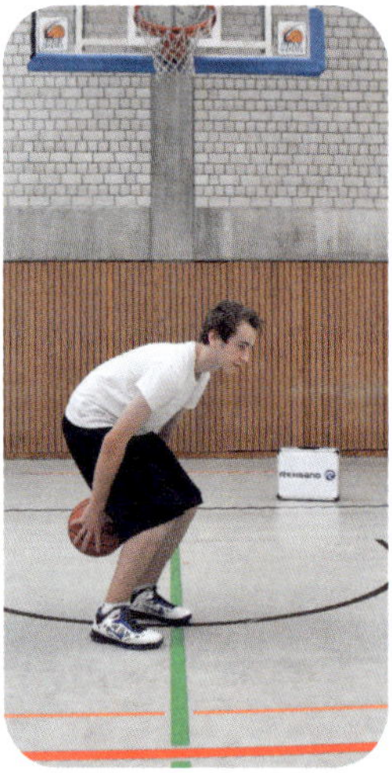
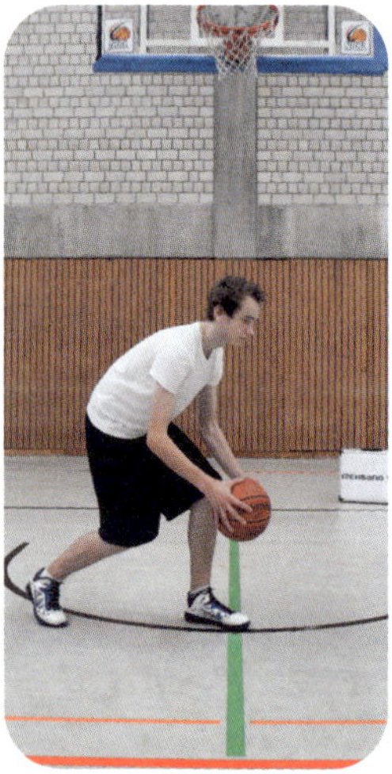

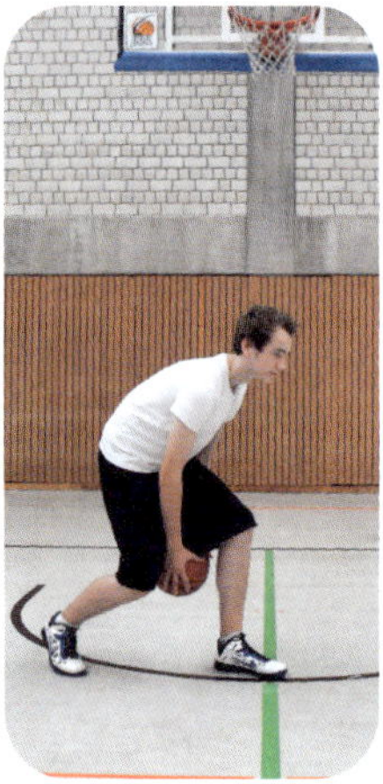
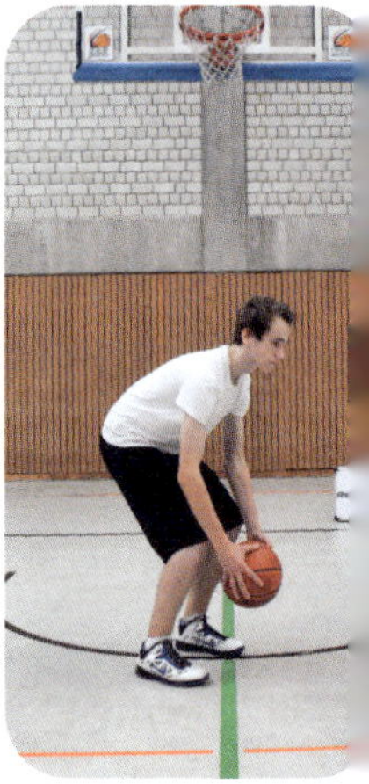

Zielgruppe

AGA	GLT	ABT	AST	HLT
	●	●		

Spielerzahl:
1+

Lernziele/Drillschwerpunkt:
Verbesserung des Ballgefühls, der Ball-Hand-Fuß-Koordination

Empfohlene Dauer:
2–3 Minuten

Übungsbeschreibung:
Der Spieler lässt den Ball um beide Unterschenkel kreisen. Wechselweise setzt er nun einen Fuß mit einem langen Schritt nach hinten und zieht ihn wieder ran. Wenn ein Fuß nach hinten ausgestellt wird lässt der Spieler den Ball um das vordere Bein kreisen, bei paralleler Fußstellung wickelt er den Ball wieder um beide Unterschenkel.

Variationen:
Wechsel der Bewegungsrichtung des Balles. Den Drill mit geschlossenen Augen durchführen.

Korrekturhinweise:
Auf den flüssigen Ablauf der Bewegung achten.

Materialbedarf:
Pro Spieler 1 Ball

→ 98

Buttbuster

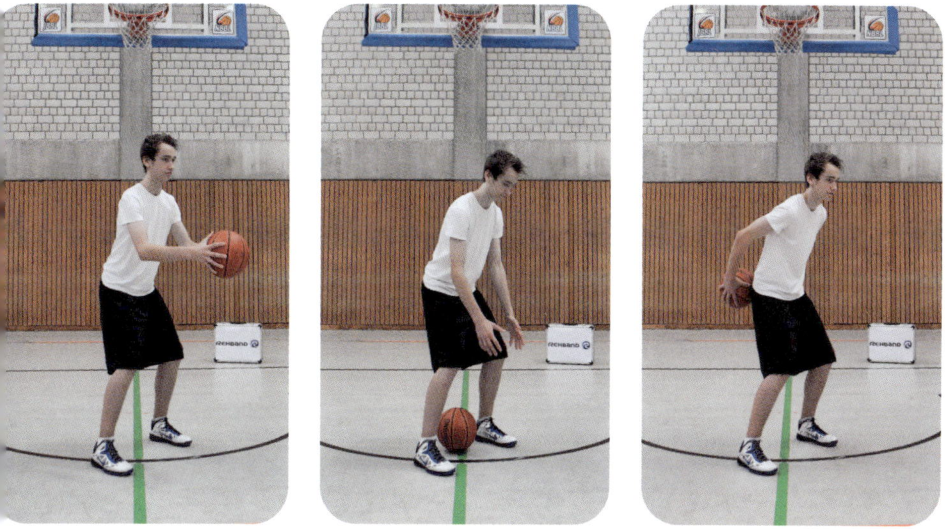

Zielgruppe

AGA	GLT	ABT	AST	HLT
●	●	●		

Spielerzahl:
1+

Lernziele/Drillschwerpunkt:
Verbesserung des Ballgefühls, der Handgeschwindigkeit und -koordination

Empfohlene Dauer:
2–3 Minuten

Übungsbeschreibung:
Der Spieler begibt sich in eine athletische Grundposition, die Füße stehen etwas breiter als Schulterbreit auseinander. Der Spieler wirft den Ball mit beiden Händen zwischen seinen Füßen hart auf den Boden und fängt den Ball mit beiden Händen hinter seinem Körper. Im Anschluss führt er den Ball um den Körper wieder nach vorne und beginnt den Drill erneut. Er führt den Drill aus, bis die vorgegebene Zeit abgelaufen ist.

Variationen:
Den Ball ebenfalls von hinten nach vorne spielen. Den Ball mit einer Hand fangen.

Korrekturhinweise:
Auf den flüssigen Ablauf der Bewegung achten.

Materialbedarf:
Pro Spieler 1 Ball

→ 99

Pistol Draw

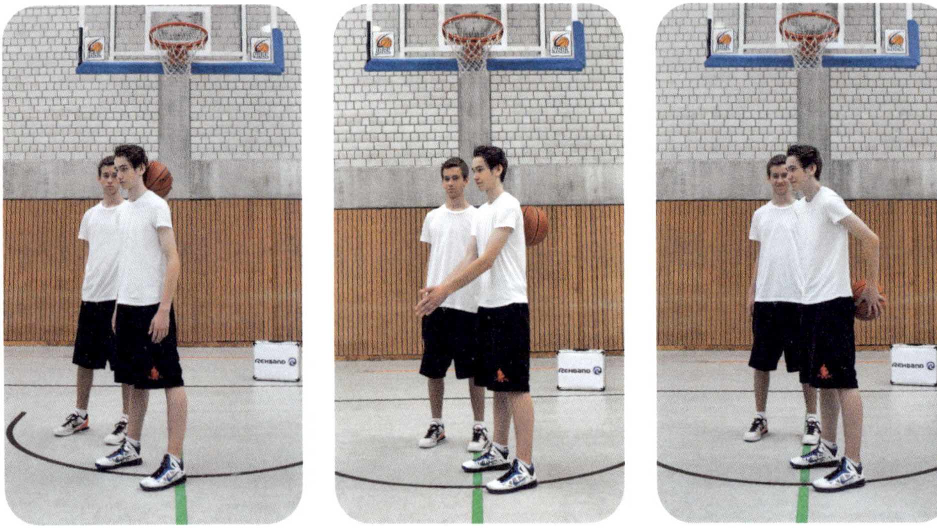

Zielgruppe

AGA	GLT	ABT	AST	HLT
	●	●		

Spielerzahl:
2+

Lernziele/Drillschwerpunkt:
Verbesserung des Ballgefühls, der Handgeschwindigkeit und -koordination

Empfohlene Dauer:
2–3 Minuten

Übungsbeschreibung:
Es werden Zweier-Gruppen gebildet, jede Gruppe hat einen Ball. Ein Spieler steht in einer aufrechten, entspannten Position mit den Händen an der Seite des Körpers. Der Partner hält dem so stehenden Spieler den Ball an den Nacken. Wenn der Partner den Ball loslässt, klatscht der Spieler vor dem Körper in die Hände und versucht anschließend den Ball hinter dem Körper aufzufangen, bevor dieser den Boden berührt. Nach zehn Versuchen werden die Rollen getauscht.

Variationen:
Den Drill mit geschlossenen Augen durchführen.

Korrekturhinweise:
Rücken gerade halten, mit Händen an der Seite beginnen.

Materialbedarf:
1 Ball pro Gruppe

→ 100

12 Gate Drill

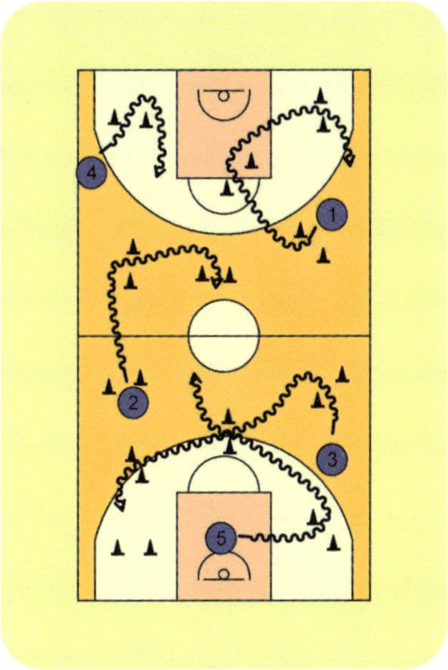

Zielgruppe

AGA	GLT	ABT	AST	HLT
🏀	🏀			

Spielerzahl:
beliebig

Lernziele/Drillschwerpunkt:
Verbesserung des Dribblings, Verbesserung der Handles,

Empfohlene Dauer:
10 Minuten

Übungsbeschreibung:
Der Coach markiert auf dem ganzen Spielfeld verteilt zwölf etwa 1 m breite Tore (gates). Jeder Spieler hat einen Ball und dribbelt in beliebiger Reihenfolge durch diese Tore. Bei der Durchquerung jedes Tores muss der Spieler eine Aufgabe durchführen, die der Coach vorher ansagt. Die Anweisungen könnten sein: Crossover, Behind the back, Through the legs, Spin, Rückwärts durch das Tor dribbeln, einen Onecount Stop machen, dann einen Sternschritt durchführen und weiter zum nächsten Tor dribbeln, usw., der Fantasie des Trainers sind kaum Grenzen gesetzt.

Variationen:
Kombination mit Ballhandling-Drills oder Laufschule ist möglich. Die Anzahl der Tore kann verändert werden.

Korrekturhinweise:
Die einzelnen Anweisungen sollen jeweils exakt durchgeführt werden.

Materialbedarf:
24 Markierungskegel, pro Spieler 1 Ball

→ 101

Balloon Drill 1

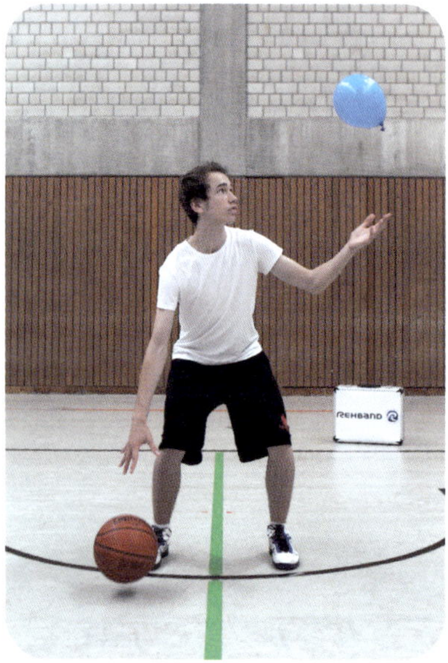

Zielgruppe

AGA	GLT	ABT	AST	HLT
	🏀	🏀		

Spielerzahl:
1+

Lernziele/Drillschwerpunkt:
Verbesserung der Ballhandling-Skills

Empfohlene Dauer:
5 Minuten

Übungsbeschreibung:
Ein Spieler hat einen Basketball und einen Luftballon. Während er dribbelt, versucht er den Luftballon durch Schlagen mit der anderen Hand in der Luft zu halten. Er darf dabei die Hände beliebig wechseln.

Variationen:
Trainer gibt Dribbelhand vor. Die Anzahl der Luftballons wird erhöht.

Korrekturhinweise:
Luftballons kräftig nach oben schlagen, flach dribbeln, Blick auf den Ballon richten.

Materialbedarf:
Pro Spieler 1 Basketball und 1–3 Luftballons

Wettkampf:
Wer schlägt den/die Ballon/s am häufigsten in die Luft?

→ 102

Balloon Drill 2

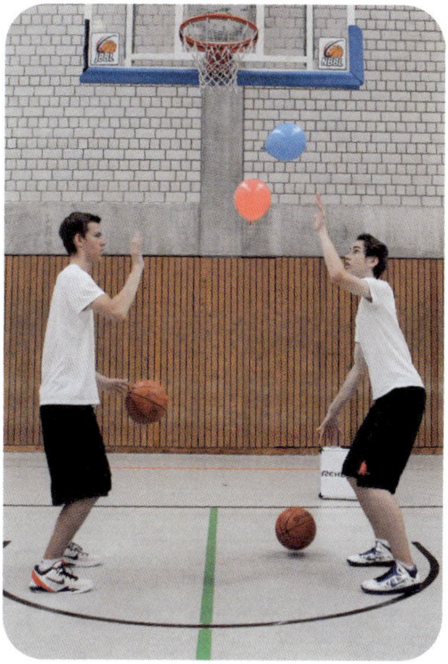

Zielgruppe

AGA	GLT	ABT	AST	HLT
	🏀	🏀		

Spielerzahl:
2+

Lernziele/Drillschwerpunkt:
Verbesserung der Ballhandling-Skills

Empfohlene Dauer:
5 Minuten

Übungsbeschreibung:
Zwei Spieler haben je einen Basketball und zusammen einen Luftballon. Während sie die Basketbälle dribbeln, versuchen sie den Luftballon durch Schlagen mit der anderen Hand in der Luft zu halten. Die Hände können beliebig gewechselt werden.

Variationen:
Trainer gibt Dribbelhand vor. Die Anzahl der Luftballons wird erhöht.

Korrekturhinweise:
Luftballons kräftig nach oben schlagen, flach dribbeln, Blick auf den Ballon richten.

Materialbedarf:
Pro Spieler 1 Basketball und 1–3 Luftballons

Wettkampf:
Wer schlägt den/die Ballon/s am häufigsten in die Luft?

→ 103

Big Dribbles and Baby Dribbles

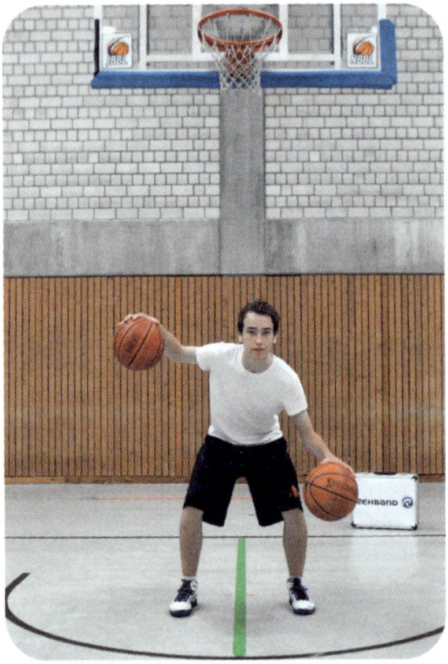

Zielgruppe

AGA	GLT	ABT	AST	HLT
	●	●		

Spielerzahl:
1+

Lernziele/Drillschwerpunkt:
Verbesserung der Ballhandling-Skills

Empfohlene Dauer:
3–5 Minuten

Übungsbeschreibung:
Ein Spieler hat zwei Basketbälle, die er jeweils mit einer Hand dribbelt. Einen Ball dribbelt er in Schulterhöhe, während er den anderen Ball in Kniehöhe dribbelt. Nach Vorgabe des Trainers werden die Dribbelhöhen zwischen den Händen getauscht.

Korrekturhinweise:
Der Spieler darf nicht versuchen, die Bälle gleichzeitig zu dribbeln.

Materialbedarf:
2 Bälle pro Spieler

→ 104

Dribble Reaction Drill

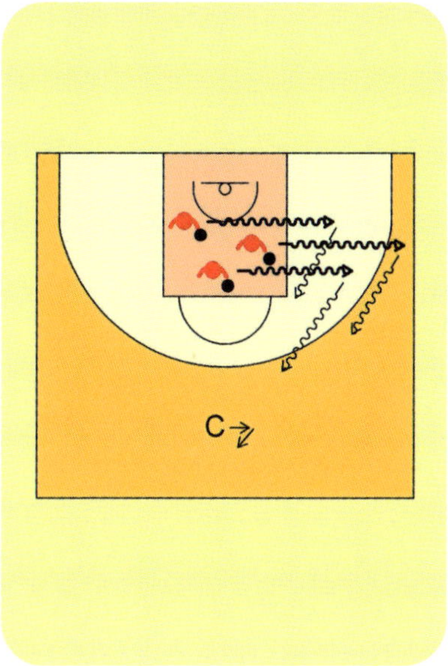

Zielgruppe

AGA	GLT	ABT	AST	HLT
	●	●		

Spielerzahl:
1+

Lernziele/Drillschwerpunkt:
Verbesserung der Ballhandling-Skills

Empfohlene Dauer:
3–5 Minuten

Übungsbeschreibung:
Jeder Spieler hat ein oder zwei Bälle, Kleingruppen von max. drei bis vier Spielern, verteilt im 3-Sekunden-Raum. Coach steht zentral im Halbfeld zwischen den Sprungkreisen und zeigt die Dribbelrichtung an: vor, zurück, rechts & links. Auf Ansage: Speed-Dribbling bis zu einer vorgegebenen Signallinie, gleichzeitig rückt die nächste Kleingruppe von der Baseline in den 3-Sekunden-Raum.

Variationen:
Mit 1 Ball: mit und ohne Handwechsel
Mit 2 Bällen: mit und ohne Handwechsel !
Mit Dribble-Brillen
Nur Off-Hand ohne Handwechsel

Korrekturhinweise:
Hartes Dribbling, eng am Körper, knie- bis hüfthoch, Druck auf den Ball, Kopf hoch. Handwechsel R → L, freie Hand erwartet den Ball, Schwerpunkt bewegt sich mit dem Ball beim Handwechsel, kniehoch, harter Handwechsel, eng am Körper, schnell Druck auf den Ball, beim Back-up Dribbling (»zurück«), Ball neben den Körper beim Dribbelstop, schnelles Rückwärtsdribbling, Sprung auf beide Füße, Vorfuß belasten & neue Bewegungsrichtung nach Körperschwerpunktabsenkung einleiten, schnelles Back-up, Kopf hoch, Tempowechsel

Materialbedarf:
1–2 Bälle pro Spieler

→ 105

Cross Over Reaction Drill

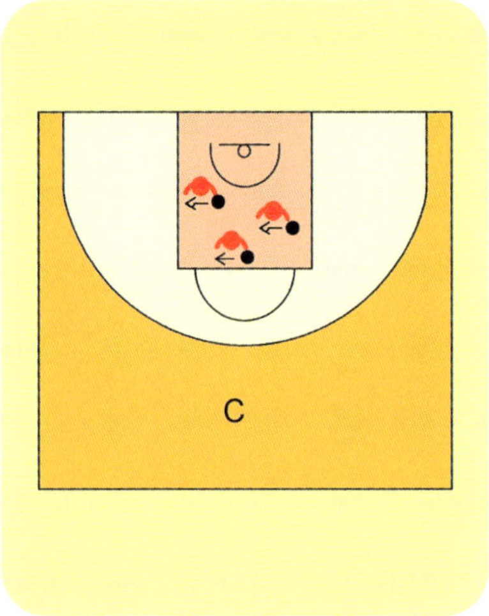

Zielgruppe

AGA	GLT	ABT	AST	HLT
	🏀	🏀		

Spielerzahl:
1+

Lernziele/Drillschwerpunkt:
Verbesserung der Ballhandling-Skills

Empfohlene Dauer:
3–5 Minuten

Übungsbeschreibung:
Kleingruppen von max. 3–4 Spielern, verteilt im 3-Sekunden-Raum, Coach steht zentral im Halbfeld zwischen den Sprungkreisen und sagt verschiedene Handwechsel an (Cross Over, Through The Legs und Behind The Back). Im Verlauf der Sequenz steigert er die Geschwindigkeit, auf Ansage Speed-Dribbling bis zu einer vorgegebenen Signallinie, gleichzeitig rückt die nächste Kleingruppe von GL in den 3-Sekunden-Raum.

Variationen:
Mit Dribbel-Brille
Anzahl der Handwechseln mit Inside Out und Spin Move erweitern.
Mit »Back-up«-Ansage

Korrekturhinweise:
Handwechsel vorm Körper: langer Arm- und Handgelenkeinsatz, freier Arm erwartet den Ball, hartes Dribbling, kniehoch, harter Handwechsel, eng am Körper
Handwechsel durch die Beine: hartes Dribbling, freie Hand erwartet den Ball, Schwerpunkt bewegt sich mit dem Ball beim Handwechsel, Beinachse leitet mit Sprung neue Bewegungsrichtung ein, harter Handwechsel, Schwerpunkt absenken bzw. mit dem Ball bewegen
Handwechsel hinterm Rücken: Ball hinter die Beinachse bringen, langer Arm- und Handgelenkeinsatz, freier Arm erwartet den Ball, Ball eng am Körper, Impulsdribbling vor dem Handwechsel

Materialbedarf:
1 Ball pro Spieler

→ 106

Spider Dribble Drill

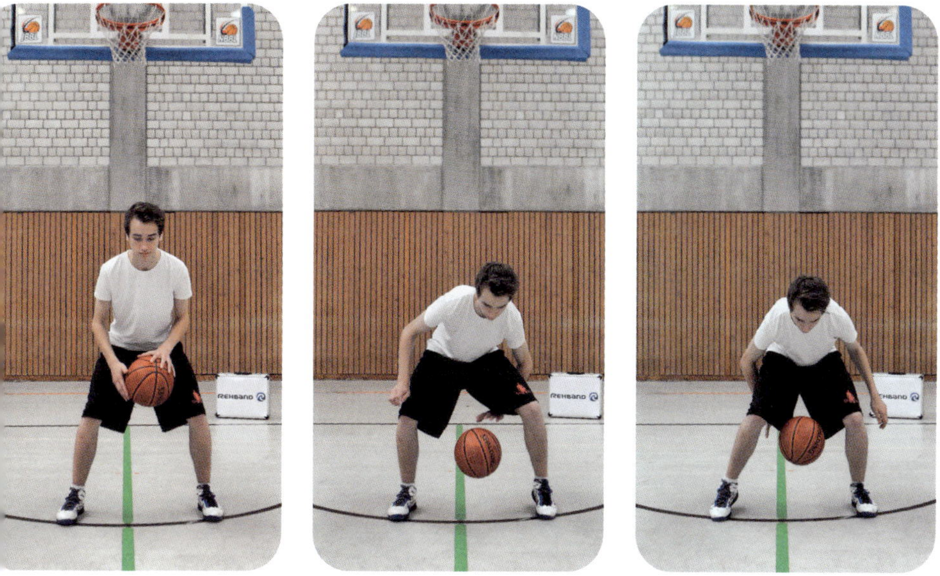

Zielgruppe

AGA	GLT	ABT	AST	HLT
●	●	●		

Spielerzahl:
1+

Lernziele/Drillschwerpunkt:
Verbesserung der Dribbling-Skills, Koordination

Empfohlene Dauer:
mehrere Durchgänge à 45 Sekunden

Übungsbeschreibung:
Der Spieler steht breitbeinig mit den Füßen nebeneinander. Er dribbelt den Ball nun in folgender Weise zwischen seinen Beinen und in dieser Reihenfolge: Er beginnt mit dem Dribbling mit der rechten Hand vor dem Körper, das nächste Dribbling macht er mit der linken Hand vor dem Körper, dann greift er mit der rechten Hand um sein rechtes Bein herum und dribbelt von hinten mit der rechten Hand, dann mit der linken Hand von hinten um sein linkes Bein herum. Diese Reihenfolge wird nun beliebig oft wiederholt.

Materialbedarf:
1 Ball pro Person

Wettkampf:
Wer schafft in 45 Sekunden die meisten Ballkontakte?

→ 107

Pound Dribble Drill

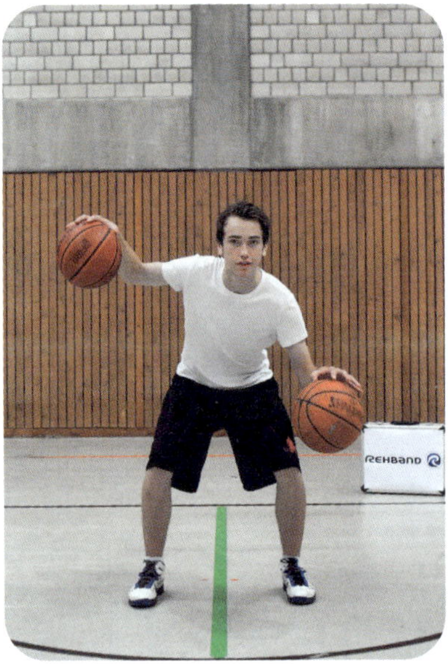

Zielgruppe

AGA	GLT	ABT	AST	HLT
●	●	●		

Spielerzahl:
1+

Lernziele/Drillschwerpunkt:
Verbesserung der Dribbling-Skills/Ballkontrolle

Empfohlene Dauer:
mehrere Durchgänge à 45 Sekunden

Übungsbeschreibung:
Die Spieler stehen in einer athletischen Position und dribbeln den Ball so hart wie möglich. Die Höhe des Dribblings wird variiert.
1. schulterhoch,
2. hüfthoch,
3. kniehoch,
4. so niedrig wie möglich. Den Drill sowohl mit der rechten als auch mit der linken Hand oder mit zwei Bällen durchführen.

Korrekturhinweise:
Spieler dribbelt nicht hart genug. Spieler schaut zu sehr auf den Ball. Spieler hat keine tiefe Position.

Materialbedarf:
1 oder 2 Bälle pro Spieler

→ 108

Big and Small Crosses

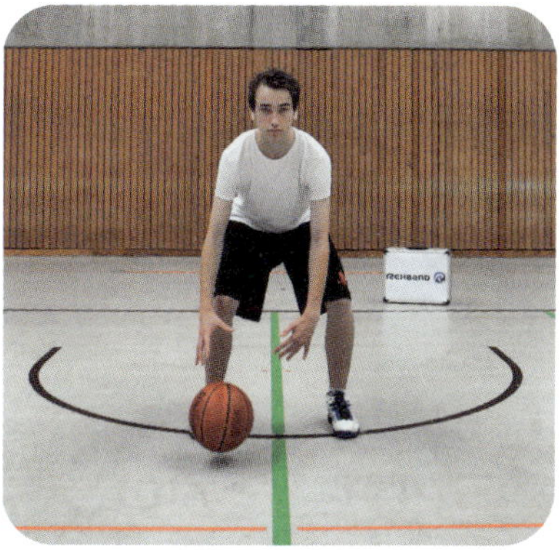
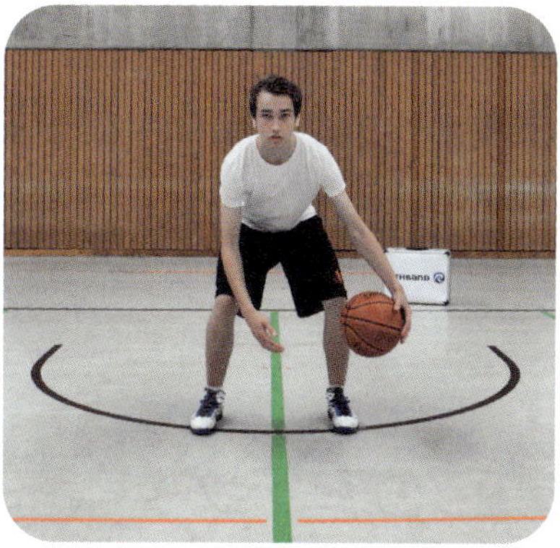
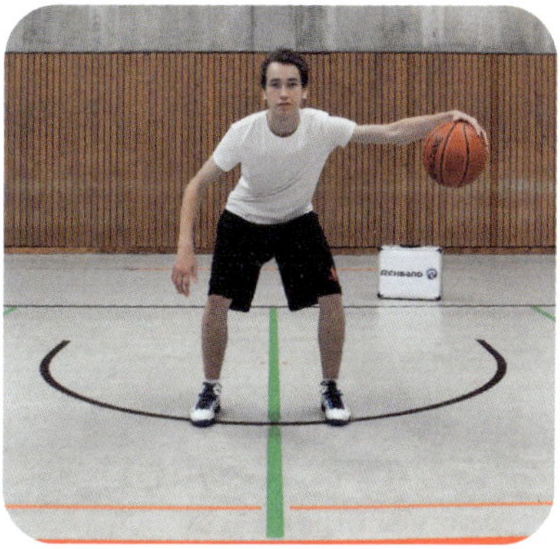
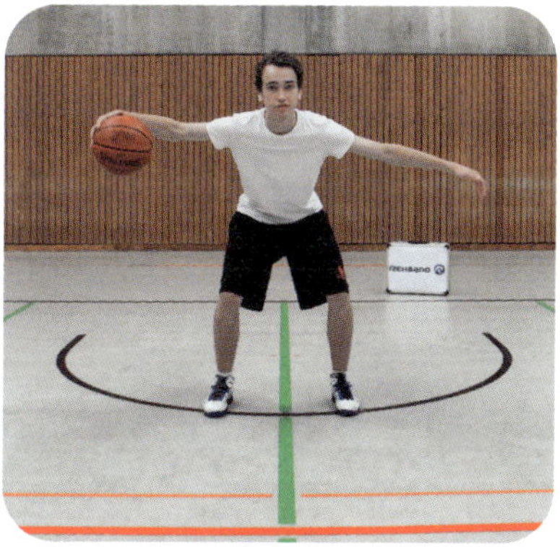

Zielgruppe

AGA	GLT	ABT	AST	HLT
●	●	●		

Spielerzahl:
1+

Lernziele/Drillschwerpunkt:
Verbesserung der Dribbling-Skills/Ballkontrolle

Empfohlene Dauer:
mehrere Durchgänge à 45 Sekunden

Übungsbeschreibung:
Die Spieler stehen in einer athletischen Position und dribbeln den Ball von der linken in die rechte Hand und um umgekehrt. Dabei starten sie mit schulterhohen Dribblings, die Arme bleiben gestreckt. Die Höhe wird variiert auf Hüfthöhe, dann auf Kniehöhe. Wenn der Spieler den Ball verliert, sprintet er und holt ihn zurück.

Korrekturhinweise:
Spieler riskiert nicht genug, geht nicht an seine Grenzen.

Materialbedarf:
1 Ball pro Spieler

→ 109

Wrap-around handles

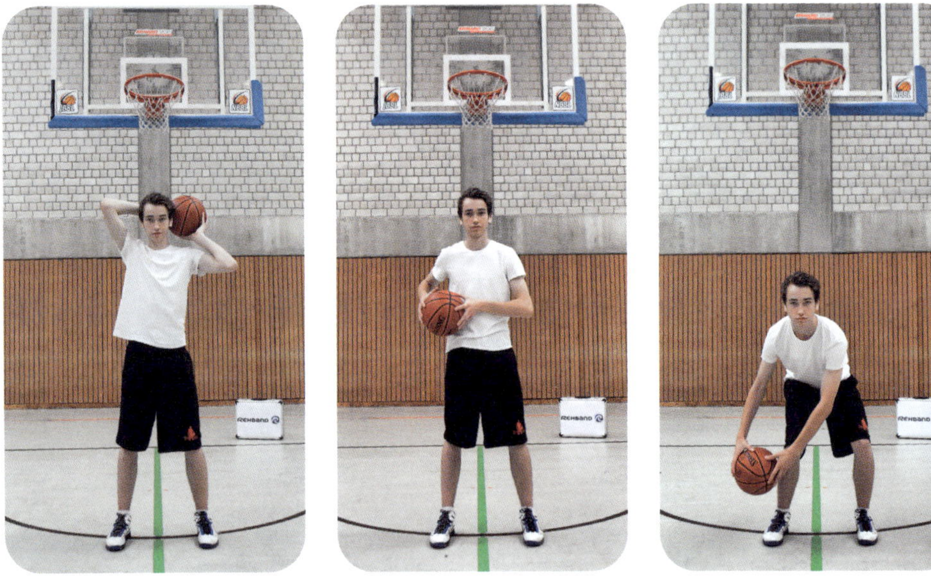

Zielgruppe

AGA	GLT	ABT	AST	HLT
🏀	🏀	🏀		

Spielerzahl:
1+

Lernziele/Drillschwerpunkt:
Verbesserung der Handles

Empfohlene Dauer:
5 Minuten

Übungsbeschreibung:
Der Ball wird kreisen gelassen... Um den Kopf, um den Bauch, um die Hüfte, um die Knie, um die Fußgelenke (bei geschlossenem Stand), um das rechte Bein, um das linke Bein.

Variationen:
Rechts herum, links herum, schnelle oder langsame Wechsel der Ballhöhe

Korrekturhinweise:
Zu langsames Tempo bei der Ausführung. Der Körper bleibt ruhig, die Augen sind nach vorne gerichtet.

Materialbedarf:
1 Ball pro Spieler

Wettkampf:
Wer schafft am schnellsten x Umkreisungen?

→ 110

Dribbling Handles 1

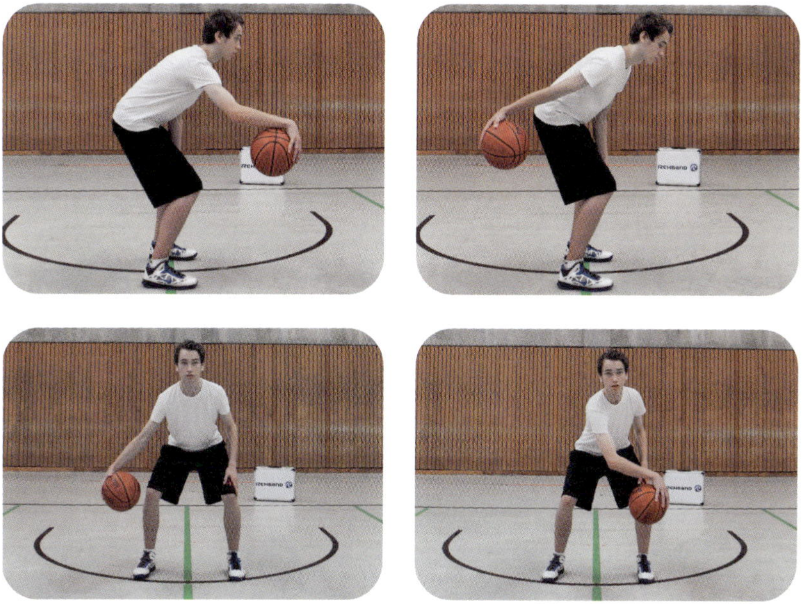

Zielgruppe

AGA	GLT	ABT	AST	HLT
●	●			

Spielerzahl:
1+

Lernziele/Drillschwerpunkt:
Verbesserung der Dribbling-Skills

Empfohlene Dauer:
5 Minuten

Übungsbeschreibung:
Auf der Stelle, in einer athletischen Position stehend, wird der Ball in verschiedenen Varianten je 20-mal gedribbelt:
1. Mit der rechten Hand rechts neben dem Körper, vor und zurück.
2. Mit der rechten Hand vor dem Körper nach links und nach rechts.
3. Mit der linken Hand vor dem Körper nach rechts und nach links.
4. Mit der linken Hand, links neben dem Körper, vor und zurück.
5. Mit der linken Hand abwechselnd links neben dem Körper vor und zurück und vor dem Körper von links nach rechts.
6. Mit der rechten Hand abwechselnd vor dem Körper von links nach rechts und rechts neben dem Körper von vorne nach hinten.

Variationen:
Dribbelhöhe und Anzahl variieren.

Korrekturhinweise:
Zu langsames Tempo bei der Ausführung. Der Körper bleibt ruhig, die Augen sind nach vorne gerichtet.

Materialbedarf:
1 Ball pro Spieler

Wettkampf:
Wer wird am schnellsten fertig?

→ 111

Dribbling Handles 2

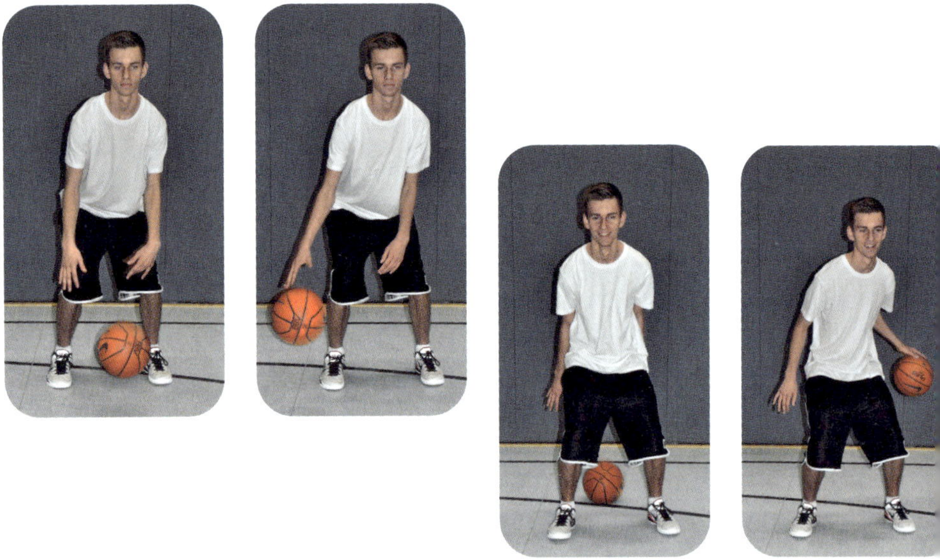

Zielgruppe

AGA	GLT	ABT	AST	HLT
	●	●	●	

Spielerzahl:
1+

Lernziele/Drillschwerpunkt:
Verbesserung der Dribbling-Skills

Empfohlene Dauer:
5 Minuten

Übungsbeschreibung:
Auf der Stelle, in einer athletischen Position stehend, wird der Ball in verschiedenen Varianten je 20-mal gedribbelt:

1. Handwechsel vor dem Körper
2. Handwechsel hinter dem Körper
3. Handwechsel in Schrittstellung durch die Beine, rechtes Bein vorn
4. Handwechsel in Schrittstellung durch die Beine linkes Bein vorn.
5. Parallele Fußstellung, Ball von vorne mit der rechten Hand nach hinten dribbeln und umgekehrt
6. Hände wechseln.

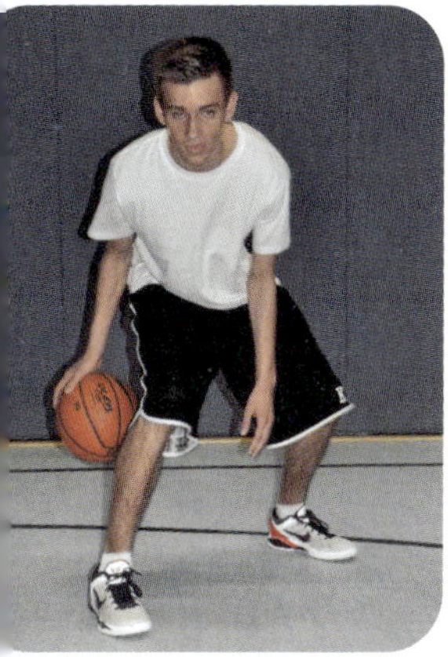

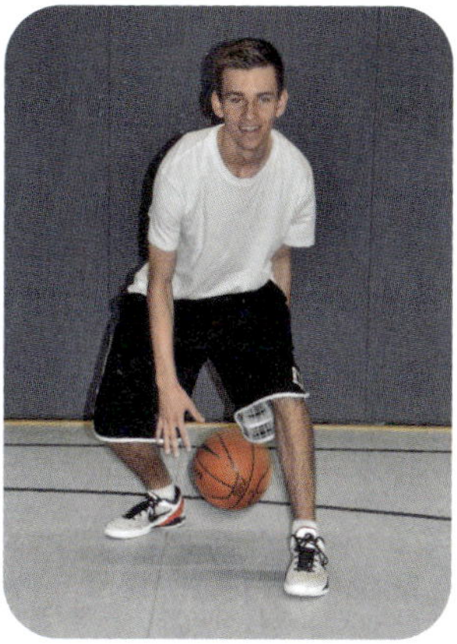

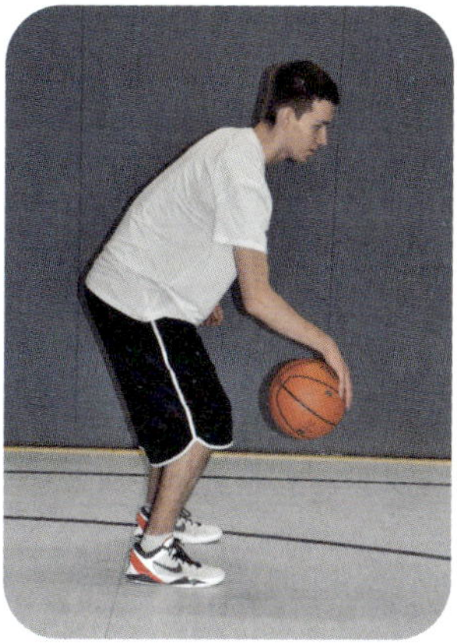

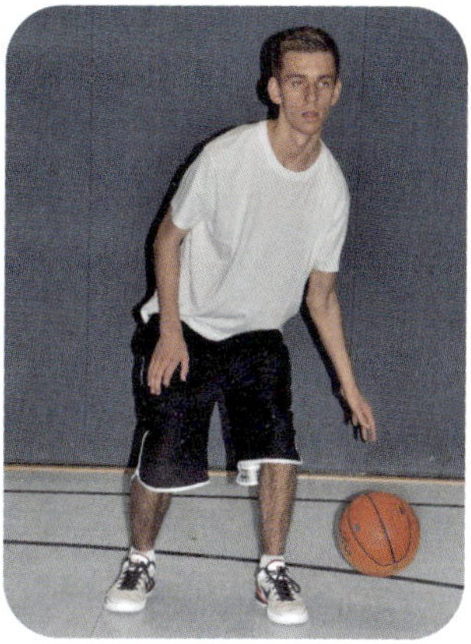

Variationen:
Dribbelhöhe und Anzahl variieren.

Korrekturhinweise:
Zu langsames Tempo bei der Ausführung. Der Körper bleibt ruhig, die Augen sind nach vorne gerichtet.

Materialbedarf:
1 Ball pro Spieler

Wettkampf:
Wer wird am schnellsten fertig?

→ 112

Six Dribble Warmup Series

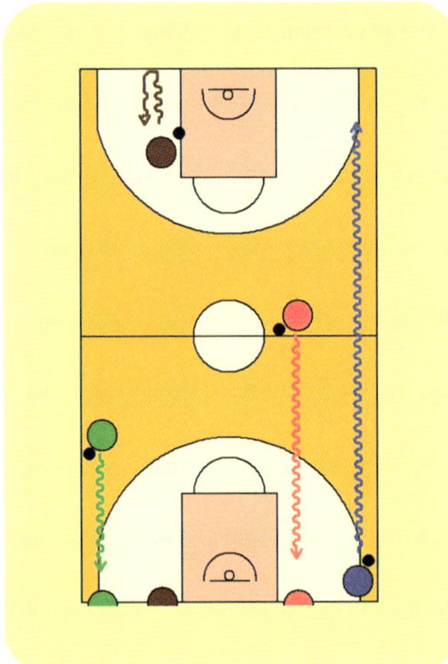

Zielgruppe

AGA	GLT	ABT	AST	HLT
	●	●	●	

Spielerzahl:
5+

Lernziele/Drillschwerpunkt:
Warmup, Verbesserung der Dribbling-Skills, Koordination

Empfohlene Dauer:
5 Minuten

Übungsbeschreibung:
In Gruppen von max. fünf bis sechs Spielern dribbeln die Gruppen nach Vorgabe je zwei Bahnen hin mit der rechten Hand und zurück mit der linken Hand.
1. Langsames Joggingtempo, hüfthohes Dribbling schräg vor dem Körper
2. Schnelle, flache Dribblings, nicht höher als kniehoch vor dem Körper.
3. Dribbling im Hopserlauf
4. Dribbling im Hopserlauf rückwärts
5. Dribbling beim »Anfersen«
6. Dribbling beim seitlichen Kreuzschritt (Gesicht auf dem Vor- und Rückweg immer zur selben Feldseite).

Korrekturhinweise:
Augen nach vorne, Elemente der Laufschule korrekt ausführen.

Materialbedarf:
1 Ball pro Spieler

→ 113

Six Crossover Warmup Series

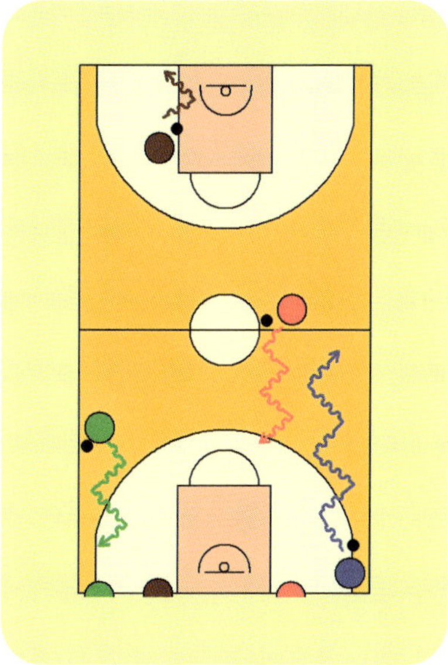

Zielgruppe

AGA	GLT	ABT	AST	HLT

Spielerzahl:
5+

Lernziele/Drillschwerpunkt:
Warmup, Verbesserung der Dribbling-Skills, Koordination

Empfohlene Dauer:
5 Minuten

Übungsbeschreibung:
In Gruppen von max. fünf bis sechs Spielern dribbeln die Gruppen nach Vorgabe je zwei Bahnen hin und zurück.
1. Zwei Dribblings nach schräg vorne rechts mit der rechten Hand – Hesitation – Crossover – zwei Dribblings mit der linken Hand nach schräg vorne links – Hesitation – Crossover usw.
2. Zwei Dribblings geradeaus mit der rechten Hand, Hesitation, Fake Crossover, wiederholen bis zur anderen Seite, dort Handwechsel
3. Zwei Dribblings geradeaus mit der rechten Hand, Hesitation, Double Crossover, wiederholen bis zur anderen Seite, dort Handwechsel
4. Zwei Dribblings nach schräg vorne rechts mit der rechten Hand – Hesitation – Crossover behind the back – zwei Dribblings mit der linken Hand nach schräg vorne links – Hesitation – Crossover behind the back usw.
5. Zwei Dribblings nach schräg vorne rechts mit der rechten Hand – Hesitation – Crossover through the legs – mit der linken Hand nach schräg vorne links – Hesitation – Crossover through the legs usw.
6. Zwei Dribblings nach schräg vorne rechts mit der rechten Hand – Hesitation – Spin Move – zwei Dribblings mit der linken Hand nach schräg vorne links – Hesitation – Spin Move usw.

Korrekturhinweise:
Augen nach vorne, auf Tempo- und Richtungswechsel achten.

Materialbedarf:
1 Ball pro Spieler

→ 114

Two Ball Warmup Series

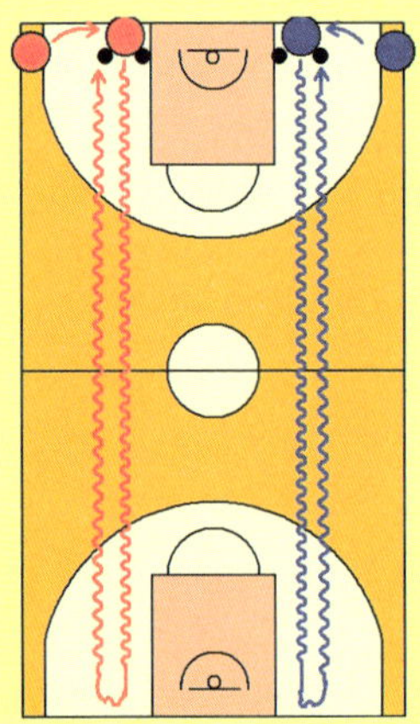

Zielgruppe

AGA	GLT	ABT	AST	HLT
	●	●	●	

Spielerzahl:
2+

Lernziele/Drillschwerpunkt:
Warmup, Verbesserung der Dribbling-Skills, Koordination

Empfohlene Dauer:
5 Minuten

Übungsbeschreibung:
Zwei Spieler bilden eine Einheit und stehen hintereinander an der Grundlinie. Der erste Spieler erhält beide Bälle und dribbelt damit nach Vorgabe zur anderen Seite des Feldes und zurück. Dort übergibt er die Bälle an den Partner.

1. Dribbeln mit der rechten Hand und Tragen des anderen Balles mit der linken Hand mit ausgestrecktem Arm. Auf dem Rückweg umgekehrt.

2. Dribbeln hin mit einer Hand, der andere Ball wird mit ausgestrecktem Arm getragen, an vorher definierten Linien wird der getragene Ball in die andere Hand geworfen während der gedribbelte Ball mit Crossover in die andere Hand wechselt.

3. Gleichzeitiges Dribbeln mit beiden Bällen hüfthoch.

4. Gleichzeitiges Dribbeln mit beiden Bällen kniehoch.

5. Abwechselndes Dribbeln mit beiden Bällen hüfthoch.

6. Zwei gleichzeitige Dribblings schräg nach vorne rechts – Hesitation – Ball aus der linken Hand Crossover vor dem Körper auf die rechte Hand und der Ball in der rechten Hand Crossover behind the back auf die linke Hand. Zwei Dribblings zur anderen Seite und die gleiche Aktion spiegelverkehrt durchführen.

Korrekturhinweise:
Augen nach vorne und den Kopf oben halten.

Materialbedarf:
1 Ball pro Spieler

→ 115

React and Catch Drill

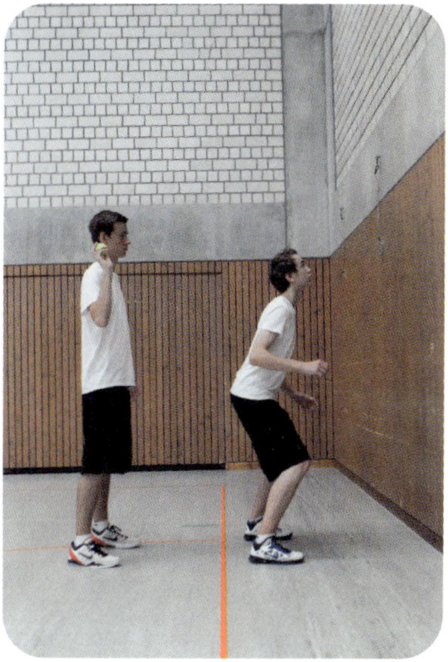

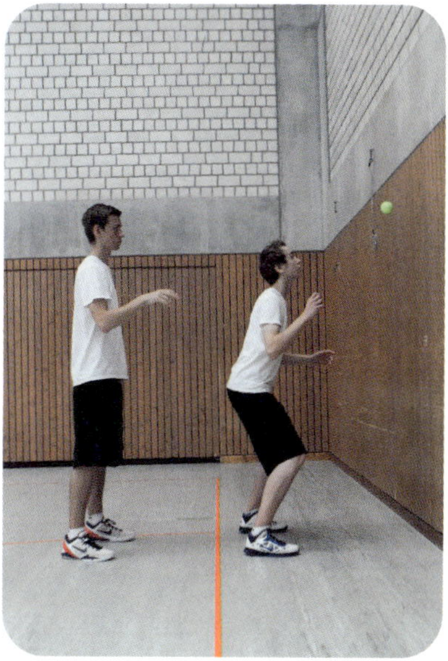

Zielgruppe

AGA	GLT	ABT	AST	HLT
	x	x	x	

Spielerzahl:
2+

Lernziele/Drillschwerpunkt:
Reaktionsschnelligkeit verbessern, Fangen lernen/vertiefen

Empfohlene Dauer:
4–6 Minuten

Übungsbeschreibung:
Ein Spieler steht im Abstand von etwa 3 m mit dem Gesicht zu einer Wand. Ein anderer Spieler steht hinter ihm und wirft einen Tennisball in verschiedenen Höhen und Winkeln gegen die Wand, sodass sein Partner ihn fangen kann.

Variationen:
Statt eines Tennisballs einen Basketball nehmen, Entfernung je nach Skilllevel ändern. Fänger erhält zusätzlich einen Basketball, den er dribbeln soll.

Korrekturhinweise:
Tiefer Stand, nicht nach vorne beugen, den Rücken gerade halten.

Materialbedarf:
Pro Paar 1 Ball

Wettkampf:
Wer fängt die meisten Bälle?

→ 116

Handspeed Wrap-Arounds

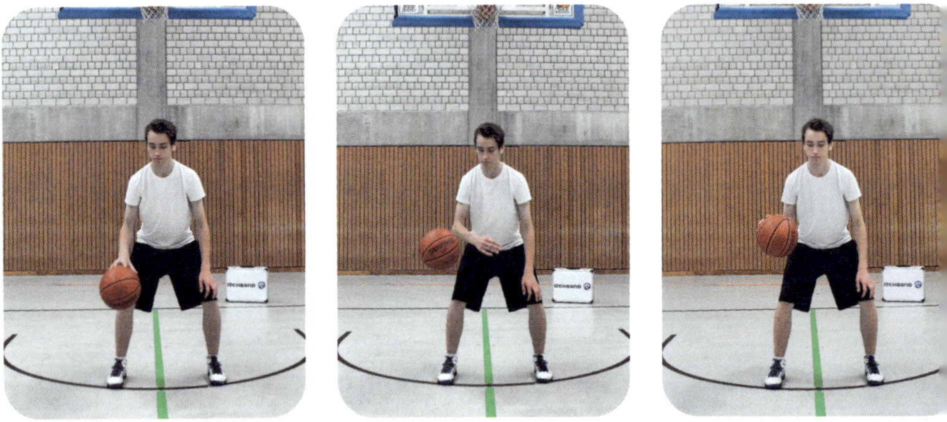

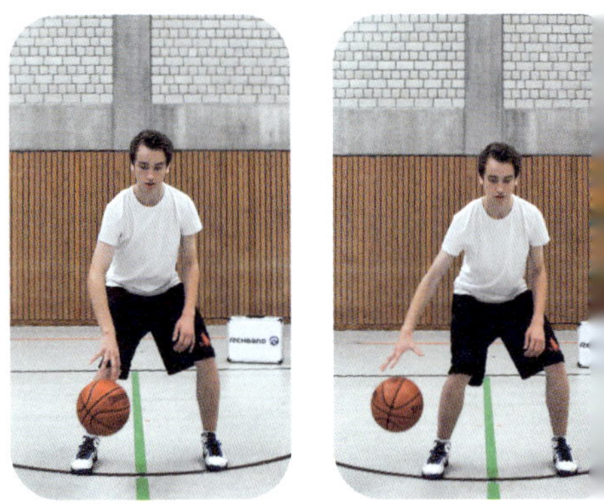

Zielgruppe

AGA	GLT	ABT	AST	HLT
	●	●		

Spielerzahl:
1+

Lernziele/Drillschwerpunkt:
Verbesserung der Handschnelligkeit im Dribbling

Empfohlene Dauer:
1-2 Minuten je Seite je Variante

Übungsbeschreibung:
Der Spieler nimmt eine athletische Grundposition ein. Die Knie sind gebeugt, der Rücken gerade, der Kopf oben. Der Spieler beginnt zu dribbeln. Bevor einen Dribblemove ausführt, wie ein Inside Out, umkreist er den Ball 1-mal mit Hand.

Variationen:
Anzahl der Umkreisungen kann gesteigert werden, Dribblemoves variabel.

Korrekturhinweise:
Tiefer Stand, gerader Rücken, die Dribblemoves korrekt ausführen.

Materialbedarf:
Pro Spieler 1 Ball

→ 117

Tennisball Dribbling 1

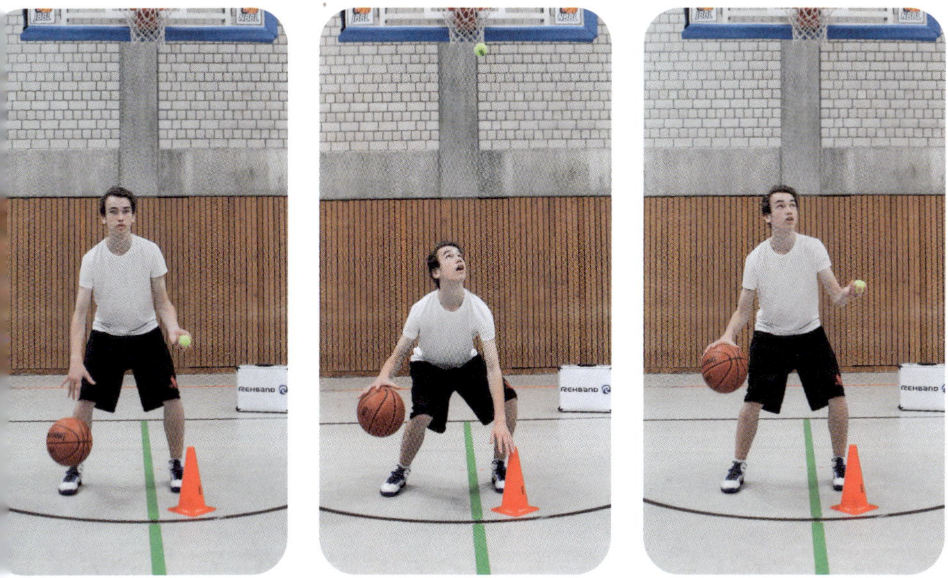

Zielgruppe

AGA	GLT	ABT	AST	HLT
	●	●	●	

Spielerzahl:
1+

Lernziele/Drillschwerpunkt:
Verbesserung der Ballkontrolle und des Ballhandlings

Empfohlene Dauer:
1–2 Minuten je Seite je Variante

Übungsbeschreibung:
Der Spieler nimmt eine athletische Grundposition ein. Die Knie sind gebeugt, der Rücken gerade, der Kopf oben. Der Spieler beginnt zu dribbeln. In der anderen Hand hält er einen Tennisball, vor dem Fuß der Tennisball Seite steht ein Hütchen. Während er weiterdribbelt, wirft er den Tennisball hoch, berührt das Hütchen und fängt den Tennisball wieder. Er sollte seine Position dabei nicht verändern.

Variationen:
Statt zu dribbeln führt der Spieler einhändige Dribblemoves (Inside Out, Side to Side, Front & Back) aus. Anstelle des Hütchens erhält der Spieler 2 Tennisbälle, die er konstant mit einer Hand jongliert.

Korrekturhinweise:
Tiefer Stand, gerader Rücken, Position beibehalten, den Blick auf den Tennisball und das Hütchen richten. Die Dribblemoves korrekt ausführen.

Materialbedarf:
Pro Spieler 1 Ball, 1 Tennisball, 1 Hütchen

→ 118

Tennisball Dribbling 2

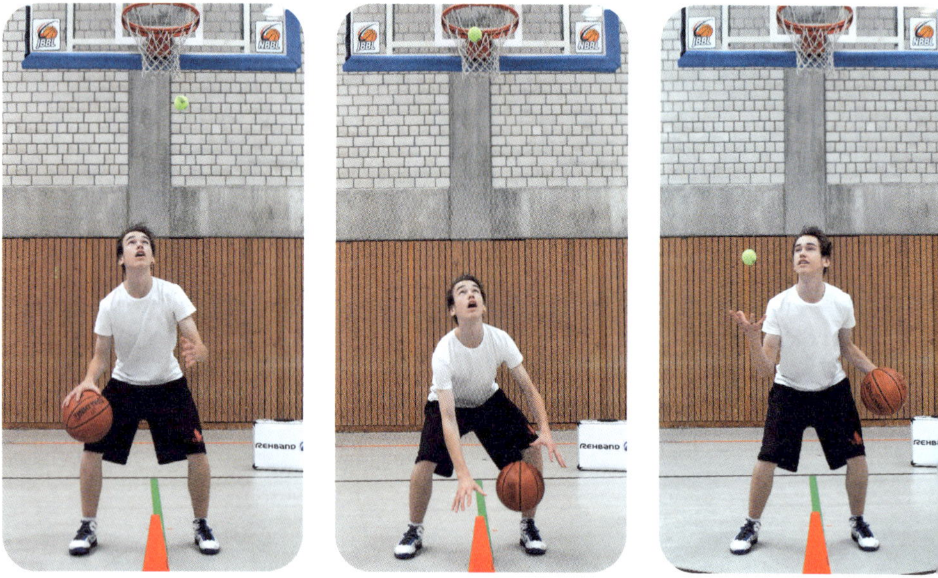

Zielgruppe

AGA	GLT	ABT	AST	HLT
	●	●	●	

Spielerzahl:
1+

Lernziele/Drillschwerpunkt:
Verbesserung der Ballkontrolle und des Ballhandlings

Empfohlene Dauer:
1–2 Minuten je Seite je Variante

Übungsbeschreibung:
Der Spieler nimmt eine athletische Grundposition ein. Die Knie sind gebeugt, der Rücken gerade, der Kopf oben. Der Spieler beginnt zu dribbeln. In der anderen Hand hält er einen Tennisball, vor sich zwischen den Füßen steht ein Hütchen. Während er einen Cross-Over ausführt, wirft er den Tennisball hoch, berührt das Hütchen und fängt den Tennisball wieder. Er sollte seine Position dabei nicht verändern.

Variationen:
Auch Through The Legs und Behind The Back sind möglich.

Korrekturhinweise:
Tiefer Stand, gerader Rücken, Position beibehalten, den Blick auf den Tennisball und das Hütchen richten. Die Dribblemoves korrekt ausführen.

Materialbedarf:
Pro Spieler 1 Ball, 1 Tennisball, 1 Hütchen

→ 119

Tennisball Dribbling 3

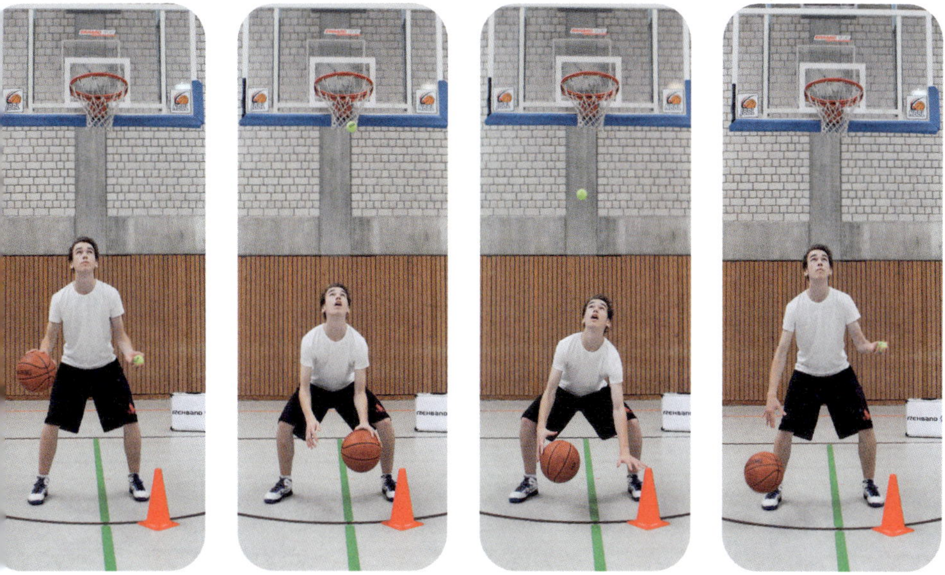

Offense

Zielgruppe

AGA	GLT	ABT	AST	HLT
	●	●	●	

Spielerzahl:
1+

Lernziele/Drillschwerpunkt:
Verbesserung der Ballkontrolle und des Ballhandlings

Empfohlene Dauer:
1–2 Minuten je Seite je Variante

Übungsbeschreibung:
Der Spieler nimmt eine athletische Grundposition ein. Die Knie sind gebeugt, der Rücken gerade, der Kopf oben. Der Spieler beginnt zu dribbeln. In der anderen Hand hält er einen Tennisball, vor dem Fuß der Tennisball Seite steht ein Hütchen. Während er einen Double-Cross oder Inside-Out-Cross-Kombinationsmove ausführt, wirft er den Tennisball hoch, berührt das Hütchen und fängt den Tennisball wieder. Er sollte seine Position dabei nicht verändern.

Korrekturhinweise:
Tiefer Stand, gerader Rücken, Position beibehalten, den Blick auf den Tennisball und das Hütchen richten. Die Dribblemoves korrekt ausführen.

Materialbedarf:
Pro Spieler 1 Ball, 1 Tennisball, 1 Hütchen

→ 117

Sumo Dribbling

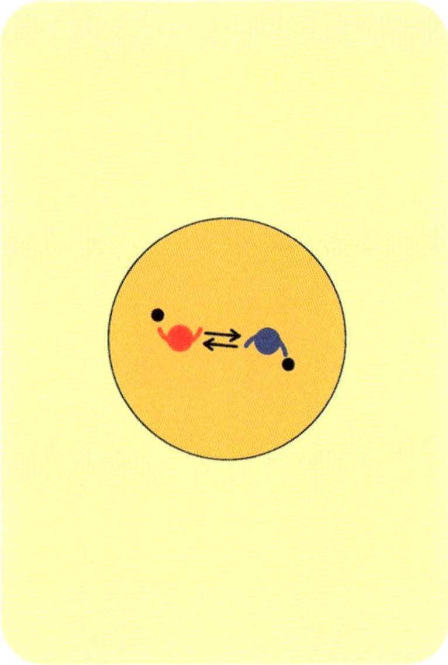

Zielgruppe

AGA	GLT	ABT	AST	HLT
	●	●		

Spielerzahl:
2–6 pro Kreis auf dem Spielfeld

Lernziele/Drillschwerpunkt:
Verbesserung der Ballbehandlung unter Druck

Empfohlene Dauer:
6–10 Minuten

Übungsbeschreibung:
Zwei Spieler mit Ball betreten den Mittelkreis oder einen der Kreise um die Freiwurflinie oder eine der beiden Zonen. Beide Spieler müssen bei ständigem Dribbeln versuchen, den anderen Spieler aus dem Kreis zu drängen oder einen Ballverlust zu provozieren. Stoßen und Schlagen ist nicht erlaubt!

Variationen:
Rechte und linke Hand trainieren.

Materialbedarf:
Pro Spieler 1 Ball

Wettkampf:
Gewinner bleibt, wer gewinnt die meisten Matches?

→ 121

Scooter 1

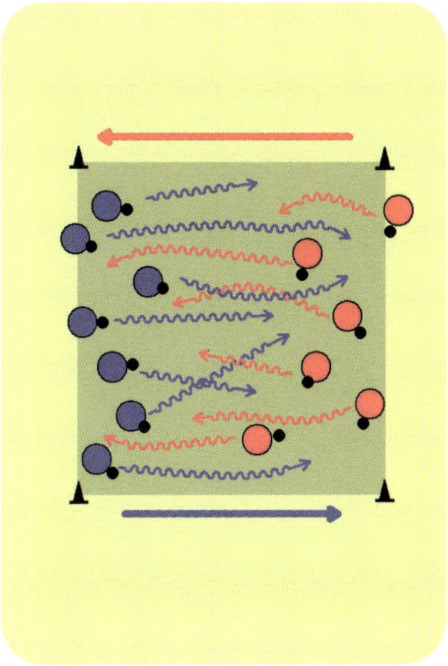

Zielgruppe

AGA	GLT	ABT	AST	HLT
●	●			

Spielerzahl:
10+

Lernziele/Drillschwerpunkt:
Dribbeln lernen, dabei das Umfeld wahrnehmen

Empfohlene Dauer:
5–8 Minuten

Übungsbeschreibung:
Je nach Anzahl der Spieler grenzt der Coach einen bestimmten Bereich des Feldes durch Kegel ein, sodass für die Gruppe nicht viel Platz ist, bei 10 Spielern z. B. 5 x 5 m. Jeder Spieler hat einen Ball. Die Hälfte der Spieler steht der anderen Hälfte gegenüber. Auf Zeichen des Trainers dribbeln alle Spieler zur gegenüberliegenden Seite des markierten Feldes. Dabei sollen sie nicht mit anderen Spielern »zusammenstoßen«.

Variationen:
2 Bälle pro Spieler nutzen.

Korrekturhinweise:
Tiefer Stand, gerader Rücken, Blick nicht auf die Bälle richten, sondern auf die anderen Dribbler.

Materialbedarf:
Pro Spieler 1 Ball oder auch 2 Bälle

→ 122

Scooter 2

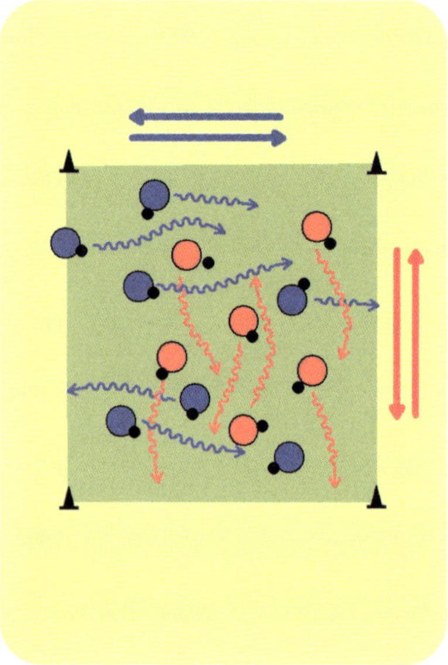

Zielgruppe

AGA	GLT	ABT	AST	HLT
●	●			

Spielerzahl:
10+

Lernziele/Drillschwerpunkt:
Dribbeln lernen, dabei das Umfeld wahrnehmen

Empfohlene Dauer:
5–8 Minuten

Übungsbeschreibung:
Drill wie 121, jedoch dribbelt eine Gruppe von Nord nach Süd, die andere von West nach Ost.

Variationen:
2 Bälle pro Spieler

Korrekturhinweise:
Tiefer Stand, gerader Rücken, Blick nicht auf die Bälle richten, sondern auf die anderen Dribbler

Materialbedarf:
Pro Spieler 1 Ball oder auch 2 Bälle

→ 123

7 Spots

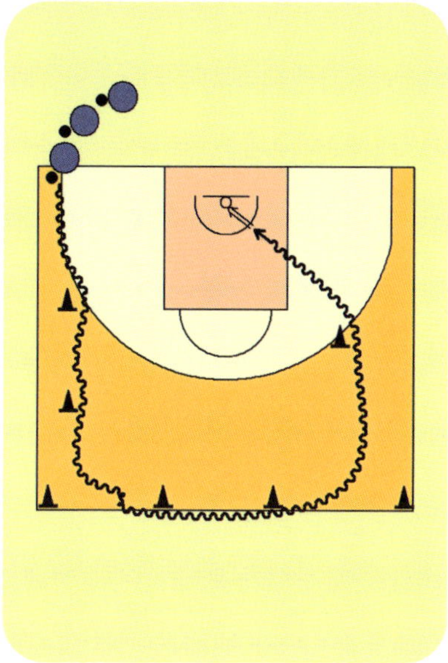

Zielgruppe

AGA	GLT	ABT	AST	HLT

Spielerzahl:
3+

Lernziele/Drillschwerpunkt:
Verbesserung der Ballkontrolle, lernen von Dribble Moves

Empfohlene Dauer:
2–5 Minuten je Richtung

Übungsbeschreibung:
Der Spieler dribbelt die aufgestellten Hütchen ab. Er führt dabei an den Hütchen in der Reihenfolge die Moves aus: Inside Out, Inside Out, Spin Move, Backup Dribble mit einem Crossover, Halfspin Fake und ein Behind The Back Dribble aus. Im Anschluss dribbelt der Spieler auf den Korb zu, führt ein Inside Out Cross Over- oder Double Cross-Kombinationsmove aus und schließt mit einer Bewegung am Korb oder einem Sprungwurf ab. Danach beginnt der Drill von vorne. Der nächste Spieler startet, wenn der vorherige Spieler das zweite Inside Out Dribbling macht.

Variationen:
Den Parcours für Training der linken und rechten Hand ausrichten. Je nach Anzahl der Spieler zweite Gruppe und Parcours hinzufügen.

Korrekturhinweise:
Niedrig dribbeln, nach den Moves Tempowechsel, Blick nicht auf den Ball richten.

Materialbedarf:
7 Hütchen pro Parcours und pro Spieler 1 Ball

Wettkampf:
Wer schafft die meisten Durchgänge? Gruppen gegeneinander

→ 124

Mirror Drill

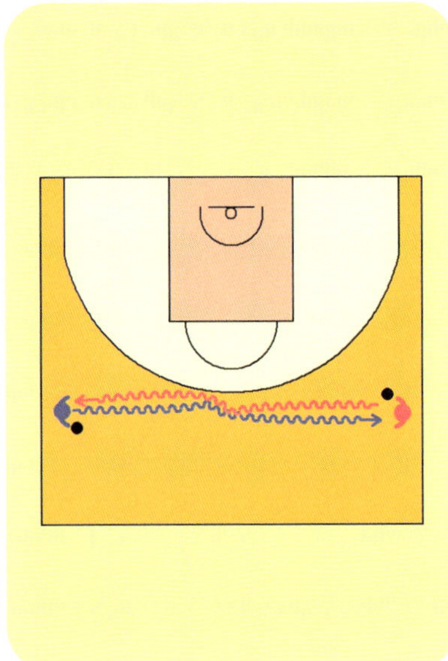

Zielgruppe

AGA	GLT	ABT	AST	HLT
	●	●		

Spielerzahl:
2+

Lernziele/Drillschwerpunkt:
Handwechsel/Dribblingmoves lernen, dabei das Umfeld wahrnehmen

Empfohlene Dauer:
2 Minuten je Variante

Übungsbeschreibung:
Zwei Spieler stehen einander in einem Abstand von 8 m gegenüber. Sie dribbeln mit der gleichen Hand (also beide rechts oder beide links) aufeinander zu. Kurz bevor sie zusammenstoßen, führen sie ein Inside Out Dribbling unterhalb des Knies aus, vermeiden den Zusammenstoß und dribbeln aneinander vorbei auf die Ausgangsposition des Partners. Die Spieler drehen sich um und der Drill beginnt von vorne. Weitere Moves für diesen Drill sind Cross Over, Through The Legs, Behind The Back, Spin Move, Inside Out Cross Over Kombinationen oder Double Cross Kombinationen.

Variationen:
Nach den Dribblemoves können auch Pässe zu weiteren Spielern (4 Spieler pro Gruppe) trainiert werden.

Korrekturhinweise:
Richtige Distanz zwischen den Spielern bei Ausführung der Moves einhalten, schnelles Aufeinanderzudribbeln der Spieler, die Dribblingmoves niedrig mit einem schnellen harten Dribbling ausführen, nach dem Move beschleunigen, Ball- und Körperkontrolle beachten.

Materialbedarf:
Pro Spieler 1 Ball bzw. pro Gruppe 2 Bälle

→ 125

Multidirectional Dribble

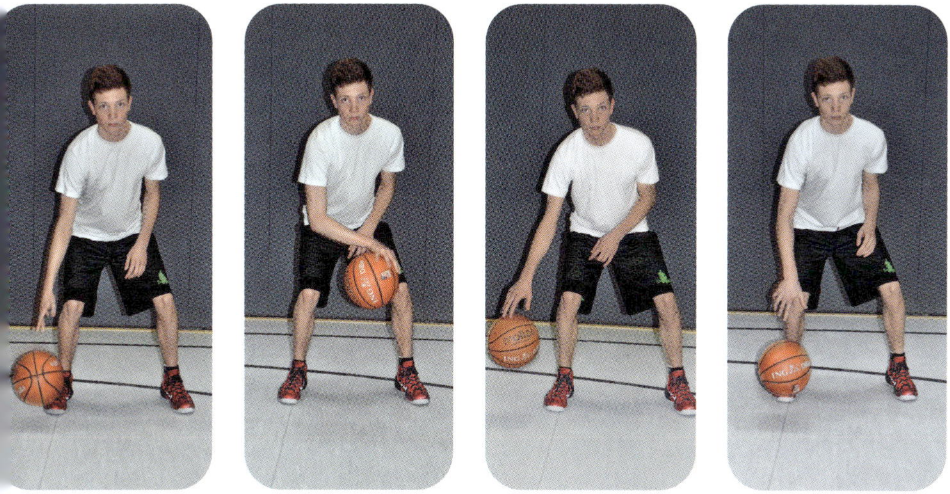

Zielgruppe

AGA	GLT	ABT	AST	HLT
	●	●		

Spielerzahl:
1+

Lernziele/Drillschwerpunkt:
Verbesserung der Ballkontrolle

Empfohlene Dauer:
30–60 Sekunden je Seite

Übungsbeschreibung:
Der Spieler nimmt eine tiefe, stabile Triple Threat Position ein, Knie sind gebeugt, der Rücken gerade, den Kopf gehoben. Alle Dribblings werden unterhalb der Hüfte, jeder Richtungswechsel unterhalb des Knie durchgeführt. Der Spieler dribbelt zunächst zweimal. Es folgt ein Side to Side und ein Back and Front Dribbling. Abgeschlossen wird der Drill mit zwei Inside Out Dribblings. Der Spieler wiederholt den Bewegungsablauf, bis die vorgegebene Zeit abgelaufen ist. In der folgenden Runde dribbelt der Spieler mit der anderen Hand.

Variationen:
Der Spieler führt den Drill im vorwärts, rückwärts laufen oder seitlichen Bewegungen aus, 2 Bälle pro Spieler.

Korrekturhinweise:
Tiefer Stand, gerader Rücken, Blick nicht auf den Ball richten, niedrig dribbeln, die Handpositionen der einzelnen Bewegung korrekt ausführen.

Materialbedarf:
Pro Spieler 1 Ball oder auch 2 Bälle

Wettkampf:
Wer schafft die meisten Wiederholungen?

→ 126

Super 8

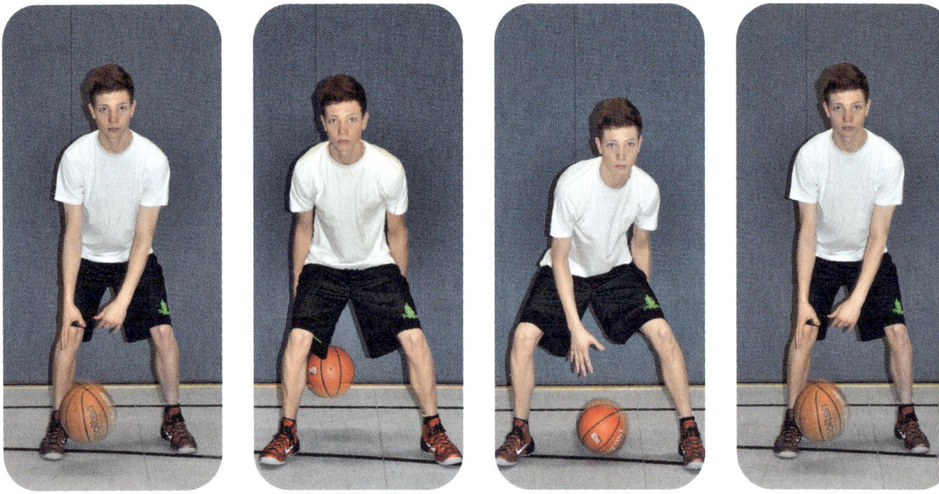

Zielgruppe

AGA	GLT	ABT	AST	HLT
	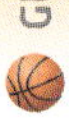	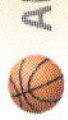	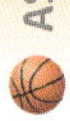	

Spielerzahl:
1+

Lernziele/Drillschwerpunkt:
Verbesserung der Ballkontrolle

Empfohlene Dauer:
45–90 Sekunden

Übungsbeschreibung:
Der Spieler nimmt eine tiefe, stabile Triple Threat Position ein, Knie sind gebeugt, der Rücken gerade, der Kopf gehoben. Er beginnt mit dem ersten Teil (bestehend aus vier Dribblingmoves) des Super 8 Drills. Der Spieler macht einen Cross Over, gefolgt von einem Behind The Back, Through The Legs Dribble und abgeschlossen mit einem weiteren Cross Over. Beherrscht der Spieler diesen Teil des Super 8 Drills folgen weitere vier Moves. Im zweiten Teil führt der Spieler zunächst ein Behind The Back Dribble aus, dann folgt ein Cross Over und ein Through The Legs Dribble. Abgeschlossen wird der zweite Teil mit einem Behind The Back Dribble. Wird auch der zweite Teil vom Spieler beherrscht, werden alle acht Moves hintereinander ausgeführt. Also Cross Over, Behind The Back, Through The Legs, Cross Over, Behind The Back, Cross Over, Through The Legs, Behind The Back.

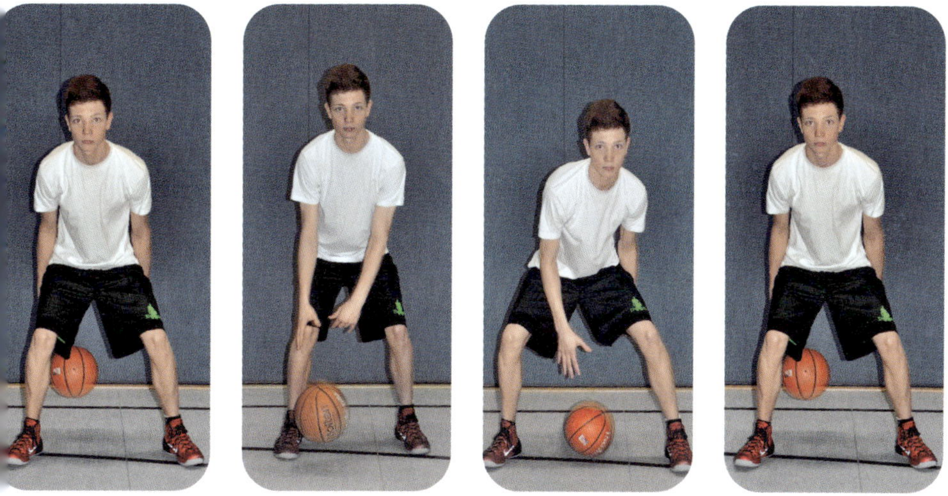

Variationen:
Der Spieler führt den Drill im Vorwärtslaufen aus.

Korrekturhinweise:
Tiefer Stand, gerader Rücken, Blick nicht auf den Ball richten, niedrig dribbeln.

Materialbedarf:
Pro Spieler 1 Ball

Wettkampf:
Wer schafft die meisten Wiederholungen?

→ 127

Blind Man

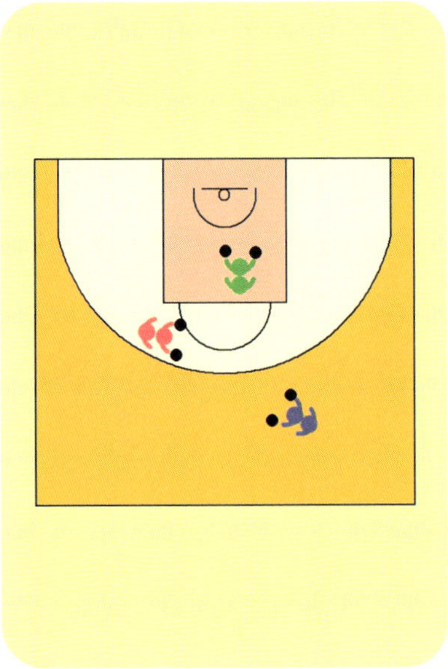

Zielgruppe

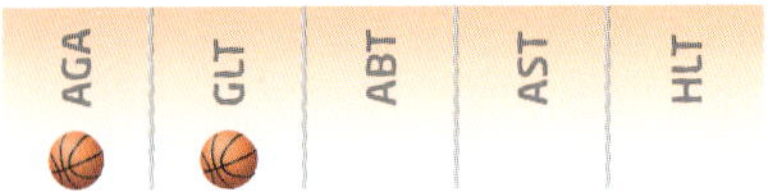

Spielerzahl:
2+

Lernziele/Drillschwerpunkt:
Verbesserung der Ballkontrolle

Empfohlene Dauer:
1 Minute

Übungsbeschreibung:
Der Spieler ohne die Basketbälle nimmt Aufstellung hinter dem Spieler mit den Basketbällen. Der vordere Spieler schließt die Augen und beginnt zu dribbeln. Der Hintermann führt seinen Partner durch die Halle bzw. auf dem durch den Trainer eingegrenzten Spielfeld mittels auf die Schulter gelegten Händen. Beide Hände auf den Schultern bedeutet vorwärts. Keine Hand auf den Schultern heißt Stopp. Liegt nur eine Hand auf den Schultern, dreht sich der Dribbler in Richtung wo keine Hand auf der Schulter liegt. Kollisionen mit anderen Gruppen gilt es dabei zu vermeiden. Das Dribbling kann variiert werden, entweder simultanes oder abwechselndes Dribbling.

Variationen:
Der Hintermann darf nur seine Stimme zum Führen nutzen, es können Hindernisse aufgebaut werden.

Korrekturhinweise:
Höhe des Dribblings einhalten, gerader Rücken.

Materialbedarf:
Pro Gruppe 2 Bälle

→ 128

Dribble & Toss

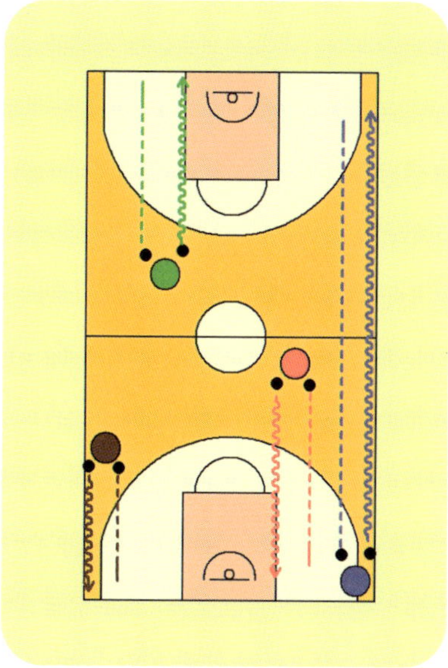

Zielgruppe

AGA	GLT	ABT	AST	HLT
🏀	🏀			

Spielerzahl:
1+

Lernziele/Drillschwerpunkt:
Dribbling verbessern, dabei das Umfeld wahrnehmen

Empfohlene Dauer:
1–4 Durchgänge je Seite

Übungsbeschreibung:
Der Spieler stellt sich an der Baseline auf. Während er den (einen) Basketball mit der einen Hand dribbelt, wirft er mit der anderen den zweiten Ball mit ausgestrecktem Arm in die Höhe und fängt wieder auf. Er bewegt sich dabei vorwärts über das gesamte Basketballfeld bis zur anderen Baseline. Auf dem Rückweg werden die Aufgaben der Hände getauscht.

Variationen:
Der Spieler bewegt sich rückwärts oder seitwärts, statt 2 Basketbälle werden 1 Basketball und 1 Tennisball benutzt.

Korrekturhinweise:
Ständige Ballkontrolle über den zu dribbelnden Basketball, Blick nur auf den geworfenen Ball richten.

Materialbedarf:
Pro Spieler 2 Bälle oder 1 Basketball und 1 Tennisball

Wettkampf:
Wer schafft die meisten Wiederholungen? Wer wirft den Ball am höchsten ohne die Kontrolle über den anderen Ball zu verlieren?

→ 129

Bermuda Triangle

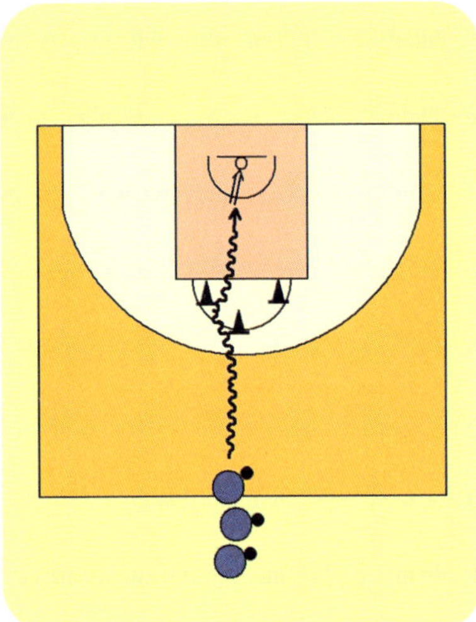

Zielgruppe

AGA	GLT	ABT	AST	HLT
	●	●	●	

Spielerzahl:
3+

Lernziele/Drillschwerpunkt:
Festigung und Verbesserung von Handwechseln, erlernen Dribblingmoves kreativ miteinander auf engem Raum zu verbinden.

Empfohlene Dauer:
2-5 Minuten

Übungsbeschreibung:
Die Hütchen werden in der Reihenfolge 1-2 mit einem Abstand von ca. 1-2 m zueinander in Höhe der Freiwurflinie aufgestellt, sodass sie ein Dreieck ergeben. Der erste Spieler dribbelt auf das erste Hütchen zu und nutzt einen Dribblemove, um an dem Hindernis vorbeizukommen. Dies kann ein Cross Over, Through The Legs, Behind The Back, Spin Move, Inside Out Dribble oder eine Kombination daraus sein. Hinter dem ersten Hindernis trifft der Spieler auf eines der beiden verbliebenen Hindernisse. Auch dieses schlägt der Spieler mit einem Dribblemove. Nach dem zweiten Hindernis schließt der Spieler mittels Sprungwurf oder einer Bewegung zum Korb ab. Sobald der erste Spieler das erste Hindernis hinter sich gelassen hat, startet der nächste Spieler. Ist der Korbabschluss erfolgt stellen sich die Spieler wieder an.

Variationen:
Die Hütchen werden in der Reihenfolge 2-1 aufgebaut. Es kann statt eines 1vs0-Abschlusses 1vs1 (mit größerem Zeitabstand als in der 1vs0-Variante) gespielt werden.

Korrekturhinweise:
Tiefe, harte Dribblings, nach den Moves Tempowechsel, Blick nicht auf den Ball richten, bei Ausführung der Moves nicht langsamer werden.

Materialbedarf:
Pro Spieler 1 Ball, 3 Hütchen (besser Stühle oder Kästen), 1 Korb

Wettkampf:
Bei der 1 vs. 0 Variante die Gruppen/Spieler gegeneinander, bis eine vorgegebene Punktzahl erreicht ist, unter der Voraussetzung des fehlerfreien Durchlaufens des Hindernisses, bei der 1vs1 Variante ein Spiel bis 5/7/... Punkten, gleiche Voraussetzung.

→ 130

Lane Dribbling

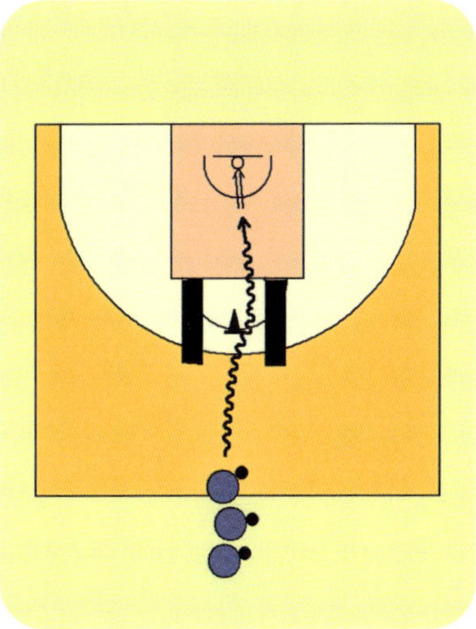

Zielgruppe

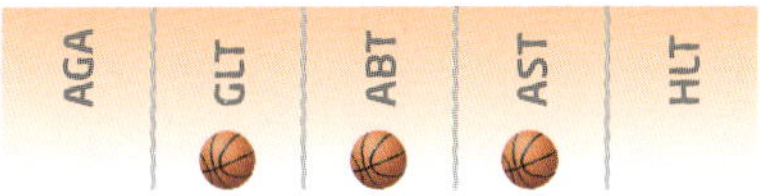

Spielerzahl:
4+

Lernziele/Drillschwerpunkt:
Festigung von Handwechsel und Dribblingmoves und Verbesserung deren Nutzung auf engem Raum, dabei Bewegungsrichtung beibehalten und Ausführung eines Tempowechsels.

Empfohlene Dauer:
2 Minuten je Variante

Übungsbeschreibung:
Ein Hindernis wird zwischen Spieler und Korb aufgebaut. Dazu kommen weitere Hindernisse in einem Abstand von ca. 1–1,5 m links und rechts vom ersten Hindernis, sodass sich zwei Gassen ergeben. Der Spieler dribbelt auf das Hindernis in der Mitte zu und führt einen Dribblemove aus. Er macht einen Tempowechsel und schließt am Korb mit einem Sprungwurf oder einer Bewegung am Korb ab. Nach dem Abschluss stellt sich der Spieler an, um den Drill erneut auszuführen. Die Dribblemoves können neben den Standardbewegungen zusätzlich mit Backup-Dribbles und dergleichen erweitert werden.

Variationen:
Nach der Überwindung der Hindernisse kann auch ein schnelles 1vs1 statt des 1 gegen 0 Abschlusses gespielt werden

Korrekturhinweise:
Tiefe, harte Dribblings, nach den Moves Tempowechsel, Blick nicht auf den Ball richten, Hindernisse nicht berühren.

Materialbedarf:
Pro Spieler 1 Ball, 3 Hindernisse (Stühle, Kästen ...), 1 Korb

Wettkampf:
Wenn 1vs1 gespielt wird, wer die meisten Punkte erzielt.

→ 131

Limbo

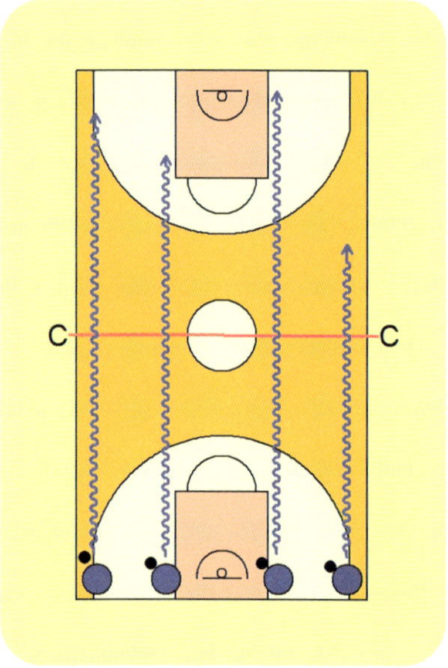

Zielgruppe

AGA	GLT	ABT	AST	HLT
●	●	●		

Spielerzahl:
10+

Lernziele/Drillschwerpunkt:
Verbesserung der Ballkontrolle unter extremen Bedingungen.

Empfohlene Dauer:
5 Minuten

Übungsbeschreibung:
Die Spieler nehmen mit je einem Ball Aufstellung an der Baseline. Auf Höhe der Mittellinie steht der Trainer mit einem Helfer. Sie halten eine Zauberschnur – ein dehnbares Seil – zwischen sich auf Schulter- oder Brusthöhe. Auf das Signal des Trainers dribbeln die Spieler so schnell sie können von einer Baseline zur anderen. Danach senken der Trainer und sein Helfer die Zauberschnur auf Hüfthöhe. Die Spieler überqueren wieder dribbelnd das Feld. Die Zauberschnur wird immer tiefer gesenkt. Der Trainer kann neben der Vorgabe wie gedribbelt wird (rechte Hand, linke Hand, im Wechsel) auch noch vorgeben welcher Körperteil zuerst unter der Zauberschnur durch bewegt werden soll (Kopf, Hand, Fuß, ...).

Variationen:
Der Drill kann auch umgedreht werden, sodass die Spieler über das Seil springen müssen, die Zauberschnur kann auch diagonal gehalten werden oder eine zweite Zauberschnur kann verwendet werden. Spieler dribbeln mit einem zweiten Ball.

Korrekturhinweise:
Tempo hoch halten, Ballkontrolle, auf Schrittfehler und Doppeldribble achten.

Materialbedarf:
Pro Spieler mindestens 1 Basketball, mindestens 1 Zauberschnur

Wettkampf:
Wer die Zauberschnur berührt, scheidet aus. Wer als letzter die gegenüberliegende Baseline erreicht, scheidet ebenfalls aus. Wer bleibt übrig?

→ 132

Thief

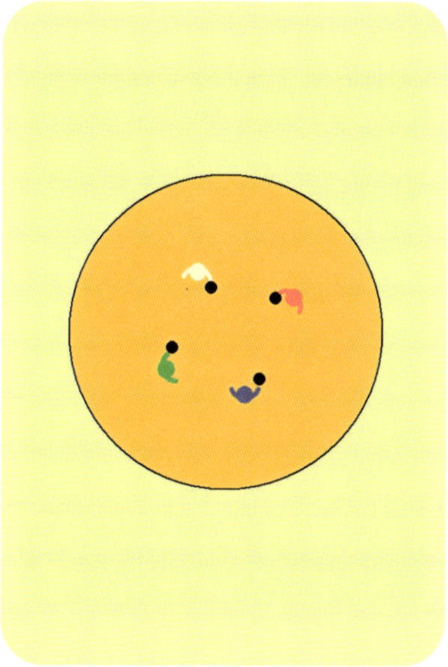

Zielgruppe

AGA	GLT	ABT	AST	HLT
🏀	🏀			

Spielerzahl:
2–6 pro Kreis auf dem Spielfeld

Lernziele/Drillschwerpunkt:
Verbesserung der Ballbehandlung unter Druck.

Empfohlene Dauer:
4–8 Durchgänge

Übungsbeschreibung:
Der Drill ähnelt dem Drill 120, jedoch dribbeln jetzt mehrere Spieler im Kreis und versuchen einander die Bälle abzunehmen. Spieler, die ihren Ball verlieren, scheiden aus. Foulen ist nicht erlaubt!

Variationen:
Rechte und linke Hand trainieren.

Korrekturhinweise:
Kopf hoch, aktiv sein, nicht nur mit dem Rücken zu den anderen Spielern dribbeln.

Materialbedarf:
Pro Spieler 1 Ball

Wettkampf:
Wer bleibt übrig?

→ 133

High Five

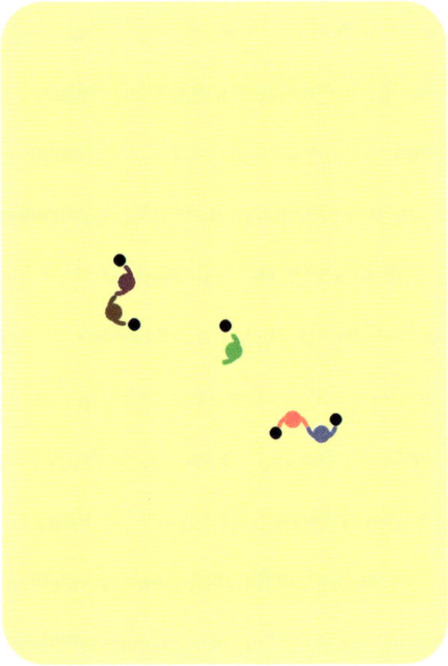

Zielgruppe

AGA	GLT	ABT	AST	HLT

Spielerzahl:
8+

Lernziele/Drillschwerpunkt:
Verbesserung der Ballkontrolle, dabei das Umfeld wahrnehmen.

Empfohlene Dauer:
2–4 Minuten

Übungsbeschreibung:
Die Spieler dribbeln frei auf dem Basketballfeld herum. Kommen sie dabei an einem anderen Spieler vorbei machen beide einen (vorgegebenen) Dribblemove und dribbeln anschließend mit einem Tempowechsel aneinander vorbei. Dabei geben sich die Spieler »High Five« oder »Low Five«.

Korrekturhinweise:
Kopf hoch, Tempo hoch halten, Dribblehöhe beachten, Tempowechsel ausführen.

Materialbedarf:
Pro Spieler 1 Ball

Wettkampf:
Wer hat die meisten »High Five« gesammelt?

→ 134

55 Seconds

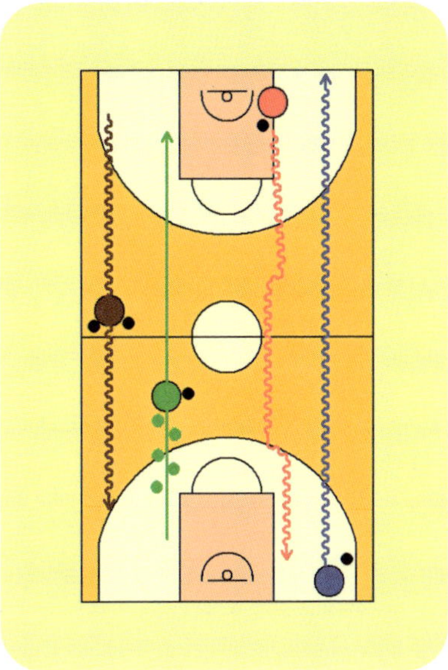

Zielgruppe

AGA	GLT	ABT	AST	HLT

Spielerzahl:
6+

Lernziele/Drillschwerpunkt:
Verbesserung der Ballkontrolle unter extremen Bedingungen, Conditioning.

Empfohlene Dauer:
55 Sekunden je Durchgang

Übungsbeschreibung:
Die Spieler nehmen Aufstellung an der Baseline, jeder Spieler hat zwei Basketbälle. Sie sprinten, während sie einen Ball in der rechten Hand tragen und den anderen mit der linken Hand dribbeln über das Basketballfeld zur gegenüberliegenden Baseline. Dort drehen sie sich um und sprinten mit der linken Hand tragend und der rechten Hand dribbelnd zurück. Sie lassen dann einen Ball auf der Seite des Feldes liegen, auf der sie sich nun befinden. Dann drehen sie sich wieder um, sprinten dribbelnd über das Basketballfeld und führen ein Crossover und ein Through-the-legs-Dribble aus. Auf dem Rückweg folgt ein Behind-the-back und ein Spin-move. Dann folgt ein Sprint bei dem der Basketball bei jedem Schritt zwischen den Beinen von einer zur anderen Hand übergeben wird. Gleiches gilt für den Rückweg, nur dass die Spieler dabei rückwärts laufen. Für die letzte Bahn nehmen die Spieler den zweiten Ball und sprinten simultan dribbelnd über das Feld. Auf dem Rückweg dribbeln sie alternierend. Alle acht Bahnen werden in einem Durchgang hintereinander durchgeführt.

Variationen:
Es können bei einer großen Anzahl an Spielern 2er-Gruppen gebildet werden, der Drill muss dann zweimal durchgeführt werden, da nur ein Spieler aus der Gruppe den Drill absolviert. Es können verschiedene Zeitlimits vorgegeben werden.

Korrekturhinweise:
Tempo hoch halten, Ballkontrolle, Dribblehöhe beachten.

Materialbedarf:
Pro Spieler oder Gruppe 2 Bälle

Wettkampf:
Wer schafft den Drill fehlerfrei am schnellsten?

→ 135

Bully

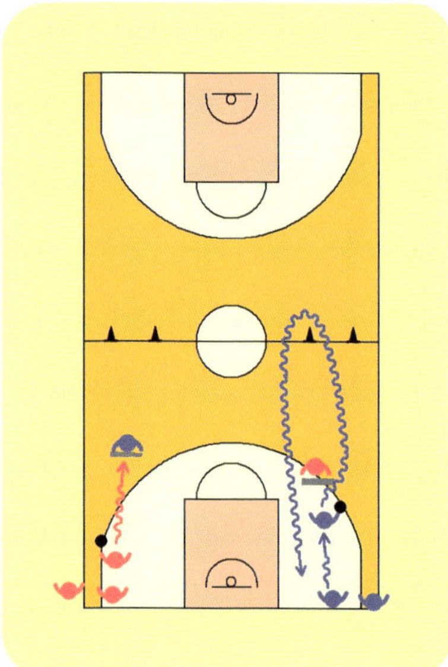

Zielgruppe

AGA	GLT	ABT	AST	HLT
	●	●	●	

Spielerzahl:
8+

Lernziele/Drillschwerpunkt:
Verbesserung der Ballkontrolle unter Druck und des Entscheidungsverhaltens.

Empfohlene Dauer:
2 Durchgänge je Seite

Übungsbeschreibung:
Die Spieler teilen sich in zwei Gruppen und stellen sich an der Baseline links und rechts der Splitline auf. Jede Gruppe erhält einen Basketball und ein Kontaktkissen. Zudem werden auf Höhe der Mittellinie mit Hütchen zwei Tore, je eins auf jeder Seite der Splitline, aufgestellt. Einer der Spieler nimmt das Kontaktkissen und wechselt auf die andere Seite der Splitline. Der Drill funktioniert wie ein Staffellauf. Die Spieler versuchen schnellstmöglich durch das Tor an der Mittellinie zu dribbeln, zur Gruppe zurückzukehren und den Ball an den nächsten Spieler zu übergeben. Der Spieler mit den Kontaktkissen versucht dies zu erschweren. Er darf den Dribbler dabei sowohl auf dem Hinweg, als auch auf dem Rückweg angehen, jedoch darf er sich nicht in das Tor an der Mittellinie stellen. Er soll seinen Gegner aktiv stören! Der Dribbler wird zum »Kontaktkissenmann« auf der anderen Seite, der »Kontaktkissenmann« stellt sich hinten an und wird Dribbler.

Variationen:
Der Drill kann zusätzlich mit einem (vorgegebenen) Abschluss am gegenüberliegenden Korb durchgeführt werden.

Korrekturhinweise:
Kein Pushing-Duell durch den Dribbler, sondern ein möglichst schnelles Vorbeikommen an dem Spieler mit dem Kontaktkissen.

Materialbedarf:
Pro Gruppe 1 Ball und 1 Kontaktkissen, 4 Hütchen

Wettkampf:
Welche Gruppe ist schneller?

→ 136

2vs1 Trap

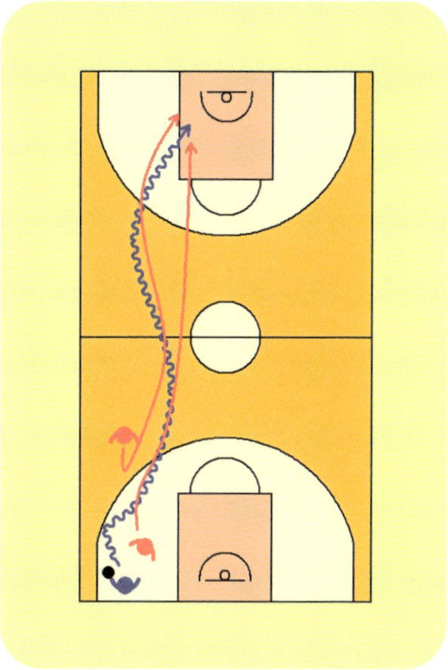

Zielgruppe

AGA	GLT	ABT	AST	HLT
	🏀	🏀	🏀	

Spielerzahl:
3+

Lernziele/Drillschwerpunkt:
Verbesserung der Ballkontrolle unter Druck, dabei das Umfeld wahrnehmen und des Entscheidungsverhaltens.

Empfohlene Dauer:
5 Durchgänge pro Spieler je Seite

Übungsbeschreibung:
Ein Spieler mit einem Ball nimmt Aufstellung an der Baseline auf einer Seite des Korbes. Der zweite Spieler stellt sich ca. 3 m von dem angreifenden Spieler auf. Der dritte Spieler positioniert sich zwischen Freiwurf- und Mittellinie. Das Spielfeld für die drei Spieler wird durch die Side- und die Splitline beschränkt. Der Drill beginnt mit einem Check zwischen dem ersten und zweiten Spieler. Der Angreifer versucht auf dem gegenüberliegenden Korb gegen die beiden Verteidiger zu punkten. Die Verteidiger versuchen den Angreifer ohne Foul zu stoppen. Der zweite Verteidiger greift in das Geschehen ein, sobald der Angreifer zum ersten Mal die Freiwurflinie überquert hat. Scort der Angreifer erhält er zwei Punkte, stoppen die Verteidiger den Angreifer erhalten sie jeweils einen Punkt. Wird der Angreifer mittels eines Fouls gestoppt erhält er einen Punkt. Die Spieler wechseln unabhängig vom Ausgang des Angriffs die Aufgaben. Die Rotation kann wie folgt aussehen: Angreifer, zweiter Verteidiger, erster Verteidiger.

Variationen:
Die Positionierung des zweiten Verteidigers kann verändert, das Spielfeld zusätzlich eingeschränkt oder erweitert werden.

Korrekturhinweise:
Ballkontrolle, Kopf oben, die Traps vermeiden.

Materialbedarf:
Pro Gruppe 1 Ball, 2 Körbe

Wettkampf:
Wer erzielt die meisten Punkte?

→ 137

Straight Lines

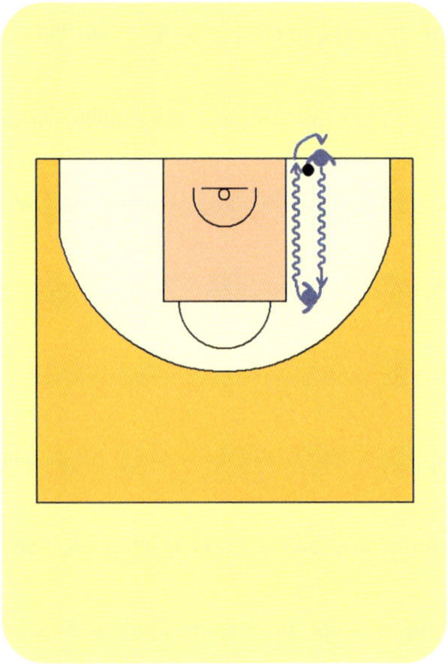

Zielgruppe

AGA	GLT	ABT	AST	HLT

Spielerzahl:
1+

Lernziele/Drillschwerpunkt:
Festigung des Tempowechsel vor & nach Handwechsel.

Empfohlene Dauer:
1-2 Minuten je Variante

Übungsbeschreibung:
Der Spieler stellt sich an der Baseline mit einem Ball auf. Er beginnt zu quivern und dribbelt dreimal hart unterhalb der Hüfte auf der Stelle. Er beschleunigt mit Dribbling aus dieser Position in Richtung Freiwurflinie. An das Dribbling schließt sich ein Inside Out Dribbling und ein weiteres Dribbling mit Tempowechsel an. Der Spieler stoppt ca. auf Höhe der Freiwurflinie in einem Jumpstop und führt einen aggressiven Front Pivot aus, sodass der Spieler nun Richtung Baseline schaut. Der Spieler dribbelt zurück und stellt sich hinten an.

Variationen:
Die Stopp-Möglichkeiten variieren. Gleiches gilt für die Pivotbewegung und den Dribblingmove.

Korrekturhinweise:
Den Tempowechsel klar ausführen, 6 Dribblings einhalten (3 auf der Stelle, 1 Dribbling mit Tempowechsel zum Dribblemove, 1 Dribbling für die Ausführung des Dribblemove, 1 Dribbling mit Tempowechsel aus dem Dribblemove).

Materialbedarf:
Ein Basketball pro Spieler

→ 138

A Chair and a door

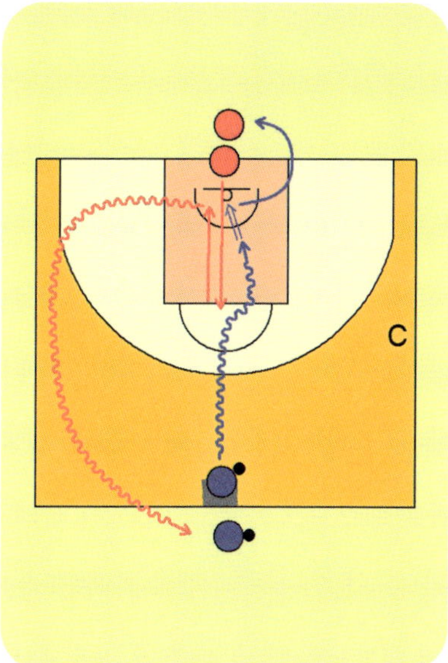

Zielgruppe

AGA	GLT	ABT	AST	HLT

Spielerzahl:
4+

Lernziele/Drillschwerpunkt:
Festigung des Tempowechsel und Verbesserung des Dribblings, dabei Wahrnehmung des Umfeldes.

Empfohlene Dauer:
5 Minuten

Übungsbeschreibung:
Ein Spieler nimmt auf dem Stuhl (Kasten) dribbelnd Platz. Ein weiterer Spieler ebenfalls mit Ball wartet dahinter. Die verbleibenden zwei Spieler stehen ohne Ball unter dem Korb an der Baseline. Auf ein Startsignal springt der Spieler weiterhin dribbelnd vom Stuhl auf und sprintet auf den Korb zu. Der erste Spieler unterm Korb läuft ihm entgegen. Die Spieler sollten sich zwischen Freiwurf- und Dreierlinie treffen. Der Spieler ohne Ball hebt einen seiner Arme hoch und öffnet dem Spieler so die Tür. Der gehobene Arm ist für den Spieler mit Ball das Signal welche Seite er attackieren soll. Dribbelt er bereits auf der Seite des gehobenen Arms muss er ein Inside Out Dribbling oder eine Double Cross Kombination ausführen. Dribbelt er auf der anderen Seite muss er einen Handwechsel oder eine Inside Out Cross Over Kombination ausführen. Nach dem Dribblingmove macht er einen Tempowechsel und schließt am Korb ab. Der »Tür«-Spieler holt den Rebound und stellt sich hinter dem Stuhl an. Der andere Spieler stellt sich an der Baseline an.

Variationen:
Es kann eine weitere Dribblemove-Station aufgebaut werden, die der »Tür«-Spieler nach dem Rebound zu absolvieren hat, bevor er sich anstellen kann. Je nach Anzahl der Spieler kann eine zweite Gruppe auf der anderen Seite der Mittellinie den Drill durchführen.

Korrekturhinweise:
Die Tempowechsel klar ausführen, niedrig und hart dribbeln, Tür nicht zu früh öffnen.

Materialbedarf:
Pro Gruppe mindestens 2 Bälle, mindestens 1 Stuhl (Kasten), ggfs. Hütchen für die zusätzliche Dribblemove Station

→ 139

Wall Dribbles

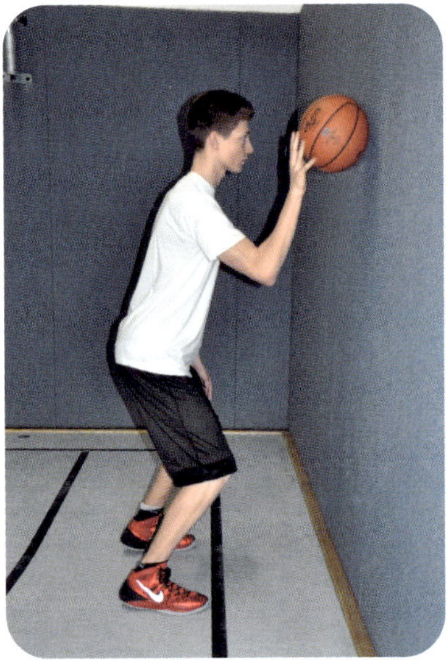

Zielgruppe

AGA	GLT	ABT	AST	HLT
	●	●	●	

Spielerzahl:
1+

Lernziele/Drillschwerpunkt:
Verbesserung der Ballkontrolle unter extremen Bedingungen.

Empfohlene Dauer:
1 Minute je Variation

Übungsbeschreibung:
Der Spieler steht in einer athletischen Position ca. 50–80 cm von einer Wand entfernt. Der Spieler dribbelt nun zweimal den Ball mit der rechten Hand auf den Boden. Ohne sein Dribbling zu unterbrechen dribbelt er dann zweimal gegen die Wand. Es folgen zwei Dribblings auf den Boden, usw. Nach einer Minute wechselt der Spieler auf die linke Hand und führt den Drill wie beschrieben erneut aus.

Variationen:
Es kann auch mit zwei Bällen simultan oder alternierend gearbeitet werden.

Korrekturhinweise:
Ballkontrolle, Beachtung der Handposition bei den verschiedenen Dribbling Aufgaben.

Materialbedarf:
Pro Spieler mindestens 1 Ball, 1 Wand

Wettkampf:
Wer schafft die meisten Durchgänge?

→ 140

Bodycontrol Cross Step

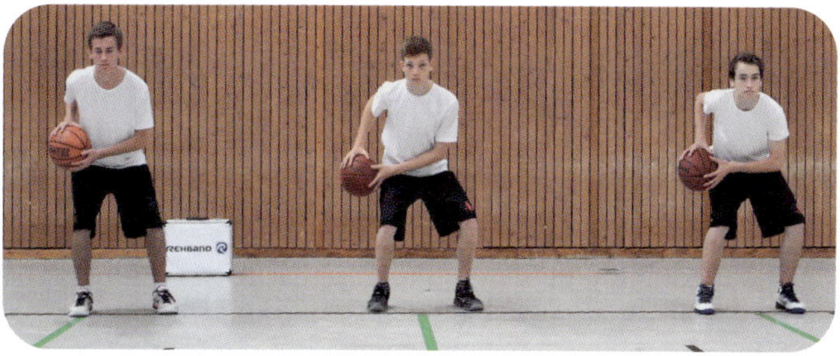

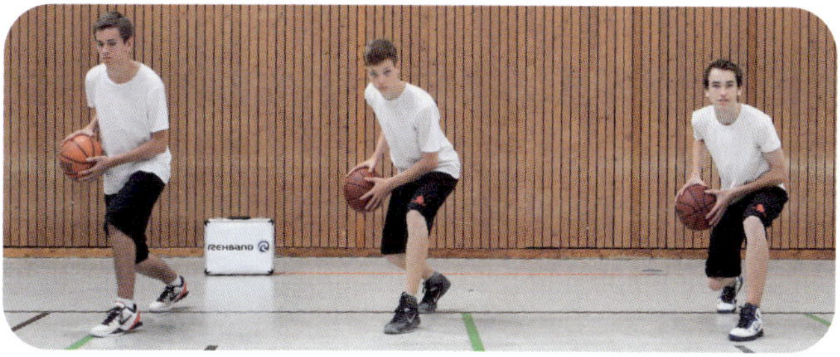

Zielgruppe

AGA	GLT	ABT	AST	HLT
	●	●	●	

Spielerzahl:
Individualtraining

Lernziele/Drillschwerpunkt:
Verbesserung spezifische Muskulatur, Verbesserung der Reaktionsgeschwindigkeit.

Empfohlene Dauer:
3–5 Minuten

Übungsbeschreibung:
Die Spieler stellen sich in der Triple Threat Grundstellung an die Sideline, mit ausreichend Platz zum Nebenspieler. Jeder Spieler hat einen Basketball. Auf Signal des Trainers machen die Spieler ein explosives Cross Step Pushdribbling nach vorne und versuchen mit den ersten 3–5 Schritten Maximalgeschwindigkeit zu erreichen und laufen dann zur anderen Sideline aus. Von da startet dann die Übung erneut.

Variationen:
Diese Übung kann und sollte auch bis zum Signal mit geschlossenen Augen durchgeführt werden.

Korrekturhinweise:
Der erste Schritt soll aus der Hüfte und dem Rumpf kommen und kein Raumverlust durch Zurücksetzen der Füße entstehen.

Materialbedarf:
1 Basketball (oder Tennisball) pro Spieler

→ 141

Bodycontrol Onside Step

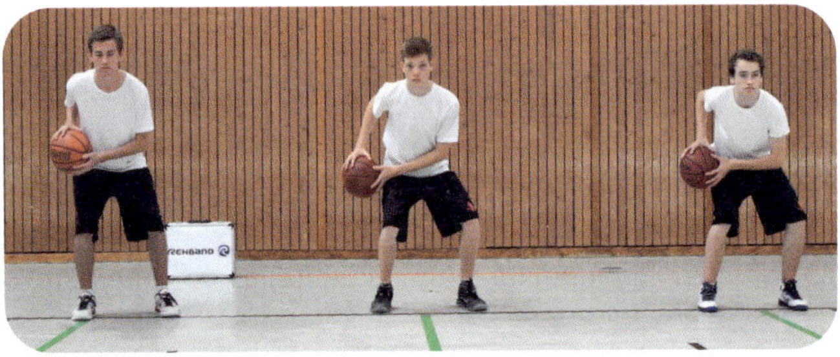

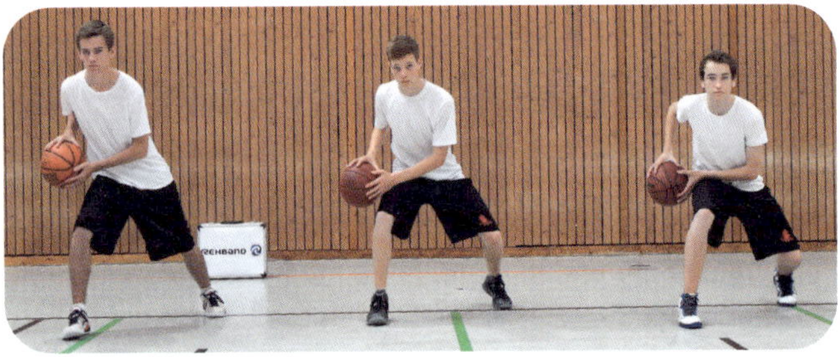

Zielgruppe

AGA	GLT	ABT	AST	HLT
	🏀	🏀	🏀	

Spielerzahl:
Individualtraining

Lernziele/Drillschwerpunkt:
Verbesserung spezifische Muskulatur, Verbesserung der Reaktionsgeschwindigkeit.

Empfohlene Dauer:
3–5 Minuten

Übungsbeschreibung:
Die Spieler stellen sich in der Triple-Threat-Grundstellung an der Sideline auf, mit ausreichend Platz zum Nebenspieler. Jeder Spieler hat einen Basketball. Auf Signal des Trainers machen die Spieler ein explosives Onside Step Pushdribbling nach vorne und versuchen mit den ersten 3–5 Schritten Maximalgeschwindigkeit zu erreichen und laufen dann zur anderen Sideline aus. Von dort startet dann die Übung erneut.

Variationen:
Diese Übung kann und sollte auch bis zum Signal mit geschlossenen Augen durchgeführt werden.

Korrekturhinweise:
Der 1. Schritt soll aus der Hüfte und dem Rumpf kommen und es sollte kein Raumverlust durch Zurücksetzen der Füße entstehen.

Materialbedarf:
1 Basketball (oder Tennisball) pro Spieler

→ 142

Bodycontrol Catch Steps

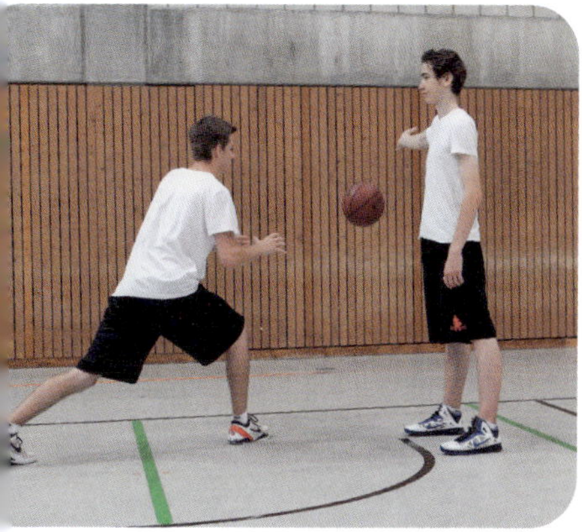

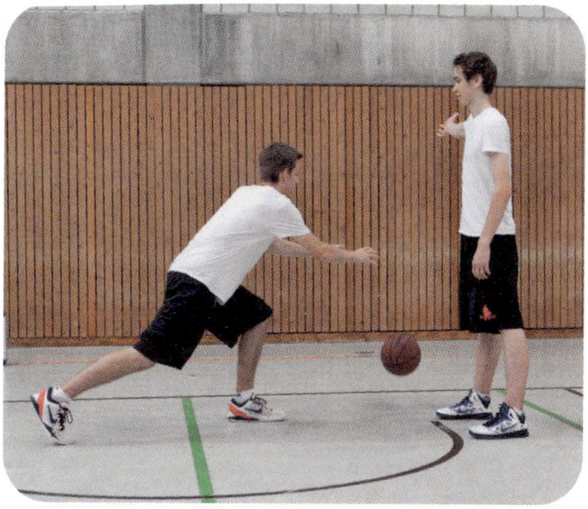

Zielgruppe

AGA	GLT	ABT	AST	HLT
	●	●	●	

Spielerzahl:
2

Lernziele/Drillschwerpunkt:
Verbesserung spezifische Muskulatur, Verbesserung der Reaktionsgeschwindigkeit.

Empfohlene Dauer:
3–5 Minuten

Übungsbeschreibung:
Ein Spieler steht mit Ball in der seitlich ausgestreckten Hand einem Spieler in Triple-Threat-Position gegenüber. In dem Moment, wo er den Ball fallen lässt, versucht der andere Spieler den Ball durch einen Cross- oder Onlinestep zu fangen. Der Ball darf nur einmal den Boden berühren!

Variationen:
Hierbei kann der agierende Spieler die Augen geschlossen halten und der Spieler, der den Ball hat, gibt ein Signal vor, wann die Augen geöffnet werden dürfen. Diese Übung ist auch mit zwei Bällen durchführbar, dies schult die Konterbewegung.

Korrekturhinweise:
Der 1. Schritt soll aus der Hüfte und dem Rumpf kommen und es darf kein Raumverlust durch Zurücksetzen der Füße entstehen.

Materialbedarf:
1–2 Basketbälle (oder Tennisbälle) pro Spieler

→ 143

Finishing Follow-up of Exercises 140 and 141

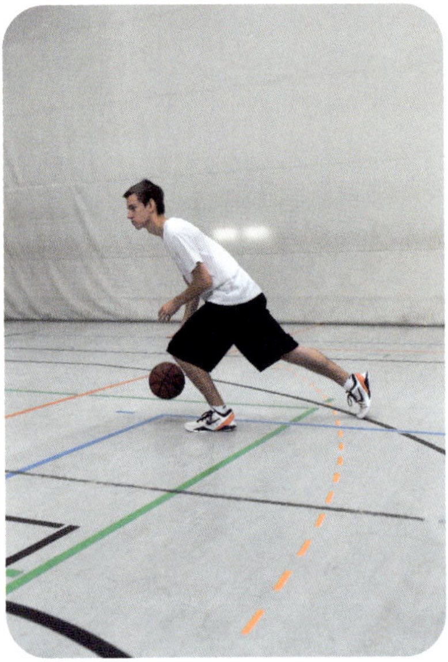

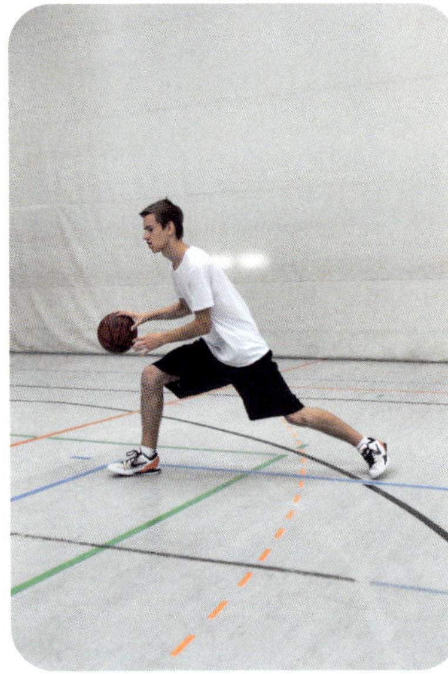

Zielgruppe

AGA	GLT	ABT	AST	HLT
	●	●	●	

Spielerzahl:
Individualtraining

Lernziele/Drillschwerpunkt:
Verbesserung spezifische Muskulatur, Verbesserung der Reaktionsgeschwindigkeit, Kombination Layup.

Empfohlene Dauer:
5–10 Minuten

Übungsbeschreibung:
Die Spieler stehen an der Dreierlinie, ca. in einem 45-Grad-Winkel zum Brett in der Triple-Threat-Grundstellung. Auf Signal müssen sie nun mit einem Cross Step Pushdribbling (oder Onside Step Pushdribbling, hierbei die Entfernung zum Korb aufgrund der Schrittfehlerthematik beachten) den Korb attackieren.

Variationen:
Diese Übung kann von verschiedenen Positionen des Feldes, auch mit geschlossenen Augen, durchgeführt werden. Hier kann man verschiedene Layup-Varianten als Vorgabe wählen, auch z. B. den Ball um den Körper führen oder Innenhand-/Außenhandvariationen und -cuts wählen.

Korrekturhinweise:
Der erste Schritt soll aus der Hüfte und dem Rumpf kommen und es soll kein Raumverlust durch Zurücksetzen der Füße entstehen. Als Hilfe kann ein weiterer Spieler seine Füße hinter die Füße des agierenden Spielers stellen, um einen Raumverlust beim ersten Schritt zu vermeiden.

Materialbedarf:
1 Basketball pro Spieler

→ 144

144

Follow-up of Exercise 143

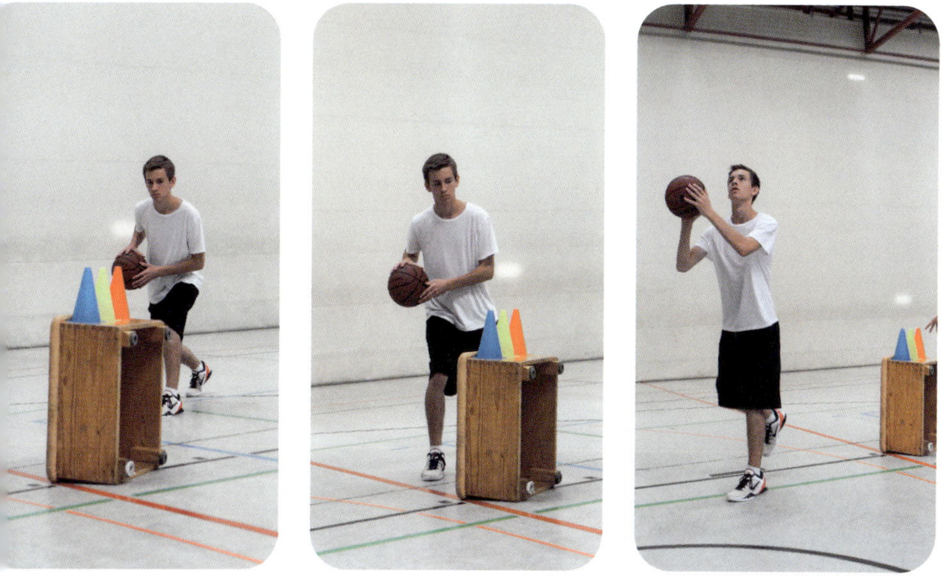

Zielgruppe

AGA	GLT	ABT	AST	HLT
	●	●	●	

Spielerzahl:
Individualtraining

Lernziele/Drillschwerpunkt:
Verbesserung spezifische Muskulatur, Verbesserung der Reaktionsgeschwindigkeit, Kombination Passen, Layup.

Empfohlene Dauer:
10 Minuten

Übungsbeschreibung:
Die Spieler haben die gleiche Ausgangsstellung wie in der Übung 143. Hinzu kommt ein Stuhl/ Kasten hochkant, der ca. in Höhe des Zonenrandes positioniert wird. Auf diesem liegen Sandsäckchen in verschiedenen Farben (2–5). Die Spieler müssen nun nach der Dribblingaktion das von dem Trainer vorgegebene Sandsäckchen aufheben und zum Trainer passen, bevor sie den Layup machen.

Variationen:
Zum Erhöhen des Schwierigkeitsgrades auch hier wieder mit geschlossenen Augen arbeiten und verschiedene Variationen des Layups und der Position auf dem Feld wählen. Je mehr Farben, desto schwieriger.

Korrekturhinweise:
Der erste Schritt soll aus der Hüfte und dem Rumpf kommen und es soll kein Raumverlust durch Zurücksetzen der Füße entstehen. Als Hilfe kann ein weiterer Spieler seine Füße hinter die Füße des agierenden Spielers stellen, um einen Raumverlust beim ersten Schritt zu vermeiden.

Materialbedarf:
1 Basketball pro Spieler, Stuhl/Kasten hochkant, diverse verschiedenfarbige Sandsäckchen

➔ 140

Inside Penetration Automatics 2-0, Ballside Big

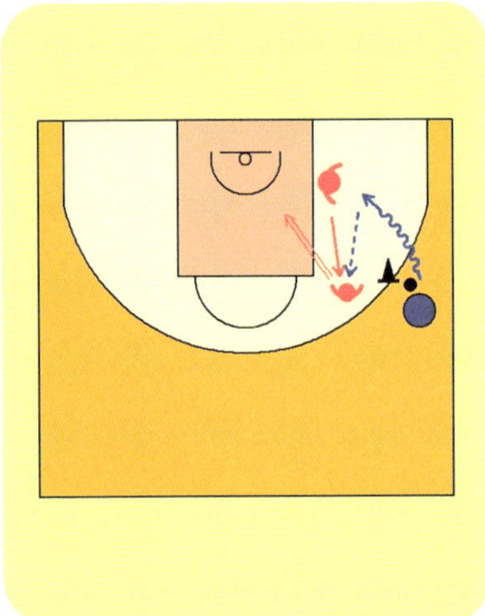

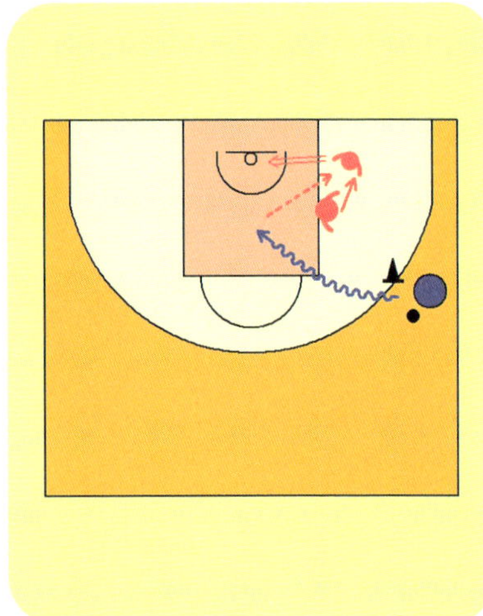

Zielgruppe

AGA	GLT	ABT	AST	HLT

Spielerzahl:
2+

Lernziele/Drillschwerpunkt:
Verbesserung des Zusammenspiels zwischen Außen- und Innenspieler.

Empfohlene Dauer:
10 Minuten

Übungsbeschreibung:
Ein Außenspieler beginnt auf der Highwingposition (mit Ball). Vor ihm steht ein Markierungskegel, der einen Verteidiger symbolisiert. Auf der Ballside steht ein Innenspieler außerhalb der Zone mit dem unteren Fuß in Höhe des Blocks. Nach Anweisung des Trainers penetriert der Außenspieler entweder Richtung Baseline oder »Middle« und greift den Korb an. Der Innenspieler reagiert auf den Baselinedrive mit zwei schnellen Schritten Richtung Wide Elbow und bietet ein Passziel. Penetriert der Außenspieler »Middle«, bewegt er sich in die Short Corner und ist dort anspielbereit. Der penetrierende Spieler spielt jeweils einen Bodenpass mit der dem Innenspieler zugewandten Hand. Dieser schließt die Aktion dann mit einen Sprungwurf ab.

Variationen:
Dribbelbeginn vorgeben (Cross oder Onside), Abschlüsse vorgeben, Ausgangspunkt (Seite) verändern. Entweder mit vorgegebener Penetration Richtung oder als Entscheidungstraining für den Innenspieler durchführen.

Korrekturhinweise:
Passhand beachten, Passtechniken beobachten, Korb angreifen! Entscheidungsverhalten des Bigs beobachten!

Materialbedarf:
Pro Korb 2 Markierungskegel, pro 2er-Gruppe 1 Ball

→ 146

Inside Penetration Automatics 2-0, Weakside Big

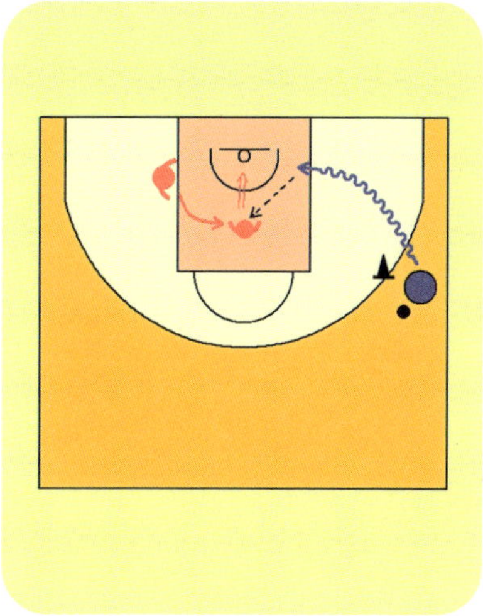

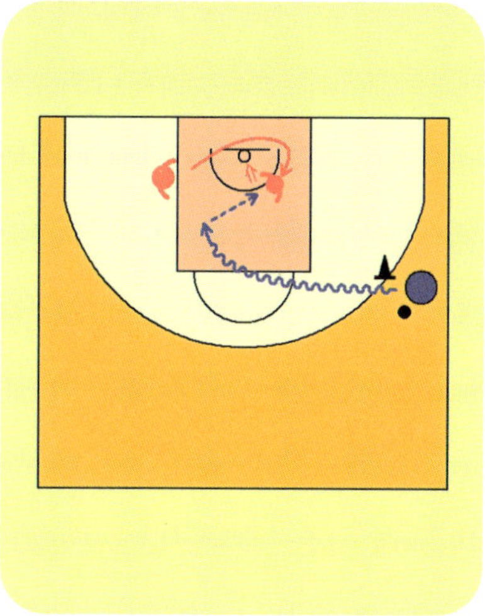

Zielgruppe

AGA	GLT	ABT	AST	HLT

Spielerzahl:
2+

Lernziele/Drillschwerpunkt:
Verbesserung des Zusammenspiels zwischen Außen- und Innenspieler.

Empfohlene Dauer:
10 Minuten

Übungsbeschreibung:
Ein Außenspieler beginnt auf der Highwingposition (mit Ball). Vor ihm steht ein Markierungskegel, der einen Verteidiger symbolisiert. Auf der Weakside steht ein Innenspieler außerhalb der Zone mit dem unteren Fuß in Höhe des Blocks. Nach Anweisung des Trainers penetriert der Außenspieler entweder Richtung Baseline oder »Middle« und greift den Korb an. Der Innenspieler reagiert auf den Baselinedrive mit zwei schnellen Schritten Richtung Dunker's Spot und bietet ein Passziel. Penetriert der Außenspieler »Middle«, bewegt er sich unter dem Glas durch und bietet sich unmittelbar hinter dem Korb an. Der penetrierende Spieler spielt jeweils einen Bodenpass mit der dem Innenspieler zugewandten Hand. Dieser schließt die Aktion dann mit einem Sprungwurf ab.

Variationen:
Dribbelbeginn vorgeben (Cross oder Onside), Abschlüsse vorgeben, Ausgangspunkt (Seite) verändern. Entweder mit vorgegebener Penetration Richtung oder als Entscheidungstraining für den Innenspieler durchführen.

Korrekturhinweise:
Passhand beachten, Passtechniken beobachten, Korb angreifen! Entscheidungsverhalten des Bigs beobachten!

Materialbedarf:
Pro Korb 2 Markierungskegel, pro 2er-Gruppe 1 Ball

→ 147

Inside Penetration Automatics 2-1, Ballside Big

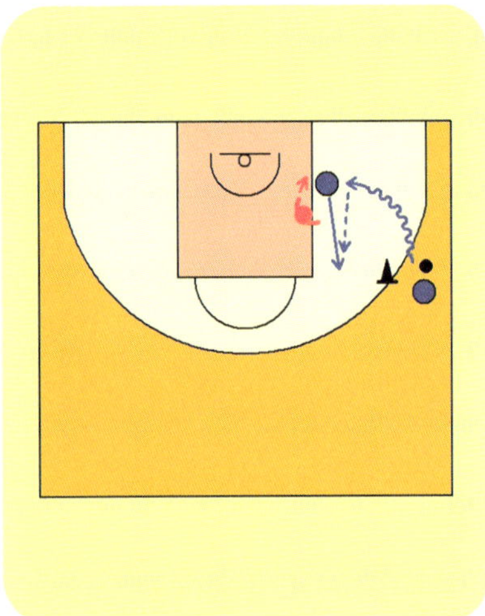

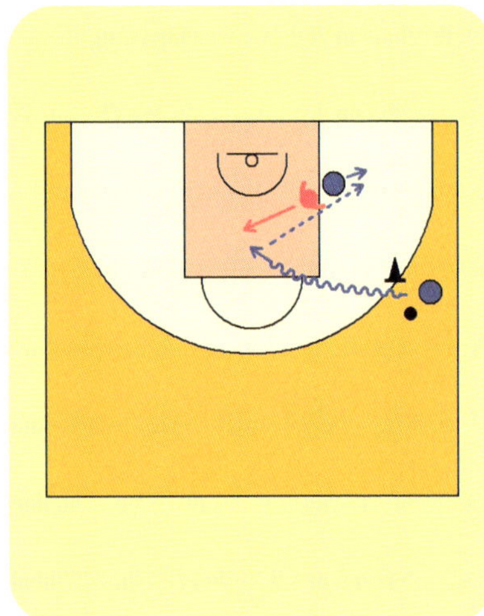

Zielgruppe

AGA	GLT	ABT	AST	HLT

Spielerzahl:
3+

Lernziele/Drillschwerpunkt:
Verbesserung des Zusammenspiels zwischen Außen- und Innenspieler, Entscheidungstraining für den Außenspieler.

Empfohlene Dauer:
15 Minuten

Übungsbeschreibung:
Ein Außenspieler beginnt auf der Highwingposition (mit Ball). Vor ihm steht ein Markierungskegel, der einen Verteidiger symbolisiert. Auf der Ballside steht ein Innenspieler außerhalb der Zone mit dem unteren Fuß in Höhe des Blocks und wird von einem Gegenspieler verteidigt. Nach Anweisung des Trainers penetriert der Außenspieler entweder Richtung Baseline oder »Middle« und greift den Korb an. Der Innenspieler reagiert auf den Baselinedrive mit zwei schnellen Schritten Richtung Wide Elbow und bietet ein Passziel. Penetriert der Außenspieler »Middle«, bewegt er sich in die Short Corner und ist dort anspielbereit. Der Verteidiger erhält zunächst die Anweisung, den penetrierenden Spieler zu stoppen. Dieser spielt dann jeweils einen Bodenpass mit der dem Innenspieler zugewandten Hand. Der Innenspieler schließt die Aktion mit einem Sprungwurf ab.

Variationen:
Der Verteidiger darf sich entscheiden, ob er hilft oder bei seinem Gegenspieler bleibt um den Ballbesitzer zu einer Entscheidung zu zwingen (Dish or Finish).

Korrekturhinweise:
Korb hart angreifen! Offensivfouls beachten, Automatics zu zögerlich.

Materialbedarf:
Pro Korb 2 Markierungskegel, pro 3er-Gruppe 1 Ball

→ 148

Inside Penetration Automatics 2-1, Weakside Big

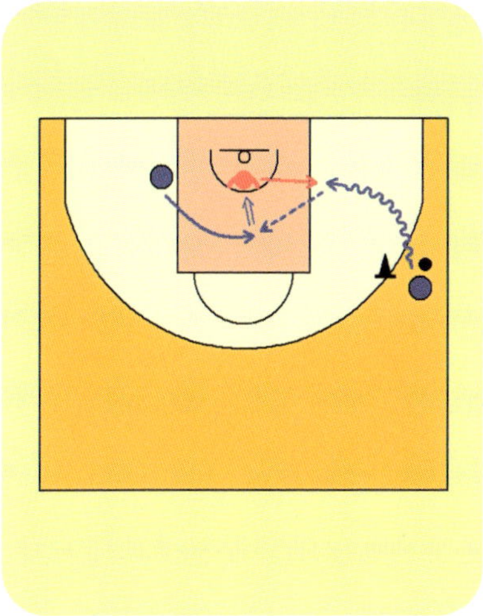

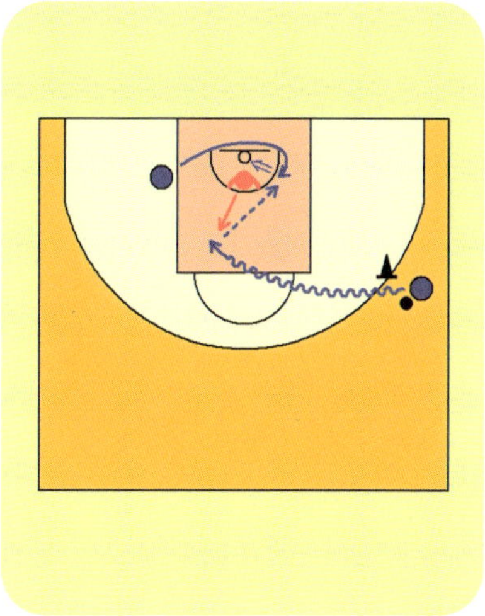

Zielgruppe

AGA	GLT	ABT	AST	HLT
		x	x	x

Spielerzahl:
3+

Lernziele/Drillschwerpunkt:
Verbesserung des Zusammenspiels zwischen Außen- und Innenspieler, Entscheidungstraining für den Außenspieler.

Empfohlene Dauer:
15 Minuten

Übungsbeschreibung:
Ein Außenspieler beginnt auf der Highwingposition (mit Ball). Vor ihm steht ein Markierungskegel, der einen Verteidiger symbolisiert. Auf der Weakside steht ein Innenspieler außerhalb der Zone mit dem unteren Fuß in Höhe des Blocks und wird von einem Gegenspieler verteidigt. Nach Anweisung des Trainers penetriert der Außenspieler entweder Richtung Baseline oder »Middle« und greift den Korb an. Der Innenspieler reagiert auf den Baselinedrive mit zwei schnellen Schritten Richtung Dunker's Spot und bietet ein Passziel. Penetriert der Außenspieler »Middle«, bewegt er sich unter dem Glas durch und bietet sich unmittelbar hinter dem Korb an. Der Verteidiger erhält zunächst die Anweisung, den penetrierenden Spieler zu stoppen. Dieser spielt dann jeweils einen Bodenpass mit der dem Innenspieler zugewandten Hand. Der Innenspieler schließt die Aktion dann mit einem Sprungwurf ab.

Variationen:
Der Verteidiger darf sich entscheiden, ob er hilft oder bei seinem Gegenspieler bleibt um den Ballbesitzer zu einer Entscheidung zu zwingen (Dish or Finish).

Korrekturhinweise:
Korb hart angreifen! Offensivfouls beachten, Automatics zu zögerlich.

Materialbedarf:
Pro Korb 2 Markierungskegel, pro 3er-Gruppe 1 Ball

→ 146

Dribble Penetration Drill

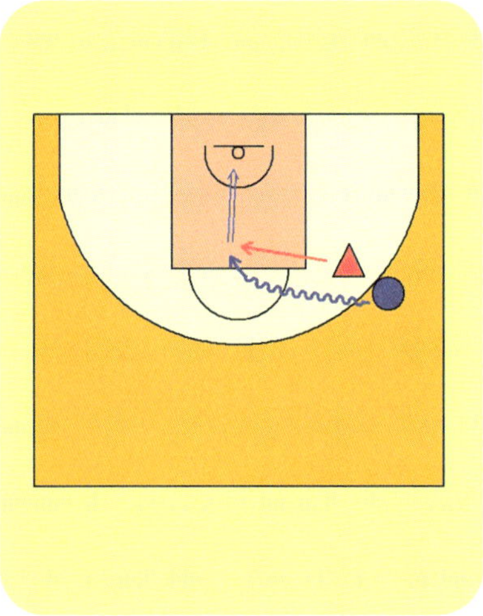

Zielgruppe

AGA	GLT	ABT	AST	HLT
		🏀	🏀	🏀

Spielerzahl:
2+

Lernziele/Drillschwerpunkt:
Verbesserung des Dribblepenetrations.

Empfohlene Dauer:
3–5 Minuten

Übungsbeschreibung:
Zwei Spieler spielen an einem Korb 1vs1 aus verschiedenen Winkeln bzw. Positionen/Spots. Mit 1–2 Dribblings soll der Korb attackiert werden. Je nach Fokus des Drills darf der Angreifer bei Erfolg weiter angreifen oder der Verteidiger weiter verteidigen. Dabei gibt es für jeden Erfolg einen Punkt. Wenn bei der Übung technische Inhalte im Vordergrund stehen, dann ist es besser, nach jedem Angriff abzuwechseln um den Wettkampfgedanken in den Hintergrund zu stellen.

Variationen:
Alle Abschlüsse auf zwei Füßen, kreative Abschlüsse (Floater etc.), Back Up-Erweiterung nutzen. Eine Close-out-Bewegung vorschalten.

Korrekturhinweise:
Kontakt mit dem Verteidiger suchen, Schwerpunkt bleibt tief, auf der Ball-Korb-Linie bleiben, Gleichgewicht halten, Schulter in den Verteidiger, finde den Verteidiger, Dribbelbeginn als Cross- und Onside Step, kurze Jab Step Finte, schneller erster Schritt auf der Ball-Korb-Linie, Beinlinie angreifen.

Materialbedarf:
1 Ball pro Paar

Wettkampf:
1. Welcher Spieler trifft zuerst x-mal?
2. Welche Spieler trifft bei x Angriffen häufiger?

→ 150

Pivot and Sweep Drill

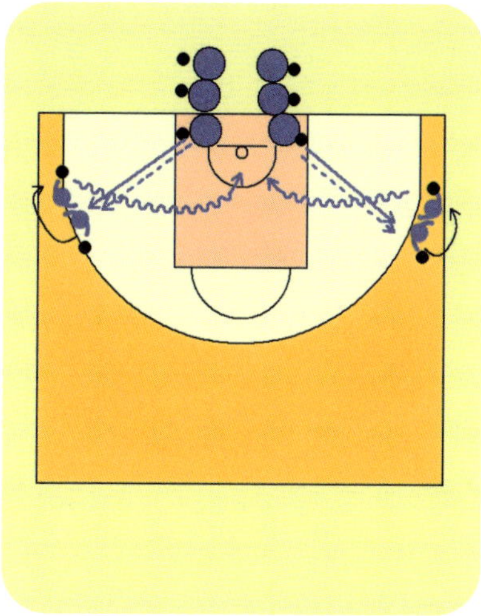

Zielgruppe

AGA	GLT	ABT	AST	HLT
		●	●	

Spielerzahl:
1+

Lernziele/Drillschwerpunkt:
Verbesserung der Fußarbeit, Vertiefung der Finishing Skills.

Empfohlene Dauer:
10–12 Minuten

Übungsbeschreibung:
Die Spieler stehen unter dem Korb. Der erste Spieler dribbelt in Richtung der Flügelposition und wirft den Ball mit einem Rückwärtsdrall vor sich zur Dreierlinie. Dort fängt er den Ball, wobei er mit einem Jumpstop zum Stehen kommt. Dabei nimmt er eine athletische Position ein. Der Spieler macht jetzt einen Vorwärtssternschritt um das der Grundlinie zugewandte Bein und dreht sich in Richtung Korb (»Facing«). Mit einem Cross Step-Dribbelbeginn attackiert er jetzt den Elbow und schließt den Angriff nach Vorgabe des Trainers ab. Er holt seinen eigenen Rebound, wartet, bis alle Spieler den Drill absolviert haben und wiederholt die Bewegung spiegelverkehrt auf der anderen Seite des Korbes.

Variationen:
Die Spieler machen den Sternschritt vorwärts um das der Grundlinie abgewandte Bein und attackieren nach Cross Step die Baseline. Gleicher Drill mit Sternschritt rückwärts.

Korrekturhinweise:
Auf die Fußarbeit achten, erst langsam, dann schnell.

Materialbedarf:
Pro Spieler 1 Ball

Wettkampf:
Wer erzielt zuerst x Körbe?

→ 151

Pivot and Onside Drill

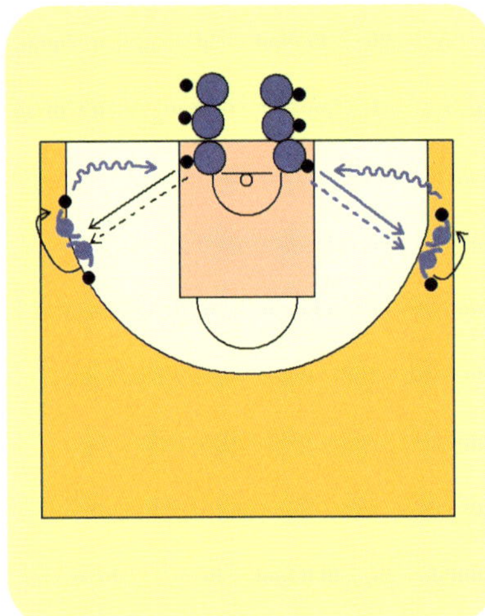

Zielgruppe

AGA	GLT	ABT	AST	HLT

Spielerzahl:
1+

Lernziele/Drillschwerpunkt:
Verbesserung der Fußarbeit, Vertiefung der Finishing Skills.

Empfohlene Dauer:
10–12 Minuten

Übungsbeschreibung:
Die Spieler stehen unter dem Korb. Der erste Spieler dribbelt in Richtung der Flügelposition und wirft den Ball mit einem Rückwärtsdrall vor sich zur Dreierlinie. Dort fängt er den Ball, wobei er mit einem Jumpstop zum Stehen kommt. Dabei nimmt er eine athletische Position ein. Der Spieler macht jetzt einen Vorwärtssternschritt um das der Grundlinie zugewandte Bein und dreht sich in Richtung Korb (»Facing«). Er greift nun die Baseline an, dabei beginnt er das Dribbling »Onside« und schließt den Angriff nach Vorgabe des Trainers ab. Er holt seinen eigenen Rebound, wartet, bis alle Spieler den Drill absolviert haben und wiederholt die Bewegung spiegelverkehrt auf der anderen Seite des Korbes.

Variationen:
Die Spieler machen den Sternschritt vorwärts um das der Grundlinie abgewandte Bein und attackieren nach Onside Step die Baseline. Gleicher Drill mit Sternschritt rückwärts.

Korrekturhinweise:
Auf die Fußarbeit achten, erst langsam, dann schnell.

Materialbedarf:
Pro Spieler 1 Ball

Wettkampf:
Wer erzielt zuerst x Körbe?

→ 152

1vs1 Cones Drill

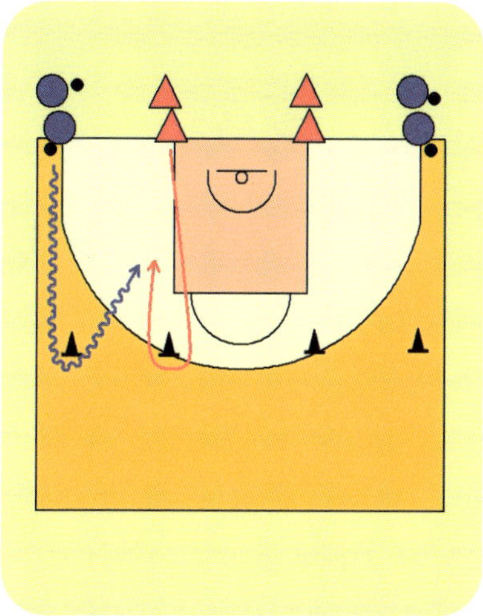

Zielgruppe

AGA	GLT	ABT	AST	HLT
	●	●	●	

Spielerzahl:
2+

Lernziele/Drillschwerpunkt:
Verbesserung der 1vs1 Finishing Qualitäten.

Empfohlene Dauer:
10-12 Minuten

Übungsbeschreibung:
Es werden zwei Punkte auf der rechten Seite des Korbes etwa 7 m von der Grundlinie entfernt durch Kegel markiert und zwei (gespiegelt) auf der linken Seite. Ein Spieler mit Ball positioniert sich in Höhe des äußeren Kegels an der Grundlinie, ein Spieler ohne Ball in Höhe des inneren Kegels. Der Spieler mit Ball dribbelt so schnell er kann um das äußere Hütchen und versucht, zum Abschluss durch Korbleger zu kommen. Der andere Spieler sprintet in der Zeit um den inneren Kegel und versucht, den Korbleger zu verhindern. Dann wird der Vorgang auf der anderen Seite wiederholt, wobei der Angreifer der gleiche ist. Nach dem zweiten Angriff wechseln der Angreifer und der Verteidiger die Aufgaben.

Variationen:
Die Abstände und Startpositionen können verändert werden. Für junge Spieler sollte der Weg des Verteidigers verlängert werden.

Korrekturhinweise:
Der Angreifer soll mit der Außenhand um die Kegel dribbeln.

Materialbedarf:
4 Kegel pro Korb, 1 Ball pro Paar

Wettkampf:
Wer erzielt zuerst x Körbe?

→ 153

Offense

Penetrate and Dish for Kids

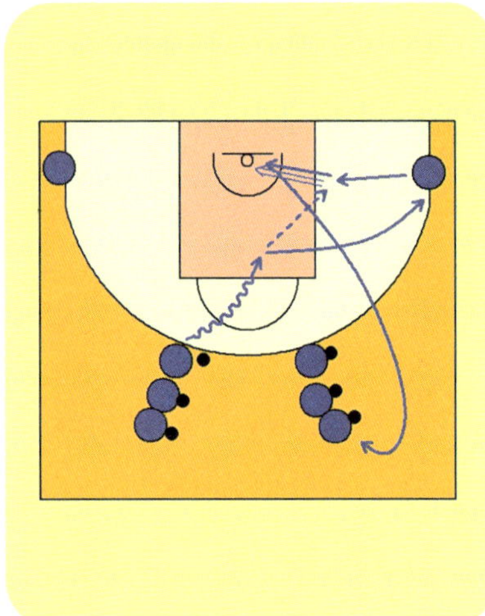

Zielgruppe

AGA	GLT	ABT	AST	HLT

Spielerzahl:
5–9 pro Halbfeld

Lernziele/Drillschwerpunkt:
Passtechnik verbessern, Passtiming verbessern, Fangen üben, Wurf verbessern.

Empfohlene Dauer:
10 Minuten

Übungsbeschreibung:
Wir beginnen mit je einem Spieler auf der Low-Wing Position und zwei Reihen von Spielern auf den Guard-Positionen rechts und links. Spieler 1 penetriert vom linken Guardspot in die Mitte. Kurz hinter der Freiwurflinie spielt er einen Bodenpass auf den von der Low-Wing Position zum Block cuttenden Spieler. Der Pass soll so gespielt werden, dass der Flügelspieler eine Step-in-Bewegung zum Block machen, dort den Ball fangen und sofort mit Sprungwurf abschließen kann. Der Passgeber nimmt die ursprüngliche Position des Empfängers ein, der Werfer holt seinen eigenen Rebound und dribbelt zum Guard Spot auf der Seite, von der er geworfen hat. Dann penetriert der Guard auf der rechten Seite in die Mitte und der Vorgang wiederholt sich spiegelverkehrt.

Variationen:
1. Leichter zu fangen: Bodenpass
2. Schwerer zu fangen: Luftpass.

Korrekturhinweise:
Passtechniken kontrollieren, auf Step-in Timing und Wurfform achten.

Materialbedarf:
Alle Spieler außer den Flügelspielern haben einen Ball

Wettkampf:
1. Welcher Spieler trifft zuerst x Würfe?
2. Welche Gruppe trifft zuerst x Würfe?

→ 154

Penetrate and Pitch

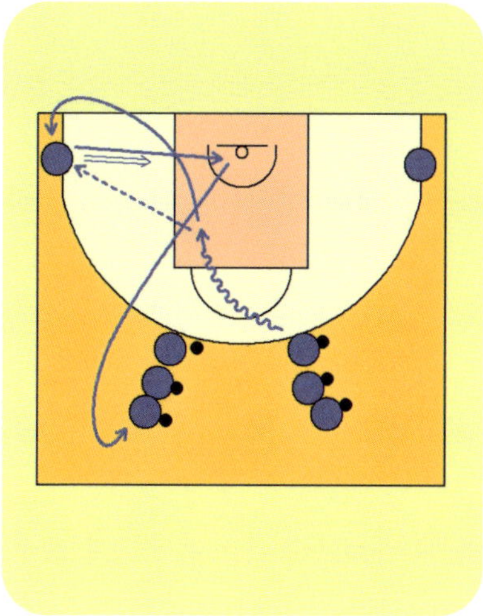

Zielgruppe

AGA	GLT	ABT	AST	HLT

Spielerzahl:
5-9 pro Halbfeld

Lernziele/Drillschwerpunkt:
Passtechnik verbessern, Passtiming verbessern, Fangen üben, Wurf verbessern.

Empfohlene Dauer:
10 Minuten

Übungsbeschreibung:
Wir beginnen mit je einem Spieler auf der Low-Wing Position und zwei Reihen von Spielern auf den Guard-Positionen rechts und links. Spieler 1 penetriert vom linken Guardspot in die Mitte. Etwa in Höhe der Freiwurflinie spielt er einen Außenhandpass auf den Flügelspieler auf der rechten Seite, der für den Pass ein Ziel bietet und sofort mit einem Sprungwurf abschließt. Der Passgeber nimmt die ursprüngliche Position des Empfängers ein, der Werfer holt seinen eigenen Rebound und dribbelt zum Guardspot auf die Seite, von der er geworfen hat. Dann penetriert der Guard auf der rechten Seite in die Mitte und der Vorgang wiederholt sich spiegelverkehrt.

Korrekturhinweise:
Passtechniken kontrollieren, auf Wurfform achten.

Materialbedarf:
Alle Spieler außer den Flügelspielern haben einen Ball

Wettkampf:
1. Welcher Spieler trifft zuerst x Würfe?
2. Welche Gruppe trifft zuerst x Würfe?

→ 155

Imre Drill 1

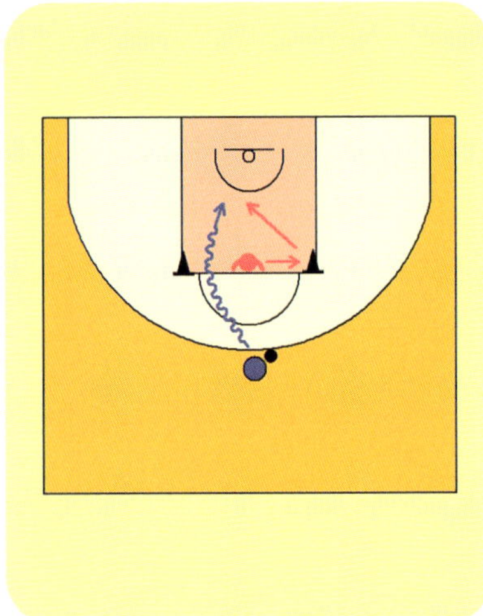

Zielgruppe

AGA	GLT	ABT	AST	HLT
		🏀	🏀	

Spielerzahl:
2+

Lernziele/Drillschwerpunkt:
Lernen, schnelle Entscheidungen zu treffen und gebotene Chancen zu nutzen.

Empfohlene Dauer:
8–10 Minuten

Übungsbeschreibung:
Auf jeden Elbow wird ein Hütchen gestellt, genau dazwischen steht der Verteidiger mit dem Gesicht zum angreifenden Spieler (mit Ball, Abstand ca. 1 m). Der Verteidiger berührt nun eines der Hütchen und der Angreifer dribbelt auf der vom Verteidiger freigelassenen Seite zum Korb. Der Verteidiger hat die Aufgabe, so schnell wie möglich wieder in eine Verteidigungsposition zu kommen und den Angreifer zu behindern, der Angreifer hat die Aufgabe, hart zum Korb zu ziehen und mit Korbleger abzuschließen.

Variationen:
1. Standbein festlegen.
2. Angreifer dribbelt, bevor sich der Verteidiger für ein Hütchen entscheidet. Hütchenposition variieren (auch Abstand).

Korrekturhinweise:
Bei Standbeinfestlegung auf Schrittfehler achten (Onside-Dribblebeginn), Außenhand für die Penetration und den Korbleger benutzen.

Materialbedarf:
2 Hütchen pro Korb, 1 Ball pro Paar

Wettkampf:
Wer gewinnt das 1vs1 Match? Jeder Treffer = 1 Punkt

→ 156

Imre Drill 2

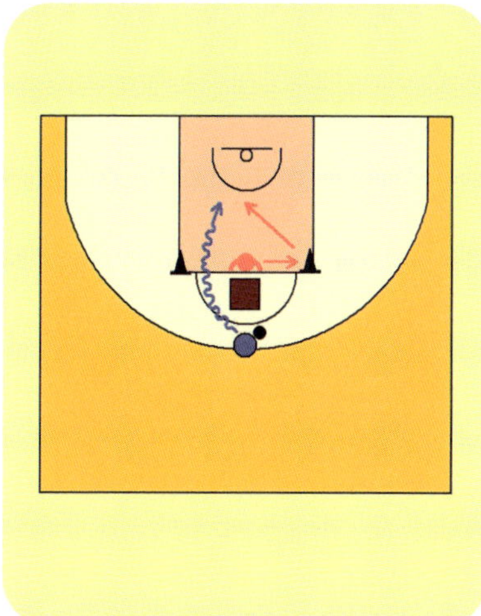

Zielgruppe

AGA	GLT	ABT	AST	HLT
		●	●	

Spielerzahl:
2+

Lernziele/Drillschwerpunkt:
Lernen schnelle Entscheidungen zu treffen und gebotene Chancen zu nutzen.

Empfohlene Dauer:
6–10 Minuten

Übungsbeschreibung:
Auf jeden Elbow wird ein Hütchen gestellt, genau dazwischen steht der Verteidiger mit dem Gesicht zum angreifenden Spieler (mit Ball, Abstand ca. 1 m). Zwischen Angreifer und Verteidiger steht ein Turnkasten. Der Verteidiger berührt nun eines der Hütchen und der Angreifer dribbelt auf der vom Verteidiger freigelassenen Seite am Turnkasten vorbei zum Korb. Der Verteidiger hat die Aufgabe, so schnell wie möglich wieder in eine Verteidigungsposition zu kommen und den Angreifer zu behindern, der Angreifer hat die Aufgabe, hart zum Korb zu ziehen und mit Korbleger abzuschließen.

Variationen:
1. Standbein festlegen.
2. Angreifer dribbelt, bevor sich der Verteidiger für ein Hütchen entscheidet. Hütchenposition variieren (auch Abstand).

Korrekturhinweise:
Bei Standbeinfestlegung auf Schrittfehler achten (Onside-Dribblebeginn), Außenhand für die Penetration und den Korbleger benutzen.

Materialbedarf:
2 Hütchen und 1 Turnkasten pro Korb, 1 Ball pro Paar

Wettkampf:
Wer gewinnt das 1vs1 Match? Jeder Treffer = 1 Punkt

→ 157

Imre Drill 3

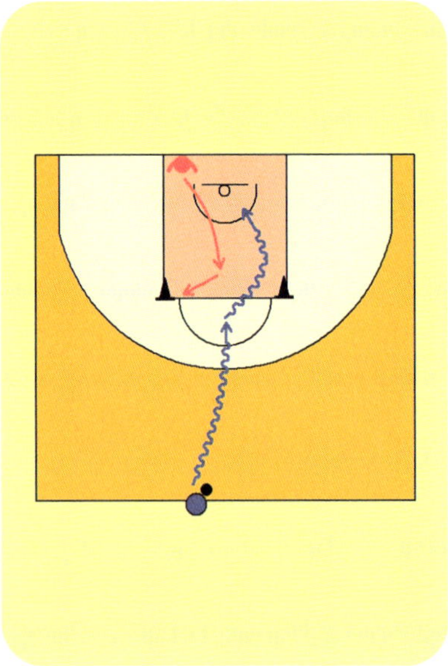

Zielgruppe

AGA	GLT	ABT	AST	HLT

Spielerzahl:
2+

Lernziele/Drillschwerpunkt:
Lernen schnelle Entscheidungen zu treffen und gebotene Chancen zu nutzen.

Empfohlene Dauer:
6–10 Minuten

Übungsbeschreibung:
Auf jeden Elbow wird ein Hütchen gestellt. Der Verteidiger beginnt an der Baseline und der Angreifer an der Mittellinie. Der Angreifer dribbelt in Richtung des Hütchenpaares, der Verteidiger kommt ihm entgegen (Closeout) und berührt ein Hütchen. Der Angreifer verzögert in der Zeit sein Dribbling (Hesitation) und greift dann die vom Verteidiger freigelassene Seite an. Er ist dabei zunächst halbaktiv und lässt den Angreifer nach dem Hesitation Dribbling zum Korb ziehen.

Variationen:
1. Hütchenabstand variieren
2. Verteidiger ist aktiv und versucht nach der Hütchenberührung die Penetration zu verhindern.

Korrekturhinweise:
Timing zwischen Angreifer und Verteidiger synchronisieren!

Materialbedarf:
2 Hütchen pro Korb, 1 Ball pro Paar

Wettkampf:
Wer gewinnt das 1vs1 Match? Jeder Treffer = 1 Punkt

→ 158

Imre Drill 4

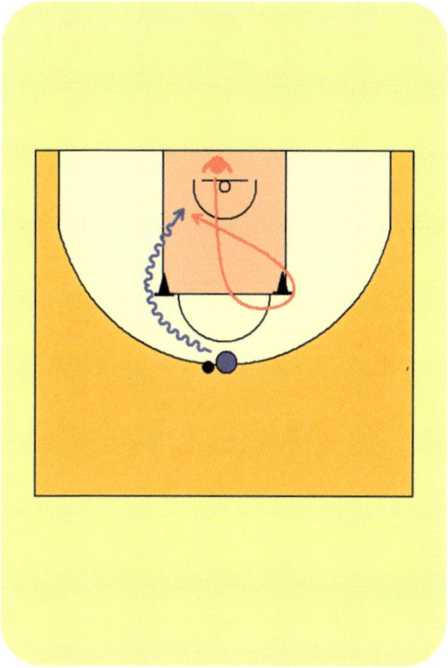

Zielgruppe

AGA	GLT	ABT	AST	HLT
		●	●	

Spielerzahl:
2+

Lernziele/Drillschwerpunkt:
Lernen schnelle Entscheidungen zu treffen und gebotene Chancen zu nutzen.

Empfohlene Dauer:
6–10 Minuten

Übungsbeschreibung:
Auf jeden Elbow wird ein Hütchen gestellt. Der Verteidiger beginnt an der Baseline und der Angreifer ca. 2 m vor den Hütchen. Der Angreifer dribbelt auf der Stelle, der Verteidiger kommt ihm entgegen umläuft von innen nach außen ein Hütchen. Der Angreifer dribbelt außen am anderen Hütchen vorbei und greift den Korb an, er soll möglichst per Layup abschließen. Der Verteidiger soll so schnell wie möglich in eine gute Verteidigungsposition gelangen!

Variationen:
Angreifer soll geradeaus, aber mit der dem Verteidiger abgewandten Hand den Korb angreifen und per Layup abschließen. Startpunkt des Angreifers zurückverlegen um die Schwierigkeit zu erhöhen.

Korrekturhinweise:
Layups am Mann mit der dem Verteidiger abgewandten Hand abschließen!

Materialbedarf:
2 Hütchen pro Korb, 1 Ball pro Paar

Wettkampf:
Wer gewinnt das 1vs1 Match? Jeder Treffer = 1 Punkt

→ 159

Imre Drill 5

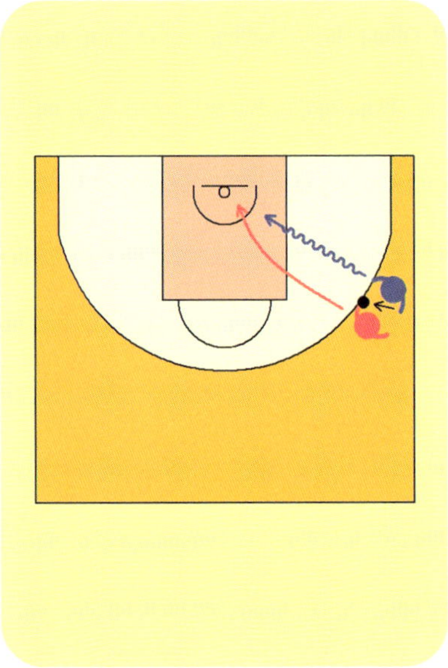

Zielgruppe

AGA	GLT	ABT	AST	HLT
		🏀	🏀	

Spielerzahl:
2+

Lernziele/Drillschwerpunkt:
Lernen schnelle Entscheidungen zu treffen und gebotene Chancen zu nutzen.

Empfohlene Dauer:
6–10 Minuten

Übungsbeschreibung:
Ein Verteidiger und ein Angreifer stehen sich Gesicht zu Gesicht gegenüber und sind dabei gleichweit vom Korb entfernt. Der Verteidiger steht auf der Seite , die der Splitline näher ist. Er hält den Ball mit einer Hand vor sich, sodass der Angreifer diesen leicht greifen kann. Der Angreifer nimmt sich dann plötzlich den Ball und greift den Korb an, den der Verteidiger möglichst ohne Foul verteidigen soll.

Variationen:
Verteidiger steht mit dem Rücken zum Korb und hält den Ball seitlich neben sich.

Korrekturhinweise:
Layups am Mann mit der dem Verteidiger abgewandten Hand abschließen!

Materialbedarf:
Pro Korb 1 Ball

Wettkampf:
Wer gewinnt das 1vs1 Match? Jeder Treffer = 1 Punkt

→ 155

Throw Catch Finish 1

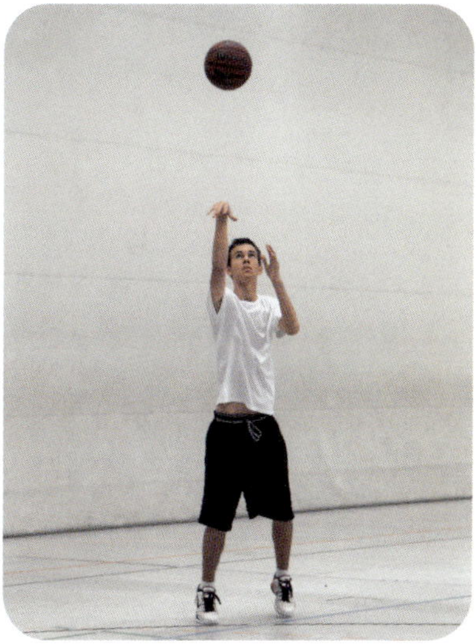

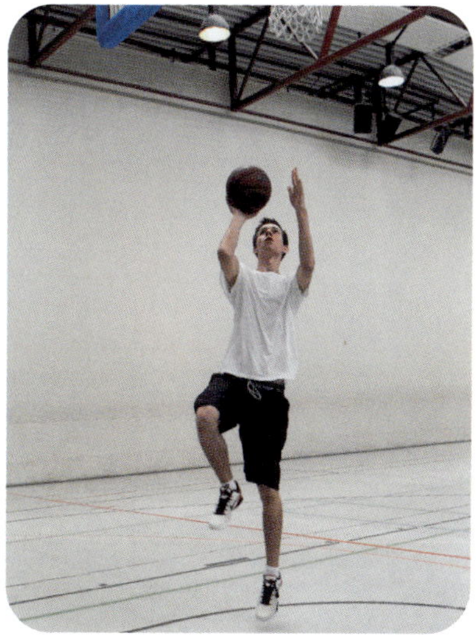

Zielgruppe

AGA	GLT	ABT	AST	HLT

Spielerzahl:
1+

Lernziele/Drillschwerpunkt:
Verbesserung der Koordination und des Rhythmus.

Empfohlene Dauer:
3–5 Minuten

Übungsbeschreibung:
Der (erste) Spieler steht mit Ball an der Dreierlinie, z. B. an der 45-Grad-Position, und wirft diesen nach vorne oben. Der Ball muss nach einem Bodenkontakt ca. in Höhe des Zonenrandes gefangen und im für die jeweilige Seite richtigen Layup-Schritt durch einen Druckwurf-Layup abgeschlossen werden.

Variationen:
Diese Übung kann von allen Positionen des Feldes durchgeführt werden, z. B. von der Mittellinie oder sogar von der Grundlinie über das ganze Feld. Es können verschiedene Bodenkontakte vorgegeben werden. Hier können zur Rhythmisierung auch »falsche« Schrittfolgen vorgegeben werden, z. B. links – rechts von der rechten Seite. Auch die Abschlusshand und die Layup-Varianten können variiert werden.

Korrekturhinweise:
Korrekte Durchführung des vorgegebenen Layup-Rhythmus. Auf die vorgegebenen Bodenkontakte und richtige Layup-Technik achten.

Materialbedarf:
1 Basketball

Wettkampf:
Wer hat auf zehn Versuche die meisten Treffer?

→ 161

Throw Catch Finish 2

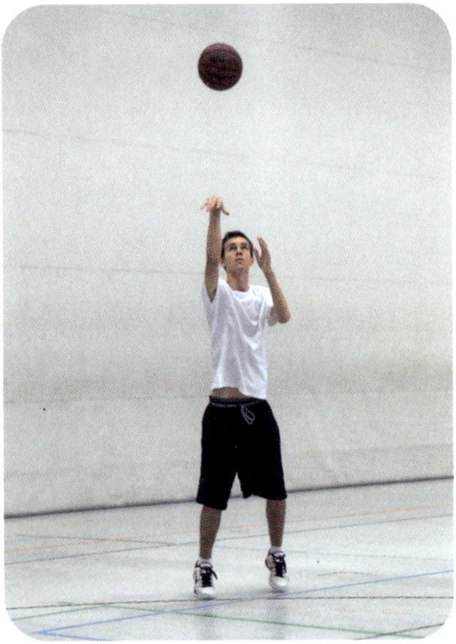

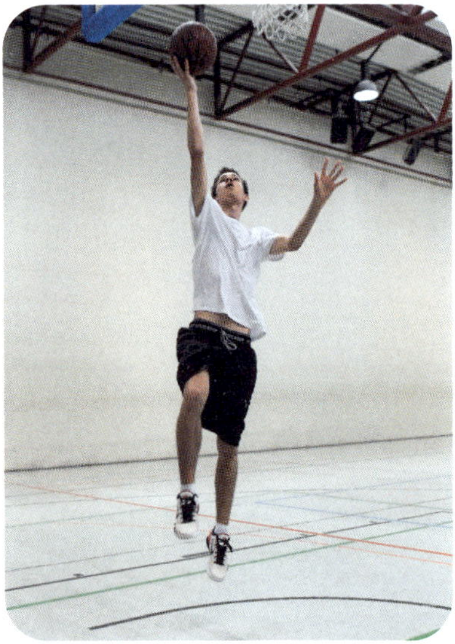

Zielgruppe

AGA	GLT	ABT	AST	HLT
(●)	●	●	●	

Spielerzahl:
1+

Lernziele/Drillschwerpunkt:
Verbesserung der Koordination und des Rhythmus.

Empfohlene Dauer:
3–5 Minuten

Übungsbeschreibung:
Der (erste) Spieler steht mit Ball an der Dreierlinie, z. B. an der 45-Grad-Position, und wirft diesen nach vorne oben. Der Ball muss nach einem Bodenkontakt ca. in Höhe des Zonenrandes gefangen und im für die jeweilige Seite richtigen Layup-Schritt durch einen Unterhand-Layup abgeschlossen werden.

Variationen:
Diese Übung kann von allen Positionen des Feldes durchgeführt werden, z. B. von der Mittellinie oder sogar von der Grundlinie über das ganze Feld. Es können verschiedene Bodenkontakte vorgegeben werden. Hier können zur Rhythmisierung auch »falsche« Schrittfolgen vorgegeben werden, z. B. links – rechts von der rechten Seite. Auch die Abschlusshand und die Layup-Varianten können variiert werden.

Korrekturhinweise:
Korrekte Durchführung des vorgegebenen Layup-Rhythmus. Auf die vorgegebenen Bodenkontakte und richtige Layup-Technik achten.

Materialbedarf:
1 Basketball

Wettkampf:
Wer hat auf zehn Versuche die meisten Treffer?

→ 162

Throw Catch Finish 3

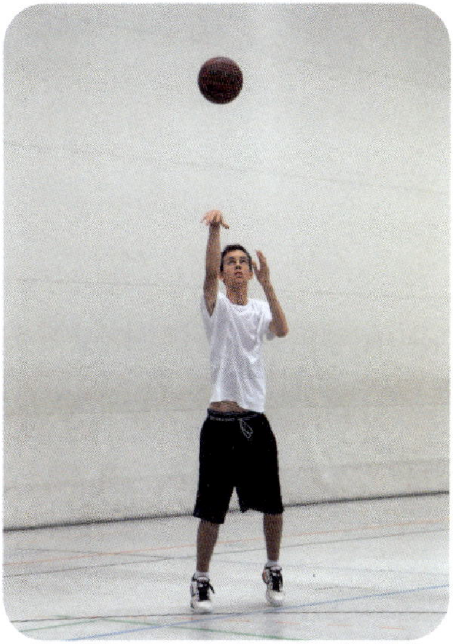

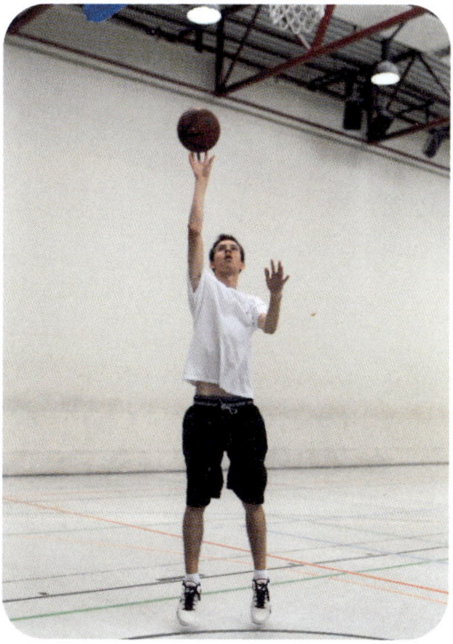

Zielgruppe

AGA	GLT	ABT	AST	HLT

Spielerzahl:
1+

Lernziele/Drillschwerpunkt:
Verbesserung der Koordination und des Rhythmus.

Empfohlene Dauer:
3–5 Minuten

Übungsbeschreibung:
Der (erste) Spieler steht mit Ball an der Dreierlinie, z. B. an der 45-Grad-Position, und wirft diesen nach vorne oben. Der Ball muss nach einem Bodenkontakt ca. in Höhe des Zonenrandes gefangen und mit einem Power-Step abgeschlossen werden.

Variationen:
Diese Übung kann von allen Positionen des Feldes durchgeführt werden, z. B. von der Mittellinie oder sogar von der Grundlinie über das ganze Feld. Es können verschiedene Bodenkontakte vorgegeben werden. Hier können zur Rhythmisierung auch »falsche« Schrittfolgen vorgegeben werden, z. B. links – rechts von der rechten Seite. Auch die Abschlusshand und die Layup-Varianten können variiert werden.

Korrekturhinweise:
Korrekte Durchführung des vorgegebenen Layup-Rhythmus. Auf die vorgegebenen Bodenkontakte und richtige Layup-Technik achten.

Materialbedarf:
1 Basketball

Wettkampf:
Wer hat auf zehn Versuche die meisten Treffer?

→ 163

Throw Catch Finish 4

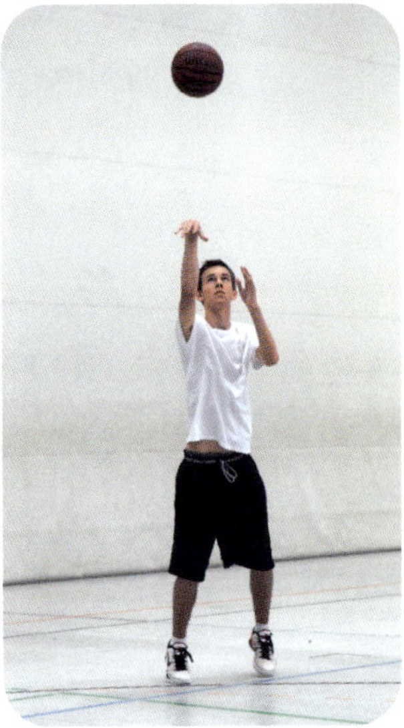
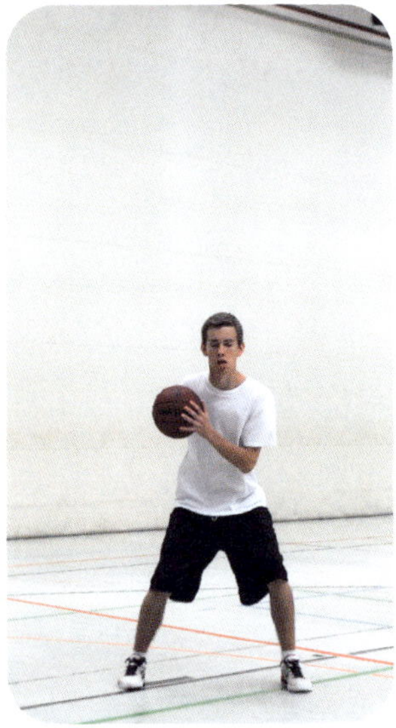
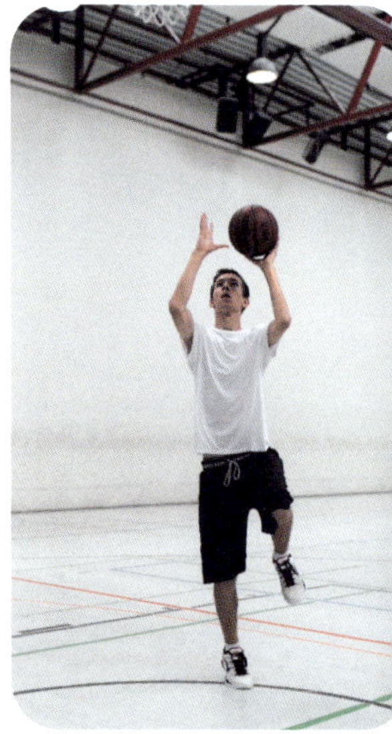

Zielgruppe

AGA	GLT	ABT	AST	HLT

Spielerzahl:
1+

Lernziele/Drillschwerpunkt:
Verbesserung der Koordination und des Rhythmus.

Empfohlene Dauer:
3–5 Minuten

Übungsbeschreibung:
Der (erste) Spieler steht mit Ball an der Dreierlinie, z. B. an der 45-Grad-Position, und wirft diesen nach vorne oben. Der Ball muss nach einem Bodenkontakt ca. in Höhe des Zonenrandes gefangen und mit einem Power-Step-Durchbruch abgeschlossen werden.

Variationen:
Diese Übung kann von allen Positionen des Feldes durchgeführt werden, z. B. von der Mittellinie oder sogar von der Grundlinie über das ganze Feld. Es können verschiedene Bodenkontakte vorgegeben werden. Hier können zur Rhythmisierung auch »falsche« Schrittfolgen vorgegeben werden, z. B. links – rechts von der rechten Seite. Auch die Abschlusshand und die Layup-Varianten können variiert werden.

Korrekturhinweise:
Korrekte Durchführung des vorgegebenen Layup-Rhythmus. Auf die vorgegebenen Bodenkontakte und richtige Layup-Technik achten.

Materialbedarf:
1 Basketball

Wettkampf:
Wer hat auf zehn Versuche die meisten Treffer?

→ 164

Throw Catch Wind Finish 1

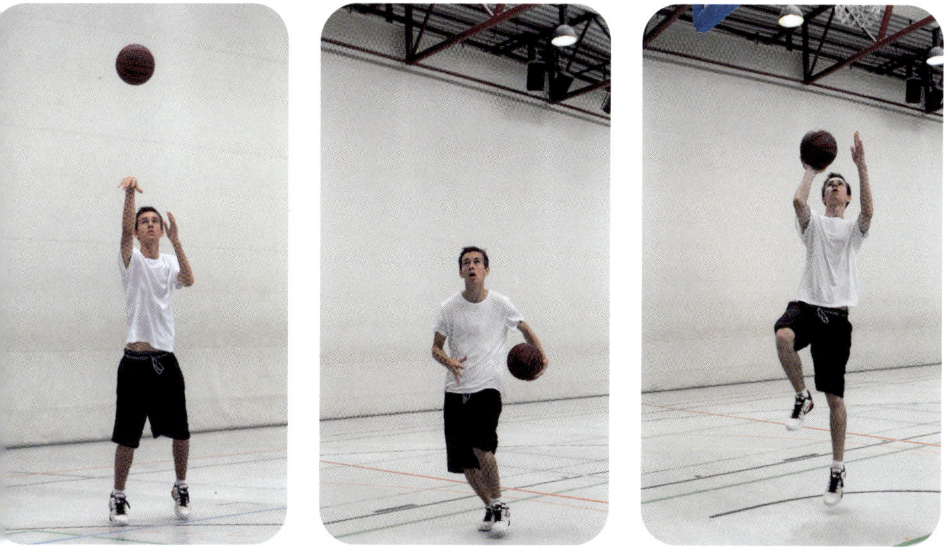

Zielgruppe

AGA	GLT	ABT	AST	HLT

Spielerzahl:
1+

Lernziele/Drillschwerpunkt:
Verbesserung der Koordination und des Rhythmus.

Empfohlene Dauer:
3–5 Minuten

Übungsbeschreibung:
Wie Drill 160, nur dass der Ball vorher einmal um den Körper gewickelt werden muss.

Variationen:
Diese Übung kann von allen Positionen des Feldes durchgeführt werden, z. B. von der Mittellinie oder sogar von der Grundlinie über das ganze Feld. Es können verschiedene Bodenkontakte vorgegeben werden. Hier können zur Rhythmisierung auch »falsche« Schrittfolgen vorgegeben werden, z. B. links – rechts von der rechten Seite. Auch die Abschlusshand und die Layup-Varianten können variiert werden.

Korrekturhinweise:
Korrekte Durchführung des vorgegebenen Layup-Rhythmus. Auf die vorgegebenen Bodenkontakte und richtige Layup-Technik achten.

Materialbedarf:
1 Basketball

Wettkampf:
Wer hat auf zehn Versuche die meisten Treffer?

→ 165

Throw Catch Wind Finish 2

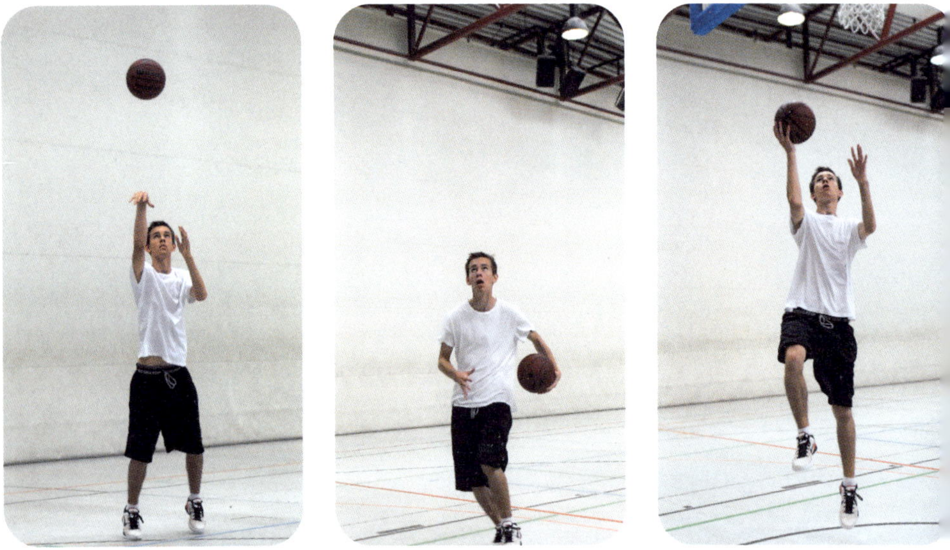

Zielgruppe

AGA	GLT	ABT	AST	HLT

Spielerzahl:
1+

Lernziele/Drillschwerpunkt:
Verbesserung der Koordination und des Rhythmus.

Empfohlene Dauer:
3–5 Minuten

Übungsbeschreibung:
Wie Drill 161, nur dass der Ball vorher einmal um den Körper gewickelt werden muss.

Variationen:
Diese Übung kann von allen Positionen des Feldes durchgeführt werden, z. B. von der Mittellinie oder sogar von der Grundlinie über das ganze Feld. Es können verschiedene Bodenkontakte vorgegeben werden. Hier können zur Rhythmisierung auch »falsche« Schrittfolgen vorgegeben werden, z. B. links – rechts von der rechten Seite. Auch die Abschlusshand und die Layup-Varianten können variiert werden.

Korrekturhinweise:
Korrekte Durchführung des vorgegebenen Layup-Rhythmus. Auf die vorgegebenen Bodenkontakte und richtige Layup-Technik achten.

Materialbedarf:
1 Basketball

Wettkampf:
Wer hat auf zehn Versuche die meisten Treffer?

→ 166

Throw Catch Fakewind Finish 1

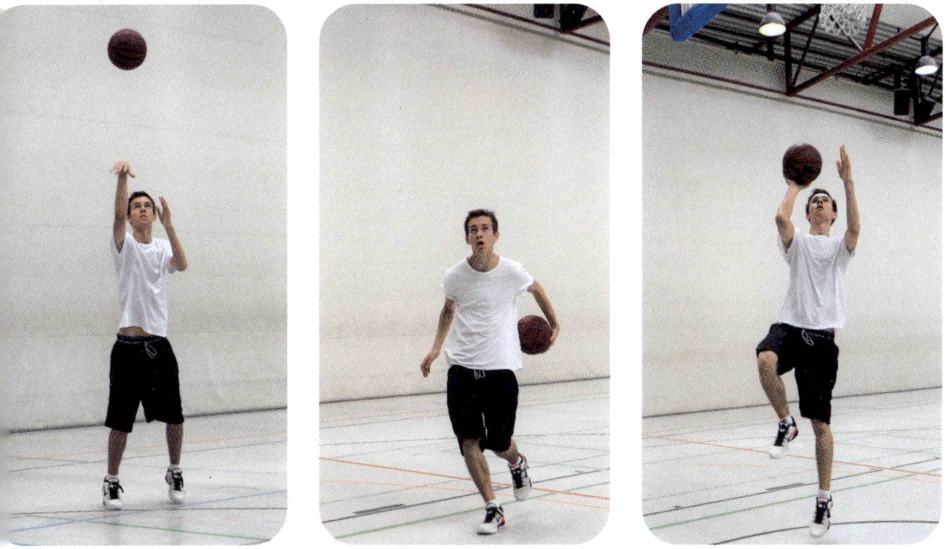

Zielgruppe

AGA	GLT	ABT	AST	HLT
(●)	●	●	●	

Spielerzahl:
1+

Lernziele/Drillschwerpunkt:
Verbesserung der Koordination und des Rhythmus.

Empfohlene Dauer:
3-5 Minuten

Übungsbeschreibung:
Wie Drill 164, nur dass ein Fake-Wickeln angewandt wird, d. h. der Spieler täuscht das Wickeln vor, nimmt den Ball bis hinter den Rücken und führt ihn dann aber wieder auf der gleichen Seite von wo er gekommen ist zurück.

Variationen:
Diese Übung kann von allen Positionen des Feldes durchgeführt werden, z. B. von der Mittellinie oder sogar von der Grundlinie über das ganze Feld. Es können verschiedene Bodenkontakte vorgegeben werden. Hier können zur Rhythmisierung auch »falsche« Schrittfolgen vorgegeben werden, z. B. links – rechts von der rechten Seite. Auch die Abschlusshand und die Layup-Varianten können variiert werden.

Korrekturhinweise:
Korrekte Durchführung des vorgegebenen Layup-Rhythmus. Auf die vorgegebenen Bodenkontakte und richtige Layup-Technik achten.

Materialbedarf:
1 Basketball

Wettkampf:
Wer hat auf zehn Versuche die meisten Treffer?

→ 167

Throw Catch Fakewind Finish 2

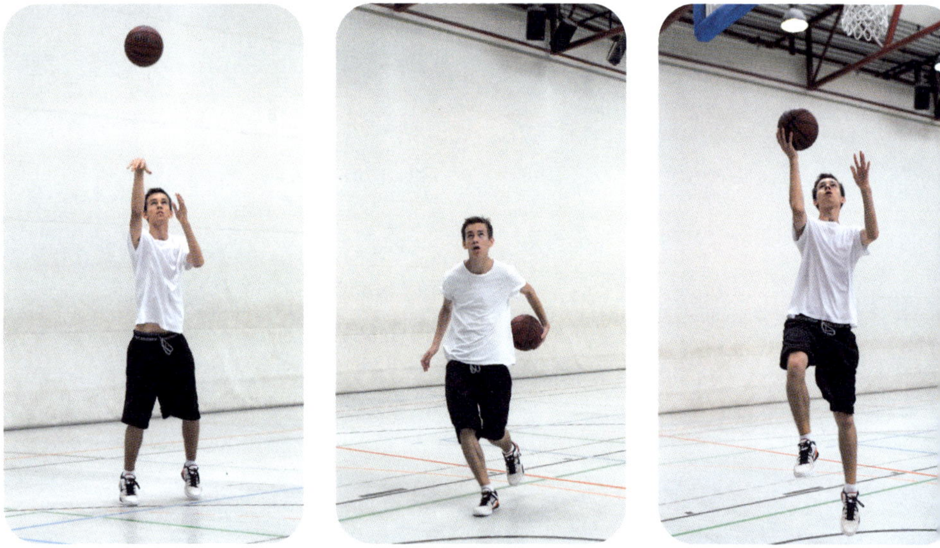

Zielgruppe

AGA	GLT	ABT	AST	HLT

Spielerzahl:
1+

Lernziele/Drillschwerpunkt:
Verbesserung der Koordination und des Rhythmus.

Empfohlene Dauer:
3–5 Minuten

Übungsbeschreibung:
Wie Drill 165, nur dass ein Fake-Wickeln angewandt wird, d. h. der Spieler täuscht das Wickeln vor, nimmt den Ball bis hinter den Rücken und führt ihn dann aber wieder auf der gleichen Seite von wo er gekommen ist zurück.

Variationen:
Diese Übung kann von allen Positionen des Feldes durchgeführt werden, z. B. von der Mittellinie oder sogar von der Grundlinie über das ganze Feld. Es können verschiedene Bodenkontakte vorgegeben werden. Hier können zur Rhythmisierung auch »falsche« Schrittfolgen vorgegeben werden, z. B. links – rechts von der rechten Seite. Auch die Abschlusshand und die Layup-Varianten können variiert werden.

Korrekturhinweise:
Korrekte Durchführung des vorgegebenen Layup-Rhythmus. Auf die vorgegebenen Bodenkontakte und richtige Layup-Technik achten.

Materialbedarf:
1 Basketball

Wettkampf:
Wer hat auf zehn Versuche die meisten Treffer?

→ 168

Throw Catch Wind Finish Under

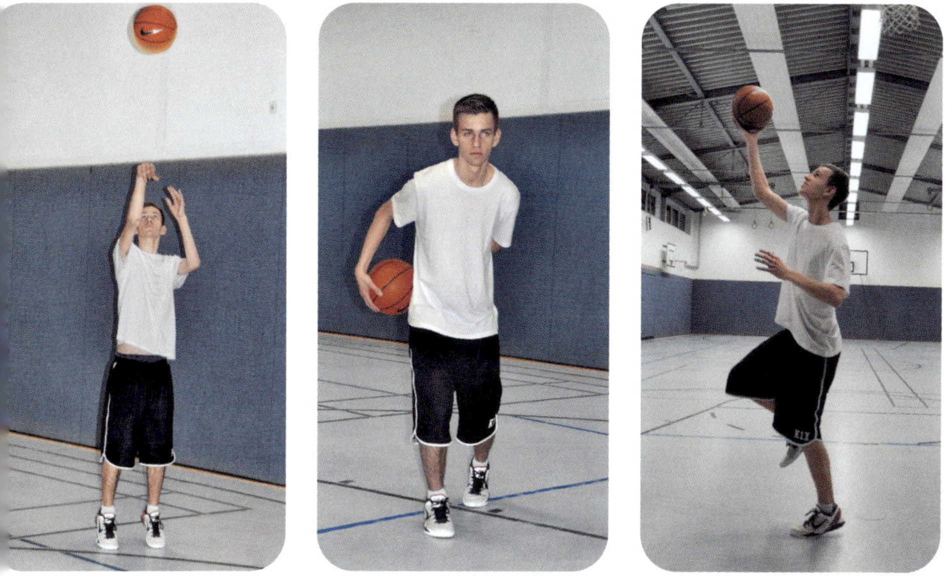

Zielgruppe

AGA	GLT	ABT	AST	HLT
○	●	●	●	

Spielerzahl:
1+

Lernziele/Drillschwerpunkt:
Verbesserung der Koordination und des Rhythmus.

Empfohlene Dauer:
3–5 Minuten

Übungsbeschreibung:
Wie Drill 165, nur dass nun unter dem Korb durchgetaucht werden muss.

Variationen:
Diese Übung kann von allen Positionen des Feldes durchgeführt werden, z. B. von der Mittellinie oder sogar von der Grundlinie über das ganze Feld. Es können verschiedene Bodenkontakte vorgegeben werden. Hier können zur Rhythmisierung auch »falsche« Schrittfolgen vorgegeben werden, z. B. links – rechts von der rechten Seite. Auch die Abschlusshand und die Layup-Varianten können variiert werden.

Korrekturhinweise:
Korrekte Durchführung des vorgegebenen Layup-Rhythmus. Auf die vorgegebenen Bodenkontakte und richtige Layup-Technik achten.

Materialbedarf:
1 Basketball

Wettkampf:
Wer hat auf zehn Versuche die meisten Treffer?

→ 169

Throw Catch Fakewind Finish Under

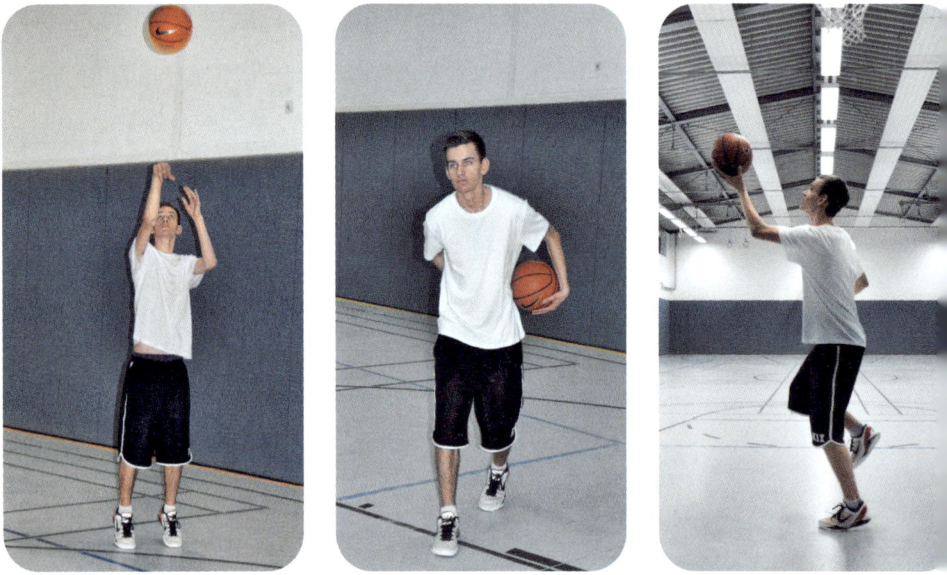

Zielgruppe

AGA	GLT	ABT	AST	HLT

Spielerzahl:
1+

Lernziele/Drillschwerpunkt:
Verbesserung der Koordination und des Rhythmus.

Empfohlene Dauer:
3–5 Minuten

Übungsbeschreibung:
Wie Drill 167, nur dass nun unter dem Korb durchgetaucht werden muss.

Variationen:
Diese Übung kann von allen Positionen des Feldes durchgeführt werden, z. B. von der Mittellinie oder sogar von der Grundlinie über das ganze Feld. Es können verschiedene Bodenkontakte vorgegeben werden. Hier können zur Rhythmisierung auch »falsche« Schrittfolgen vorgegeben werden, z. B. links – rechts von der rechten Seite. Auch die Abschlusshand und die Layup-Varianten können variiert werden.

Korrekturhinweise:
Korrekte Durchführung des vorgegebenen Layup-Rhythmus. Auf die vorgegebenen Bodenkontakte und richtige Layup-Technik achten.

Materialbedarf:
1 Basketball

Wettkampf:
Wer hat auf zehn Versuche die meisten Treffer?

→ 170

Two Ball Throw-Catch-Finish

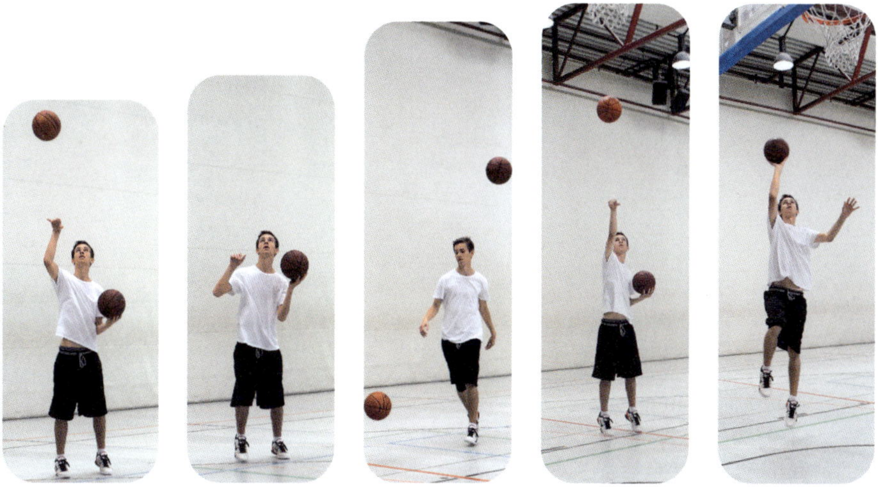

Zielgruppe

AGA	GLT	ABT	AST	HLT
	●	●	●	

Spielerzahl:
1+

Lernziele/Drillschwerpunkt:
Verbesserung der Koordination und des Rhythmus.

Empfohlene Dauer:
5–10 Minuten

Übungsbeschreibung:
Der Spieler hat auf einer beliebigen Position des Halbfeldes je einen Basketball in beiden Händen. Nun wirft er die Bälle hintereinander nach vorne oben in die gleiche Richtung zum Korb ca. bis Zonenrand, beide dürfen nur einen Bodenkontakt haben. Er muss beide Bälle fangen, wobei nur eine Hand pro Ball erlaubt ist. Er kommt im Ein-Kontakt-Stop auf. Von dieser Position versucht er den einen Ball mit einer Hand in den Korb zu werfen (oder zum Trainer zu passen), dann macht er einen variabel vorgegebenen Layup-Schritt und finished den anderen Ball.

Variationen:
Diese Übung kann von allen Positionen des Feldes durchgeführt werden, z. B. von der Mittellinie oder sogar von der Grundlinie über das ganze Feld. Es können verschiedene Bodenkontakte vorgegeben werden. Hier können zur Rhythmisierung auch »falsche« Schrittfolgen vorgegeben werden, z. B. links – rechts von der rechten Seite. Auch die Abschlusshand und die Layup-Varianten können variiert werden.

Korrekturhinweise:
Korrekte Durchführung des vorgegebenen Layup-Rhythmus. Auf die vorgegebenen Bodenkontakte und richtige Layup-Technik achten. Die Bälle dürfen nur mit einer Hand gefangen werden.

Materialbedarf:
2 Basketbälle (oder 1 Basketball und 1 Tennisball)

Wettkampf:
Wer hat auf zehn Versuche die meisten Treffer?

→ 160

Hack a Player

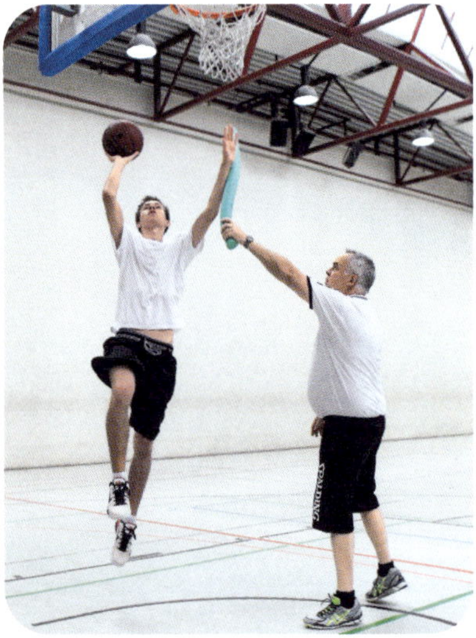

Zielgruppe

AGA	GLT	ABT	AST	HLT
	●	●	●	●

Spielerzahl:
1+

Lernziele/Drillschwerpunkt:
Verbesserung der Finishing Skills unter Druck.

Empfohlene Dauer:
10 Minuten

Übungsbeschreibung:
Alle Spieler haben einen Ball und die Aufgabe, gegen einen Trainer oder einen Mitspieler vorbestimmte Finishes zu trainieren. Dabei schlägt ihnen der Coach oder Mitspieler mit der Poolnudel in die Arme oder auf Brust und Rücken. Das tut nicht weh, irritiert aber enorm und stärkt nach kurzer Gewöhnung die Fähigkeiten, erfolgreich zu finishen. Hoher Spaßfaktor!

Variationen:
Trainer »bewaffnet« sich mit einem Boxerkissen.

Korrekturhinweise:
Aufmerksamkeit hochhalten, bis der Ball ins Netz fällt.

Materialbedarf:
1 Poolnudel (2 m), in der Mitte durchgeschnitten, pro Spieler 1 Ball, 2 Markierungskegel

Wettkampf:
Wer finished am häufigsten?

→ 172

Catch & Attack Drill

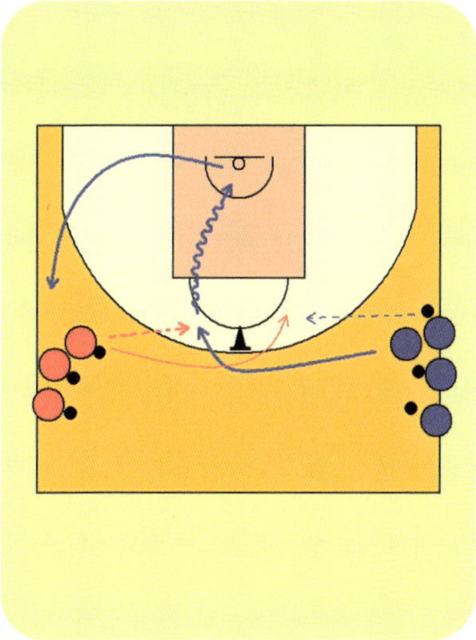

Zielgruppe

AGA	GLT	ABT	AST	HLT
🏀	🏀	🏀	🏀	🏀

Spielerzahl:
6-9 pro Halbfeld

Lernziele/Drillschwerpunkt:
Verbessern von Facing, Dribbelbeginn, Erlernen von Finishingskills, Fußarbeit.

Empfohlene Dauer:
15 Minuten

Übungsbeschreibung:
Zwei Reihen von Spielern stehen sich an den Sidelines etwa 2 m oberhalb der Freiwurflinie gegenüber. Der erste Spieler (der längeren Reihe) hat keinen Ball. Er schneidet zum Ball, den er vom gegenüberliegenden Spieler oberhalb der Zone, außerhalb der Dreierlinie zugespielt bekommt. Zur besseren Orientierung kann ein Markierungskegel benutzt werden. Für den Dribbelbeginn gibt es mehrere Optionen: Catch and Go – Catch, Face, Sweep and Go – Reverse Pivot and Go – Catch, Face, Onside Dribble and Go. Dem Variantenreichtum für die Abschlüsse sind praktisch keine Grenzen gesetzt. Alle Arten von Korblegern, Würfen, Täuschungen, Powermoves etc. können in die Übung eingebaut werden. Jeder Spieler holt seinen eigenen Rebound und schließt sich auf der anderen Seite an.

Variationen:
Entfernung zum Korb verändern.

Korrekturhinweise:
Fußarbeit kontrollieren, Schrittfehler bei Dribbelbeginn, Pässe direkt für die Anschlusshandlungen verarbeiten.

Materialbedarf:
1 Kegel, alle außer einem Spieler haben 1 Ball

Wettkampf:
1. Welcher Spieler trifft zuerst x Würfe?
2. Welche Gruppe trifft zuerst x Würfe?

➔ 173

Blind Layups

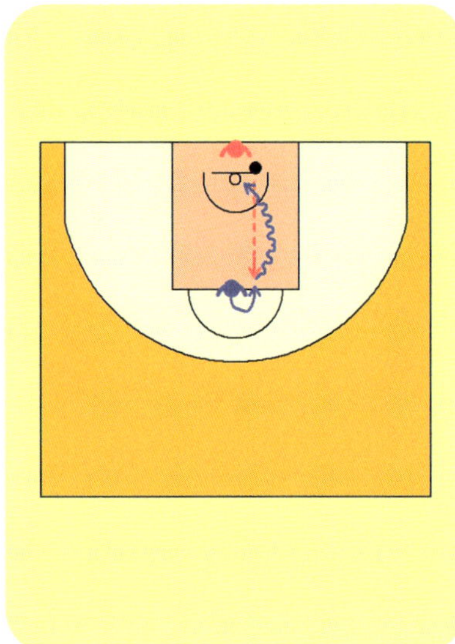

Zielgruppe

AGA	GLT	ABT	AST	HLT
●	●			

Spielerzahl:
Paarweise, maximal 4–6 Spieler pro Korb

Lernziele/Drillschwerpunkt:
Fußarbeit und Layup-Techniken verbessern.

Empfohlene Dauer:
6–10 Minuten

Übungsbeschreibung:
Ein Spieler steht an der Freiwurflinie mit dem Rücken zum Korb, ein anderer Spieler steht mit Ball hinter dem Korb. Der Spieler mit Ball ruft »rechts« oder »links«, der Spieler ohne Ball macht einen Dropstep zur vorgegebenen Seite, wobei er sich umdreht, den Ball erhält und nach zwei weiteren Schritten mit Layup abschließt. Der Passgeber holt den Rebound, beide Spieler laufen zurück in ihre Ausgangsposition und wiederholen den Drill. Nach einer vorgegebenen Wiederholungszahl werden die Rollen getauscht.

Variationen:
Entfernung zu Korb ändern, Passart vorschreiben, Finishing Move vorgeben.

Korrekturhinweise:
Fußarbeit kontrollieren, Korblegertechnik korrekt durchführen.

Materialbedarf:
Pro Gruppe und Korb 1 Ball

Wettkampf:
Wer erzielt die meisten Treffer?

→ 174

Bell Drill

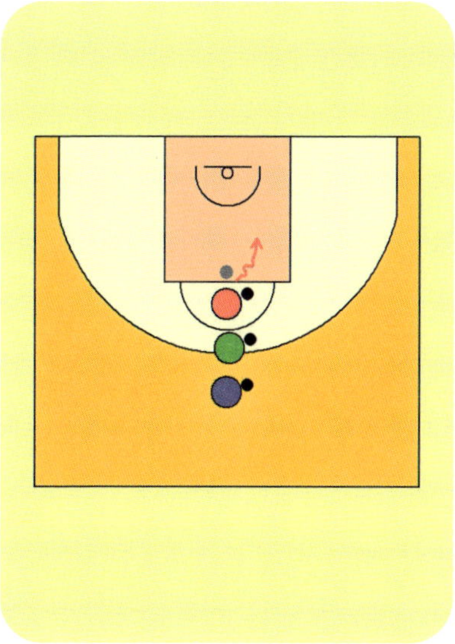

Zielgruppe

AGA	GLT	ABT	AST	HLT
●	●			

Spielerzahl:
1-6 Spieler pro Korb

Lernziele/Drillschwerpunkt:
Ballschutz beim Layup verbessern.

Empfohlene Dauer:
5-7 Minuten

Übungsbeschreibung:
Die Spieler stehen hintereinander an der Freiwurflinie mit dem Gesicht zum Korb. Vor ihnen auf dem Boden steht eine Kellnerklingel. Die Aufgabe für den Spieler besteht darin, einen Cross Step an der Klingel vorbei zu machen, mit der äußeren Hand den Ball zu dribbeln und mit der inneren, die Klingel zu betätigen. Die Aktion wird mit 2 weiteren Schritten und Korbleger beendet und zur anderen Seite wiederholt.

Variationen:
Verschiedene Layups vorgeben.

Korrekturhinweise:
Tiefe Körperposition beim ersten Schritt, Ball neben dem Körper dribbeln.

Materialbedarf:
1 Kellnerklingel pro Gruppe und Korb, jeder Spieler hat einen Ball

Wettkampf:
Welche Gruppe erzielt zuerst x Körbe?

→ 175

»Nowitzki« Drill 1

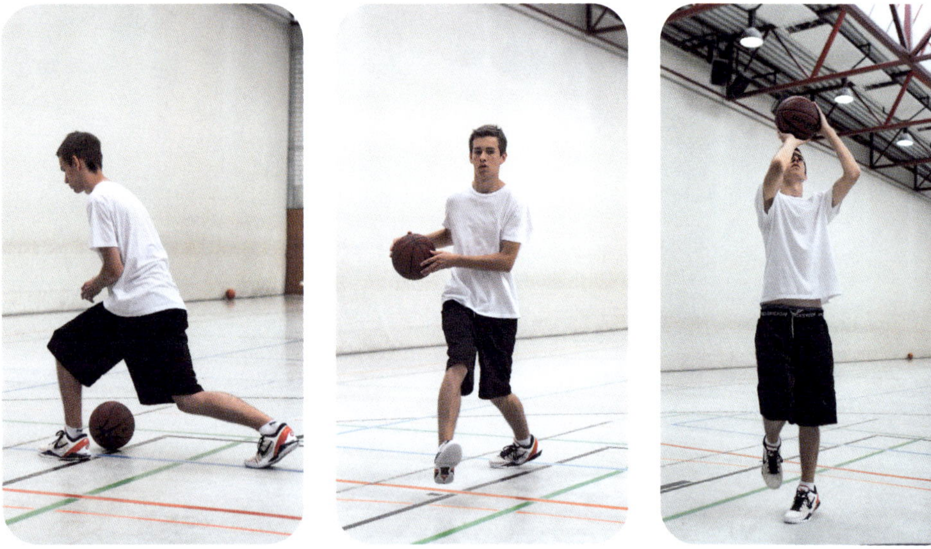

Zielgruppe

AGA	GLT	ABT	AST	HLT
●	●	●	●	

Spielerzahl:
1-6 Spieler pro Korb

Lernziele/Drillschwerpunkt:
Schrittfolge und Rhythmus beim Korbleger erlernen bzw. festigen.

Empfohlene Dauer:
5 Minuten

Übungsbeschreibung:
Je nach Alter der Spieler markiert der Trainer mit je einem Kegel eine Position an der rechten Zonenseite und eine an der linken. Spieler A (mit Ball) stellt seinen dem Korb zugewandten Fuß neben den Kegel, wobei er die Knie stark beugt. Sein anderer Fuß steht ca. 0,5 bis 1 m dahinter und er ist in Richtung der Sideline ausgerichtet. Beide Füße zeigen gerade zur Sideline. In dieser tiefen Position führt er ein Dribbling aus, fängt aber sofort wieder den Ball mit beiden Händen. Aus der Position führt er dann den ersten Schritt Richtung Korb durch, indem er den hinteren Fuß über den vorderen Fuß in Richtung Korb setzt. Dann macht er einen weiteren Schritt mit dem, dem Korb zugewandten Bein, von dem er dann abspringt und per Korbleger abschließt. Wenn alle Spieler den Drill von der einen Seite gemacht haben, wird dieser von der anderen Seite wiederholt.

Variationen:
Korblegerart variieren, während des Layups den Ball um die Hüfte kreisen lassen.

Korrekturhinweise:
Fußstellungen korrigieren, Schrittfolge beachten.

Materialbedarf:
Pro Spieler 1 Ball, pro Korb 2 Kegel

→ 176

»Nowitzki« Drill 2

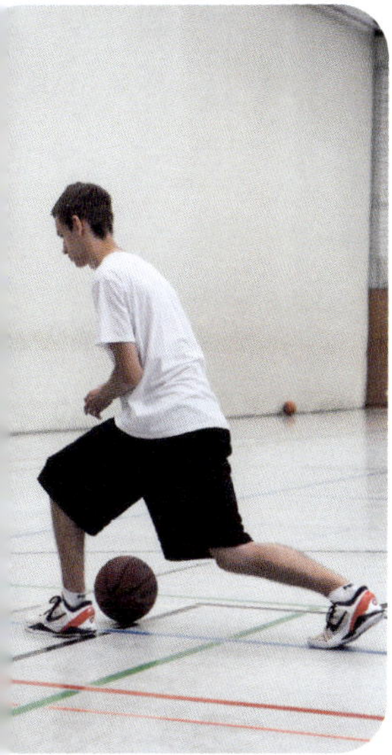
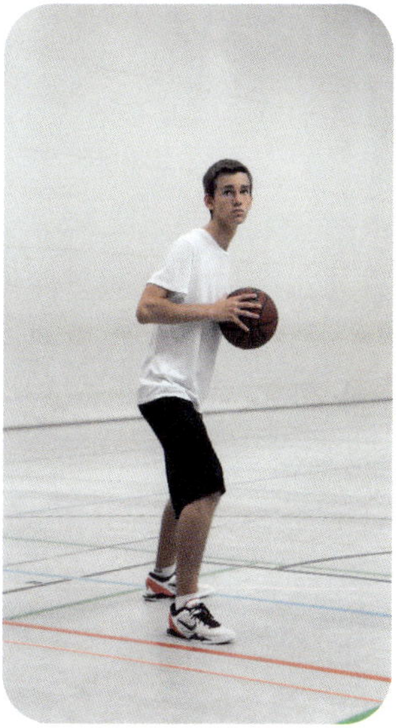
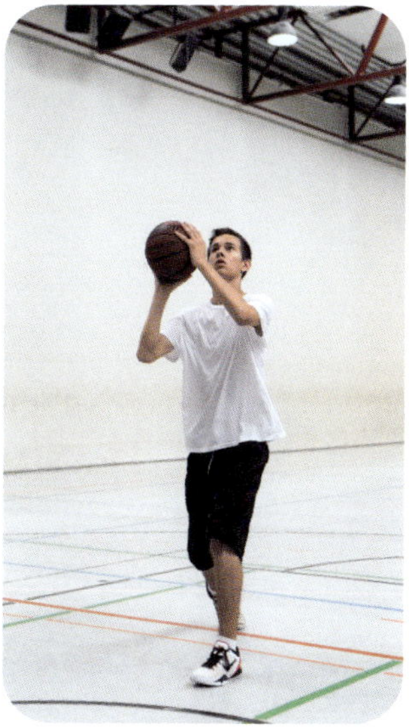

Zielgruppe

AGA	GLT	ABT	AST	HLT
●	●	●	●	

Spielerzahl:
1–6 Spieler pro Korb

Lernziele/Drillschwerpunkt:
Schrittfolge und Rhythmus beim Korbleger erlernen bzw. festigen.

Empfohlene Dauer:
5 Minuten

Übungsbeschreibung:
Wie Drill 175, nur wird der erste Schritt nicht um den vorderen Fuß herum durchgeführt, sondern als Dropstep mit einer gleichzeitigen Rückwärtsdrehung.

Variationen:
Korblegerart variieren, während des Layups den Ball um die Hüfte kreisen lassen.

Korrekturhinweise:
Fußstellungen korrigieren, Schrittfolge beachten.

Materialbedarf:
Pro Spieler 1 Ball, pro Korb 2 Kegel

→ 177

Pound Dribble Layup Drill

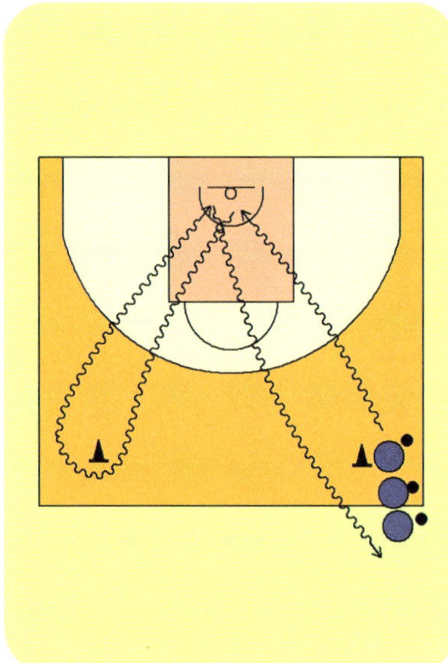

Zielgruppe

AGA	GLT	ABT	AST	HLT
●	●	●		

Spielerzahl:
1-6 Spieler pro Korb

Lernziele/Drillschwerpunkt:
Ballschutz beim Layup verbessern.

Empfohlene Dauer:
5 Minuten

Übungsbeschreibung:
Der Trainer markiert mit einem Kegel einen Startpunkt in der Nähe der Sideline etwa 2 m näher zum Korb, als die Mittellinie. Die Spieler dribbeln von dort auf den Korb zu und führen als letztes ein extrem hartes Dribbling durch. Sie nehmen den Ball auf und reißen ihn sofort neben den Kopf, von wo sie den Ball dann per Layup in den Korb werfen. Sie holen ihren eigenen Rebound und wiederholen die Übung von der anderen Seite, wo der Trainer ebenfalls den Startpunkt markiert hat.

Korrekturhinweise:
Ball auf der dem Korb entfernten Seite führen, und durch den inneren Arm schützen.

Materialbedarf:
Pro Spieler 1 Ball, pro Korb 2 Kegel

Wettkampf:
Welche Gruppe erzielt zuerst x Körbe?

→ 178

50 Layup Drill

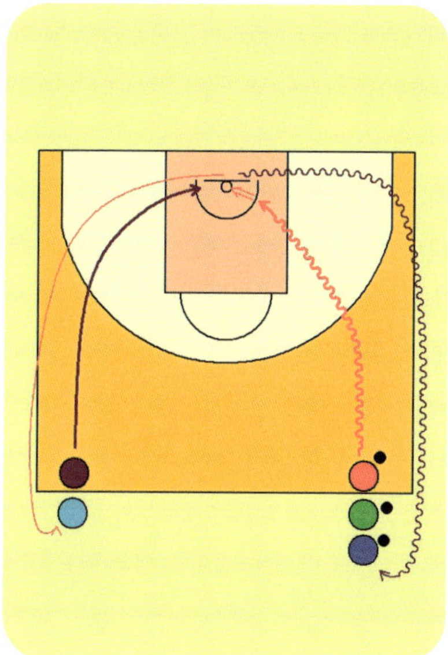

Zielgruppe

AGA	GLT	ABT	AST	HLT
	🏀	🏀		

Spielerzahl:
ab 5 Spieler

Lernziele/Drillschwerpunkt:
Verbesserung der Finishing Skills, Festigung von Layup-Varianten.

Empfohlene Dauer:
10–20 Minuten

Übungsbeschreibung:
Die Trainingsgruppe hat den Auftrag, 50 erfolgreiche Layups in Serie zu machen. Wenn ein Layup daneben geworfen wird, beginnt das Zählen wieder von vorne.

Variationen:
Layuptechniken, Abstände, Seiten, Wurfhand, alles kann vorgegeben werden.

Korrekturhinweise:
Beachten, ob die vorgegebene Layup-Technik korrekt durchgeführt wird.

Materialbedarf:
1 Ball pro Spieler

Wettkampf:
Bei mehreren Gruppen: Wer ist am schnellsten fertig?

→ 179

3 Layup Team Drill

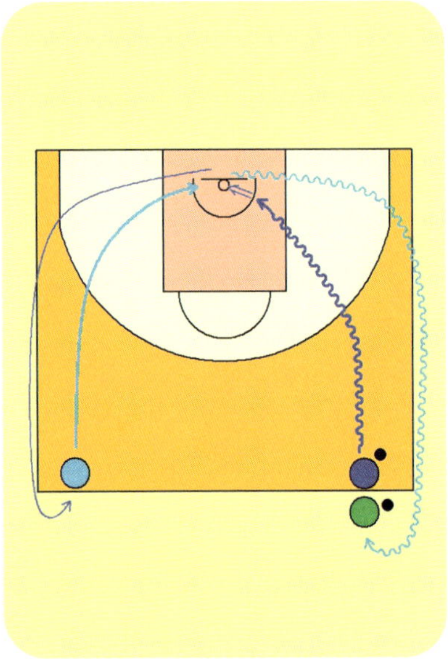

Zielgruppe

AGA	GLT	ABT	AST	HLT
	🏀	🏀		

Spielerzahl:
ab 3 Spieler

Lernziele/Drillschwerpunkt:
Verbesserung der Finishing Skills, Festigung von Layup-Varianten.

Empfohlene Dauer:
10–20 Minuten

Übungsbeschreibung:
Die Trainingsgruppe hat den Auftrag, eine vorgegebene Layupform so oft in Folge zu treffen, bis jedes Gruppenmitglied dreimal erfolgreich war. Bei Fehlversuch wird das Zählen wieder bei Eins begonnen. Wenn die erste Vorgabe erfüllt wurde, beginnt die Gruppe mit der zweiten Aufgabe. Die Gruppe sollte 4–6 verschiedene Aufgaben lösen. Z. B.: Layup rechts, Layup links (als Druckkorbleger), Layup rechts und links als Unterhandkorbleger, Powermove rechts und links.

Variationen:
Es können verschiedene Handwechsel oder Fakes vorgeschaltet werden.

Korrekturhinweise:
Beachten, ob die vorgegebene Layup-Technik korrekt durchgeführt wird.

Materialbedarf:
1 Ball pro Spieler

Wettkampf:
Bei mehreren Gruppen: Wer ist am schnellsten fertig?

→ 180

Cross Cut Finishing Drill

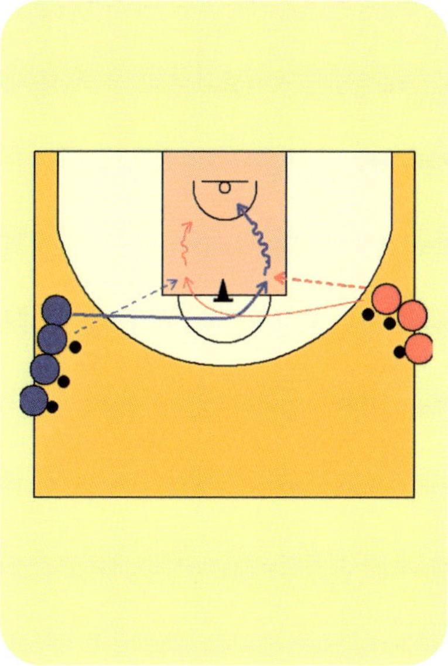

Zielgruppe

AGA	GLT	ABT	AST	HLT
●	●	●		

Spielerzahl:
5+

Lernziele/Drillschwerpunkt:
Passen und Fangen festigen, Festigung von Layupvarianten.

Empfohlene Dauer:
8–10 Minuten

Übungsbeschreibung:
In Höhe der Freiwurflinie steht je eine Gruppe von Spielern an der einen und der anderen Sideline mit dem Gesicht zur Mitte. Mitten an der Freiwurflinie wird eine Kegel platziert, der einen Gegenspieler symbolisiert. Der erste Spieler einer Reihe hat keinen Ball, alle anderen Spieler haben je einen Ball. Der erste Spieler der Reihe, der keinen Ball hat, läuft nun in Richtung des Kegels, wo er einen harten Pass auf die Außenhand erhält. Nun dreht er sich mit einem Sternschritt zum Korb und greift diesen nach Vorgabe des Trainers an. Sweep und Cross Step, Onside Dribbelbeginn mit Onside Step, Rückwärtssternschritt.

Variationen:
Verschiedene Layupvarianten oder Wurfvarianten vorgeben und mit verschiedenen Fakes und Dribbelbeginn Varianten kombinieren! Entfernung zum Korb verändern.

Korrekturhinweise:
Schrittfehler besonders bei Dribbelbeginn beobachten, Layuptechniken kontrollieren.

Materialbedarf:
1 Ball weniger, als die Anzahl der Spieler

Wettkampf:
Welcher Spieler hat zuerst x Treffer? Welches Team hat zuerst x Treffer?

→ 181

Top of the Key Hand-Off Drill

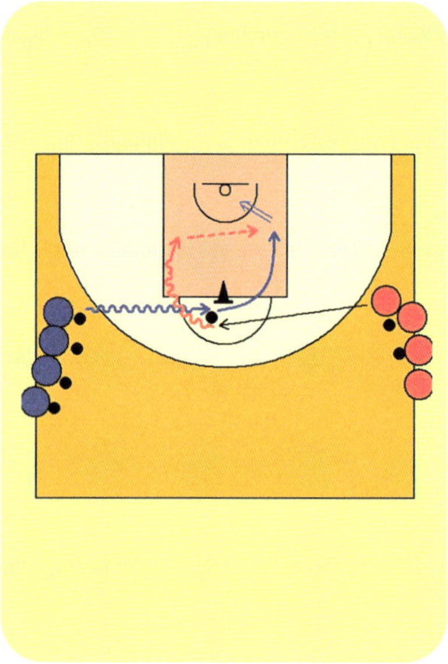

Zielgruppe

AGA	GLT	ABT	AST	HLT
🏀	🏀	🏀		

Spielerzahl:
6+

Lernziele/Drillschwerpunkt:
Erlernen und trainieren des Hand-Off's, Festigung von Layupvarianten, trainieren und Festigung von Innenhandpässen.

Empfohlene Dauer:
8–10 Minuten

Übungsbeschreibung:
Übungsform wie bei 180, jedoch dribbelt der Spieler mit Ball zum Kegel, der in diesem Fall auf der Splitline an der Dreierlinie steht. Dort stoppt er ab und übergibt dem von der gegenüberliegenden Seite oberhalb an ihm vorbeischneidenden Trainingspartner per Hand-Off den Ball. Dieser dribbelt in Richtung Korb, der den Ball übergebende Spieler rollt auf der anderen Seite Richtung Korb und erhält einen Bodenpass zum Layup.

Variationen:
Der Spieler, der den Ball übergeben bekommt, schließt selbst ab. Vorgabe der Finishingmoves.

Korrekturhinweise:
Hart zum Korb schneiden, Bodenpass mit der Innenhand spielen, Ball mit 2 Händen fangen, Konzentration bis zum Finish halten.

Materialbedarf:
1 Ball für 2 Spieler

Wettkampf:
Welches 2er-Team hat zuerst x Finishes?

→ 171

Mikan Drill

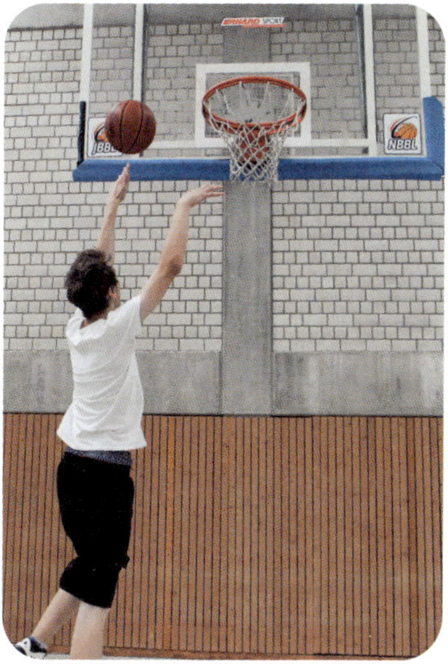
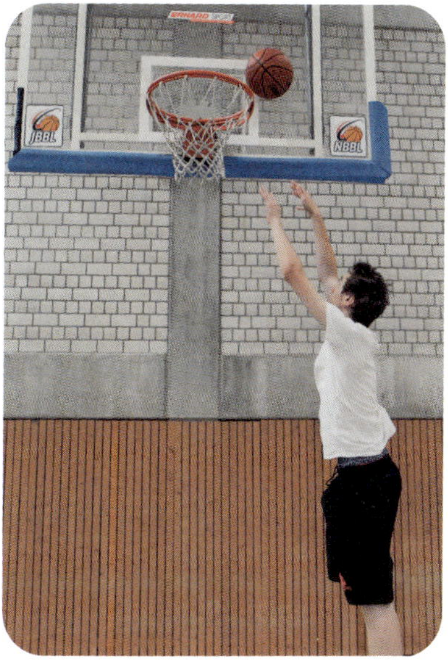

Zielgruppe

AGA	GLT	ABT	AST	HLT
	●	●	●	●

Spielerzahl:
Individualtraining

Lernziele/Drillschwerpunkt:
Verbesserung der Finishing Skills

Empfohlene Dauer:
3 x 1 Minuten

Übungsbeschreibung:
Ein Spieler mit Ball stellt sich 1 m entfernt zentral vor den Korb. Von dort führt er einen Schritt mit dem linken Bein zur rechten Korbseite durch, springt vom linken Bein ab und wirft mit der rechten Hand einen Hakenwurf. Egal ob der Ball in den Korb fällt oder nicht, versucht er ihn dann, ohne dass er den Boden berührt, zu fangen, macht mit dem rechten Bein ein Schritt unter dem Korb durch, springt ab und macht mit der linken Hand einen Hakenwurf usw.

Variationen:
Als »Reverse« von hinter dem Brett.

Korrekturhinweise:
Zu niedriges Finish, falsche Fußarbeit.

Materialbedarf:
Pro Korb 1 Ball

Wettkampf:
Wer schafft in einer Minute die meisten Treffer?

→ 183

3 Men Shooting

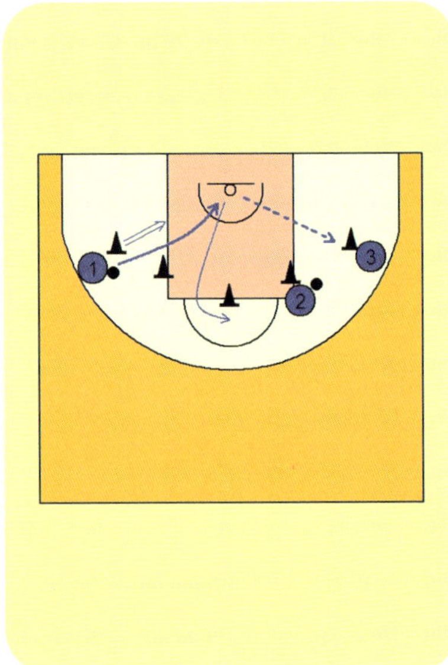

Zielgruppe

AGA	GLT	ABT	AST	HLT
	●	●	●	●

Spielerzahl:
3, 6, 9 ...

Lernziele/Drillschwerpunkt:
Verbesserung der Trefferquote unter Belastung.

Empfohlene Dauer:
3 x 2 Minuten

Übungsbeschreibung:
Zu Beginn begeben sich die drei Spieler alle auf vorher vom Coach festgelegte Wurfpositionen oder -Entfernungen. Zwei der Spieler haben einen Ball. Spieler 1 wirft, holt seinen eigenen Rebound und passt ihn zu dem Spieler, der keinen Ball hat. Dann sucht er sich selbst wieder eine neue Wurfposition. In der Zeit wirft Spieler 2 auf den Korb und holt ebenfalls seinen eigenen Rebound. Dieser passt dann zu Spieler 1 und sucht seinerseits eine neue Wurfposition, wo er dann den Ball von Spieler 3 erhält usw. ...

Variationen:
Veränderung der Übungszeit, Veränderung der Wiederholungen, Entfernungsvariation.

Korrekturhinweise:
Auf Form achten, saubere Ausführung und Zielgenauigkeit der Pässe einfordern! Immer »Ready to shoot«!

Materialbedarf:
Pro 3er-Gruppe 2 Bälle

Wettkampf:
Wer schafft in der festgesetzten Zeiteinheit die meisten Treffer?

→ 184

7 Spot Shooting Drill

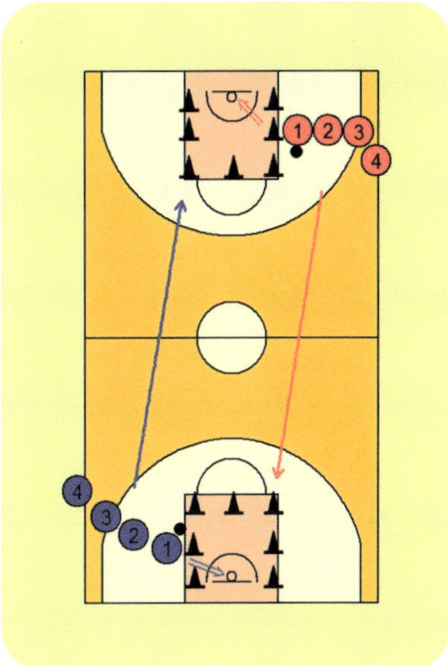

Zielgruppe

AGA	GLT	ABT	AST	HLT
	●	●	●	

Spielerzahl:
4+

Lernziele/Drillschwerpunkt:
Verbesserung der Trefferquote unter Belastung.

Empfohlene Dauer:
10 Minuten

Übungsbeschreibung:
Der Coach gibt Spots vor, von denen geworfen werden soll. In altersgerechter Entfernung werden auf der rechten Seite des Spielfeldes drei Spots vor-gegeben oder markiert (z. B. 0 Grad am Zonenrand, am Block und am Elbow, ein Spot an der Freiwurflinie oder weiter entfernt und gespiegelt die drei Positionen der einen Seite auf der anderen Seite. Die anwe-sen-den Spieler werden hälftig geteilt (es kommt nicht auf einen mehr oder weniger an) und in einer Reihe an den ersten Spot gestellt. Auf Zeichen werfen sie von dort der Reihe nach auf den Korb und holen immer ihren eigenen Rebound. Sie passen oder bringen den Ball dann zum nächsten Spieler in der Reihe, der kei-nen Ball hat. Jeder Korbtreffer wird laut mitgezählt. Wenn eine Mannschaft sechs Körbe geschafft hat, erhält sie einen Punkt. In dem Moment laufen dann beide Mannschaften zum gleichen Punkt auf der an-deren Seite (an der Mittellinie gespiegelt) und es geht erneut darum, wer zuerst sechs Treffer hat. Dann wird wieder die Seite gewechselt und das Spiel be-ginnt erneut, diesmal aber vom zweiten Spot usw. ...

Variationen:
Änderung der Wurfpositionen, Änderung der geforderten Treffer, Änderung der Anzahl der Positionen, Änderung der Anzahl der Bälle.

Korrekturhinweise:
Auf Form achten!

Materialbedarf:
Mindestens 2 Bälle, nach Möglichkeit »Floor-marker«

Wettkampf:
Welche Mannschaft gewinnt die meisten Punkte?

→ 185

Postmove Drill 1

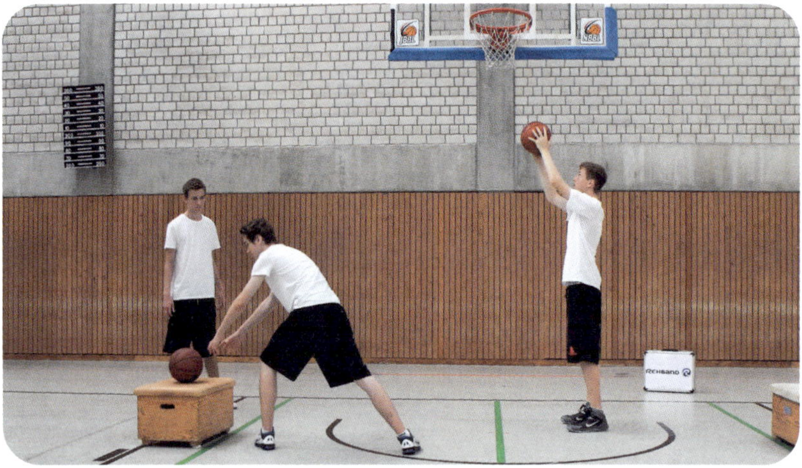

Zielgruppe

AGA	GLT	ABT	AST	HLT
	🏀	🏀		

Spielerzahl:
3+

Lernziele/Drillschwerpunkt:
Verbesserung der Finishing Qualitäten am Korb.

Empfohlene Dauer:
mehrere Durchgänge mit je 6 Versuchen

Übungsbeschreibung:
Auf dem »Block« jeder Zonenseite steht ein Stuhl oder ein Kasten. Auf jedem Stuhl oder Kasten liegt ein Ball, für den je ein Spieler zuständig ist. Der »arbeitende« Spieler steht unter dem Korb. Mit ein bis zwei Schritten bewegt es sich zu einem Ball, nimmt ihn und finished auf die vorgegebene Art und Weise. Der zuständige Spieler reboundet den Ball und legt ihn schnellstens auf den Stuhl oder Kasten zurück. Im Anschluss macht der Spieler die gleiche Bewegung spiegelverkehrt auf der anderen Seite, wo der zuständige Spieler ebenfalls den Ball reboundet und zurücklegt. Jede Seite wird bei Topspeed dreimal wiederholt. Der Coach schreibt die Bewegung vor, z. B.:
1. Ball nehmen, mit dem Korb zugewandten Bein einen großen Schritt Richtung Korb machen, das andere Bein daneben setzen und mit Powermove abschließen,
2. Ball nehmen, einen Rückwärtssternschritt machen, und mit Babyhook abschließen,
3. »Up and Under«. Viele gebräuchliche Postmoves lassen sich mit dieser Übung trainieren!

Variationen:
Je nach Altersgruppe muss der Abstand der Stühle oder Kästen zum Korb angepasst werden.

Korrekturhinweise:
Auf Form achten!

Materialbedarf:
1 Ball, 2 Stühle oder Kästen

Wettkampf:
Wer erzielt bei den sechs Versuchen die meisten Treffer?

→ 186

Formshooting 1

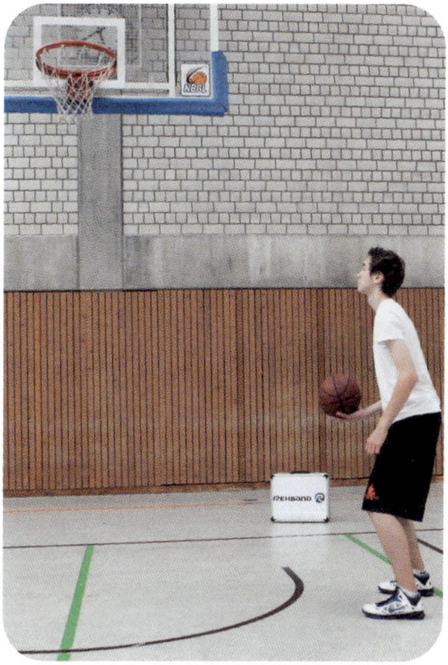

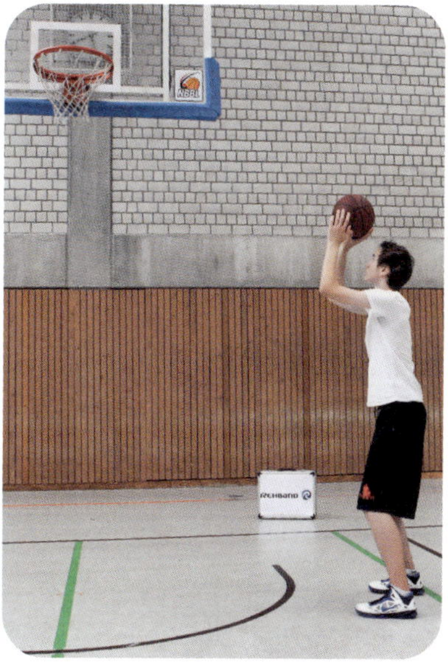

Zielgruppe

AGA	GLT	ABT	AST	HLT
●	●			

Spielerzahl:
2+

Lernziele/Drillschwerpunkt:
Werfen lernen bzw. festigen.

Empfohlene Dauer:
5 Minuten

Übungsbeschreibung:
Ein Spieler mit Ball steht etwa 1 m vom Korb entfernt. Er streckt den Unterarm nach vorne und legt den Ball auf die offene Hand. Er hebt den Ball hoch, wobei er die Hand durch eine Außenrotation zu sich hindreht, während er den Ball vor seine Stirn in die Wurfposition hebt. Bei diesem Drill berührt die Stützhand nicht den Ball, sondern wird etwa 5cm neben dem Ball gehalten, damit die Oberkörperposition gegenüber dem »normalen Wurf« nicht verändert wird. Der Spieler beugt die Knie und wirft den Ball mit einer Hand auf den Korb, wobei der komplette Körper gestreckt wird. Nach zehn Wiederholungen Aufgabentausch! Den Drill auch (mit weniger Wiederholungen) mit der »Nicht-Wurfhand« durchführen.

Variationen:
Ball direkt in den Korb werfen, Ball zuerst gegen das Brett werfen.

Korrekturhinweise:
Ball auf die »Fingerpads« legen, Handgelenk soll in Richtung Ziel abklappen, Ellenbogen soll Richtung Ziel zeigen, Beine sollen gebeugt und dann gestreckt werden.

Materialbedarf:
1 Korb und 1 Ball pro 2 Spieler

→ 187

Formshooting 2

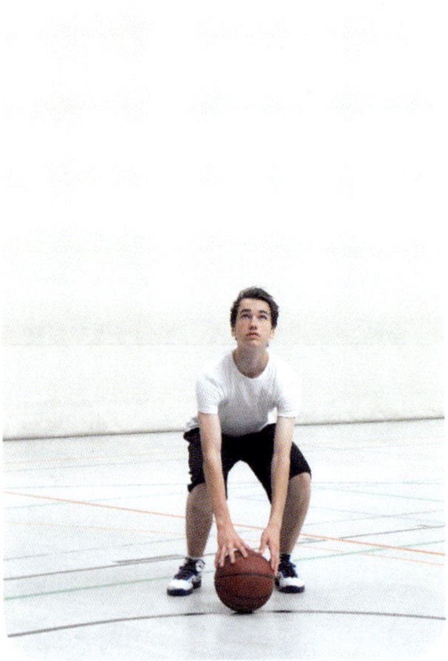

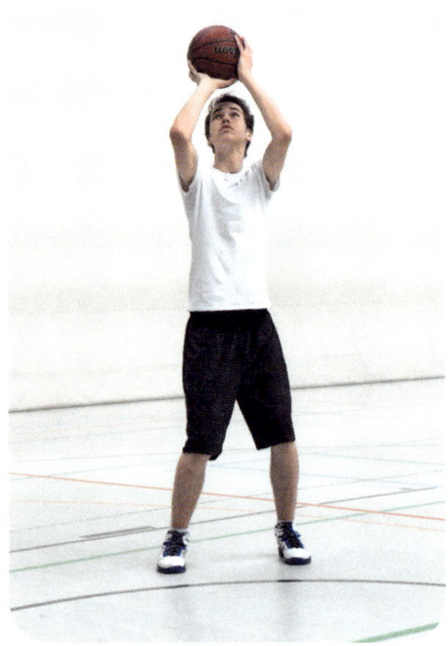

Zielgruppe

AGA	GLT	ABT	AST	HLT
●	●			

Spielerzahl:
2+

Lernziele/Drillschwerpunkt:
Werfen lernen bzw. festigen, Körperstreckung verbessern.

Empfohlene Dauer:
5 Minuten

Übungsbeschreibung:
Ein Spieler steht 1–2 m vom Korb entfernt und legt sich den Ball vor die Füße. Seine Augen sind auf den Korb gerichtet. Nun beugt er seine Knie, greift den Ball und wirft ihn bei gleichzeitig kompletter Körperstreckung auf den Korb. Sein Partner legt ihm den Ball wieder vor die Füße. Nach zehn Versuchen Aufgabentausch!

Variationen:
Ball direkt in den Korb werfen, Ball zuerst gegen das Brett werfen.

Korrekturhinweise:
Körper komplett strecken, auf die Zehenspitzen stellen, Blick bleibt auf den Korb gerichtet.

Materialbedarf:
1 Korb und 1 Ball pro 2 Spieler

→ 188

Rhythm Shooting

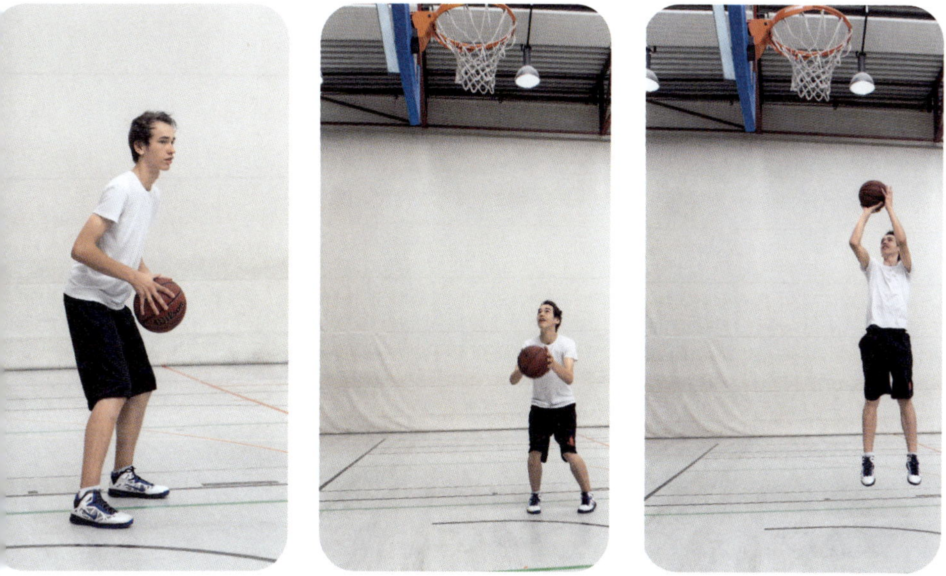

Zielgruppe

AGA	GLT	ABT	AST	HLT
●	●			

Spielerzahl:
2+

Lernziele/Drillschwerpunkt:
Werfen lernen bzw. festigen.

Empfohlene Dauer:
5 Minuten

Übungsbeschreibung:
Ein Spieler mit Ball steht 1–3 m vom Korb entfernt, Schulterachse und die Verbindungslinie zwischen den Füßen zeigen zum Korb. Der Spieler macht einen 90-Grad-Vorwärtssternschritt um das dem Korb zugewandte Bein und wirft auf den Korb, sein Partner reboundet den Ball und gibt ihm diesen zurück. Nach zehn Versuchen Rollentausch!

Variationen:
Verschiedene Wurfpositionen aus der Nahdistanz, Rückwärtssternschritt.

Korrekturhinweise:
Nicht zu weit vom Korb entfernen, Wurf soll mühelos sein. Auf die Körperachsen achten! Handgelenk kontrollieren!

Materialbedarf:
1 Korb und 1 Ball pro 2 Spieler

→ 189

Hop and Shoot

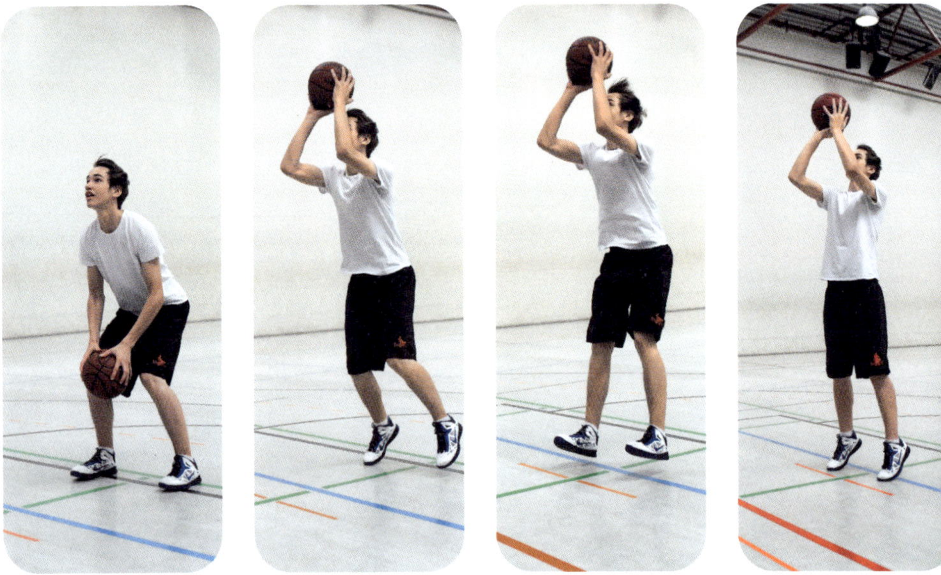

Zielgruppe

AGA	GLT	ABT	AST	HLT
●	●			

Spielerzahl:
2+

Lernziele/Drillschwerpunkt:
Werfen lernen bzw. festigen, das »Anreißen« erlernen.

Empfohlene Dauer:
5 Minuten

Übungsbeschreibung:
Ein Spieler mit Ball steht 5–6 m vom Korb entfernt mit dem Gesicht zum Korb, den Ball hat er in der »Pocket«. Aus einer athletischen Position mit gebeugten Knien, springt er mit beiden Beinen gleichzeitig Richtung Korb, dabei reißt er den Ball jeweils in die Wurfposition. Diese Bewegung wiederholt er zweimal, wobei er bei der zweiten Wiederholung mit Wurf abschließt. Sein Partner reboundet und gibt ihm den Ball zurück. Nach zehn Wiederholungen Rollentausch!

Variationen:
Anzahl der Anreißbewegungen ändern, Wurfdistanz anpassen.

Korrekturhinweise:
Ball immer zurück in die »Pocket«, Bewegung mit Ruhe durchführen.

Materialbedarf:
1 Korb und 1 Ball pro 2 Spieler

→ 190

Rangefinder

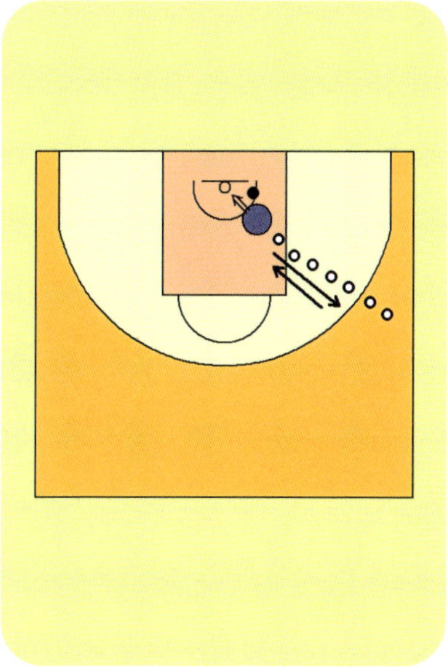

Zielgruppe

AGA	GLT	ABT	AST	HLT

Spielerzahl:
2+

Lernziele/Drillschwerpunkt:
Wurfrange ermitteln.

Empfohlene Dauer:
15 Minuten

Übungsbeschreibung:
Ein Spieler mit Ball steht 1 m vom Korb entfernt und versucht diesem mit seinem »Standard-Sprungwurf« zu treffen. Sein Partner reboundet jeweils den Ball und passt ihn per Bodenpass zurück. Wenn der Spieler zwei Würfe hintereinander getroffen hat, geht er einen Schritt zurück, wenn er zweimal hintereinander verfehlt, geht er wieder einen Schritt näher heran (minimale Entfernung 1 m). Der Spieler wirft 30 Würfe hintereinander, am Ende entspricht die Entfernung zum Korb in etwa seiner Shooting Range.

Variationen:
Anzahl der Würfe variieren oder eine vorgegebene Zeit lang werfen.

Korrekturhinweise:
Immer mit korrekter Wurftechnik werfen.

Materialbedarf:
1 Korb und 1 Ball pro 2 Spieler

Wettkampf:
Wer hat die größte Range?

→ 191

Round and Back Shooting Drill

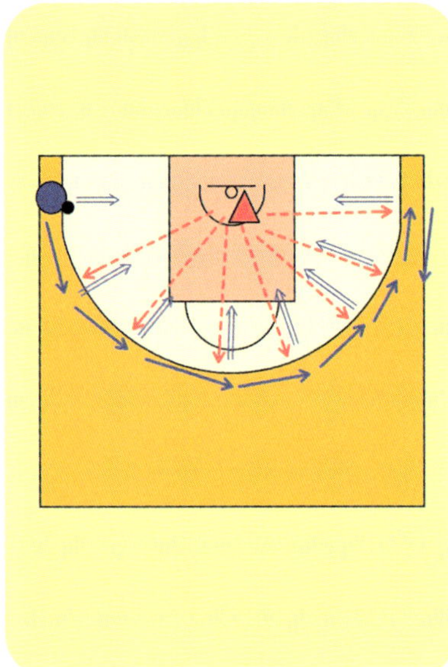

Zielgruppe

AGA	GLT	ABT	AST	HLT
			🏀	🏀

Spielerzahl:
2+

Lernziele/Drillschwerpunkt:
Wurfquote von der Dreierlinie verbessern.

Empfohlene Dauer:
3-5 Durchgänge

Übungsbeschreibung:
Spieler A steht hinter der Dreierlinie an der Baseline und wirft auf den Korb, Spieler B reboundet und passt den Ball zurück. Nach jedem Wurf bewegt sich Spieler A um ca. 2 m weiter an der Dreierlinie, bis er an der anderen Baseline angekommen ist. Von dort wiederholt er den Drill in die andere Richtung, bis er schließlich wieder an seiner Ausgangsposition angekommen ist. Dann erfolgt Aufgabenwechsel.

Variationen:
Wurfentfernung ändern, Anzahl der Würfe vorgeben.

Korrekturhinweise:
Jeweils deutlich die Position verändern, Wurftechnik beachten.

Materialbedarf:
1 Korb und 1 Ball pro 2 Spieler

Wettkampf:
Wer hat die meisten Treffer?

→ 192

Two Spot Shooting Drill

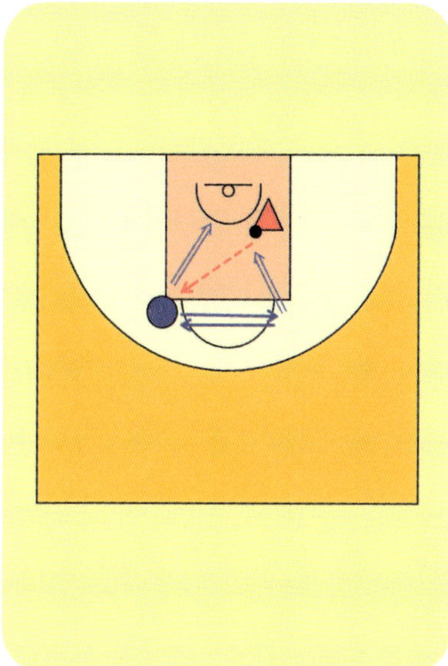

Zielgruppe

AGA	GLT	ABT	AST	HLT
	●	●	●	

Spielerzahl:
2+

Lernziele/Drillschwerpunkt:
Wurfquote verbessern.

Empfohlene Dauer:
3–5 x 60 Sekunden

Übungsbeschreibung:
Spieler A steht am Elbow und wirft von dort auf den Korb. Spieler B reboundet und passt zu Spieler A zurück, der inzwischen zum anderen Elbow gelaufen ist und dann den nächsten Wurf von dort nimmt (Catch and Shoot). Auf diese Art und Weise wechselt er immer zwischen diesen zwei Positionen hin und her. Aufgabenwechsel nach zehn Würfen.

Variationen:
Wurfentfernung ändern, Anzahl der Würfe ändern, ein Dribbling vorgeben.

Korrekturhinweise:
Wurftechnik beachten, Fußarbeit korrekt ausführen.

Materialbedarf:
1 Korb und 1 Ball pro 2 Spieler

Wettkampf:
Wer hat die meisten Treffer?

→ 193

Step in and Shoot Drill

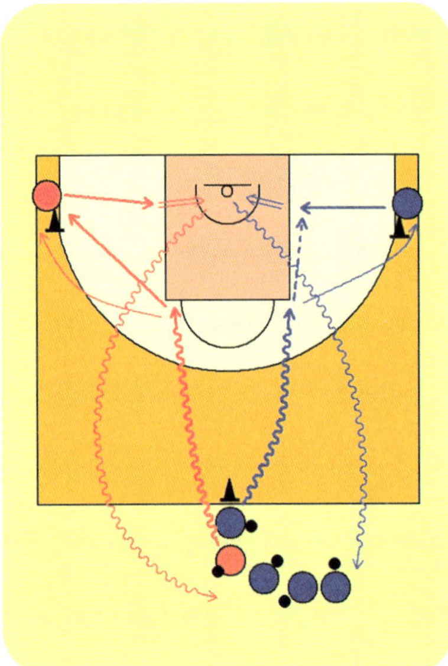

Zielgruppe

AGA	GLT	ABT	AST	HLT
🏀	🏀			

Spielerzahl:
5–7 pro Korb

Lernziele/Drillschwerpunkt:
Passtiming verbessern, Wurf festigen.

Empfohlene Dauer:
8–12 Minuten

Übungsbeschreibung:
Der Trainer markiert mit einem Kegel einen Startpunkt auf der Splitline etwa 3–5 m außerhalb der Dreierlinie. Außerdem markiert er je einen Punkt an der Dreierlinie auf der Flügelposition. Auf den Flügelpositionen steht jeweils ein Spieler ohne Ball, alle anderen Spieler stehen hintereinander an der zentralen Markierung. Der erste Spieler dribbelt in Richtung des rechten Elbows. Währenddessen bewegt sich der Spieler auf der rechten Flügelposition Richtung Korb. Der Dribbler passt dem cuttenden Flügelspieler genau in den Lauf, der nach einer Step In Bewegung mit Sprungwurf abschließt. Der Werfer holt seinen eigenen Rebound und dribbelt außerhalb des Feldes zum Ende der Reihe. Der Spieler, der gepasst hat, läuft zur freien Markierung auf dem rechten Flügel. Der nächste Spieler wiederholt den Drill zur anderen Seite. Bei einer ungeraden Spielerzahl kommt es automatisch zum Seitenwechsel für jeden Spieler, bei einer geraden Spieleranzahl erhält ein Spieler die Aufgabe, zur gleichen Seite zu dribbeln, wie sein »Vordermann«.

Variationen:
Wurfentfernung und Wurfposition ändern, Passarten und Passhand vorgeben.

Korrekturhinweise:
Passqualität beachten, Timing abstimmen, Fußarbeit vor dem Wurf kontrollieren.

Materialbedarf:
2 Bälle weniger, als Spieler, 1 Korb pro Gruppe

Wettkampf:
Wer hat die meisten Treffer? Wer hat zuerst x Treffer?

→ 194

5 Ball Shooting Drill

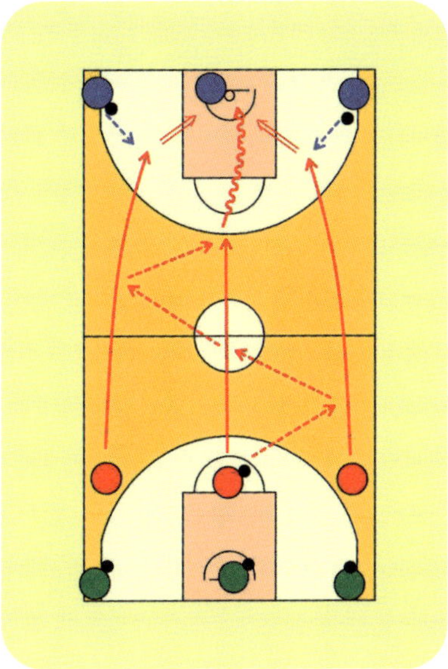

Zielgruppe

AGA	GLT	ABT	AST	HLT
●	●	●		

Spielerzahl:
ab 9 Spielern

Lernziele/Drillschwerpunkt:
Verbesserung der Finishing Skills, Festigung von Layup-Varianten.

Empfohlene Dauer:
8–10 Minuten

Übungsbeschreibung:
In den Corners des Basketballfeldes steht je ein Spieler mit einem Ball. Jeweils an der Baseline zwischen ihnen steht ein weiterer Spieler ohne Ball. An einer Freiwurflinie steht ebenfalls eine Dreiergruppe, ein Spieler mit Ball auf der Splitline und je Spieler nahe der Sideline auf beiden Seiten. Die Spieler laufen nun auf den gegenüberliegenden Korb zu, wobei sie sich den Ball zupassen. An der 3er-Linie erhält der mittlere Spieler den Ball und schließt mit Layup oder einer anderen Vorgabe ab. Die beiden äußeren Spieler erhalten jeweils aus der Corner einen Ball, den sie auf den Korb werfen. Der Spieler unter dem Korb reboundet den ersten auf den Korb geworfenen Ball und bewegt sich in gleicher Weise, wie die erste Dreiergruppe zur anderen Seite des Feldes. Der Drill wird entweder nach einer bestimmten Zeitvorgabe oder bis zu einer bestimmten Trefferzahl durchgeführt.

Variationen:
Verschiedene Layupvarianten oder Wurfvarianten vorgeben. Außen- und Innenspieler tauschen die Abschluss-Varianten.

Korrekturhinweise:
Besondere Aufmerksamkeit auf Schrittfehler legen! Wurftechniken kontrollieren und korrigieren!

Materialbedarf:
5 Bälle

Wettkampf:
Bei 9, 12 oder 15 Spielern: Welche Dreiergruppe hat zuerst x Treffer?

→ 195

Horse

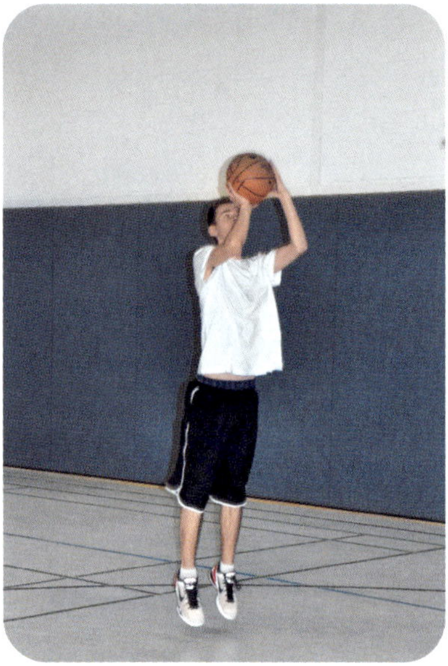

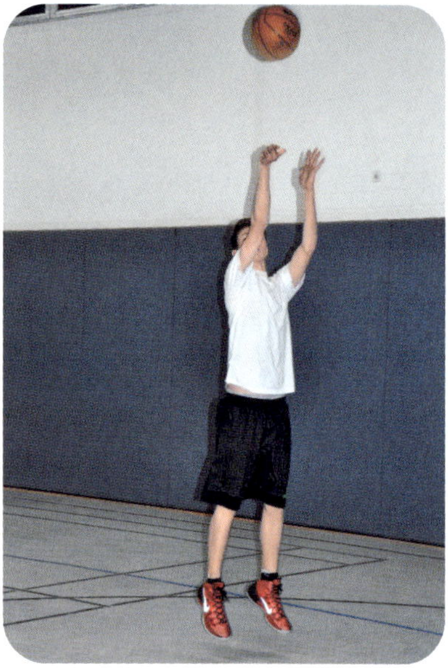

Zielgruppe

AGA	GLT	ABT	AST	HLT
●	●			

Spielerzahl:
2+

Lernziele/Drillschwerpunkt:
Wurfquote verbessern.

Empfohlene Dauer:
1–2 Durchgänge

Übungsbeschreibung:
Zwei Spieler spielen dieses Spiel gegeneinander, jeder Spieler hat einen Ball. Spieler A wirft von einer beliebigen (aber spielnahen) Position auf den Korb. Trifft er, muss Spieler B versuchen den Wurf von der gleichen Stelle zu wiederholen. Gelingt ihm dies, muss Spieler A eine neue Position suchen und von dort erneut auf den Korb werfen. Gelingt es Spieler B nicht, den Wurf nachzumachen, erhält er ein »H« des Wortes »Horse«. Gelingt es Spieler A nicht, den Wurf zu treffen, legt Spieler B vor und Spieler A muss nachwerfen usw. Der Spieler, der zuerst alle Buchstaben des Wortes »Horse« »verdient« hat, verliert das Spiel.

Variationen:
Nur verschiedene Layups zulassen. Nur Würfe von außerhalb der Zone zulassen.

Materialbedarf:
2 Bälle pro Paar

Wettkampf:
siehe Drill!

→ 196

Ray Allen Shooting Drill

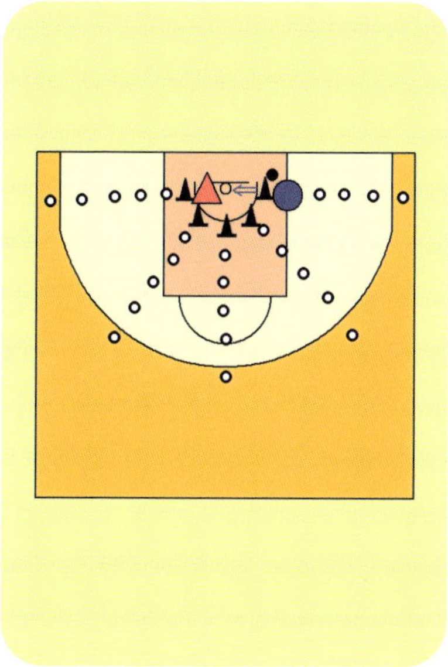

Zielgruppe

AGA	GLT	ABT	AST	HLT
		●	●	●

Spielerzahl:
2+

Lernziele/Drillschwerpunkt:
Wurfquote verbessern.

Empfohlene Dauer:
1–2 Durchgänge

Übungsbeschreibung:
Dieser Drill ist ein Partnerdrill. ein Spieler wirft, der andere reboundet. Es gibt fünf Ausgangspunkte, die jeweils 2 m vom Korb entfernt sind: Baseline links (0 Grad), 45 Grad links, genau vor dem Korb, 45 Grad rechts und Baseline (0 Grad) rechts. Der Werfer wirft von der ersten Position. Wenn er trifft, geht er für den nächsten Wurf jeweils 1 m weiter zurück. Wenn er nicht trifft, fängt er von der Ausgangsposition von neuem an. Trifft er fünf Würfe hintereinander, wirft er von der zweiten Ausgangsposition usw. Der Spieler kann immer nur bis zu einer Ausgangsposition zurückfallen. Nach dem 50. Wurf darf der Spieler nur noch so lange werfen, bis er den nächsten Wurf vergibt. Dann wirft der Partner und der Werfer reboundet.

Variationen:
Statt eines zahlenmäßigen Limit vorzugeben, kann auch ein zeitliches Limit gesetzt werden.

Materialbedarf:
1 Ball für 2 Spieler

Wettkampf:
Wer wird am schnellsten fertig?

→ 197

T Shooting

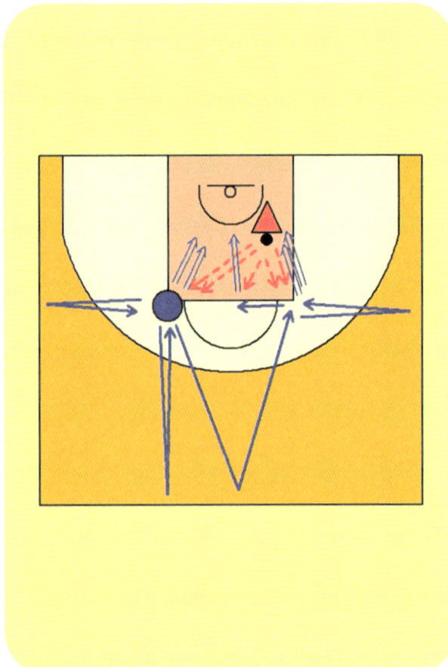

Zielgruppe

AGA	GLT	ABT	AST	HLT
	🏀	🏀		

Spielerzahl:
2+

Lernziele/Drillschwerpunkt:
Festigung der Fußarbeit, Verbesserung des Wurfes aus der Bewegung.

Empfohlene Dauer:
1–2 Durchgänge

Übungsbeschreibung:
Der Schütze beginnt am Elbow, sprintet zur nahen Sideline, berührt diese und sprintet zurück zum Elbow. Hier erhält er einen Pass von seinem Partner, der reboundet und passt. Nach dem Wurf sprintet der der Schütze rückwärts zur Mittellinie, berührt diese und sprintet wieder zum Elbow. Von dort nimmt er den nächsten Wurf. Danach sprintet er wieder rückwärts zur Mittellinie, berührt diese und sprintet vorwärts zum anderen Elbow. Er erhält hier wieder einen Pass und nimmt den Wurf. Dann sprintet er vorwärts zur nahen Sideline, berührt diese und sprintet zurück zum Elbow, um dort den vorletzten seiner Würfe zu nehmen und das »T« zu vollenden. Der letzte Wurf, bevor er mit seinem Partner die Aufgaben wechselt ist ein Freiwurf.

Variationen:
Es können verschiedene Bewegungsabläufe, wie Überkreuzen, eingebaut werden, die Fußarbeit kann variiert, Trefferanzahl vorgegeben werden.

Korrekturhinweise:
Gute Wurftechnik, korrekte Ausrichtung, Fußarbeit kontrollieren und korrigieren.

Materialbedarf:
1 Ball für 2 Spieler, 1 Korb

→ 198

Add 1 Subtract 2

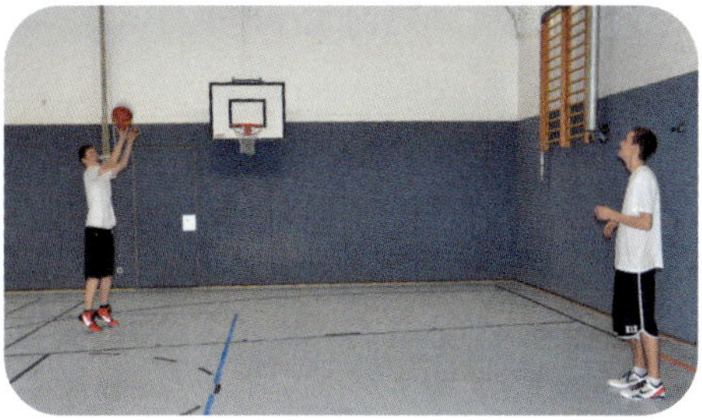

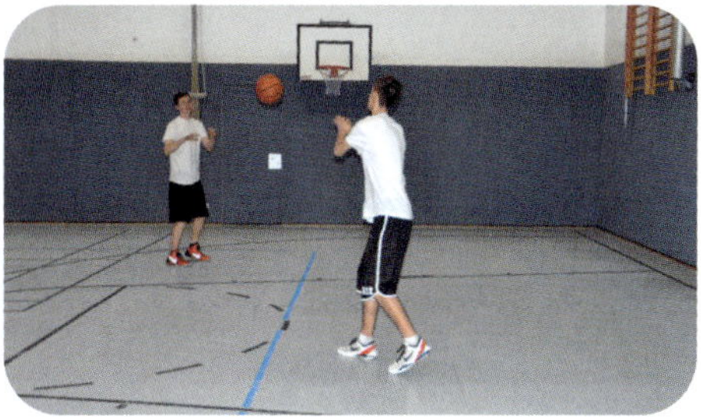

Zielgruppe

AGA	GLT	ABT	AST	HLT

Spielerzahl:
2+

Lernziele/Drillschwerpunkt:
Wurfquote verbessern.

Empfohlene Dauer:
1–6 Durchgänge

Übungsbeschreibung:
Pro Durchgang wählt der Schütze eine oder zwei Positionen auf dem Feld aus, von der/denen geworfen wird. Der Schütze startet mit einem Score von 0. Trifft er einen Wurf, wird ein Punkt zu seinem Score hinzugezählt. Wirft er daneben, werden zwei Punkte abgezogen. Gewonnen hat der Schütze, wenn er 10 Punkte erreicht. Sollte er die Marke von -10 erreichen, hat er verloren. Nachdem der Schütze fertig ist, wechselt er mit seinem Partner, der für ihn gereboundet und ihm zugepasst hat, die Aufgaben.

Variationen:
Statt einer zu erreichenden Punktzahl kann auch eine fixe Wurfversuchsanzahl vorgegeben werden.

Korrekturhinweise:
Gute Wurftechnik, korrekte Ausrichtung, Fußarbeit kontrollieren und korrigieren.

Materialbedarf:
1 Ball für 2 Spieler

Wettkampf:
Wer gewinnt die meisten Duelle?

➔ 199

Shooting Machine 1

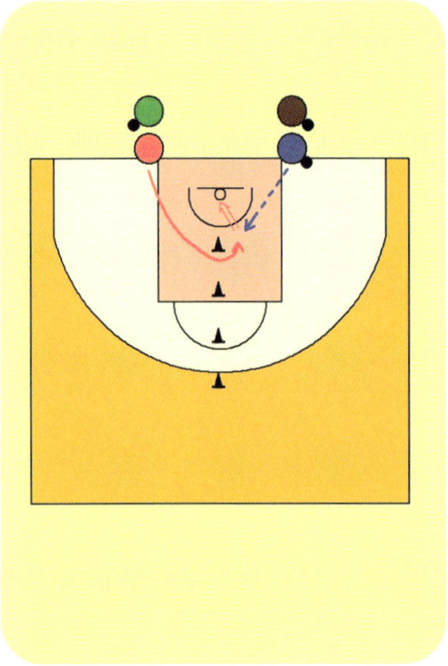

Zielgruppe

AGA	GLT	ABT	AST	HLT
	●	●		

Spielerzahl:
4+

Lernziele/Drillschwerpunkt:
Gewöhnung an verschiedene Wurfdistanzen, Fußarbeit, Festigung des Wurfs nach Anspiel.

Empfohlene Dauer:
1–3 Durchgänge

Übungsbeschreibung:
Die Spieler teilen sich in zwei gleich große Gruppen auf und nehmen an der Base- und Laneline Position Aufstellung. Alle Spieler, bis auf den Spieler, der beginnt, haben einen Ball. Der Spieler ohne Ball läuft um das erste Hütchen, erhält einen Pass und wirft auf den Korb. Er holt seinen eigenen Rebound und stellt sich in der Gruppe des Passgebers an. Dieser läuft nach dem Pass selbst um das erste Hütchen, erhält einen Pass und wirft. Es wird so lange von der Position des ersten Hütchens geworfen, bis eine vorgegebene Trefferanzahl erreicht ist. Danach wirft die Gruppe von der Position des zweiten Hütchens. Der Drill endet, wenn alle Positionen »abgearbeitet« worden sind.

Variationen:
Die Anzahl der Hütchen, Treffer kann variiert werden, ebenso die Positionierung der Hütchen, je nach Anzahl kann man Teams bilden, die an verschiedenen Körben den Drill ausführen.

Korrekturhinweise:
Gute Wurftechnik, korrekte Ausrichtung, Fußarbeit kontrollieren und korrigieren.

Materialbedarf:
Pro Gruppe mindestens 3 Bälle, 1 Korb, mindestens 4 Hütchen

Wettkampf:
Welches Team ist schneller?

→ 200

Shooting Machine 2

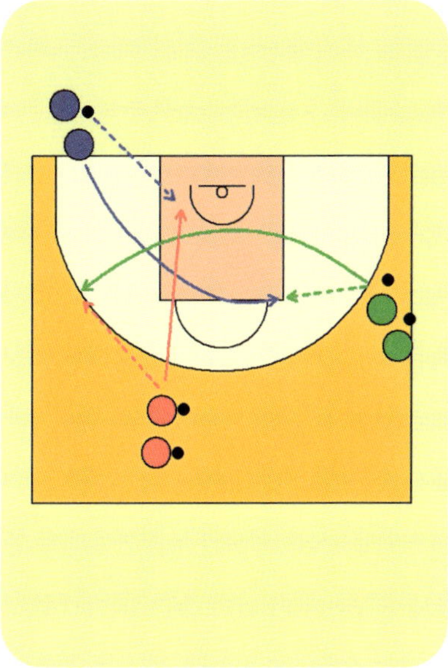

Zielgruppe

AGA	GLT	ABT	AST	HLT
	●	●	●	

Spielerzahl:
9+

Lernziele/Drillschwerpunkt:
Gewöhnung an spielnahe Wurfsituationen, Verbesserung der Wurfquote.

Empfohlene Dauer:
1–2 Durchgänge je Seite

Übungsbeschreibung:
Die Spieler teilen sich in drei Gruppen auf. Die Gruppen nehmen die folgenden drei Positionen auf dem Feld ein. Gruppe 1 stellt sich an Dreierlinie/Baseline auf. Gruppe 2 nimmt die Point Position 2 m außerhalb der Dreierlinie ein. Gruppe 3 beginnt auf der Wing Position, ebenfalls 2 m außerhalb der Dreierlinie, auf der anderen Seite der Splitline von Gruppe 1. Alle Spieler bis auf den ersten Spieler der Gruppe 1 haben einen Ball. Der Drill beginnt mit einem Flash Cut des Spielers ohne Ball zum High Post oder je nach Range des Spielers zur Dreierlinie auf der Guard Position, auf der anderen Seite der Splitline. Hier erhält er einen Pass vom ersten Spieler der Gruppe 3 (Wing) und wirft auf den Korb. Der Passgeber cuttet von Wing zu Wing über die Splitline, erhält dort einen Pass vom ersten Spieler der Gruppe 2 (Point) und wirft ebenfalls. Der Passgeber aus Gruppe 2 (Point) führt einen Give'n Go Cut zum Korb aus, erhält einen Pass vom zweiten Spieler der Gruppe 1 (Baseline) und schließt am Korb ab. Die Spieler der Gruppe 1 (Baseline) stellen sich, nachdem sie ihren Rebound geholt haben an der Gruppe 3 (Wing) an. Spieler der Gruppe 3 (Wing) stellen sich an der Gruppe 2 (Point) an. Nach dem Abschluss am Korb und dem Rebound stellen sich die Spieler der Gruppe 2 (Point) an der Gruppe 1 (Baseline) an. Nach einer vorgegebenen Zeit, Treffer- oder Wurfversuchsanzahl wechseln Gruppe 3 (Wing) und Gruppe 1 (Baseline) auf die gleiche Position auf der anderen Seite der Splitline. Der Drill wird dann wiederholt.

Variationen:
Zeitrahmen, Fußarbeit, Abschlüsse am Korb, Treffer- und Wurfanzahl können variiert werden. Je nach Anzahl der Spieler können zwei Teams gebildet werden.

Korrekturhinweise:
Gute Wurftechnik, korrekte Ausrichtung, Fußarbeit kontrollieren und korrigieren.

Materialbedarf:
Pro Team 8 Bälle, 1 Korb

Wettkampf:
Welches Team erreicht die vorgegebene Trefferanzahl schneller? Welches Team erzielt mehr Treffer in der vorgegebenen Zeit?

→ 201

Rotation Shooting

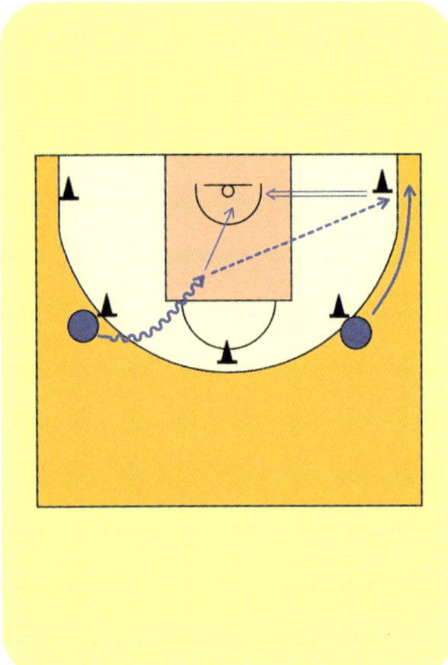

Zielgruppe

AGA	GLT	ABT	AST	HLT
	●	●	●	

Spielerzahl:
2+

Lernziele/Drillschwerpunkt:
Gewöhnung an spielnahe Wurfsituationen, Einhaltung der Raumaufteilung, Conditioning

Empfohlene Dauer:
1-2 Durchgänge je Seite

Übungsbeschreibung:
Der Passgeber hat einen Ball und stellt sich hinter der 3er-Linie auf eine der 5-Out Positionen (Point, Wing, Baseline). Der Schütze nimmt ebenfalls eine dieser Positionen ein. Der Passgeber zieht nun zu Korb. Der Schütze folgt der Bewegung des Balles East-West auf die nächste Position und versucht dabei den Abstand zum Dribbler konstant zu halten. Er erhält einen Pass von dem penetrierenden Spieler und wirft auf den Korb. Der Passgeber holt den Rebound und dribbelt wieder auf eine der 5-Out Positionen. Der Schütze umläuft eines der aufgestellten Hütchen und bereitet sich darauf vor sich wieder auf eine der Penetration entsprechenden Wurfposition zu bewegen. Nach einer vorgegebenen Zeit wechseln Passgeber und Schütze die Aufgaben.

Variationen:
Statt der Zeit kann eine Treffer- oder Wurfanzahl vorgegeben werden

Korrekturhinweise:
Richtige Reaktion auf die Penetration, gute Wurftechnik, korrekte Ausrichtung, korrekte Fußarbeit

Materialbedarf:
Pro Gruppe 1 Ball, 1 Korb, 5 Hütchen oder Floormarker

→ 202

Pendulum Shooting

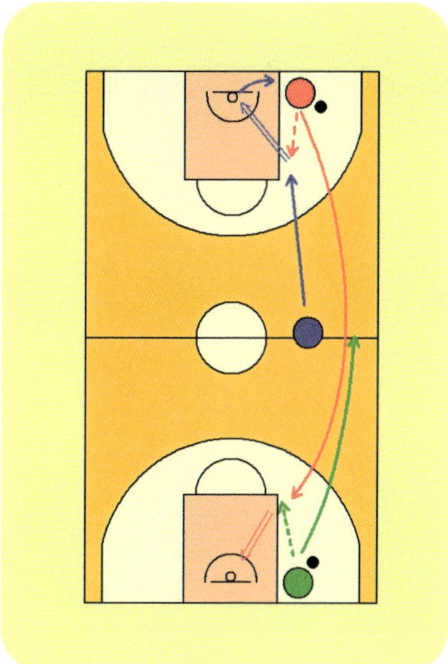

Zielgruppe

AGA	GLT	ABT	AST	HLT
	🏀	🏀	🏀	

Spielerzahl:
3+

Lernziele/Drillschwerpunkt:
Wurf aus der Bewegung, Wurf nach Zuspiel, Conditioning

Empfohlene Dauer:
1–3 Durchgänge

Übungsbeschreibung:
Zwei Spieler stellen sich gegenüber an der jeweiligen Baseline im Bereich zwischen Sideline und Laneline auf. Beide Spieler haben einen Ball. Der dritte Spieler stellt sich zwischen die Beiden an der Mittellinie auf. Der Drill beginnt, indem der Spieler an der Mittellinie auf einen seiner Mitspieler zu läuft. Er erhält einen Pass von diesem und wirft auf den Korb. Er holt seinen eigenen Rebound und stellt sich auf die Position des Passgebers. Der Passgeber läuft nach dem Pass auf die gegenüberliegende Seite um dort zu werfen. Der Drill wird so lange fortgeführt, bis eine vorgegebene Treffer- oder Wurfanzahl erreicht worden ist. Dann wechseln die drei Spieler in den Bereich zwischen beiden Lanelines und beginnen von vorne. Der dritte und letzte Bereich in dem dieser Drill ausgeführt wird ist der andere Lane-/Sideline-Bereich. Sind alle drei Bereiche abgeschlossen, ist der erste Durchgang beendet.

Variationen:
Es können auch Gruppen à vier Spieler gebildet wer-den, dann beginnen zwei Spieler Rücken an Rücken den Drill an der Mittellinie, es können Wurfdistanzen, Fußarbeit, Wurf- und Trefferanzahl variiert werden, oder weitere Bereich hinzugefügt werden.

Korrekturhinweise:
Tempo hochhalten, korrekte Ausrichtung, korrekte Fußarbeit, Kommunikation, gute Wurftechnik

Materialbedarf:
Pro Gruppe 2 Bälle, 2 Körbe

Wettkampf:
Wer wird am schnellsten fertig?

→ 203

Steve Nash Shooting

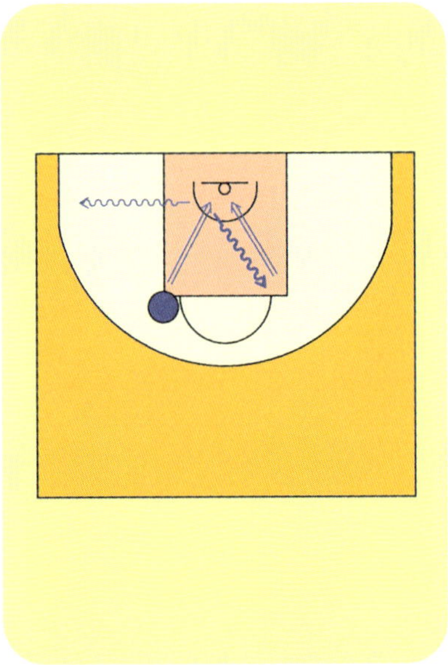

Zielgruppe

AGA	GLT	ABT	AST	HLT
	●	●	●	●

Spielerzahl:
1+

Lernziele/Drillschwerpunkt:
Gewöhnung an verschiedene Wurfsituationen und -bewegungen, Fußarbeit, Conditioning

Empfohlene Dauer:
20 Minuten

Übungsbeschreibung:
Der Spieler hat einen Ball. Er wirft auf den Korb, holt seinen eigenen Rebound, wechselt auf gleiche Position auf der anderen Seite der Splitline und führt den gleichen Wurf erneut aus. Er führt diesen Ablauf bis zu einem Signal des Trainers aus. Dann wechselt er zur nächsten Bewegung. Es wird keine Pause gemacht, bis die gesamten 20 Minuten abgelaufen sind. Der Trainer wählt vorher die Bewegungen aus, die er gerne trainieren möchte. Der Ablauf kann wie folgt aussehen: Schüsse von der Baseline, Schüsse von 45 Grad, Schüsse vom Elbow, Floater, Turnshots aus dem Midpost, Hookshots aus dem Midpost, Spot Up Shots aus Jumpstop, Spot Up Shots aus einem Stepstop, 1 Dribble Pullup Jumper und 3er. Bei dieser Reihenfolge würde jeder Wurf 2 Minuten trainiert. Weniger als 10 verschieden Bewegungen sind nicht empfehlenswert.

Korrekturhinweise:
Tempo hochhalten, gute Wurftechnik, korrekte Ausrichtung, korrekte Fußarbeit

Materialbedarf:
Pro Spieler 1 Ball, 1 Korb (es können mehrere Spieler an einem Korb arbeiten)

→ 204

Money in the Bank

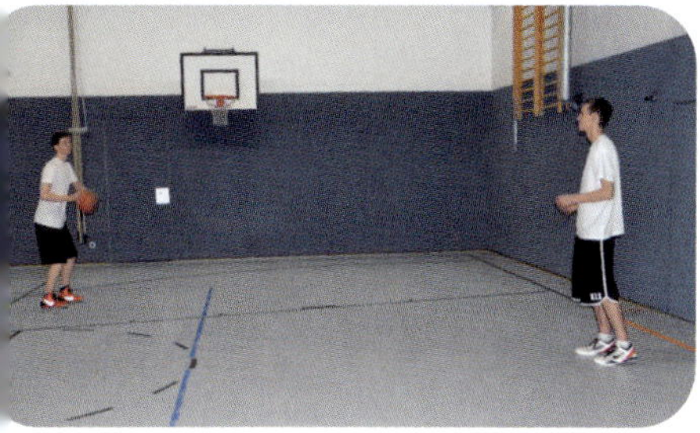

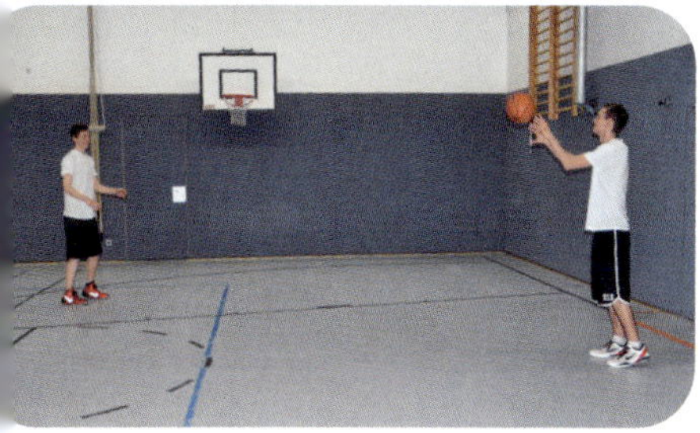

Zielgruppe

AGA	GLT	ABT	AST	HLT
●	●	●		

Spielerzahl:
4+

Lernziele/Drillschwerpunkt:
Verbesserung der Wurfquote

Empfohlene Dauer:
1-6 Durchgänge

Übungsbeschreibung:
Die Spieler teilen sich in gleich große Gruppen auf. Jede Gruppe hat einen Ball. Für jeden aufeinander folgenden Treffer eines Spielers erhält das Team eine aufsteigende Anzahl an Punkten. Für den ersten Treffer gibt 1 Punkt, für den zweiten 2 Punkte, für den dritten 3 Punkte und so weiter. Das Team kann die aufsteigende Punktzahl zu seinem Score addieren. Trifft ein Spieler seine ersten beiden Würfe erhält das Team einen Score von 3 Punkten. Verwirft der Spieler den dritten Wurf werden die gesamten, durch den Spieler erreichten Punkte wieder abgezogen. Der Spieler kann sich aber auch entscheiden die Punkte zu sichern (auf die Bank zu tun) und nicht weiter zu werfen. Nach einem Fehlwurf oder dem Entschluss des Vorgängers nicht weiterzuwerfen ist der nächste Spieler an der Reihe. Sein erster Treffer ist also 1 Punkt, sein zweiter Treffer 2 Punkte wert. Der Drill endet wenn eine Gruppe eine vorgegebene Punkteanzahl mit dem Teamscore erreicht oder überschreitet.

Variationen:
Die Teams müssen genau auf die vorgegebene Punktanzahl kommen, Position von der geworfen wird kann variiert werden, es können mehrere Positionen, die nacheinander abgearbeitet werden müssen, festgelegt werden.

Korrekturhinweise:
Gute Wurftechnik

Materialbedarf:
Pro Gruppe 1 Ball, 1 Korb

Wettkampf:
Wer wird am schnellsten fertig?

→ 205

5 Shot Shooting

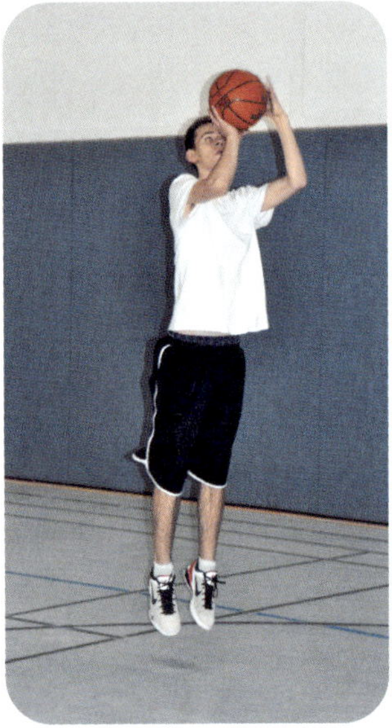 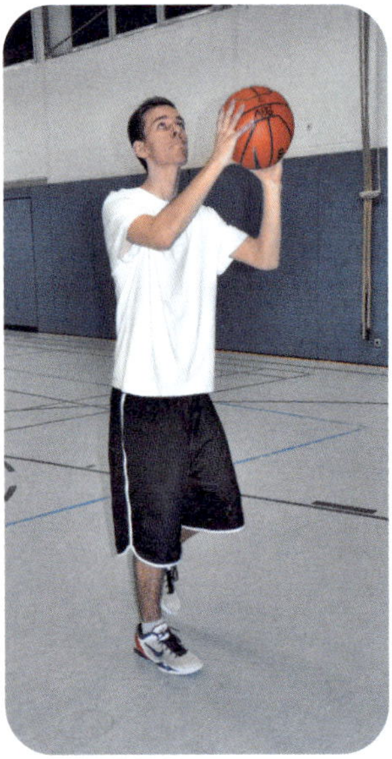 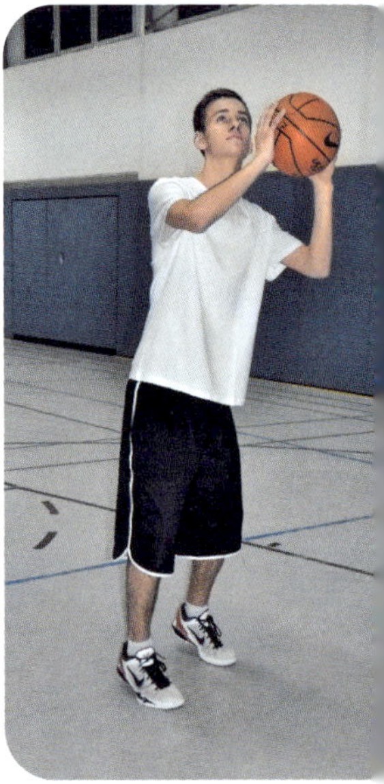

Zielgruppe

AGA	GLT	ABT	AST	HLT
	●	●	●	

Spielerzahl:
2+

Lernziele/Drillschwerpunkt:
Gewöhnung an verschiedene Wurfsituationen und -bewegungen, Fußarbeit

Empfohlene Dauer:
2-4 Minuten je Seite

Übungsbeschreibung:
Der Schütze erhält fünf Scoring-Möglichkeiten. Erst nach Abschluss der fünf tauschen Schütze und Rebounder die Aufgaben. Der erste Abschluss ist nach einem Pass vom Rebounder eine Penetration zum Korb mit Layup Abschluss. Der Schütze bewegt sich sofort wieder Richtung 3er-Linie und erhält einen Pass für einen Catch & Shoot Jumpshot. Der dritte Abschluss ist ein Fake und ein Dribble-Kreuzgang-Pullup-Jumper. Es folgt ein Fake mit einem Passgang Dribble und einem Pullup Jumper. Der letzte Abschluss ist eine Penetration zum Korb mit einem Powermove Abschluss. Nun wechseln die Spieler die Aufgaben.

Variationen:
Die Übung kann mit Jumpstops oder Stepstops ausgeführt werden.

Korrekturhinweise:
Gute Wurftechnik, korrekte Ausrichtung, korrekte Fußarbeit

Materialbedarf:
Pro Gruppe 1 Ball, 1 Korb (es können 2 Gruppen gleichzeitig an einem Korb arbeiten)

→ 206

21

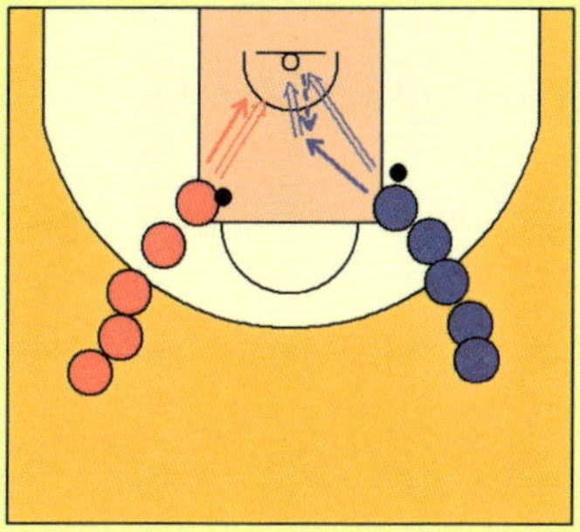

Zielgruppe

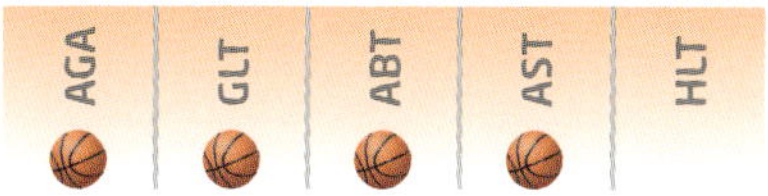

Spielerzahl:
6+

Lernziele/Drillschwerpunkt:
Verbesserung der Wurfquote, Reboundverhalten

Empfohlene Dauer:
1–2 Durchgänge

Übungsbeschreibung:
Die Spieler teilen sich in gleich große Gruppen auf. Jede Gruppe hat einen Ball. Die Gruppen nehmen eine vorgegebene Position ein. Der erste Spieler jeder Gruppe hat den Ball. Auf Signal werfen die Spieler auf den Korb. Treffen sie den Wurf erhält ihre Gruppe 2 Punkte. Gelingt es dem Werfer seinen Rebound zu holen, ohne dass der Ball den Boden berührt, darf er nochmals werfen. Schrittfehler oder Dribbling negieren diese Möglichkeit. Der Treffer des zweiten Wurfs ist 1 Punkt wert. Trifft der Spieler beide Würfe erhält seine Gruppe 3 Punkte. Berührt der Ball den Boden oder hat der Spieler beide Würfe genommen, passt er zum nächsten Spieler seiner Gruppe und stellt sich hinten an. Gewonnen hat die Gruppe, die zuerst eine Gesamtpunktzahl von 21 erreicht oder überschreitet.

Variationen:
Es können mehrere Positionen ausgewählt werden, die nacheinander abzuarbeiten sind. Der erste und letzte Treffer müssen von der Wurfposition kommen. Treffen die Spieler den ersten Wurf kann man ihnen eine Aufgabe geben, die sie zu erledigen haben, bevor sie wieder am Drill teilhaben können.

Korrekturhinweise:
Gute Wurftechnik, Kommunikation, korrekte Fußarbeit

Materialbedarf:
Pro Gruppe 1 Ball, 1 Korb (es können 2 Gruppen gleichzeitig an einem Korb arbeiten)

Wettkampf:
Wer wird am schnellsten fertig?

→ 207

5-3-1

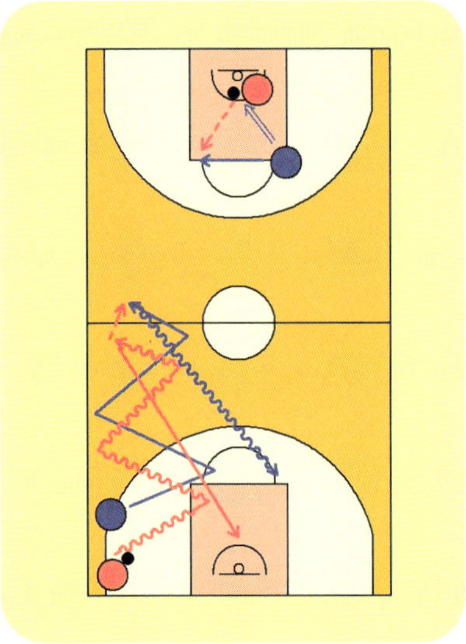

Zielgruppe

AGA	GLT	ABT	AST	HLT
	🏀	🏀	🏀	

Spielerzahl:
2+

Lernziele/Drillschwerpunkt:
Gewöhnung an verschiedene Wurfsituationen und Abschlüsse, Ballhandling, Fußarbeit, Defense, Conditioning

Empfohlene Dauer:
1–4 Durchgänge je Seite

Übungsbeschreibung:
Es werden zwei Positionen festgelegt, von denen pendelnd geworfen wird. Der Schütze beginnt und wirft fünfmal auf den Korb. Er erhält den Ball nach dem fünften Wurf und penetriert Richtung Korb und schließt ab. Der Schütze holt den Rebound und passt den ursprünglichen Rebounder an, der zu einer Position außerhalb des Basketballfeldes an der Baseline gelaufen ist. Der Rebounder beginnt im Zickzack Richtung der Mittellinie zu dribbeln. Der Schütze verteidigt dies, sodass der Rebounder an seinem Ballhandling, der Schütze an seiner On-Ball Defense arbeitet. Sind sie an der Mittellinie angekommen, erhält der Schütze den Ball zurück, dribbelt auf eine der beiden Positionen und wirft nun dreimal pendelnd auf den Korb. Nach dem dritten Wurf erhält der Schütze den Ball, attackiert den Korb und schließt am Korb ab. Er passt anschließend zum Rebounder außerhalb des Basketballfeldes an der Baseline. Beide führen den Zickzack Drill bis zur Mittellinie durch. Der Schütze erhält den Ball zurück, dribbelt zu einer der beiden Positionen, wirft einmal auf den Korb. Er erhält den Ball zurück und schließt ein letztes Mal am Korb ab. Schütze und Rebounder wechseln die Aufgaben.

Variationen:
Positionen, Fußarbeit, Abschlüsse am Korb können variiert werden.

Korrekturhinweise:
Gute Wurftechnik, korrekte Fußarbeit, richtige Dribblinghöhe, nicht zu schnell Richtung Mittellinie dribbeln

Materialbedarf:
Pro Gruppe 1 Ball, 1 Korb (es können 2 Gruppen gleichzeitig an einem Korb arbeiten)

➔ 208

Footloose

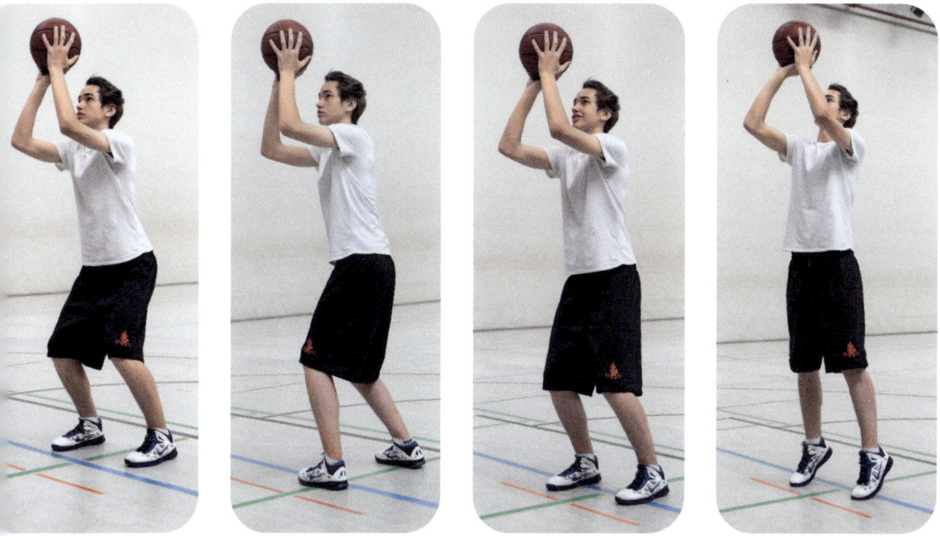

Zielgruppe

AGA	GLT	ABT	AST	HLT
	●	●	●	

Spielerzahl:
2+

Lernziele/Drillschwerpunkt:
Fußarbeit verbessern, Halten der Wurfposition trainieren

Empfohlene Dauer:
10 Wurfversuche pro Variante

Übungsbeschreibung:
Der Schütze erhält einen Pass vom Rebounder. Mit dem Ball in der Wurfposition versetzt er mit einem tiefen Sprung seine Füße, sodass die Fußspitzen mindestens in einem 45-Grad-Winkel zum Korb stehen. Mit einem weiteren tiefen Sprung richtet der Schütze seine Füße wieder Richtung Korb aus und wirft. Beim nächsten Mal versetzt der Schütze die Füße in die andere Richtung. Nach zehn Wurfversuchen wechseln Rebounder und Schütze die Aufgaben.

Variationen:
Position und Fußarbeit können variiert werden.

Korrekturhinweise:
Gute Wurftechnik, Füße korrekt ausrichten

Materialbedarf:
Pro Gruppe 1 Ball, 1 Korb (es können weitere Gruppen gleichzeitig an einem Korb arbeiten)

→ 209

Drop Step

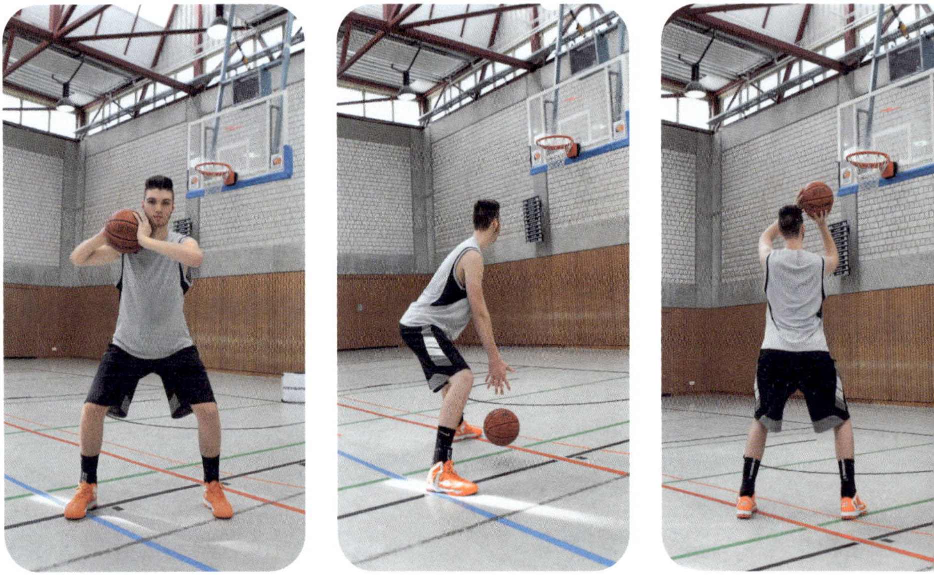

Zielgruppe

AGA	GLT	ABT	AST	HLT

Spielerzahl:
2+

Lernziele/Drillschwerpunkt:
Erlernen der Drop Step Bewegung, Abschluss am Korb, passen und fangen, Footwork

Empfohlene Dauer:
2–3 Minuten

Übungsbeschreibung:
Der Spieler mit dem Ball nimmt eine Position an der 3er-Linie ein. Der Postplayer postet im Midpost auf. Er erhält einen Pass, sichert den Ball und führt mit einem Powerdribble einen Drop Step Richtung Baseline aus. Er hält dabei die Knie gebeugt, den Rücken gerade, den Kopf oben und den Ball geschützt. Er schließt mit einem Powermove am Korb ab, holt seinen Rebound, passt zum Passgeber zurück und postet erneut auf. Nach 10 Wiederholungen tauschen die Spieler die Aufgaben und führen den Drill fort, bis die vorgegebene Zeit abgelaufen ist.

Variationen:
Die gleiche Bewegung in die Zonenmitte ausführen, Shot- und andere Fakes einbauen, Kontakt beim Abschluss, Verteidiger hinzufügen.

Korrekturhinweise:
Tiefe Position halten, richtige Fußarbeit, im Gleichgewicht bleiben, Konzentration beim Abschluss, Abschluss mit der richtigen Hand

Materialbedarf:
1 Ball, 1 Korb

→ 210

Change Up

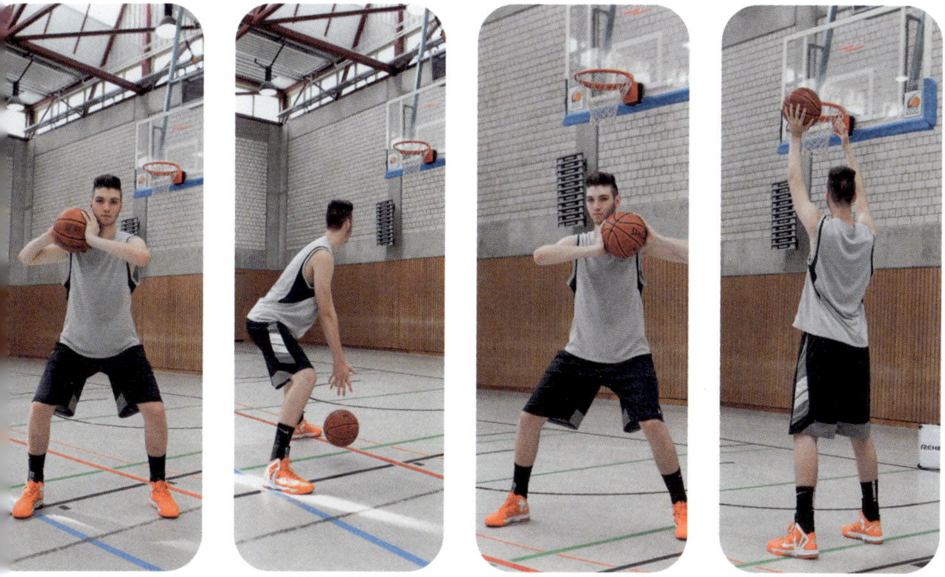

Zielgruppe

AGA	GLT	ABT	AST	HLT
	●	●	●	●

Spielerzahl:
2+

Lernziele/Drillschwerpunkt:
Erlernen der Change Up (Drop Step-Konter)-Bewegung, Sprungwurf Abschluss, passen und fangen, Footwork

Empfohlene Dauer:
2–3 Minuten

Übungsbeschreibung:
Der Spieler mit dem Ball nimmt eine Position an der 3er-Linie ein. Der Postplayer postet im Midpost auf. Er erhält einen Pass, sichert den Ball und führt mit einem Powerdribble einen Drop Step in die Zonenmitte aus. Er hält dabei die Knie gebeugt, den Rücken gerade, den Kopf oben und den Ball geschützt. Statt mit einem Powermove am Korb abzuschließen, führt er mittels eines Pivots eine Richtungsänderung (Reverse Bewegung) aus und schließt am Korb ab. Er holt seinen Rebound, passt zum Passgeber zurück und postet erneut auf. Nach zehn Wiederholungen tauschen die Spieler die Aufgaben und führen den Drill fort, bis die vorgegebene Zeit abgelaufen ist.

Variationen:
Die gleiche Bewegung zur Baseline ausführen, Shot- und andere Fakes einbauen, Kontakt beim Abschluss, Verteidiger hinzufügen.

Korrekturhinweise:
Tiefe Position halten, richtige Fußarbeit, im Gleichgewicht bleiben, Konzentration beim Abschluss

Materialbedarf:
1 Ball, 1 Korb

→ 211

Turnshot

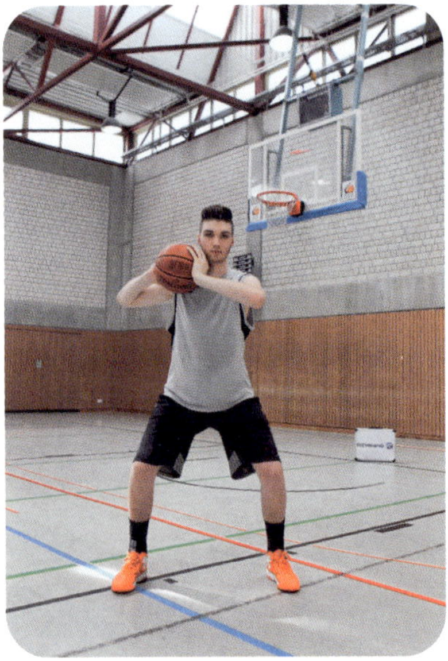

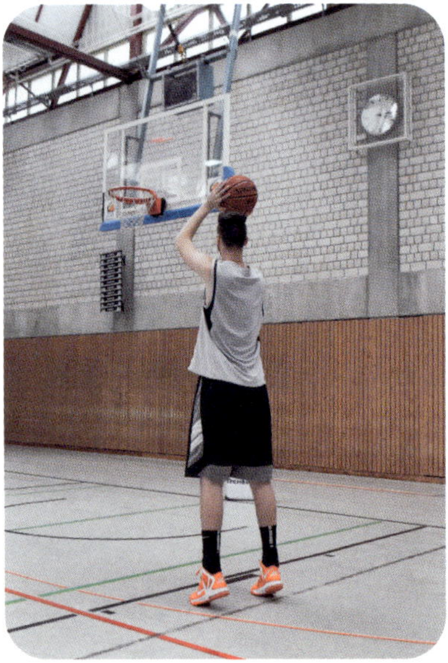

Zielgruppe

AGA	GLT	ABT	AST	HLT

Spielerzahl:
2+

Lernziele/Drillschwerpunkt:
Erlernen der Turnshot-Bewegung, Sprungwurf-Abschluss, passen und fangen, Footwork

Empfohlene Dauer:
2–3 Minuten

Übungsbeschreibung:
Der Spieler mit dem Ball nimmt eine Position an der 3er-Linie ein. Der Postplayer postet im Midpost auf. Er erhält einen Pass, sichert den Ball und führt einen Front Pivot zum High Post, gefolgt von einem Jumpshot, aus. Er hält dabei die Knie gebeugt, den Rücken gerade, den Kopf oben und den Ball geschützt. Er holt seinen Rebound, passt zum Passgeber zurück und postet erneut auf. Nach zehn Wiederholungen tauschen die Spieler die Aufgaben und führen den Drill fort, bis die vorgegebene Zeit abgelaufen ist.

Variationen:
Die gleiche Bewegung zur Baseline ausführen, Shot- und andere Fakes einbauen, Kontakt beim Abschluss, Verteidiger hinzufügen.

Korrekturhinweise:
Tiefe Position halten, richtige Fußarbeit, im Gleichgewicht bleiben, Konzentration beim Abschluss, Abschluss mit der richtigen Hand

Materialbedarf:
1 Ball, 1 Korb

→ 212

Up and Under

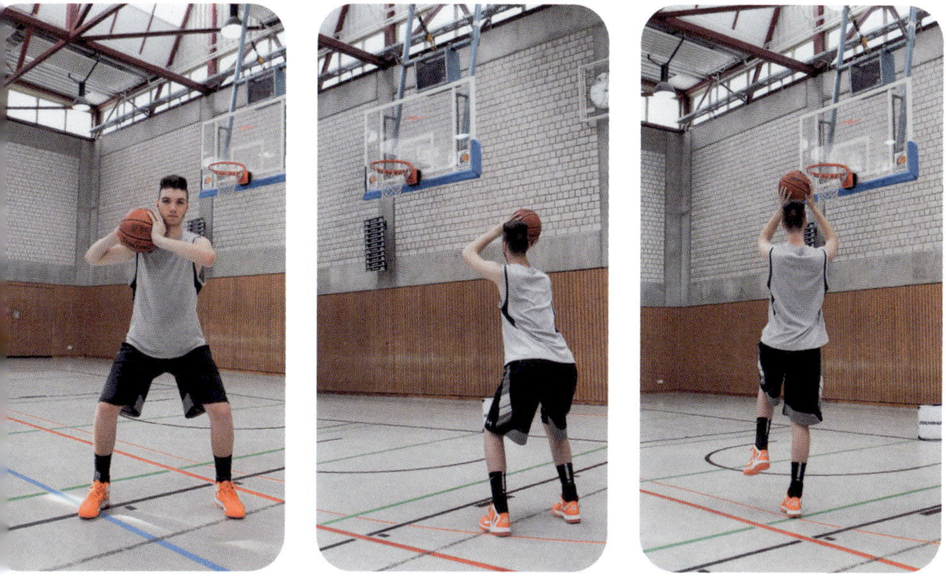

Zielgruppe

AGA	GLT	ABT	AST	HLT
	●	●	●	●

Spielerzahl:
2+

Lernziele/Drillschwerpunkt:
Erlernen der Up and Under (Turnshot-Konter)-Bewegung, Abschluss am Korb, passen und fangen, Footwork

Empfohlene Dauer:
2–3 Minuten

Übungsbeschreibung:
Der Spieler mit dem Ball nimmt eine Position an der 3er-Linie ein. Der Postplayer postet im Midpost auf. Er erhält einen Pass, sichert den Ball und führt wie in Drill 211 einen Front Pivot zum High Post aus, täuscht einen Sprungwurf an und macht einen weiteren Front Pivot Schritt zum Korb. Er hält dabei die Knie gebeugt, den Rücken gerade, den Kopf oben und den Ball geschützt. Er schließt mit einem Layup ab, holt seinen Rebound, passt zum Passgeber zurück und postet erneut auf. Nach zehn Wiederholungen tauschen die Spieler die Aufgaben und führen den Drill fort, bis die vorgegebene Zeit abgelaufen ist.

Variationen:
Die gleiche Bewegung zur Baseline ausführen, Shot- und andere Fakes einbauen, Kontakt beim Abschluss, Verteidiger hinzufügen.

Korrekturhinweise:
Tiefe Position halten, richtige Fußarbeit, im Gleichgewicht bleiben, Konzentration beim Abschluss, Abschluss mit der richtigen Hand

Materialbedarf:
1 Ball, 1 Korb

→ 213

Jumphook

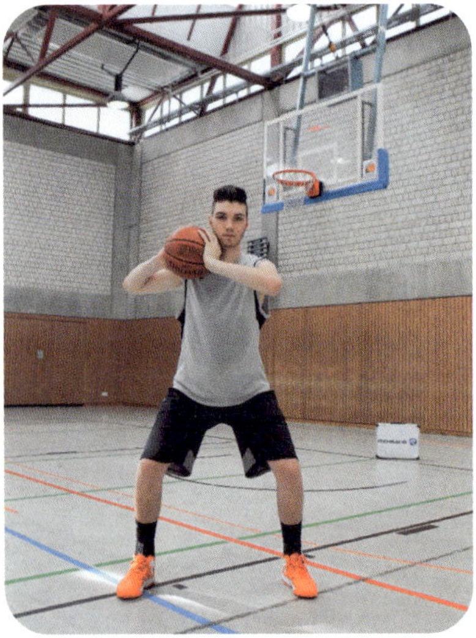

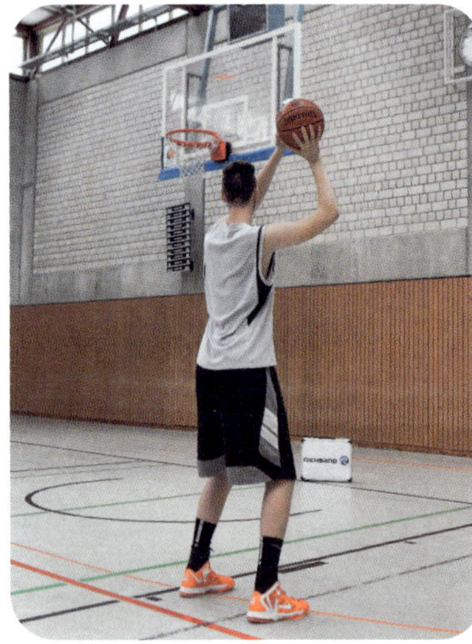

Zielgruppe

AGA	GLT	ABT	AST	HLT
	●	●	●	●

Spielerzahl:
2+

Lernziele/Drillschwerpunkt:
Erlernen der Jumphook-Bewegung, Abschluss am Korb, passen und fangen, Footwork

Empfohlene Dauer:
2–3 Minuten

Übungsbeschreibung:
Der Spieler mit dem Ball nimmt eine Position an der 3er-Linie ein. Der Postplayer postet im Midpost auf. Er erhält einen Pass, sichert den Ball und führt einen halben Front Pivot aus, sodass seine Schultern im 90-Grad-Winkel zum Korb ausgerichtet sind. Er hält dabei die Knie gebeugt, den Rücken gerade, den Kopf oben und den Ball geschützt. Er bringt den Ball mit beiden Händen an der, dem Korb entfernten, Schulter nach oben und führt einen Jumphook aus, holt seinen Rebound, passt zum Passgeber zurück und postet erneut auf. Im zweiten Durchgang macht er mit einem Dribbling erst einen Pivot Schritt in die Zonenmitte, bevor er die Abschlussbewegung ausführt. Dann führt er die Bewegung wieder ohne Dribbling aus und so weiter. Nach zehn Wiederholungen tauschen die Spieler die Aufgaben und führen den Drill fort, bis die vorgegebene Zeit abgelaufen ist.

Variationen:
Die gleiche Bewegung zur Baseline ausführen, Shot- und andere Fakes einbauen, Kontakt beim Abschluss, Verteidiger hinzufügen.

Korrekturhinweise:
Tiefe Position halten, richtige Fußarbeit, im Gleichgewicht bleiben, Konzentration beim Abschluss, Abschluss mit der richtigen Hand

Materialbedarf:
1 Ball, 1 Korb

→ 214

Spin Away

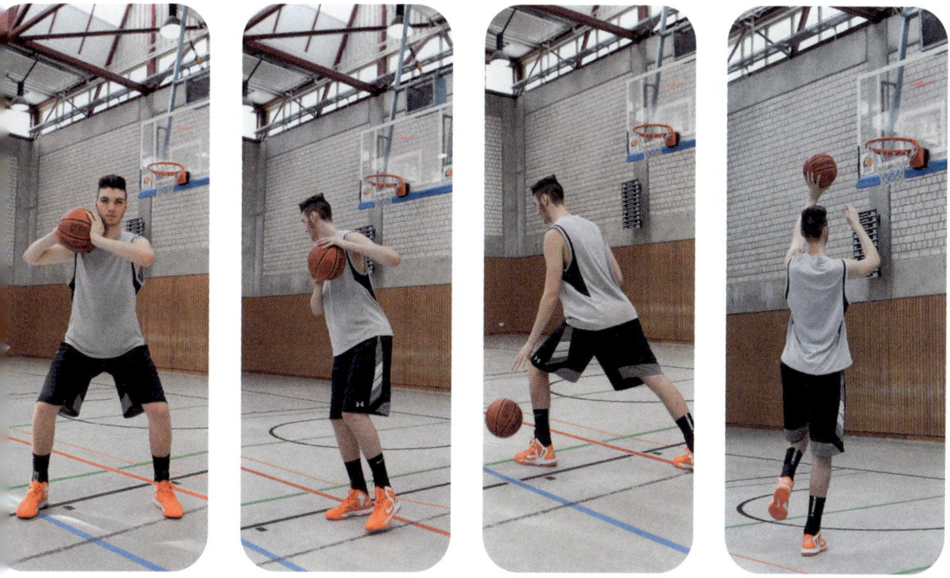

Zielgruppe

AGA	GLT	ABT	AST	HLT
	●	●	●	●

Spielerzahl:
2+

Lernziele/Drillschwerpunkt:
Erlernen der Spin Away-Bewegung, Abschluss am Korb, passen und fangen, Footwork

Empfohlene Dauer:
2–3 Minuten

Übungsbeschreibung:
Der Spieler mit dem Ball nimmt eine Position an der 3er-Linie ein. Der Postplayer postet im Midpost auf. Er erhält einen Pass, sichert den Ball und führt einen 180-Grad-Front Pivot-Schritt aus. Er hält dabei die Knie gebeugt, den Rücken gerade, den Kopf oben und den Ball geschützt. Er kombiniert den Schritt mit einem Passgang Dribbling und schließt mit einem Powermove am Korb ab, holt seinen Rebound, passt zum Passgeber zurück und postet erneut auf. Nach zehn Wiederholungen tauschen die Spieler die Aufgaben und führen den Drill fort, bis die vorgegebene Zeit abgelaufen.

Variationen:
Die gleiche Bewegung zur Baseline ausführen, Shot- und andere Fakes einbauen, Kontakt beim Abschluss, Verteidiger hinzufügen.

Korrekturhinweise:
Tiefe Position halten, richtige Fußarbeit, im Gleichgewicht bleiben, Konzentration beim Abschluss, Abschluss mit der richtigen Hand

Materialbedarf:
1 Ball, 1 Korb

→ 215

Open up, Sweep and Go

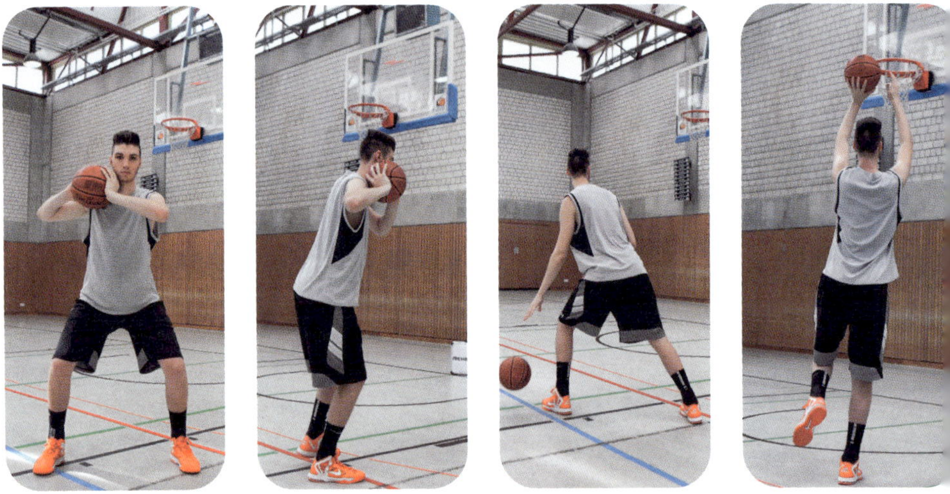

Zielgruppe

AGA	GLT	ABT	AST	HLT
	●	●	●	●

Spielerzahl:
2+

Lernziele/Drillschwerpunkt:
Erlernen der Open Up-Bewegung, Abschluss am Korb, passen und fangen, Footwork

Empfohlene Dauer:
2–3 Minuten

Übungsbeschreibung:
Der Spieler mit dem Ball nimmt eine Position an der 3er-Linie ein. Der Postplayer postet im Midpost auf. Er erhält einen Pass, sichert den Ball und führt Back Pivot Schritt aus. Er hält dabei die Knie gebeugt, den Rücken gerade, den Kopf oben und den Ball geschützt. Er kombiniert den Schritt mit einem Sweep und einem Passgang Dribbling. Abgeschlossen wird die Bewegung mit einem Powermove am Korb. Der Postplayer holt seinen Rebound, passt zum Passgeber zurück und postet erneut auf. Nach zehn Wiederholungen tauschen die Spieler die Aufgaben und führen den Drill fort, bis die vorgegebene Zeit abgelaufen.

Variationen:
Die gleiche Bewegung zur Baseline ausführen, Shot- und andere Fakes einbauen, Kontakt beim Abschluss, Verteidiger hinzufügen.

Korrekturhinweise:
Tiefe Position halten, richtige Fußarbeit, im Gleichgewicht bleiben, Konzentration beim Abschluss, Abschluss mit der richtigen Hand

Materialbedarf:
1 Ball, 1 Korb

→ 216

1 Chair, 2 Balls, 2 Moves

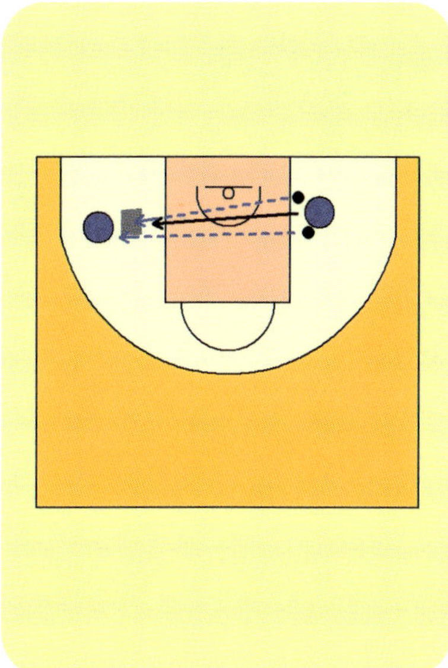

Zielgruppe

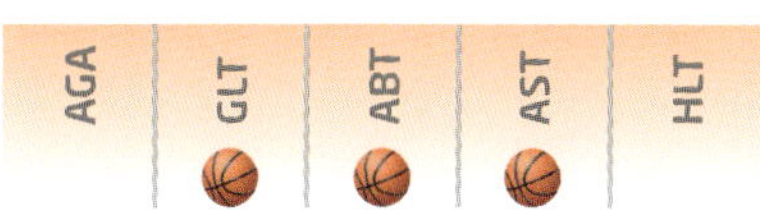

Spielerzahl:
2+

Lernziele/Drillschwerpunkt:
Nutzung der erlernten Bewegungen, Passen und Fangen, Footwork

Empfohlene Dauer:
2–3 Minuten je Position je Seite

Übungsbeschreibung:
Ein Stuhl, mit der Sitzfläche zum Korb, wird ca. 1 m außerhalb auf einer Post Position (High-, Mid- und Lowpost) aufgestellt.
Der Postplayer stellt sich auf der anderen Seite der Zone mit beiden Bällen auf. Sein Partner steht hinter dem Stuhl. Der Postplayer dribbelt mit beiden Bällen, passt sie nacheinander zu seinem Partner. Dieser legt den ersten Ball auf die Sitzfläche des Stuhls, den zweiten hält er in Händen. Der Postplayer sprintet zur designierten Post Position. Nimmt eine tiefe Post Up Position ein, nimmt den Ball von der Sitzfläche und führt ein Drop Step zur Mitte mit Abschluss aus. Er sprintet sofort zurück zum Stuhl, der Partner hat den zweiten Ball inzwischen auf die Sitzfläche gelegt, nimmt den Ball auf und führt die Konter Bewegung zum Drop Step – Change Up – mit einem Abschluss aus. Dann sammelt er die Bälle ein, begibt sich auf die Ausgangsposition, beginnt erneut und schließt diesmal mit dem Drop Step und dem Change Up zur Baseline ab. Nach zehn Wiederholungen tauschen die Spieler ihre Aufgaben und führen den Drill fort, bis die vorgegebene Zeit abgelaufen ist.

Variationen:
Verschiedene Finishing-Moves kombinieren, Passvarianten vorgeben.

Korrekturhinweise:
Tiefe Position halten, richtige Fußarbeit, im Gleichgewicht bleiben, Konzentration beim Abschluss, Abschluss mit der richtigen Hand

Materialbedarf:
2 Bälle, 1 Korb, 1 Stuhl

Wettkampf:
Wer erzielt mehr Treffer?

→ 217

Paint Scoring 1

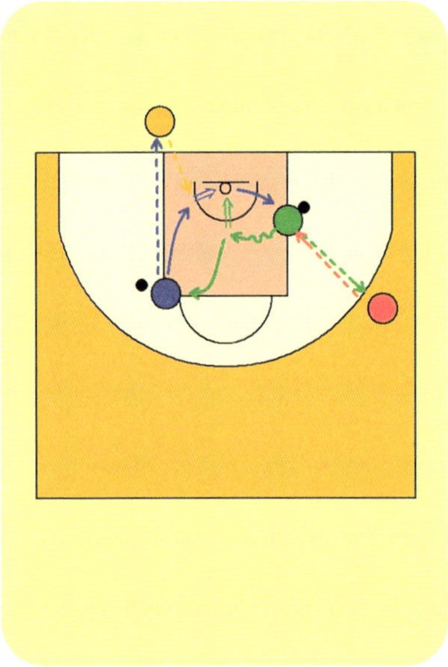

Zielgruppe

AGA	GLT	ABT	AST	HLT
	●	●	●	

Spielerzahl:
4+

Lernziele/Drillschwerpunkt:
Finishing am Korb verbessern, Konzentration erhöhen, Umfeld wahrnehmen, Passen und Fangen trainieren

Empfohlene Dauer:
2-3 Minuten pro Aufgabe je Seite

Übungsbeschreibung:
Die 4er-Gruppe teilt sich in zwei Passgeber und zwei Postplayer auf. Die Postplayer haben je einen Ball. Ein Passgeber positioniert sich außerhalb des Basketballfeldes in Höhe Lane-/Baseline. Der zweite Passgeber steht auf der Wingpostition außerhalb der 3er-Linie auf der anderen Seite der Splitline. Der erste Postplayer beginnt am Elbow auf der Seite des ersten Passgebers. Der zweite Postplayer stellt sich in den Midpost auf Seite des zweiten Passgebers. Der Drill beginnt mit einem Pass der Postplayer zu den Passgebern. Der erste Postplayer cuttet vom Elbow zum Korb, erhält einen Rückpass und finished mit einem Powermove am Korb. Er holt seinen Rebound und begibt sich zur Startposition des zweiten Postplayers. Dieser hat ebenfalls einen Rückpass erhalten und führt eine Postbewegung zur Mitte aus und schließt mit einem Jumphook ab. Auch er holt seinen Rebound und begibt sich im Anschluss auf die Startposition des ersten Postplayers. Beide Postplayer haben die Positionen getauscht. Nun beginnt das Bewegungsmuster von vorn, nur dass beide Postplayer nun die jeweils andere Abschlussbewegung ausführen. Im Anschluss holen sie ihre Rebounds und begeben sich auf ihre ursprünglichen Startpositionen. Sie führen den Drill so fort, bis die vorgegebene Zeit abgelaufen ist. Dann tauschen Passgeber und Postplayer die Aufgaben.

Variationen:
Verschiedene Finishing-Moves als Abschlussvarianten vorgeben, Shot- und andere Fakes, sowie Pässe vorgeben, Präzision der Pässe von Passgeber zu Postplayer variieren.

Korrekturhinweise:
Tiefe Position halten, richtige Fußarbeit, im Gleichgewicht bleiben, Konzentration beim Abschluss, Abschluss mit der richtigen Hand

Materialbedarf:
2 Bälle, 1 Korb

→ 218

Paint Scoring 2

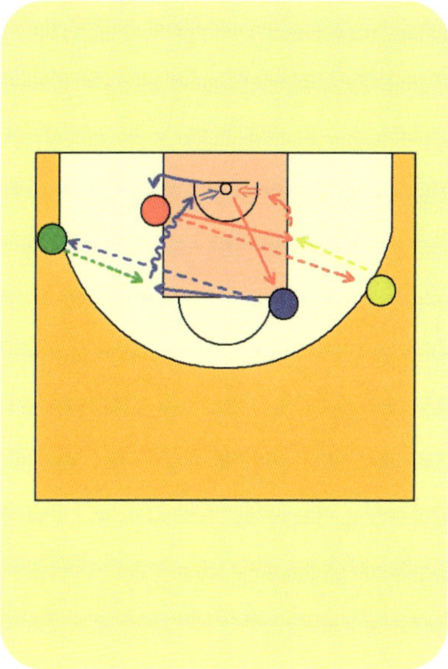

Zielgruppe

AGA	GLT	ABT	AST	HLT
	●	●	●	

Spielerzahl:
4+

Lernziele/Drillschwerpunkt:
Finishing am Korb verbessern, Konzentration erhöhen, Umfeld wahrnehmen, Passen und Fangen trainieren

Empfohlene Dauer:
2-3 Minuten pro Aufgabe je Seite

Übungsbeschreibung:
Aufstellung und Vorgehensweise wie in Drill 217. Der erste Passgeber positioniert sich nun außerhalb der 3er-Linie zwischen Wing und Baseline Position. Der zweite Passgeber bleibt auf der gegenüberliegenden Wing Position. Der zweite Postplayer beginnt diesmal am Elbow auf der gegenüberliegenden Seite zu Passgeber 2. Postplayer 1 befindet sich auf der Baseline Position an der Laneline gegenüber von Passgeber 1. Der Drill beginnt mit einem Pass der Postplayer zu den Passgebern. Postplayer 1 flasht nun über die Splitline in den Midpost, erhält den Ball von Passgeber 1 zurück und schließt mit einer Up and Under Bewegung zur Baseline ab. Er holt seinen Rebound und begibt sich auf die Startposition von Postplayer 2. Dieser flasht ebenfalls nach seinem Pass über die Splitline zum andern Elbow und erhält den Ball zurück. Er zieht zum Korb und schließt mit einem Powermove am Korb ab, holt seinen Rebound und begibt sich auf die Startposition von Postplayer 1. Beide Postplayer haben die Positionen getauscht. Nun beginnt das Bewegungsmuster von vorn, nur dass beide Postplayer nun die andere Abschlussbewegung ausführen. Im Anschluss holen sie ihre Rebounds und begeben sich auf ihre ursprünglichen Startpositionen. Sie führen den Drill so fort, bis die vorgegebene Zeit abgelaufen ist. Dann tauschen Passgeber und Postplayer die Aufgaben.

Variationen:
Verschiedene Finishing-Moves als Abschlussvarianten vorgeben, Shot- und andere Fakes, sowie Pässe vorgeben, Präzision der Pässe von Passgeber zu Postplayer variieren.

Korrekturhinweise:
Tiefe Position halten, richtige Fußarbeit, im Gleichgewicht bleiben, Konzentration beim Abschluss, Abschluss mit der richtigen Hand

Materialbedarf:
2 Bälle, 1 Korb

→ 209

»Don't miss nine!« (Freiwurfwettbewerb)

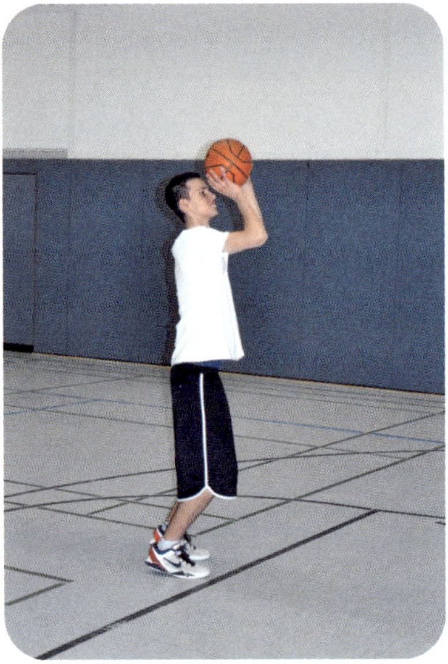

Zielgruppe

AGA	GLT	ABT	AST	HLT
	●	●	●	

Spielerzahl:
2–5 pro Korb

Lernziele/Drillschwerpunkt:
Freiwürfe unter Druck werfen lernen

Empfohlene Dauer:
10 Minuten

Übungsbeschreibung:
2–5 Spieler stehen hintereinander an der Freiwurflinie, einer steht unter dem Korb für den Rebound. Die Spieler werfen nacheinander jeweils zwei Freiwürfe (Werfer wird jeweils zum Rebounder). Jeder Freiwurf zählt einen Punkt. Wird beim Punktestand von 1 oder 2 ein Wurf vergeben, wird ein Punkt wieder abgezogen, bei 3–4 Punkten werden 2 Punkte abgezogen, bei 5–6 werden 3 Punkte abgezogen, bei 7–8 werden 4 Punkte abgezogen und bei 9 verliert man alle Punkte. Verwirft man den 10. Wurf, verliert man 5 Punkte.

Variationen:
Anzahl der Würfe variieren, Zielpunktzahl verändern.

Korrekturhinweise:
Freiwurfrhythmus beibehalten

Materialbedarf:
1 Ball pro Gruppe

Wettkampf:
Wer erzielt zuerst die Punktzahl 10?

→ 220

1 and 1

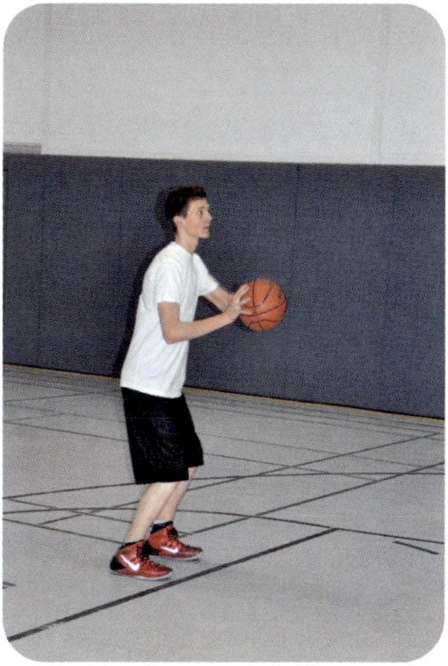

Zielgruppe

AGA	GLT	ABT	AST	HLT
	🏀	🏀	🏀	

Spielerzahl:
3 pro Korb

Lernziele/Drillschwerpunkt:
Freiwürfe unter Druck und Müdigkeit werfen lernen

Empfohlene Dauer:
ca. 6–8 Minuten

Übungsbeschreibung:
Die Spieler benutzen so viele Körbe in der Halle wie nötig, je drei Spieler stehen an einem Korb. Ein Spieler wirft den ersten Freiwurf. Wenn er trifft, erhält er einen Punkt und darf seinen zweiten Freiwurf werfen. Trifft er nicht, ist der nächste Spieler an der Reihe. Wenn er daneben geworfen hat, muss er eine vorgeschriebene Runde z. B. um das Spielfeld laufen.

Variationen:
Anzahl der hintereinander möglichen Freiwürfe auf drei erhöhen.

Materialbedarf:
1 oder 2 Bälle pro Gruppe

Wettkampf:
Wer erzielt zuerst die Punktzahl 10?

→ 221

Shooter, Rebounder, Runner

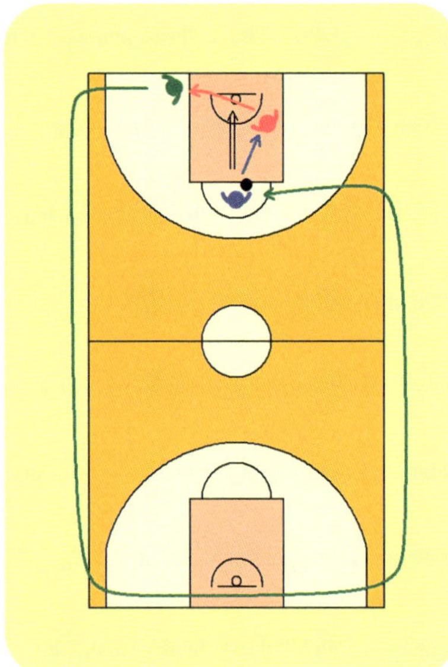

Zielgruppe

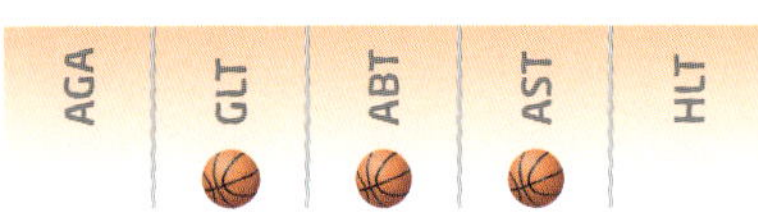

Spielerzahl:
3 pro Korb

Lernziele/Drillschwerpunkt:
Freiwürfe unter Druck und Müdigkeit werfen lernen

Empfohlene Dauer:
ca. 6–8 Minuten

Übungsbeschreibung:
An jedem Korb gibt es drei Spieler: Einen Werfer, einen Rebounder und einen Läufer. Während der Werfer zwei Freiwürfe wirft und der Rebounder reboundet, sprintet der Läufer einmal um das Feld. Der Läufer wird zum neuen Werfer, der Werfer wird zum Rebounder und der Rebounder wird zum Läufer.

Variationen:
Statt 2er, 3er-Serien werfen

Korrekturhinweise:
Die Spieler sollen sprinten um eine spielnahe Situation herzustellen.

Materialbedarf:
1 Ball pro Korb

Wettkampf:
Wer erzielt in 8 Minuten die meisten Körbe? Wer erzielt zuerst 10 Punkte?

→ 222

Six in a row

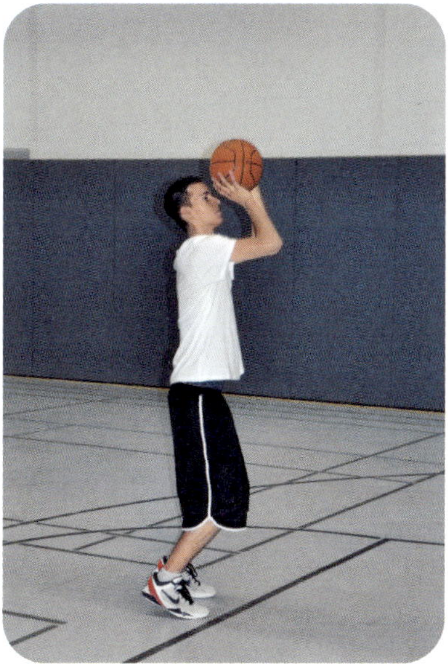

Zielgruppe

AGA	GLT	ABT	AST	HLT
	●	●	●	

Spielerzahl:
2+

Lernziele/Drillschwerpunkt:
Freiwürfe unter Druck werfen lernen

Empfohlene Dauer:
Zeit vorgeben: Z. B. 6 Minuten

Übungsbeschreibung:
Alle Körbe in der Halle nutzen, aber mindestens zwei Spieler benutzen einen Korb. Ziel ist es, 6 Punkte hintereinander zu erzielen. So lange ein Spieler trifft, darf er weiter werfen, bis er 6 erreicht hat. Verwirft er, kommt der nächste Spieler an die Reihe. Wenn der erste Wurf verworfen wird, hat der Spieler einen weiteren Versuch! Die Punktzahl wird nach jedem Fehlversuch wieder auf »0« gesetzt.

Variationen:
Je nach Wurfvermögen weniger oder mehr Punkte vorgeben.

Materialbedarf:
1 Ball pro Korb

Wettkampf:
Wer schafft 6 hintereinander in der vorgegebenen Zeit?

→ 223

Baseline Freethrows

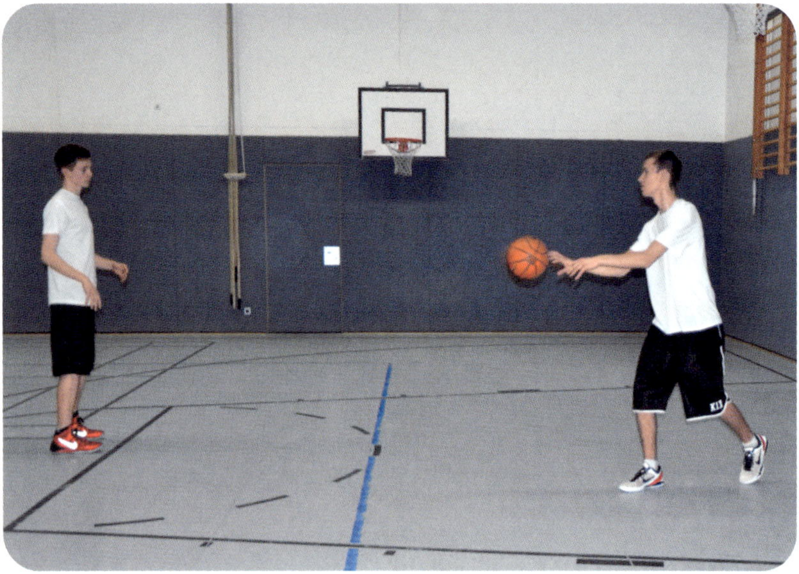

Zielgruppe

AGA	GLT	ABT	AST	HLT
	●	●	●	

Spielerzahl:
5+

Lernziele/Drillschwerpunkt:
Freiwürfe unter Druck werfen lernen

Empfohlene Dauer:
je nach Spieleranzahl 3-10 Minuten

Übungsbeschreibung:
Alle Spieler stehen an der Baseline. Jeder Spieler kommt an die Reihe und muss zwei Freiwürfe werfen. Für jeden verworfenen Freiwurf muss das gesamte Team einmal zur anderen Baseline und zurück laufen. Dabei sollte die »Strafe« an das Vermögen der Spieler angepasst sein. So kann man auch vorgeben, dass bei Anfängern oder jüngeren Spielern nur einer der beiden Würfe getroffen werden muss.

Variationen:
Jeder wirft 3 Freiwürfe und muss 2 davon treffen um der »Strafe« zu entgehen.

Korrekturhinweise:
Die Spieler sollen sprinten um eine spielnahe Situation herzustellen.

Materialbedarf:
1 Ball

→ 219

4 Corner pass and Layup Drill

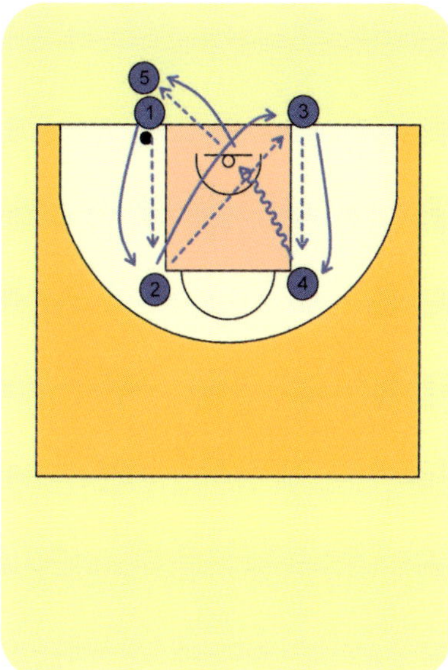

Zielgruppe

AGA	GLT	ABT	AST	HLT

Spielerzahl:
5–8 pro Korb

Lernziele/Drillschwerpunkt:
Passtechnik verbessern, Korbleger trainieren

Empfohlene Dauer:
10 Minuten

Übungsbeschreibung:
Diese Übung wird an einem Korb durchgeführt. Je ein Spieler steht an jedem Elbow, zwei (oder mehr) Spieler stehen an der Baseline am Schnittpunkt mit der Laneline auf der linken Seite, ein Spieler auf der rechten Seite. Der erste Spieler links an der Baseline hat den Ball. Dieser passt den Ball zum Elbow auf seiner Seite der Zone und folgt seinem Pass, stellt sich dann auf die Position, wo er hingepasst hat. Der Spieler, der den Ball gefangen hat, passt weiter auf die Position an der Baseline auf der anderen Seite, läuft hinterher und stellt sich dann dort hin. Der Ballempfänger passt den Ball auf den Elbow auf seiner Seite und läuft ebenfalls hinter seinem Pass her und nimmt die betreffende Position ein. Der Ballempfänger macht von dieser Position einen Korbleger, nimmt den Ball aus dem Netz und passt ihn zum nächsten freien Spieler links unten an die Baseline am Zonenrand und stellt sich dann dort an.

Variationen:
1. Links starten für Korbleger rechts
2. Rechts starten für Korbleger links
3. Passtechniken variieren
4. Layuptechniken variieren
5. Zweiten Ball ins Spiel bringen

Korrekturhinweise:
1. Passtechniken kontrollieren
2. Fangen vorbereiten
3. Schrittfehler beim Dribbelbeginn
4. Ballschutz beim Layup
5. Laufwege müssen eingehalten werden

Materialbedarf:
1 oder 2 Bälle pro Korb

Wettkampf:
1. Welcher Spieler trifft zuerst x Layups?
2. Welche Gruppe trifft zuerst x Layups?

→ 225

Scramble Drill

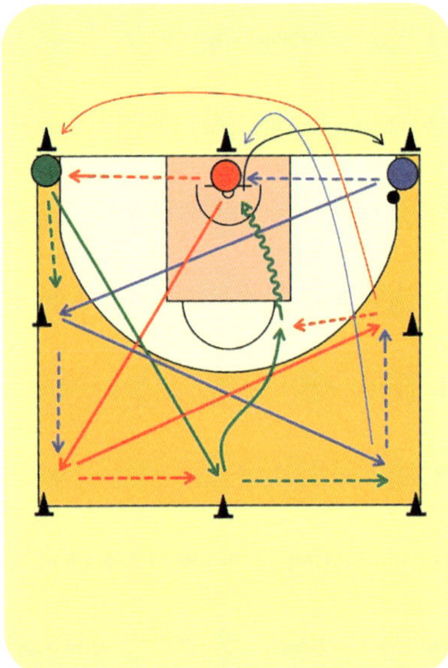

Zielgruppe

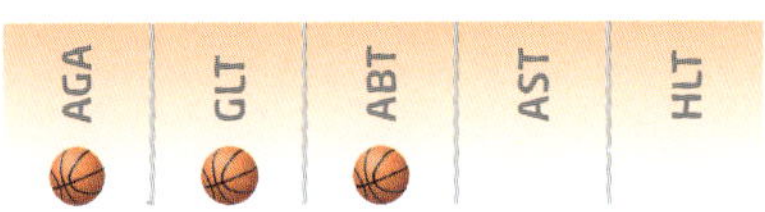

Spielerzahl:
3-9 pro Halbfeld

Lernziele/Drillschwerpunkt:
Passtechnik verbessern, Korbleger trainieren

Empfohlene Dauer:
7 Minuten

Übungsbeschreibung:
Die vier Ecken des Basketball-Halbfeldes werden mit Kegeln markiert, ebenso die Punkte, die auf genau halbem Weg dazwischen liegen. Drei Spieler stehen an den drei Kegeln an der Grundlinie, der Ball ist in der rechten Ecke. Der Spieler 1 passt den Ball zu seinem Nachbarn und sprintet zum nächsten freien Kegel in die Richtung, in die er gepasst hat. Spieler 2 tut das gleiche, ebenso, wie Spieler 3. Wenn Spieler 2 den Kegel vor der Position an der die Übung begonnen wurde erreicht hat, schneidet der Spieler, der sich zuletzt im Mittelkreis befunden hat zum Korb, erhält den Pass und schließt mit Korbleger ab. Wenn mehrere Dreiergruppen gebildet werden können, startet die nächste Gruppe, wenn die Vorgängergruppe komplett die Mittellinie erreicht hat. Die Startpositionen werden nach jedem Durchlauf geändert, Spieler 1 startet auf Position von Spieler 2, Spieler 2 auf Position von Spieler 3 und Spieler 3 startet auf Position von Spieler 1.

Variationen:
1. Links rum für Korbleger rechts
2. Rechtsrum für Korbleger links
3. Passtechniken variieren
4. Layuptechniken variieren
5. Layup mit Dribbling/ohne Dribbling

Korrekturhinweise:
1. Passtechniken kontrollieren
2. Fangen vorbereiten
3. Schrittfehler nach Ballerhalt
4. Ballschutz beim Layup
5. Spieler sind zu langsam
6. Timing beim Pass zum Korbleger

Materialbedarf:
1 Ball pro komplettem 3er-Team, 8 Markierungskegel oder Bodenmarkierungen

Wettkampf:
Welche 3er-Gruppe trifft zuerst x Layups?

→ 226

Banana Drill

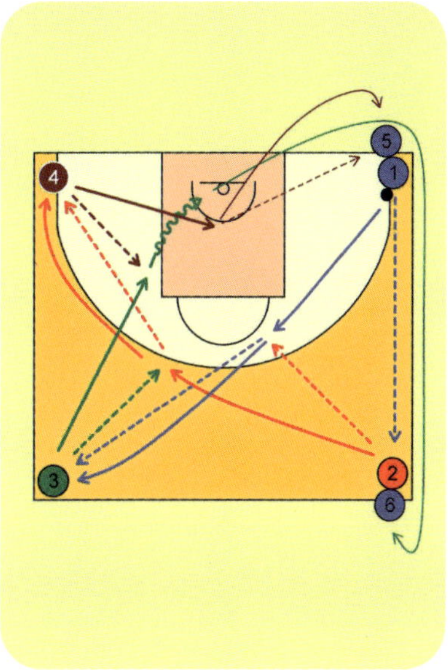

Zielgruppe

AGA	GLT	ABT	AST	HLT
	●	●		

Spielerzahl:
8+

Lernziele/Drillschwerpunkt:
Verbesserung der Pass- und Fangqualität im Lauf, Korbleger trainieren

Empfohlene Dauer:
10 Minuten

Übungsbeschreibung:
Vier Spieler besetzen die Ecken des Halbfeldes, die anderen Spieler teilen sich auf die beiden Positionen der rechten Feldhälfte auf. Spieler 1 passt aus der rechten Corner entlang der Sideline zu Spieler 2 an der Mittellinie und cuttet diagonal auf Spieler 3 zu, der an der anderen Seite der Mittellinie steht. Er erhält den Ball von Spieler 2 in den Lauf gepasst und spielt gleich weiter auf Spieler 3. Nach Pass auf Spieler 1 cuttet Spieler 2 diagonal in Richtung der anderen Ecke, erhält den Ball von Spieler 3 zurück und passt sofort weiter auf Spieler 4 in der gegenüberliegenden Ecke. Derweil cuttet Spieler 3 zum Korb, erhält den Ball von Spieler 4 und schließt mit Korbleger ab. Er läuft dann um die Spieler in der linken Baselinecorner herum und stellt sich an der Startposition von Spieler 2 an. Spieler 4 reboundet den Ball und spielt ihn zur Ausgangsposition zurück, wo er sich auch wieder anstellt.

Variationen:
Pässe variieren, Abschlüsse variieren, Seite/Richtung wechseln, 1, 2 oder 3 Bälle benutzen.

Korrekturhinweise:
Schrittfehler nach dem Fangen des Balles, Ungenaue Pässe, Schlechtes Timing

Materialbedarf:
1–3 Bälle pro Korb

Wettkampf:
Welcher Spieler hat zuerst x Treffer? Welches Team hat zuerst x Treffer?

→ 227

Pass & Cut Drill

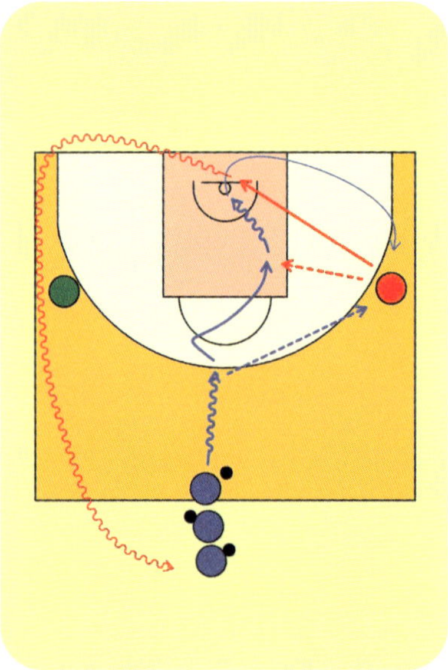

Zielgruppe

AGA	GLT	ABT	AST	HLT
●	●	●		

Spielerzahl:
5–9 pro Halbfeld

Lernziele/Drillschwerpunkt:
Passtechnik verbessern, Passtiming verbessern, Ballannahme im Lauf trainieren, Layups trainieren, Sternschritt üben

Empfohlene Dauer:
10 Minuten

Übungsbeschreibung:
Die Spieler mit Ball stehen in einer Reihe am Mittelkreis. Zwei Spieler ohne Ball stehen außerhalb der 3 Punkte Linie in Verlängerung der Freiwurflinie auf der Flügelposition. Der erste Spieler der Reihe dribbelt auf den Korb zu und stoppt an der 3 Punkte Linie mit einem Einkontaktstopp. Er macht einen Sternschritt vorwärts in die Richtung eines Flügelspielers und passt ihm den Ball mit der äußeren Hand zu. Er schneidet dann zum Korb, wobei er mit dem Korb zugewandten Arm ein Ziel bietet, welches der Flügelspieler versucht mit einem Pass zu treffen. Nach dem Fangen des Balls wirft der Spieler dann einen Layup. Der Flügelspieler holt den Rebound und schließt sich am Ende der Reihe an der Mittellinie an, der Spieler, der den Korbleger geworfen hat, ersetzt den Spieler auf dem Flügel. Der nächste Spieler passt den Ball dann auf die andere Flügelseite usw. Bei einer geraden Anzahl von Spielern muss ein Spieler die Anweisung erhalten, dass er den Ball immer abwechselnd nach rechts und nach links passen muss.

Variationen:
1. Pässe variieren
2. Abschlüsse variieren

Korrekturhinweise:
1. Passtechniken kontrollieren
2. Fangen mit zwei Händen
3. Schrittfehler nach Ballerhalt
4. Ballschutz beim Layup
5. Pässe vom Flügel »in den Lauf« spielen

Materialbedarf:
Alle Spieler außer den Flügelspielern haben einen Ball

Wettkampf:
1. Welcher Spieler trifft zuerst x Abschlüsse?
2. Welche Gruppe trifft zuerst x Abschlüsse?

→ 228

Watch the pass dribble Drill

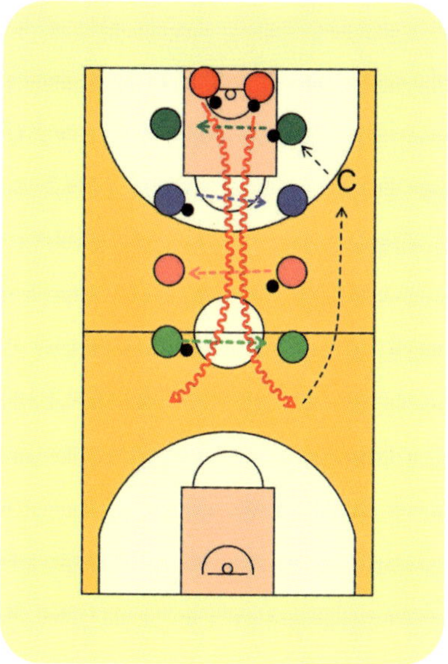

Zielgruppe

AGA	GLT	ABT	AST	HLT
●	●	●		

Spielerzahl:
10+

Lernziele/Drillschwerpunkt:
Bodenpässe trainieren, Aufmerksamkeit beim Dribbling schulen

Empfohlene Dauer:
10 Minuten

Übungsbeschreibung:
Es werden Paare gebildet, die jeweils zusammen einen Ball haben. Die Partner stehen sich im Abstand von 4–5 m möglichst an zwei parallelen Linien gegenüber. Der seitliche Abstand zum nächsten Paar beträgt 3–4 m. Die Paare passen sich die Bälle zunächst als Bodenpass zu. Das erste Paar erhält vom Trainer nun einen weiteren Ball und soll durch die »Gasse« der passenden Spieler zur anderen Seite dribbeln, wo es sich dann wieder einreiht und seinerseits wieder anfängt zu passen. Ein Ball wird zum Coach zurückgegeben, der ihn nun dem zweiten Paar zupasst, das jetzt den Vorgang wiederholt usw.
Variationen:
Pässe rechts und links spielen

Korrekturhinweise:
Passgeber sollen die Dribbler nicht »abwerfen«, sondern sich auf gute Pässe konzentrieren, die beim eigenen Mann ankommen. Dribbler soll den richtigen Moment für seine Handlung auswählen.

Materialbedarf:
Pro Paar ein Ball, ein zusätzlicher Ball

→ 228

2 Ball pass and Move 1

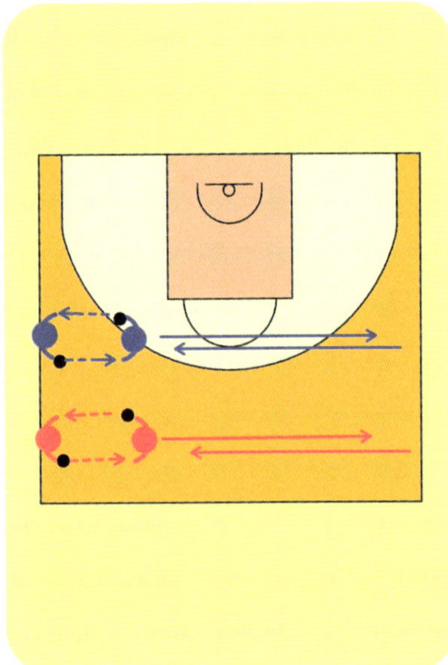

Zielgruppe

AGA	GLT	ABT	AST	HLT
🏀	🏀	🏀		

Spielerzahl:
2+

Lernziele/Drillschwerpunkt:
Passtechniken verbessern, Fangen mit einer Hand erlernen/vertiefen, Koordination trainieren

Empfohlene Dauer:
2 x hin und zurück

Übungsbeschreibung:
Zwei Spieler mit je einem Ball stehen sich gegenüber, ein Spieler steht auf der Sideline des Feldes, der andere steht ihm gegenüber in etwa 3 m Abstand zur Sideline. Die Spieler legen die Bälle auf den Boden jeweils in Höhe der Fußspitzen, rechts neben ihren rechten Fuß. Sie beginnen nun, sich die Bälle zuzurollen, jeweils von der rechten Seite auf die linke Seite des Partners und umgekehrt. Nach ein paar Wiederholungen bewegen sie sich dabei langsam zur anderen Sideline, der eine Spieler vorwärts, der andere rückwärts. Dort angekommen bewegen sie sich zur anderen Seite wieder zurück, wobei sich jetzt der andere Spieler rückwärts bewegt.

Korrekturhinweise:
Tiefer Stand, nicht nach vorne beugen, gerader Rücken

Materialbedarf:
Pro Spieler ein Ball

Wettkampf:
Wer macht die wenigsten Fehler?

→ 230

2 Ball pass and Move 2

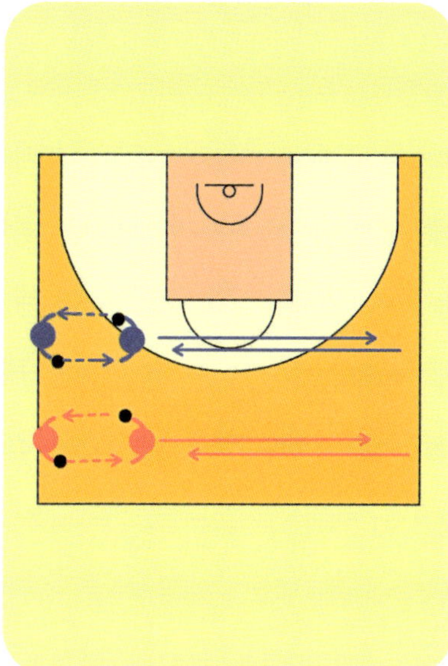

Zielgruppe

AGA	GLT	ABT	AST	HLT
●	●	●		

Spielerzahl:
2+

Lernziele/Drillschwerpunkt:
Passtechniken verbessern, Fangen mit einer Hand erlernen/vertiefen, Koordination trainieren

Empfohlene Dauer:
2 x hin und zurück

Übungsbeschreibung:
Zwei Spieler mit je einem Ball stehen sich gegenüber, ein Spieler steht auf der Sideline des Feldes, der andere steht ihm gegenüber in etwa 3 m Abstand zur Sideline. Die Spieler dribbeln die Bälle mit ihrer rechten Hand. Sie passen sich nun die Bälle mit einem Unterhandpass »shovelpass«, jeweils von der rechten Seite auf die linke Seite des Partners zu und fangen dabei mit der anderen Hand den zugepassten Ball, mit der sie dann die gleiche Bewegung durchführen usw. Nach ein paar Wiederholungen bewegen sie sich dabei langsam zur anderen Sideline, der eine Spieler vorwärts, der andere rückwärts. Dort angekommen bewegen sie sich zur anderen Seite wieder zurück, wobei sich jetzt der andere Spieler rückwärts bewegt.

Korrekturhinweise:
Tiefer Stand, nicht nach vorne beugen, gerader Rücken

Materialbedarf:
Pro Spieler ein Ball

Wettkampf:
Wer macht die wenigsten Fehler?

→ 231

2 Ball pass and Move 3

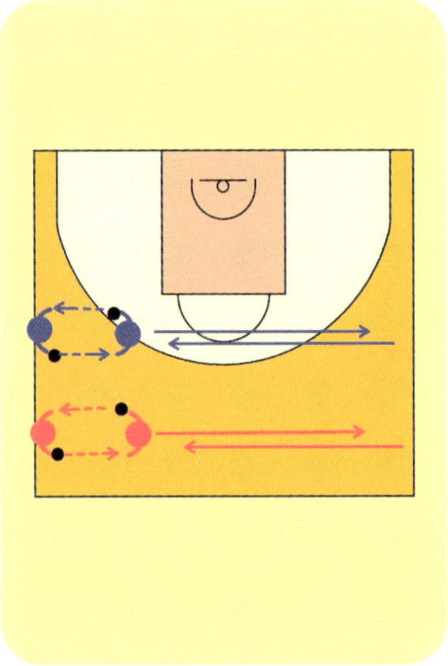

Zielgruppe

AGA	GLT	ABT	AST	HLT
🏀	🏀	🏀		

Spielerzahl:
2+

Lernziele/Drillschwerpunkt:
Passtechniken verbessern, Fangen mit einer Hand erlernen/vertiefen, Koordination trainieren

Empfohlene Dauer:
2 x hin und zurück

Übungsbeschreibung:
Zwei Spieler mit je einem Ball stehen sich gegenüber, ein Spieler steht auf der Sideline des Feldes, der andere steht ihm gegenüber in etwa 3 m Abstand zur Sideline. Die Spieler halten die Bälle mit ihrer rechten Hand neben den Kopf über die rechte Schulter. Sie passen sich nun die Bälle einhändig zu, sie beginnen dabei von der rechten Seite auf die linke Seite des Partners. Während des Passens fangen sie gleichzeitig den anderen Ball mit der linken Hand usw. Nach ein paar Wiederholungen bewegen sie sich dabei langsam zur anderen Sideline, der eine Spieler vorwärts, der andere rückwärts. Dort angekommen bewegen sie sich zur anderen Seite wieder zurück, wobei sich jetzt der andere Spieler rückwärts bewegt.

Korrekturhinweise:
Tiefer Stand, nicht nach vorne beugen, gerader Rücken

Materialbedarf:
Pro Spieler ein Ball

Wettkampf:
Wer macht die wenigsten Fehler?

→ 232

2 Ball pass and Move 4

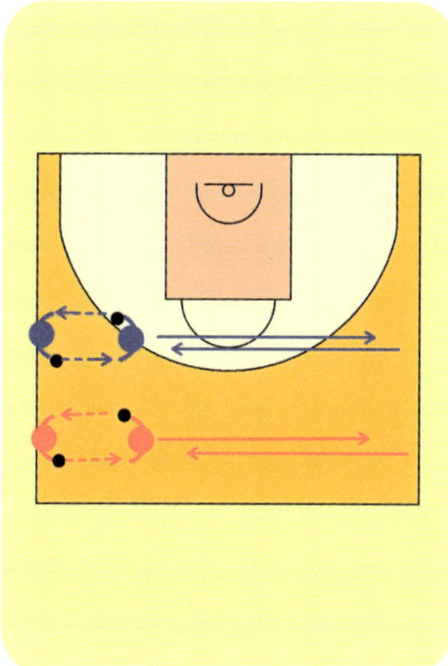

Zielgruppe

AGA	GLT	ABT	AST	HLT
●	●	●		

Spielerzahl:
2+

Lernziele/Drillschwerpunkt:
Passtechniken verbessern, Fangen mit einer Hand erlernen/vertiefen, Koordination trainieren

Empfohlene Dauer:
2 x hin und zurück

Übungsbeschreibung:
Zwei Spieler mit je einem Ball stehen sich gegenüber, ein Spieler steht auf der Sideline des Feldes, der andere steht ihm gegenüber in etwa 3 m Abstand zur Sideline. Die Spieler dribbeln die Bälle mit ihrer rechten Hand. Sie passen sich nun die Bälle mit einem einhändigen Pass in Brusthöhe, jeweils von der rechten Seite auf die linke Seite des Partners zu. Nach dem einhändigen Fangen drücken sie den Ball auf den Boden, führen ein Double-Crossover aus und passen den Ball zurück, wobei sie gleichzeitig den anderen Ball mit der linken Hand fangen usw. Nach ein paar Wiederholungen bewegen sie sich dabei langsam zur anderen Sideline, der eine Spieler vorwärts, der andere rückwärts. Dort angekommen bewegen sie sich zur anderen Seite wieder zurück, wobei sich jetzt der andere Spieler rückwärts bewegt.

Korrekturhinweise:
Tiefer Stand, nicht nach vorne beugen, gerader Rücken

Materialbedarf:
Pro Spieler ein Ball

Wettkampf:
Wer macht die wenigsten Fehler?

→ 233

3 Lines 2 Balls

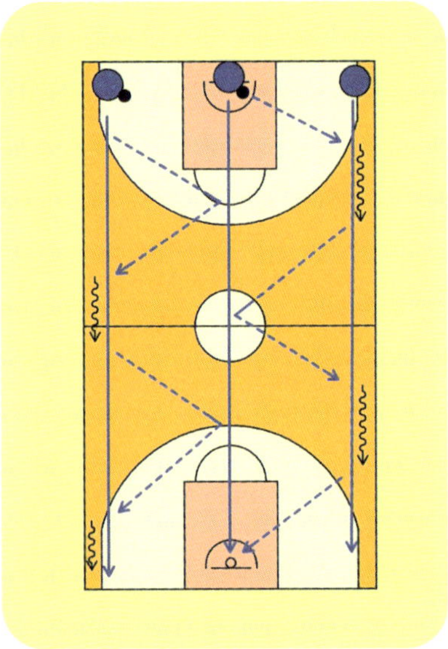

Zielgruppe

AGA	GLT	ABT	AST	HLT

Spielerzahl:
3+

Lernziele/Drillschwerpunkt:
Passtechniken im Lauf verbessern

Empfohlene Dauer:
Pro Gruppe und Variation dreimal

Übungsbeschreibung:
Drei Spieler starten an der Baseline mit zwei Bällen. Zwei Spieler laufen ca. 1 m innerhalb der Sideline, der dritte Spieler läuft auf der Splitline. Der Spieler in der Mitte und ein anderer Spieler haben je einen Ball. Alle drei Spieler laufen gleichzeitig los und bleiben während des Drills auf einer Höhe. Der Spieler in der Mitte passt dabei den Ball zum Spieler ohne Ball, dreht sich zur anderen Seite und erhält von dort einen Pass. Er passt zurück, dreht sich wieder zur anderen Seite und erhält von dort den anderen Ball usw. Zunächst ist das Dribbeln verboten, Schrittfehler werden in Kauf genommen. Die Spieler sprinten eine Bahn hin und eine zurück. Danach Spuren wechseln.

Variationen:
Die Spieler auf den Außenbahnen müssen mit der äußeren Hand dribbeln.

Korrekturhinweise:
Besonders für den Spieler in der Mitte: Ball fangen und ohne Schrittfehler zurück passen!

Materialbedarf:
2 Bälle

→ 234

4 Corners pass and Cut Drill

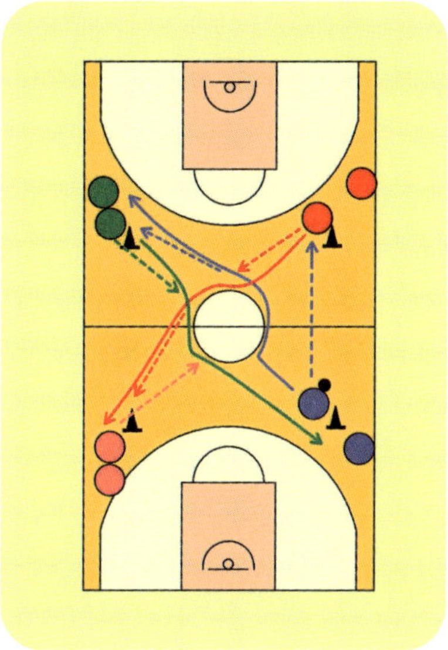

Zielgruppe

AGA	GLT	ABT	AST	HLT
	🏀	🏀		

Spielerzahl:
8+

Lernziele/Drillschwerpunkt:
Passtechniken und Fangen im Stand und im Lauf verbessern

Empfohlene Dauer:
6–8 Minuten

Übungsbeschreibung:
Um den Mittelkreis herum werden 4 Positionen mit Hütchen oder mit Floormarkers markiert. Diese Positionen liegen auf den Ecken eines Quadrates mit einer Kantenlänge von 8–10 m. An jeder Position befinden sich hintereinander mindestens zwei Spieler. Ein Spieler hat einen Ball. Er passt ihn zum vorderen Spieler in der Reihe rechts neben ihm. Dann läuft er genau auf den Mittelpunkt des Quadrates zu. Wenn er den Mittelkreis erreicht, verlangsamt er sein Tempo und vollführt einen harten Richtungs- und Tempowechsel am Mittelkreis entlang Richtung Ball. Während er am Mittelkreis entlang läuft, erhält er den Ball zurück und passt ihn zur Position diagonal gegenüber seiner Ausgangsposition und schließt sich hinten an der Reihe der Spieler an. Der Spieler, dessen Pass er am Mittelkreis erhalten hat, läuft seinerseits auf den Mittelpunkt zu, cuttet in der beschriebenen Weise am Kreis entlang, erhält den Ball zugespielt und passt ihn weiter zur nächsten Position usw.

Variationen:
Passrichtung ändern (links herum), Passarten vorgeben, 2 Bälle (Start diagonal gegenüber), 4 Bälle (Achtung: beim Start den zweiten Spieler in der Reihe anpassen)

Korrekturhinweise:
Auf die korrekte Ausführung der Pässe achten, Cut korrekt durchführen

Materialbedarf:
1–4 Bälle

Wettkampf:
Wie viele fehlerfreie Pässe schafft das Team?

→ 235

Monkey in the Middle

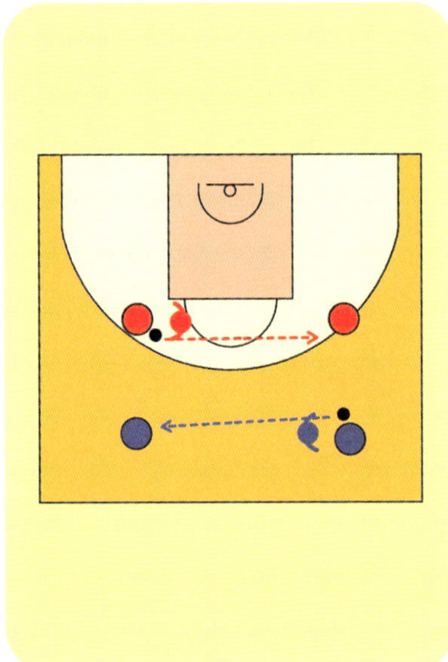

Zielgruppe

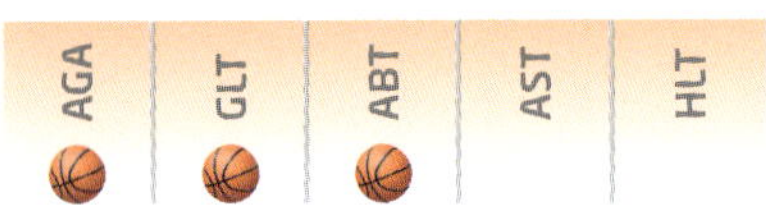

Spielerzahl:
3

Lernziele/Drillschwerpunkt:
Passtechniken im Stand am Gegner verbessern

Empfohlene Dauer:
6–8 Minuten

Übungsbeschreibung:
Zwei Spieler stehen sich je nach Passvermögen 4–6 m gegenüber. Die Spieler haben die Aufgabe, einen Ball hin und zurück zu passen. Ein Spieler in der Mitte (»Monkey in the Middle«) versucht, den Ball abzufangen. Gelingt ihm dies, wird der Spieler zum »monkey« dessen Pass abgefangen wurde. Lobpässe sind verboten!

Variationen:
1. Der Passgeber wird jeweils zum »monkey«
2. Der Passempfänger muss jeweils vor seinem nächsten Pass 2 oder 3-mal dribbeln.
3. Statt den Ball abzufangen, reicht es, den Ball zu berühren.

Korrekturhinweise:
Die Passgeber und -Empfänger dürfen sich nur begrenzt (Sternschritt) bewegen.

Materialbedarf:
1 Ball pro Gruppe, evtl. Floormarker zum Markieren der Positionen

Wettkampf:
Wer schafft die meisten Pässe hintereinander?

→ 236

Two Monkeys in the Middle

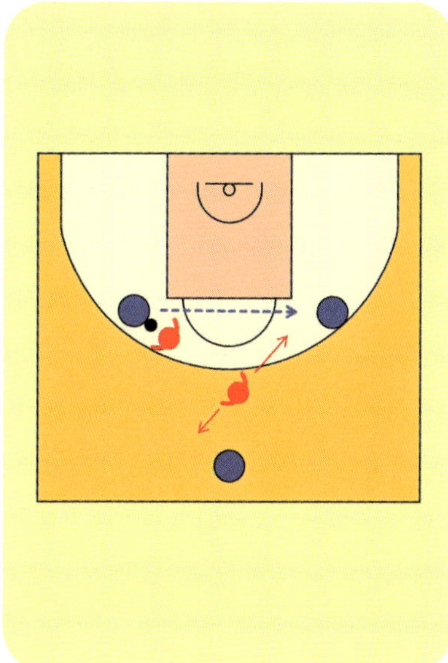

Zielgruppe

AGA	GLT	ABT	AST	HLT
	●	●		

Spielerzahl:
5

Lernziele/Drillschwerpunkt:
Passtechniken im Stand am Gegner verbessern

Empfohlene Dauer:
6-8 Minuten

Übungsbeschreibung:
Drei Spieler stellen sich so auf, dass jeder von den anderen gleichweit entfernt ist (4-6 m, gleichseitiges Dreieck). Diese Spieler haben die Aufgabe, sich gegenseitig den Ball zuzupassen. Zwei weitere Spieler sind »Monkeys in the Middle« und müssen versuchen, den Ball zu berühren. Dabei besteht für einen Verteidiger die Pflicht, den Spieler mit Ball anzugreifen und zu versuchen, den Ball zu berühren. Eine weitere Regel gilt für die Spieler mit Ball: Sie dürfen ihre Position nur in Sternschrittentfernung verlassen. Gelingt es einem »Monkey« den Ball abzufangen oder einen Fehler zu erzwingen, tauscht er mit dem Passgeber.

Variationen:
Der Passempfänger muss jeweils vor seinem nächsten Pass zwei- oder dreimal dribbeln.

Korrekturhinweise:
Die Passgeber und -Empfänger dürfen sich nur begrenzt (Sternschritt) bewegen.

Materialbedarf:
1 Ball pro Gruppe, evtl. Floormarker zum Markieren der Positionen

Wettkampf:
Welcher Spieler schafft die längste Zeit, ohne »monkey« zu werden?

→ 237

Three Monkeys in the Middle

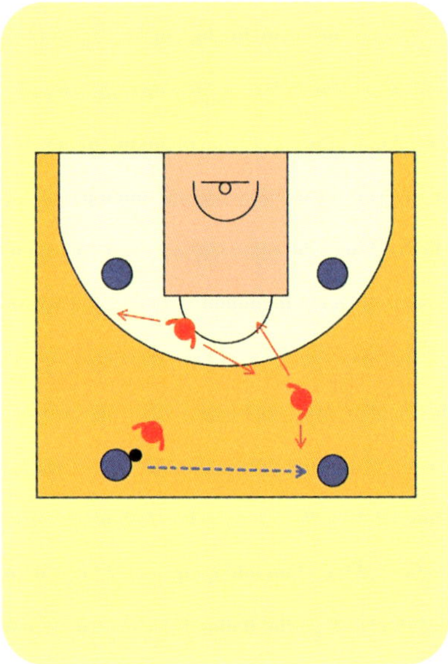

Zielgruppe

AGA	GLT	ABT	AST	HLT

Spielerzahl:
7

Lernziele/Drillschwerpunkt:
Passtechniken im Stand am Gegner verbessern

Empfohlene Dauer:
6–8 Minuten

Übungsbeschreibung:
Vier Spieler stehen sich an den Ecken eines Quadrates mit 4–6 m Kantenlänge gegenüber. Diese Spieler haben die Aufgabe, sich gegenseitig den Ball zuzupassen. Drei weitere Spieler sind »Monkeys in the Middle« und müssen versuchen, den Ball zu berühren. Dabei besteht für einen Verteidiger die Pflicht, den Spieler mit Ball anzugreifen und zu versuchen, den Ball zu berühren. Eine weitere Regel gilt für die Spieler mit Ball: Sie dürfen ihre Position nur in Sternschrittentfernung verlassen. Gelingt es einem »Monkey« den Ball abzufangen oder einen Fehler zu erzwingen, tauscht er mit dem Passgeber.

Variationen:
Der Passempfänger muss jeweils vor seinem nächsten Pass zwei- oder dreimal dribbeln.

Korrekturhinweise:
Die Passgeber und -Empfänger dürfen sich nur begrenzt (Sternschritt) bewegen.

Materialbedarf:
1 Ball pro Gruppe, evtl. Floormarker zum Markieren der Positionen

Wettkampf:
Welcher Spieler schafft die längste Zeit, ohne »monkey« zu werden?

→ 238

Pass on the Move

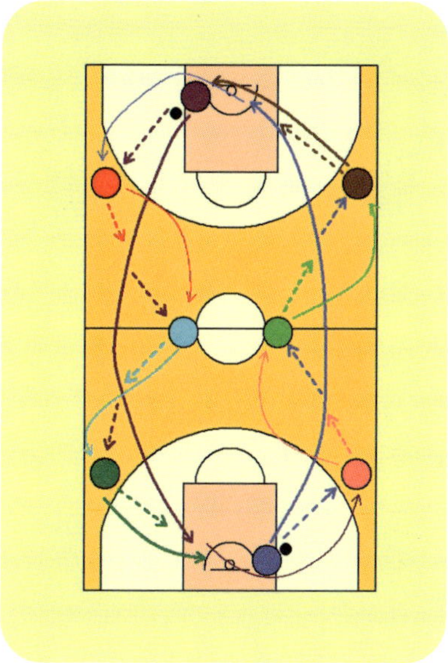

Zielgruppe

AGA	GLT	ABT	AST	HLT
	●	●		

Spielerzahl:
10+

Lernziele/Drillschwerpunkt:
Passen und Fangen im Laufen erlernen und verbessern

Empfohlene Dauer:
8–12 Minuten

Übungsbeschreibung:
Acht Spieler stehen wie in der Abbildung auf dem Spielfeld. Von jeder Seite startet nun ein Spieler und passt den Ball jeweils zum nächsten Spieler auf seiner Spielfeldhälfte, der ihn sofort wieder zurückpasst, während der Spieler zum gegenüberliegenden Korb läuft. Nach dem letzten Pass schließt er mit Korbleger ab. Er stellt sich nun auf die Position des ersten Passgebers auf der anderen Spielfeldhälfte. Jeder Passgeber rückt nach seinem Pass eine Position weiter, der letzte Passgeber reboundet den Ball nach dem Layup und passt zum nächsten Spieler, der auf der anderen Seite den Layup machen soll.

Variationen:
Passarten vorgeben, Dribbling auch vor dem Layup verbieten.

Korrekturhinweise:
In den Lauf passen, Auf Passtechnik achten, Keine Schrittfehler!

Materialbedarf:
2 Bälle, evtl. Floormarker oder Hütchen zum Markieren der Positionen

Wettkampf:
Wie viele erfolgreiche Layups schafft das Team, ohne dass ein Ball den Boden berührt?

→ 239

2 Men 3 Balls 1

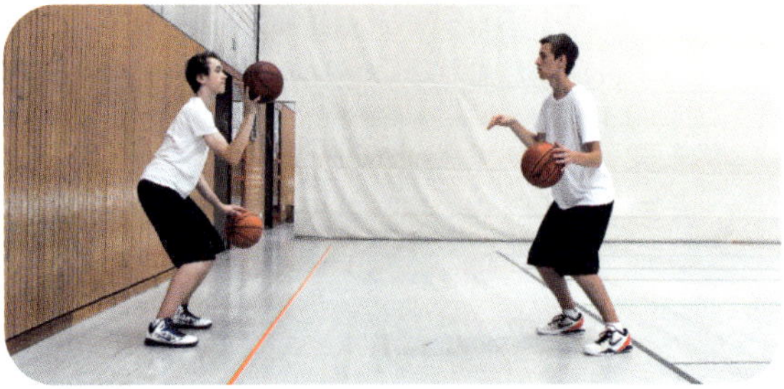

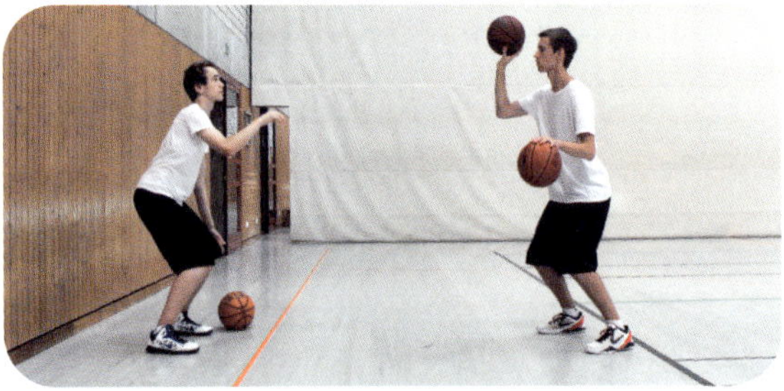

Zielgruppe

AGA	GLT	ABT	AST	HLT
	●	●	●	

Spielerzahl:
2+

Lernziele/Drillschwerpunkt:
Passen und Fangen, Ballkontrolle, Dribbling, Umfeld wahrnehmen

Empfohlene Dauer:
1–2 Minuten je Variante

Übungsbeschreibung:
Zwei Spieler stehen sich in einem Abstand von ca. 4 m gegenüber. Beide Spieler dribbeln mit einem Basketball, während sie einen weiteren Basketball hin und her passen. Sie halten die Aufgaben der Hände dabei konstant. Eine Hand dribbelt – eine Hand passt. Nach Ablauf der Zeit wechseln beide Spieler die Aufgaben der Hände.

Variationen:
Passarten vorgeben, die Passdistanz kann verändert werden, ein 4. Ball kann hinzugefügt werden.

Korrekturhinweise:
Richtige Passtechnik, korrekte Dribblings ausführen, athletische Grundposition beibehalten.

Materialbedarf:
3 Bälle

Wettkampf:
Welche Gruppe schafft die meisten Pässe?

→ 240

2 Men 3 Balls 2

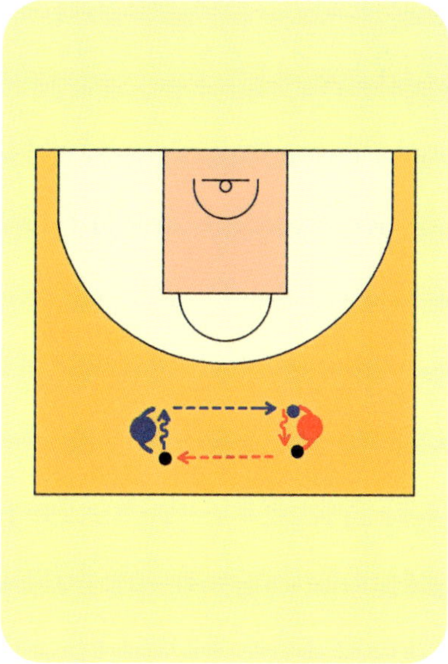

Zielgruppe

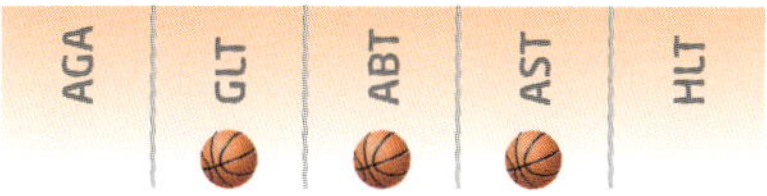

Spielerzahl:
2+

Lernziele/Drillschwerpunkt:
Passen und Fangen, Ballkontrolle, Dribbling, Umfeld wahrnehmen

Empfohlene Dauer:
1–2 Minuten je Variante

Übungsbeschreibung:
Aufstellung und Vorgehensweise wie in Drill 239. Beide Spieler dribbeln mit der gleichen Hand, sodass ein Dribblingmove/Handwechsel notwendig wird. Es wird immer der Ball gepasst, der dem gedribbelten Ball des Partners gegenüber ist. Nach Ablauf der Zeit wechseln beide Spieler die Richtung in der die Bälle rotieren.

Variationen:
Passarten und Dribblemoves vorgeben, die Passdistanz kann verändert werden, ein 4. Ball kann hinzugefügt werden.

Korrekturhinweise:
Richtige Passtechnik, korrekte Handwechsel ausführen, athletische Grundposition beibehalten.

Materialbedarf:
3 Bälle

Wettkampf:
Welche Gruppe schafft die meisten Pässe?

→ 241

Line Passing

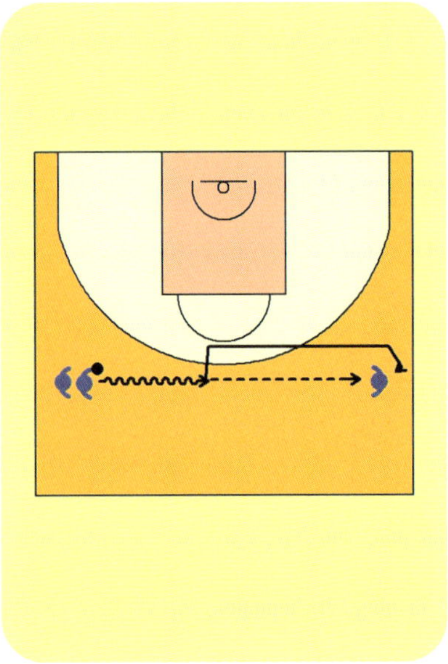

Zielgruppe

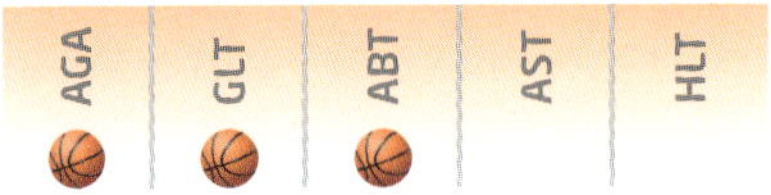

Spielerzahl:
3+

Lernziele/Drillschwerpunkt:
Passen und Fangen, Bewegung nach dem Pass

Empfohlene Dauer:
1–2 Minuten je Variante

Übungsbeschreibung:
Zwei Spieler stehen einem dritten Spieler in einem Abstand von ca. 4 m gegenüber. Der erste der beiden Spieler hat einen Basketball. Er passt den dritten alleine stehenden Spieler an. Der Passgeber sprintet seinem Pass hinterher und stellt sich an. Der Passempfänger passt nun den Ball zum jetzt allein stehenden Spieler und folgt seinem Pass. Der Drill wird fortgeführt, bis die Zeit abgelaufen ist.

Variationen:
Passarten vorgeben, die Passdistanz kann verändert werden, Dribblings können eingebaut werden, die Anzahl der Gruppen und die Gruppengröße ist variabel.

Korrekturhinweise:
Richtige Passtechnik, schnelles Folgen des Passes

Materialbedarf:
1 Ball

Wettkampf:
Welche Gruppe schafft die meisten Pässe?

→ 242

Window Passing

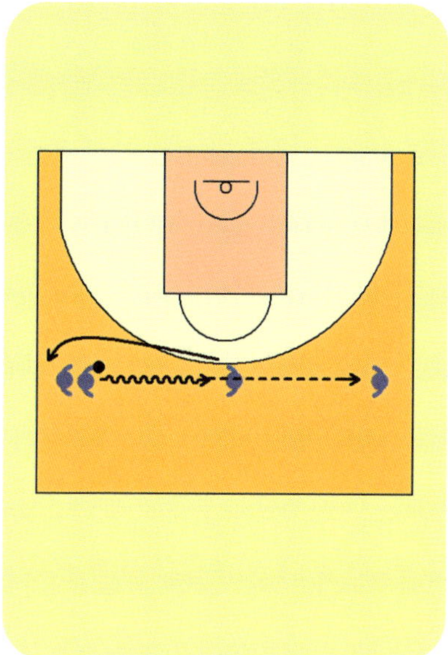

Zielgruppe

AGA	GLT	ABT	AST	HLT
	🏀	🏀		

Spielerzahl:
4+

Lernziele/Drillschwerpunkt:
Passen und Fangen, Separation für den Pass schaffen, Bewegung nach dem Ball, On Ball Defense

Empfohlene Dauer:
1–2 Minuten je Variante

Übungsbeschreibung:
Aufstellung und Vorgehensweise ähnlich Drill 244. Allerdings stehen die Spieler nun ca. 6 m auseinander und ein zusätzlicher Spieler, der den Ball zu Beginn des Drills hat, positioniert sich in der Mitte zwischen beiden Gruppen. Der Spieler in der Mitte passt den ersten Spieler an. Dieser dribbelt auf den Passgeber zu und stoppt ab. Durch die Hand und Armposition des Spielers in der Mitte entscheidet nun der Dribbler welches der Passfenster er für einen Pass nutzen kann. Generell gilt: Hände unten – Pass oben, Hände oben – Pass unten. Nachdem der Dribbler den Pass gespielt hat übernimmt er die Position in der Mitte während der ehemaligen Mittelspieler seinem Pass folgt. der Drill wird fortgeführt, bis die Zeit abgelaufen ist.

Variationen:
Separation Moves können eingebaut, die Intensität der Verteidigung variiert werden, die Anzahl der Gruppen und Gruppengröße ist variabel.

Korrekturhinweise:
Richtige Passtechnik, korrekte Entscheidung für ein Passfenster, Bubblen des Balles

Materialbedarf:
1 Ball

→ 243

Polonaise

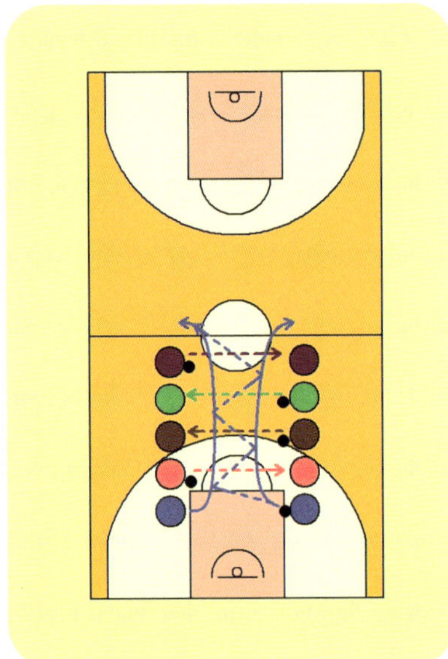

Zielgruppe

AGA	GLT	ABT	AST	HLT

Spielerzahl:
10+

Lernziele/Drillschwerpunkt:
Passen und Fangen, Umfeld wahrnehmen, Bewegung vor und nach dem Pass

Empfohlene Dauer:
1–2 Minuten je Variante

Übungsbeschreibung:
Die Spieler stellen sich in zwei Reihen an den Lanelines einander gegenüber, sodass jeder Spieler einen Partner hat. Jede 2er-Gruppe hat einen Ball. Alle Gruppen beginnen, sich ihren Ball zuzupassen. Nach einer vorgegebenen Passanzahl muss die erste Gruppe zwischen allen anderen hindurch laufen (wobei sie sich den Ball weiter zupasst) und am Ende wieder anstellen. Alle, auch die erste nun laufende Gruppe, passen weiter OHNE dabei einen der Läufer zu treffen. Ist die erste Gruppe am Ende angekommen und hat sich wieder aufgestellt, folgt die nächste Gruppe. Der Drill wird so fortgeführt, bis die Zeit abgelaufen ist.

Variationen:
Passarten vorgeben, es kann auch mit 2 Bällen pro Gruppe gearbeitet werden.

Korrekturhinweise:
Richtige Passtechnik, Umfeld wahrnehmen

Materialbedarf:
mindestens 5 Bälle

→ 224

Break Through Over

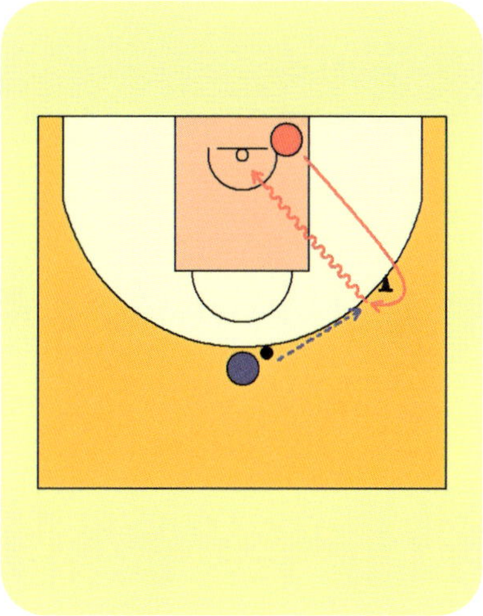

Zielgruppe

AGA	GLT	ABT	AST	HLT
		●	●	

Spielerzahl:
2+

Lernziele/Drillschwerpunkt:
Erlernen und Verbessern von Cut-Möglichkeiten

Empfohlene Dauer:
5–10 Minuten

Übungsbeschreibung:
Ein Spieler steht mit Ball an der 90-Grad-Position in Höhe der Dreier-Linie. Ein weiterer Spieler steht unter dem Korb ohne Ball. Dieser cuttet nun in Richtung der 45-Grad-Position, wo eine Markierung außerhalb der Dreierlinie steht. Der Spieler cuttet jetzt über diese Markierung, d. h. er cuttet von der ballfernen Seite um die Markierung herum zum Korb, erhält auf dem Rückweg den Ball und schließt in einen frei wählbaren Abschluss ab. Der abschließende Spieler dribbelt (oder passt, je nachdem wie viele Spieler diese Übung machen) nun nach oben und wird zum Passgeber. Der passenden Spieler läuft zum Korb und cuttet dann als nächster.

Variationen:
Beide Seiten benutzen! Verschiedene Passvarianten wählen.

Korrekturhinweise:
Korrekte Ausführung der Cuts und Laufwege. Auf Schrittfehler achten. Korrekte Passtechnik!

Materialbedarf:
mindestens 1 Ball, bei mehreren Spielern mehrere Bälle

Wettkampf:
Wer schließt am häufigsten erfolgreich ohne Fehler ab?

→ 245

Break Through Under

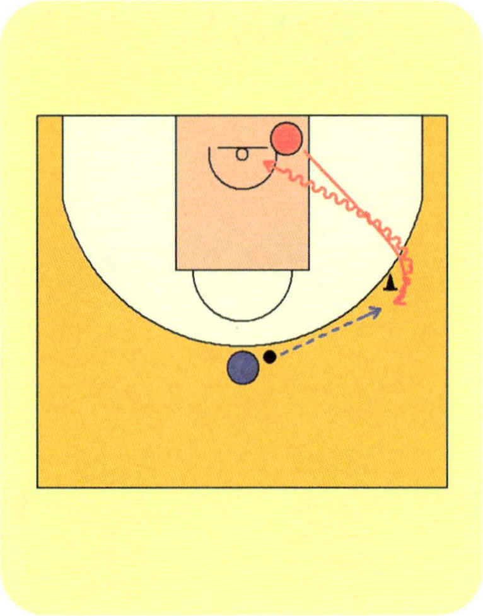

Zielgruppe

AGA	GLT	ABT	AST	HLT
	●	●	●	

Spielerzahl:
2+

Lernziele/Drillschwerpunkt:
Erlernen und Verbessern von Cut-Möglichkeiten

Empfohlene Dauer:
5–10 Minuten

Übungsbeschreibung:
Ein Spieler steht mit Ball an der 90-Grad-Position in Höhe der Dreier-Linie. Ein weiterer Spieler steht unter dem Korb ohne Ball. Dieser cuttet nun in Richtung der 45-Grad-Position, wo eine Markierung außerhalb der Dreierlinie steht. Der Spieler cuttet jetzt unter dieser Markierung hindurch, d. h. er cuttet über die ballferne Seite um die Markierung herum zum Korb, erhält auf dem Rückweg den Ball und schließt in einen frei wählbaren Abschluss ab. Der abschließende Spieler dribbelt (oder passt, je nachdem wie viele Spieler diese Übung machen) nun nach oben und wird zum Passgeber. Der passende Spieler läuft zum Korb und cuttet dann als nächster.

Variationen:
Beide Seiten benutzen! Verschiedene Passvarianten wählen.

Korrekturhinweise:
Korrekte Ausführung der Cuts und Laufwege. Auf Schrittfehler achten. Korrekte Passtechnik!

Materialbedarf:
mindestens 1 Ball, bei mehreren Spielern mehrere Bälle

Wettkampf:
Wer schließt am häufigsten erfolgreich ohne Fehler ab?

→ 246

V-Cut Edge

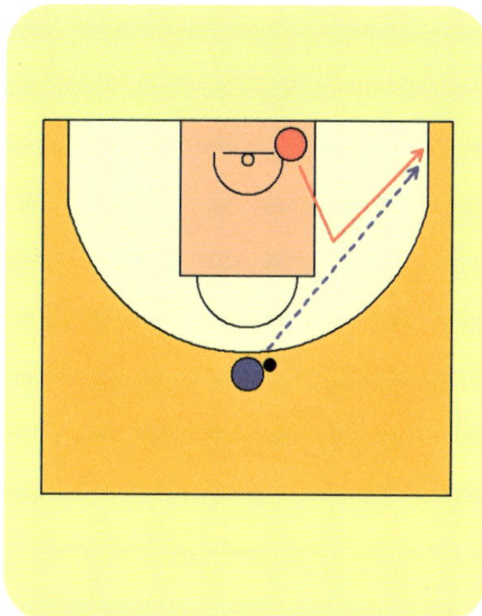

Zielgruppe

AGA	GLT	ABT	AST	HLT
	●	●	●	

Spielerzahl:
2+

Lernziele/Drillschwerpunkt:
Erlernen und Verbessern von Cut-Möglichkeiten

Empfohlene Dauer:
5–10 Minuten

Übungsbeschreibung:
Ein Spieler steht mit Ball an der 90-Grad-Position in Höhe der Dreier-Linie. Ein weiterer Spieler steht unter dem Korb ohne Ball. Dieser cuttet nun in Richtung der 45-Grad-Position, stoppt auf halbem Weg und cuttet rückwärts mit dem Gesicht zum Ball in die Corner. Dort bekommt er den Ball und schließt per Wurf ab (oder durch Layup mit vorherigem Dribbling). Dann holt er seinen Rebound und stellt sich oben an, der Passgeber wird zum Cutter.

Variationen:
Beide Seiten benutzen! Verschiedene Passvarianten wählen.

Korrekturhinweise:
Korrekte Ausführung der Cuts und Laufwege. Auf Schrittfehler achten. Korrekte Passtechnik!

Materialbedarf:
mindestens 1 Ball, bei mehreren Spielern mehrere Bälle

Wettkampf:
Wer schließt am häufigsten erfolgreich ohne Fehler ab?

→ 247

Give&Go-Cut

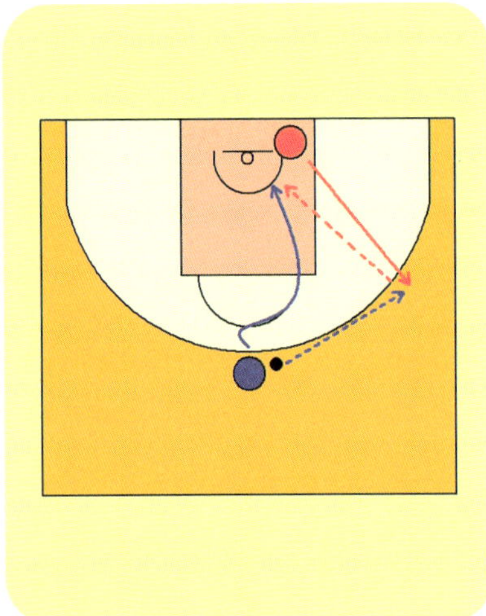

Zielgruppe

AGA	GLT	ABT	AST	HLT

Spielerzahl:
2+

Lernziele/Drillschwerpunkt:
Erlernen und Verbessern von Cut-Möglichkeiten

Empfohlene Dauer:
5–10 Minuten

Übungsbeschreibung:
Ein Spieler steht mit Ball oben an der 90-Grad-Position in Höhe der Dreier-Linie. Ein weiterer Spieler steht unter dem Korb ohne Ball. Der Spieler ohne Ball macht sich auf der 45-Grad-Position frei, mit dem Gesicht zum Korb. Dort bekommt er den Ball, der passende Spieler macht einen kurzen Fake zur gegenüberliegenden Seite und cuttet dann über den Elbow auf Ballseite zum Korb, bekommt den Ball zurück und schließt mit einem beliebig gewählten Abschluss ab. Er holt seinen eigenen Rebound und passt zum Spieler auf der 45-Grad-Position, dann macht er sich selbst dort frei, der andere Spieler dribbelt nach oben wird zum nächsten Cutter.

Variationen:
Beide Seiten benutzen! Verschiedene Passvarianten wählen. Diese Übung kann von verschiedenen Positionen des Feldes durchgeführt werden.

Korrekturhinweise:
Korrekte Ausführung der Cuts und Laufwege. Auf Schrittfehler achten. Korrekte Passtechnik!

Materialbedarf:
mindestens 1 Ball, bei mehreren Spielern mehrere Bälle

Wettkampf:
Wer schließt am häufigsten erfolgreich ohne Fehler ab?

→ 248

Backdoor-Cut

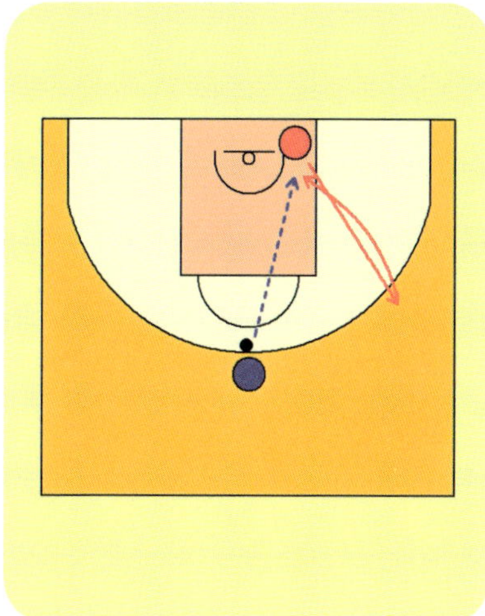

Zielgruppe

AGA	GLT	ABT	AST	HLT
	🏀	🏀	🏀	

Spielerzahl:
2+

Lernziele/Drillschwerpunkt:
Erlernen und Verbessern von Cut-Möglichkeiten

Empfohlene Dauer:
5-10 Minuten

Übungsbeschreibung:
Ein Spieler steht mit Ball an der 90-Grad-Position in Höhe der Dreier-Linie. Ein weiterer Spieler steht unter dem Korb ohne Ball. Der Spieler ohne Ball macht sich auf der 45-Grad-Position frei, und cuttet sofort und hart mit einer Schwimmbewegung zurück zum Korb, bekommt den Ball und schließt mit einem beliebig gewählten Abschluss ab. Cutter wird Passer, Passer läuft nach unten und macht sich frei.

Variationen:
Beide Seiten benutzen! Verschiedene Passvarianten wählen. Diese Übung kann von verschiedenen Positionen des Feldes durchgeführt werden.

Korrekturhinweise:
Korrekte Ausführung der Cuts und Laufwege. Auf Schrittfehler achten. Korrekte Passtechnik!

Materialbedarf:
mindestens 1 Ball, bei mehreren Spielern mehrere Bälle

Wettkampf:
Wer schließt am häufigsten erfolgreich ohne Fehler ab?

→ 249

Flash-Cut

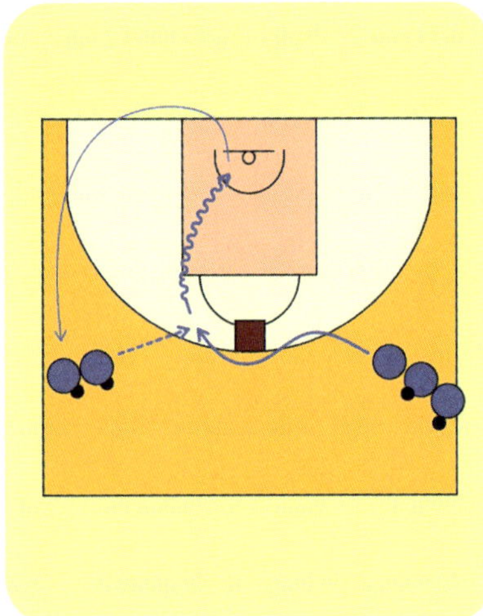

Zielgruppe

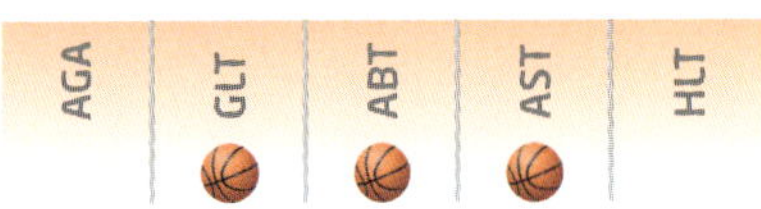

Spielerzahl:
4+

Lernziele/Drillschwerpunkt:
Erlernen und Verbessern von Cut-Möglichkeiten

Empfohlene Dauer:
5–10 Minuten

Übungsbeschreibung:
Die Spieler stehen aufgeteilt auf Verlängerung der Freiwurf-Linie in Höhe der Dreierlinie. Alle Spieler, bis auf den ersten Cutter, haben einen Ball. Ein Kasten steht hochkant auf der Dreierlinie. Der erste Spieler ohne Ball cuttet nach einem flachen V-Cut über den Kasten und Korb-Korb-Linie und erhält den Ball, um mit einem beliebig gewählten Abschluss den Korb zu attackieren. Dann cuttet der Spieler, der als letztes gepasst hat und so weiter. Der abschließende Spieler stellt sich mit Ball auf der anderen Seite an.

Variationen:
Beide Seiten benutzen! Verschiedene Passvarianten wählen. Hier können verschiedene Cuts um den Kasten gewählt werden, z. B. das Rolling!

Korrekturhinweise:
Korrekte Ausführung der Cuts und Laufwege. Auf Schrittfehler achten. Korrekte Passtechnik!

Materialbedarf:
Mindestens 1 Ball, bei mehreren Spielern mehrere Bälle, 1 Kasten/Stuhl

Wettkampf:
Wer schließt am häufigsten erfolgreich ohne Fehler ab?

→ 244

Rebound and Putback Drill

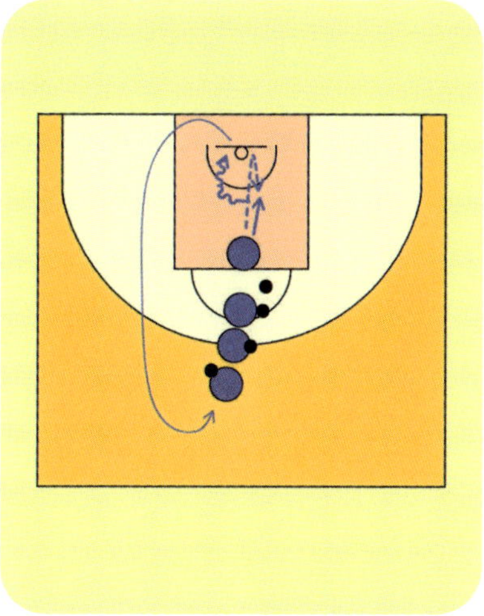

Zielgruppe

AGA	GLT	ABT	AST	HLT
	●	●	●	

Spielerzahl:
1+

Lernziele/Drillschwerpunkt:
Verbesserung der Reboundarbeit und der Finishingskills am Korb

Empfohlene Dauer:
6–10 Minuten

Übungsbeschreibung:
Ein Spieler mit Ball steht an der Freiwurflinie. Er macht ein bis zwei Schritte auf den Korb zu und wirft den Ball »Unterhand« gegen das Brett. Er versucht, den Ball so hoch wie möglich zu fangen und anschließend nach Vorgabe in den Korb zu werfen. Er reboundet so lange, bis der Ball im Korb ist, dann nimmt er ihn und stellt sich am Ende der Reihe an.

Variationen:
Verschiedene Finishing-Moves vorgeben!

Korrekturhinweise:
Ball möglichst hoch rebounden, Ball nicht unter Brusthöhe bewegen

Materialbedarf:
Pro Spieler ein Ball

→ 251

Rebound und Tip Drill

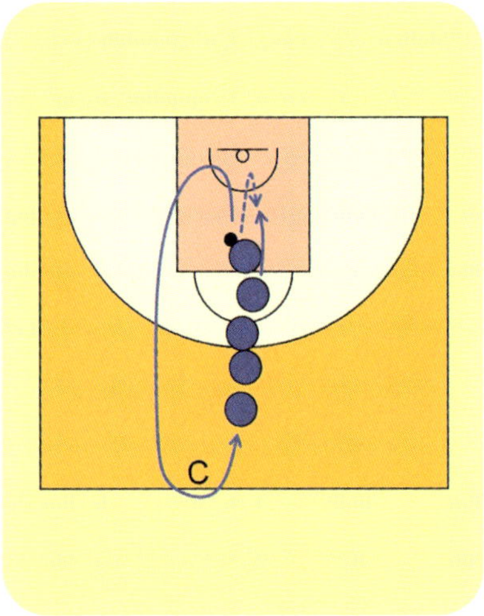

Zielgruppe

AGA	GLT	ABT	AST	HLT
	🏀	🏀	🏀	

Spielerzahl:
5+

Lernziele/Drillschwerpunkt:
Reboundtraining, Timing verbessern, Sprungkraft und Ausdauer trainieren

Empfohlene Dauer:
5 Minuten

Übungsbeschreibung:
Fünf oder mehr Spieler stehen in einer Reihe hintereinander an der Freiwurflinie. Der erste Spieler hat einen Ball. Er wirft ihn gegen das Brett, springt hoch, reboundet den Ball und tippt ihn noch in der Luft wieder gegen das Brett und schließt sich hinten an der Reihe wieder an. Der zweite Spieler tut das Gleiche und so weiter ... Bevor die Spiele sich anstellen, müssen sie um den Coach herum laufen, der die Entfernung zum Korb verändern kann und so die jeweilige Belastung der Anzahl der Spieler anpassen kann.

Variationen:
Beidhändig fangen, Einhändig tippen rechts und links, Coach verändert die Laufdistanz, Spieleranzahl verändern

Korrekturhinweise:
Ball soll am höchsten Punkt gefangen/getippt werden, Spieler läuft zu langsam

Materialbedarf:
1 Ball pro Gruppe

Wettkampf:
Bei mehreren Gruppen: Welche Gruppe schafft die meisten Wiederholungen ohne Fehler?

→ 252

Circle Box out

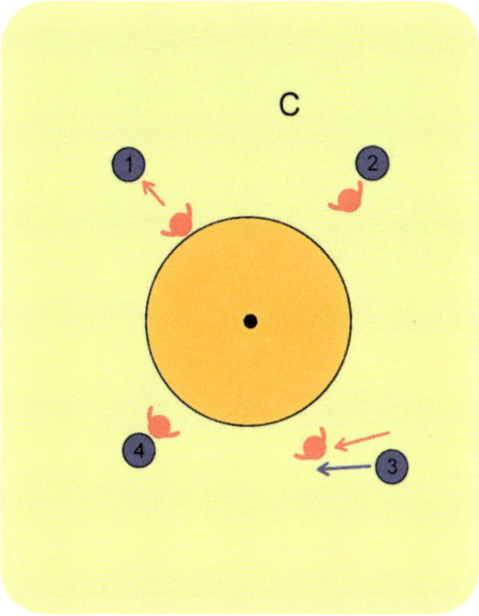

Zielgruppe

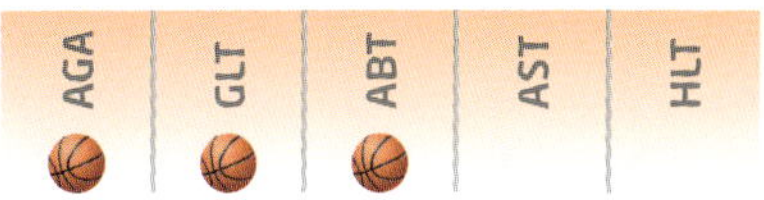

Spielerzahl:
4–10 Spieler

Lernziele/Drillschwerpunkt:
Boxout Technik trainieren

Empfohlene Dauer:
6–10 Minuten

Übungsbeschreibung:
Der Trainer teilt entweder positionsgebunden oder nach Schnelligkeit die Spieler in Paare ein. Jedes Paar besteht nun aus einem Angreifer und einem Verteidiger. Die Verteidiger positionieren sich direkt um den Mittelkreis mit dem Gesicht zu ihrem etwa 2 m außerhalb des Kreises stehenden Partner. Der Coach legt einen Ball auf den Mittelpunkt. Auf Pfiff versuchen nun die Angreifer, den Ball zu erreichen, die Verteidiger sollen den Gegner mit dem Unterarm »bumpen« und dann nach einem Sternschritt ausblocken. Die Angreifer haben 5 Sekunden Zeit, dann werden die Rollen getauscht.

Variationen:
Verteidiger dürfen bei Erfolg weiter verteidigen

Korrekturhinweise:
Weder Angreifer noch besonders die Verteidiger sollen foulen. Insbesondere das Festhalten des Angreifers ist untersagt!

Materialbedarf:
1 Ball pro Trainingsgruppe

Wettkampf:
Jeweils eine erfolgreiche Verteidigung wir mit einem Punkt belohnt. Welche Mannschaft erreicht zuerst 7 Punkte?

→ 253

Skip, jump, and box out

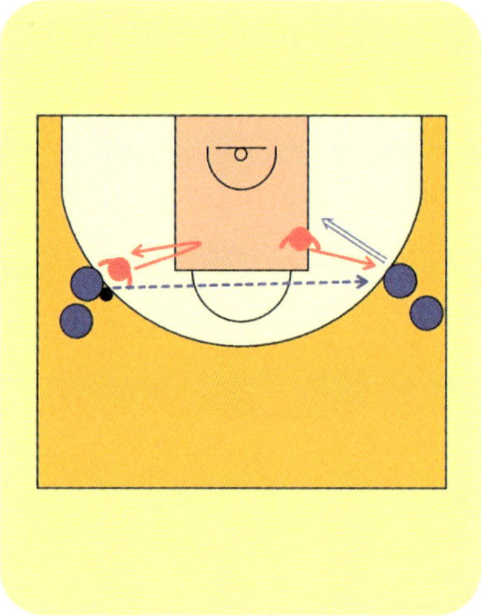

Zielgruppe

AGA	GLT	ABT	AST	HLT
	●	●	●	

Spielerzahl:
4+

Lernziele/Drillschwerpunkt:
Lernen mit dem Pass zu springen, Mann finden und ausblocken

Empfohlene Dauer:
5–8 Minuten

Übungsbeschreibung:
Es werden zwei Reihen von Spielern gebildet. Die Reihen stehen in Höhe der Freiwurflinie an der 3point-line. Der Spieler auf der einen Seite hat einen Ball, ein Verteidiger steht in der Verteidigungsposition vor ihm. Der Verteidiger des anderen Wing-Spielers steht mit einem Fuß in der Zone in der Helpside-Position. Der Spieler mit Ball macht jetzt einen Skip-Pass zum anderen Flügelspieler. Beide Verteidiger bewegen sich mit dem Ball in die jeweilige neue Verteidigungsposition (On-Ball und Helpside). Der Angreifer, der den Pass erhalten hat, wirft auf den Korb. Der On-ball Verteidiger lässt den Wurf zu und boxt sofort aus. Der Helpside Verteidiger macht eine Closeout-Bewegung zu seinem Gegner, versucht mit dem Unterarm Kontakt aufzunehmen und boxt ihn dann aus. Die Angreifer dürfen erst nach dem Wurf zum Rebound gehen. Die Verteidiger dürfen bleiben, wenn sie den Rebound erobern.

Variationen:
2 Skippässe vorgeben

Korrekturhinweise:
Keine Fouls! Closeout und Boxout-Technik kontrollieren

Materialbedarf:
2–3 Bälle pro Korb

Wettkampf:
Die Verteidiger erhalten für jeden Rebound einen Punkt (auch nach Korberfolg)

→ 254

React and Rebound

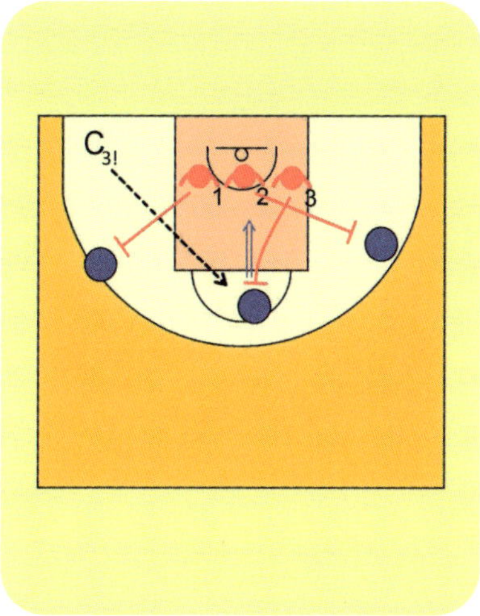

Zielgruppe

AGA	GLT	ABT	AST	HLT
	●	●	●	

Spielerzahl:
6

Lernziele/Drillschwerpunkt:
Situation erkennen, Ausboxen

Empfohlene Dauer:
5–8 Minuten

Übungsbeschreibung:
Drei Verteidiger (1,2 und 3) stehen in einer Reihe vor dem Korb. Drei Angreifer verteilen sich um den Korb herum (5–6 m Abstand). Der Coach hat einen Ball und passt diesen zu einem der drei wurfbereiten Angreifer, wobei er gleichzeitig eine Zahl (1–3) ruft. Der aufgerufene Verteidiger boxt den Werfer aus, die beiden anderen boxen die übrigen beiden Angreifer aus. Wenn die Verteidiger den Rebound sichern können, dürfen sie weiter verteidigen.

Korrekturhinweise:
Keine Fouls! Closeout- und Boxout-Technik kontrollieren

Materialbedarf:
1 Ball pro Korb

Wettkampf:
Die Verteidiger erhalten für jeden Rebound einen Punkt (auch nach Korberfolg)

→ 255

Loop it up!

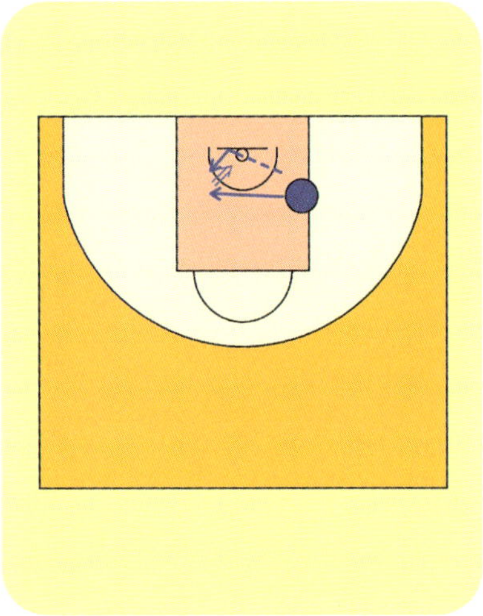

Zielgruppe

AGA	GLT	ABT	AST	HLT
🏀	🏀	🏀		

Spielerzahl:
Individual

Lernziele/Drillschwerpunkt:
Timing

Empfohlene Dauer:
5–8 Minuten

Übungsbeschreibung:
Ein Spieler mit Ball steht am Block. Er wirft den Ball von unten mit einer Hand gegen das Brett und über den Korb, sodass er auf der anderen Seite wieder herunterkommt. Dort versucht er den Ball am höchsten Punkt mit beiden Händen zu fangen und in einer stabilen Position mit dem Ball »unter dem Kinn« zu landen. Mit einem Powermove (Mit oder ohne Dribbling) versucht er zum Korberfolg zu kommen.

Variationen:
Verschiedene Finishing-Moves vorgeben! »Up and under«, »Babyhook« etc.

Korrekturhinweise:
Ball mit beiden Händen fangen, Ball nicht nach unten bringen!

Materialbedarf:
1 Ball pro Spieler

→ 256

Huskie Drill

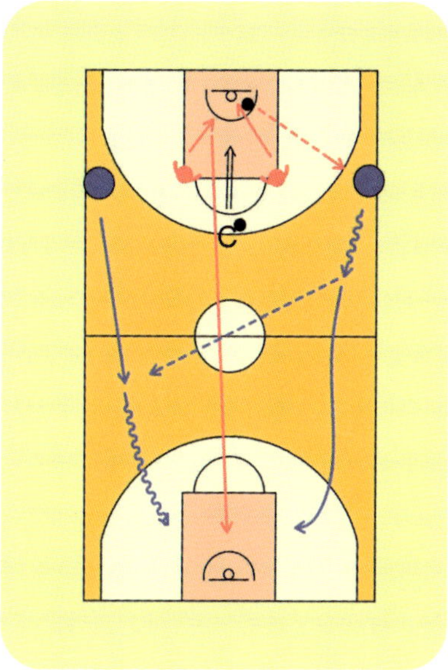

Zielgruppe

AGA	GLT	ABT	AST	HLT
	●	●	●	

Spielerzahl:
8+

Lernziele/Drillschwerpunkt:
Aggressivität für die Reboundarbeit wecken, Outletpass trainieren

Empfohlene Dauer:
10 Minuten

Übungsbeschreibung:
Das Team wird in vier Gruppen eingeteilt. Zwei davon stehen an der Baseline, die anderen beiden außerhalb des Spielfeldes in Höhe der Freiwurflinie. Der Coach hat einen Ball und steht etwa an der 3-Point-Line auf der Splitline. Die beiden ersten Spieler der Reihen an der Baseline starten den Drill jetzt an den Elbows, die beiden ersten Spieler der Reihen an der Seite treten 2 m ins Feld. Der Coach wirft den Ball auf den Korb, die beiden Spieler an den Elbows kämpfen um den Rebound. Der Spieler, der den Ball erobert, passt zu einem der Spieler an der Seitenlinie. Dieser spielt mit dem Spieler an der gegenüberliegenden Seitenlinie 2-1 auf den gegenüberliegenden Korb gegen den Spieler, der den Rebound nicht bekommen hat. Der Rebounder bekommt zwei Punkte, der andere Spieler erhält einen Punkt, wenn er den 2-1-Fastbreak stoppen kann. Die Spieler stellen sich anschließend reihum an einer anderen Reihe an!

Korrekturhinweise:
Hart den Rebound attackieren! Outletpass auf die Verlängerung der Freiwurflinie spielen, sonst hat der Verteidiger keine Chance!

Materialbedarf:
2 Bälle

Wettkampf:
Welcher Spieler erzielt zuerst 7 Punkte?

→ 257

Where to be!

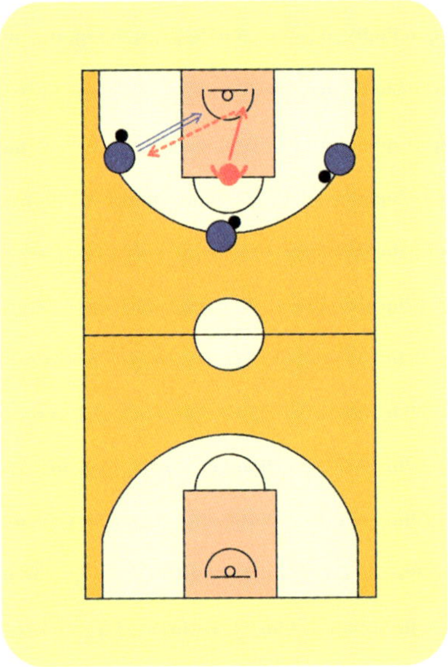

Zielgruppe

AGA	GLT	ABT	AST	HLT
	●	●	●	

Spielerzahl:
4

Lernziele/Drillschwerpunkt:
Lernen, die Reboundspots zu antizipieren

Empfohlene Dauer:
8–10 Minuten

Übungsbeschreibung:
Drei Spieler mit je einem Ball verteilen sich auf für sie jeweils weit entfernte, aber machbare Wurfpositionen. Ein Spieler positioniert sich an der Freiwurflinie. Der erste Spieler wirft auf den Korb (danach »reihum«), er bekommt einen Punkt für jeden Treffer. Der Spieler an der Freiwurflinie versucht den Ball zu erlangen, bevor er den Boden berührt, egal, ob getroffen oder nicht. Für jeden so gereboundeten Ball erhält er 2 Punkte. Er darf von jedem Spieler einen Ball rebounden, danach darf er nur bleiben, solange er erfolgreich ist. Berührt also beispielsweise beim 4. Wurf der Ball den Boden, so ist der nächste Spieler an der Reihe zu rebounden. Bei einem »Airball« erhält er 2 Punkte und darf auch bleiben, wenn der Ball den Boden berührt.

Variationen:
Der Rebounder muss sofort für den nächsten Spieler Platz machen, wenn der erste Ball den Boden berührt

Korrekturhinweise:
Ball am höchsten Punkt fangen und ans Kinn reißen, saubere Outletpässe geben

Materialbedarf:
1 Ball pro Gruppe

Wettkampf:
Welcher Spieler erzielt zuerst 10 Punkte?

→ 258

Weakside Double

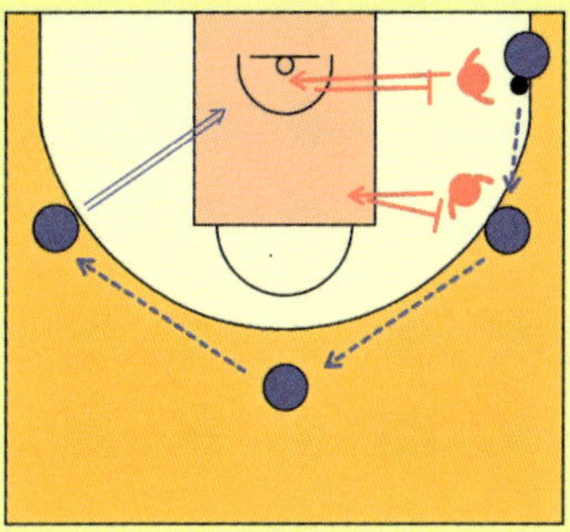

Zielgruppe

AGA	GLT	ABT	AST	HLT
	●	●	●	

Spielerzahl:
6+

Lernziele/Drillschwerpunkt:
Verteidiger lernen, sich mit dem Ball zu bewegen und beim Wurf den eigenen Mann zu finden und auszublocken.

Empfohlene Dauer:
8-10 Minuten

Übungsbeschreibung:
Ein Angreifer befindet sich auf dem Point, einer in der rechten Corner und zwei auf den Wings. Der Ball befindet sich beim Spieler in der Corner, der Spieler hat einen Verteidiger vor sich. Der Wingspieler auf der gleichen Seite wird ebenfalls ver-teidigt. Der Cornerspieler passt nun zum Wingspieler (evtl. Pass zulassen), dieser passt weiter zum Point, der weiter zur anderen Seite passt. Die Verteidiger passen ihre Position jeweils an. Wenn der Wingspieler auf der anderen Seite den Ball hat, wartet er kurz, bis die beiden Verteidiger in der Helpside-Position stehen und wirft dann auf den Korb. Die beiden Spieler auf der andern Seite ha-ben die Aufgabe, zum Rebound zu gehen und die Verteidiger müssen sie spätestens am Zonenrand ausblocken und dann den Rebound sichern. Nach drei Versuchen werden die Aufgaben »rotiert«.

Variationen:
Wenn die Verteidiger den Ball rebounden, dürfen sie bleiben. Gewinnt ein Angreifer den Rebound, rotiert dieser in die Verteidigung, der Verteidiger dieses Spielers wird Werfer

Korrekturhinweise:
Positionsverschiebung der Verteidiger beachten, beim Wurf Sprintschritte Richtung des eigenen Mannes und ausblocken.

Materialbedarf:
1 Ball pro Gruppe

Wettkampf:
Welcher Spieler erarbeitet die meisten Rebounds?

→ 259

Follow up!

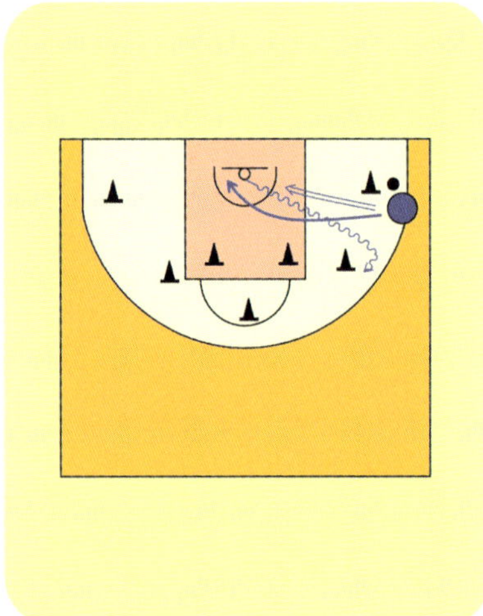

Zielgruppe

AGA	GLT	ABT	AST	HLT
	🏀	🏀	🏀	

Spielerzahl:
Individual

Lernziele/Drillschwerpunkt:
Antizipation der Reboundposition nach dem eigenen Wurf verbessern, Offensiv rebounden lernen.

Empfohlene Dauer:
5-10 Minuten

Übungsbeschreibung:
Die Spieler werden auf die vorhandenen Körbe verteilt. Die Spieler haben die Aufgabe, aus sieben Positionen auf den Korb zu werfen. Diese Positionen sollten in einem altersgerechten Abstand unregelmäßig um den Korb verteilt sein. Die Spieler werfen auf den Korb und erhalten einen Punkt, wenn sie treffen. Fangen sie den Ball, bevor er den Boden berührt (auch bei Korberfolg), wird das ebenfalls mit einem Punkt belohnt. Wenn sie den Ball gefangen haben, dann erhalten sie noch einen dritten Punkt, wenn sie von der Stelle, an der sie den Ball gefangen haben einen Korb erzielen (Pivot ist erlaubt). Anschließend dribbeln sie zum nächsten Punkt usw., bis alle Positionen abgearbeitet wurden. Der Spieler mit den meisten Punkten gewinnt.

Variationen:
Auch als Partnerübung möglich (1 Ball), auf Zeit, Anzahl der Positionen verändern

Korrekturhinweise:
Wurftechnik nicht vernachlässigen, Reboundtechnik trainieren.

Materialbedarf:
1 Ball pro Korb

Wettkampf:
Welcher Spieler oder welches Team erzielt die meisten Punkte?

→ 250

Closed Eyes Dribbling

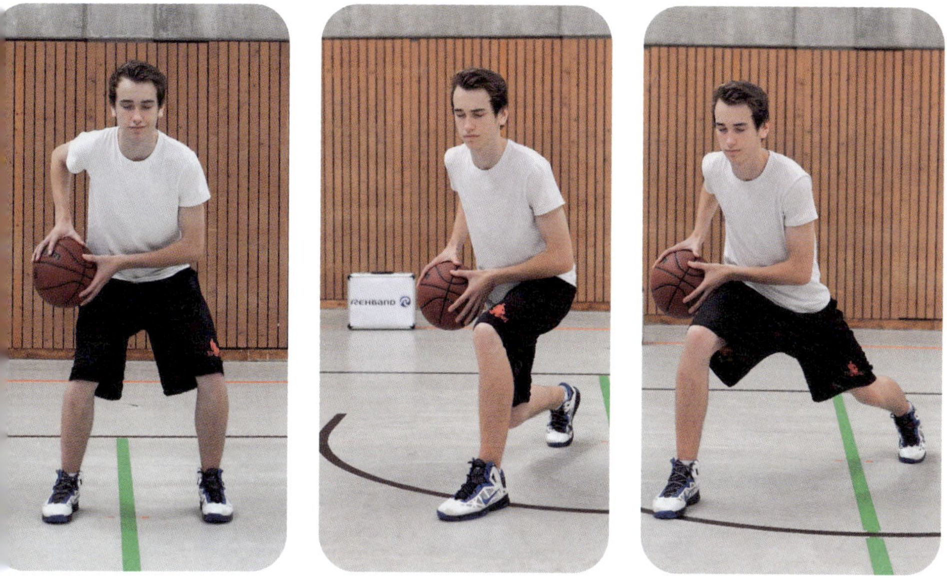

Zielgruppe

AGA	GLT	ABT	AST	HLT
●	●	●	●	

Spielerzahl:
1+

Lernziele/Drillschwerpunkt:
Verbesserung der Reaktion in Kombination mit der korrekten Handlungsweise

Empfohlene Dauer:
5–10 Minuten

Übungsbeschreibung:
Der Spieler steht mit geschlossenen Augen an einem beliebigen Ort in der Halle in der SPD-Position. Nun gibt der Trainer eine beliebige Gangdribblingvariante, z. B. Kreuzgangdribbling rechts, vor. Diese muss der Spieler mit geschlossenen (oder mit geöffneten Augen) korrekt ausführen. Sollte ein Seitenwechsel des Balles erforderlich sein, muss dieser durch einen Sweep unter den Knien oder über dem Kopf stattfinden. Hat der Spieler gedribbelt, bleibt er stehen und verschließt die Augen erneut.

Korrekturhinweise:
Auf die richtige Ausführung und Schrittfehler achten.

Materialbedarf:
1 Basketball

→ 261

One Contact Stop Crossstep

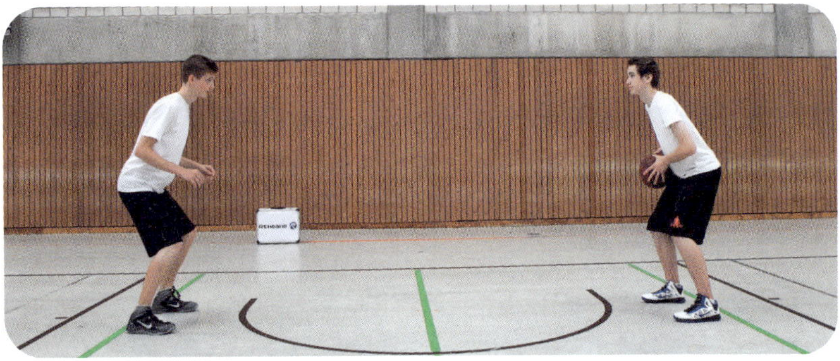

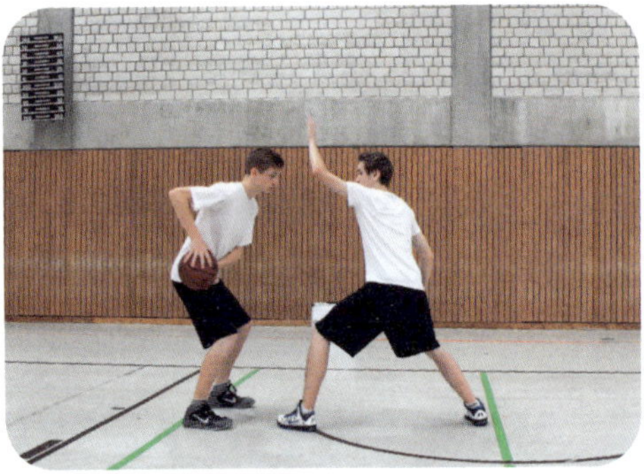

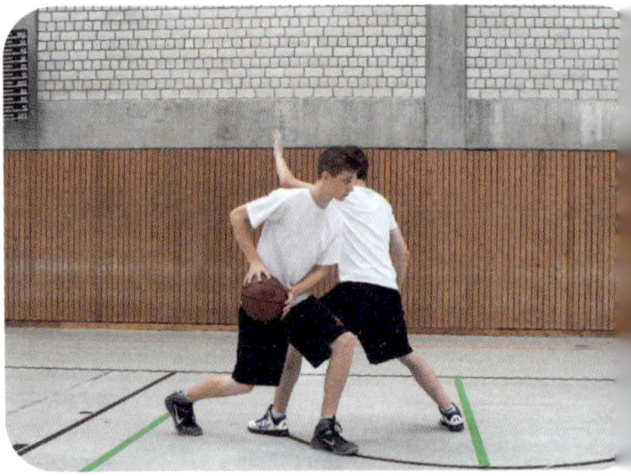

Zielgruppe

AGA	GLT	ABT	AST	HLT
x	x	x	x	

Spielerzahl:
2+

Lernziele/Drillschwerpunkt:
Verbesserung der Reaktion in Kombination mit der korrekten Handlungsweise

Empfohlene Dauer:
5-10 Minuten

Übungsbeschreibung:
Die Spieler stehen sich in ausreichendem Abstand, mindestens 3 m, gegenüber. Spieler 1 passt den Ball zu Spieler 2, der den Ball fängt und mit einem Ein-Kontakt-Sprung in der SPD-Position aufkommt. Nun läuft Spieler 1 auf Spieler 2 zu und bringt einen Fuß und die gleichseitige Schulter nach vorne. Diese muss Spieler 2 mit einem Kreuzgang-Dribbling schlagen. Sollte ein Seitenwechsel des Balles nötig sein, wird dieser durch einen Sweep auf die andere Seite gebracht.

Variationen:
Diese Übung kann auch mit einem beliebigen Korbabschluss durchgeführt werden.

Korrekturhinweise:
Auf die richtige Ausführung und Schrittfehler achten.

Materialbedarf:
1 Basketball

→ 262

One Contact Stop Passstep

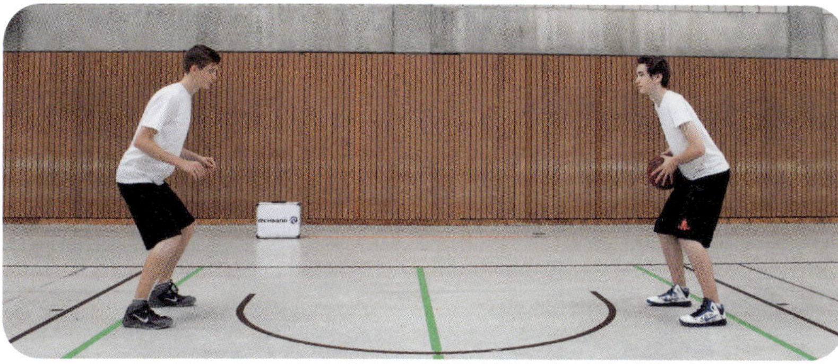

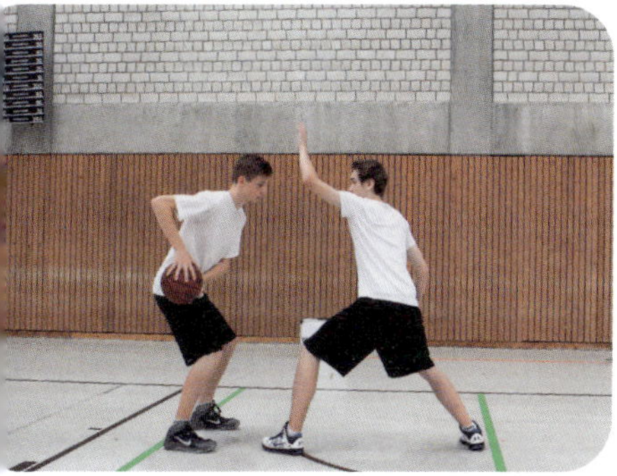

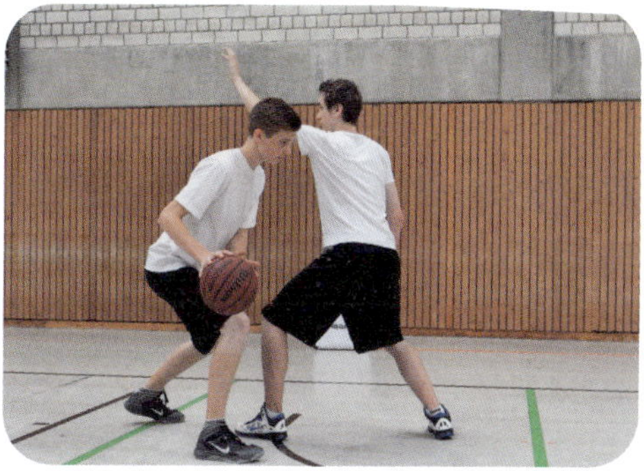

Zielgruppe

AGA	GLT	ABT	AST	HLT
●	●	●	●	

Spielerzahl:
2+

Lernziele/Drillschwerpunkt:
Verbesserung der Reaktion in Kombination mit der korrekten Handlungsweise

Empfohlene Dauer:
5-10 Minuten

Übungsbeschreibung:
Die Spieler stehen sich in ausreichendem Abstand, mindestens 3 m, gegenüber. Spieler 1 passt den Ball zu Spieler 2, der den Ball fängt und mit einem Ein-Kontakt-Sprung in der SPD-Position aufkommt. Nun läuft Spieler 1 auf Spieler 2 zu und bringt einen Fuß und die gleichseitige Schulter nach vorne. Diese muss Spieler 2 mit einem Passgang-Dribbling schlagen. Sollte ein Seitenwechsel des Balles nötig sein, wir dieser durch einen Sweep auf die andere Seite gebracht.

Variationen:
Diese Übung kann auch mit einem beliebigen Korbabschluss durchgeführt werden.

Korrekturhinweise:
Auf die richtige Ausführung und Schrittfehler achten.

Materialbedarf:
1 Basketball

→ 263

Two Contact Stop Crossstep/Passstep

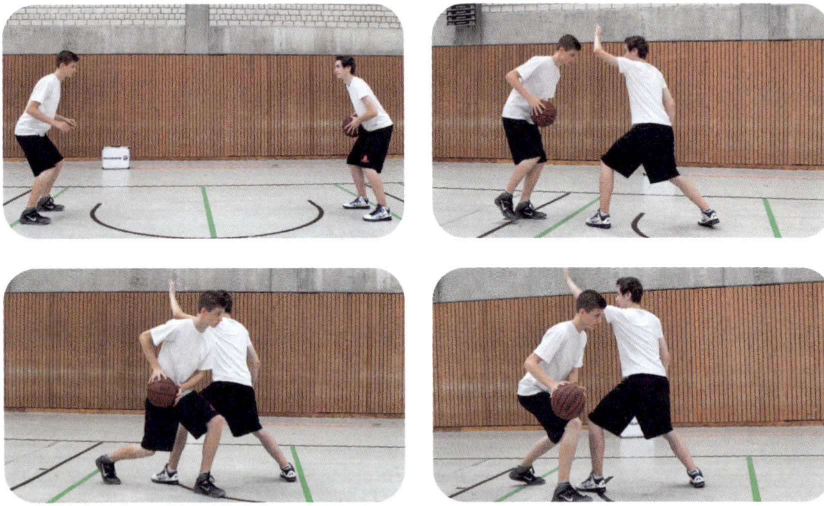

Zielgruppe

AGA	GLT	ABT	AST	HLT
●	●	●	●	

Spielerzahl:
2+

Lernziele/Drillschwerpunkt:
Verbesserung der Reaktion in Kombination mit der korrekten Handlungsweise

Empfohlene Dauer:
5-10 Minuten

Übungsbeschreibung:
Die Spieler stehen sich in ausreichendem Abstand, mindestens 3 m, gegenüber. Spieler 1 passt den Ball zu Spieler 2, der den Ball fängt und mit einem Zwei-Kontakt-Sprung (re/li oder li/re) in der SPD-Position aufkommt. Nun läuft Spieler 1 auf Spieler 2 zu und bringt einen Fuß und die gleichseitige Schulter nach vorne. Diese muss Spieler 2 mit einem Kreuzgang- oder Passgang-Dribbling schlagen, je nachdem welche Schulter/welcher Fuß vorne ist, ohne dass ein Schrittfehler gemacht wird. Sollte ein Seitenwechsel des Balles nötig sein, wird dieser durch einen Sweep auf die andere Seite gebracht.

Variationen:
Diese Übung kann mit einem beliebigen Korbabschluss beendet werden.

Korrekturhinweise:
Auf die richtige Ausführung und Schrittfehler achten.

Materialbedarf:
1 Basketball

→ 264

Read and React Dribbling Exercise

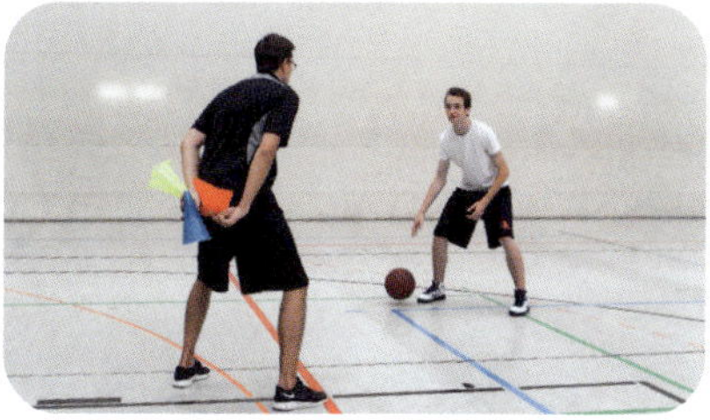

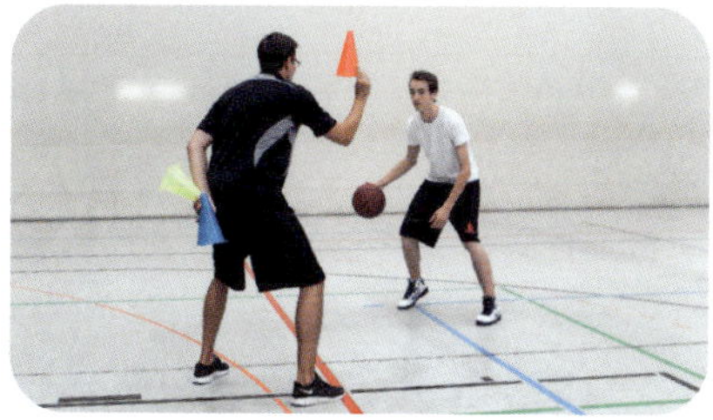

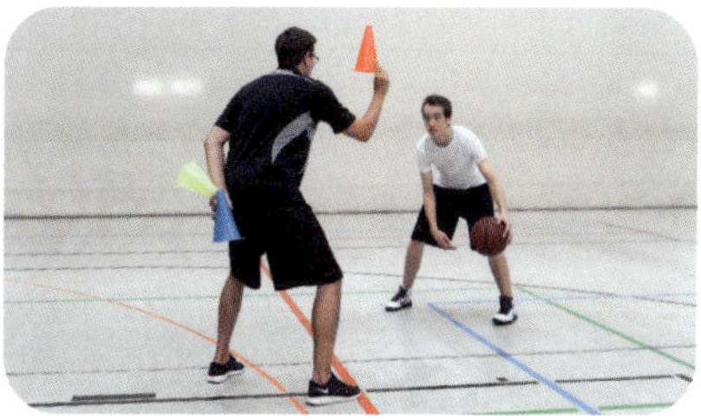

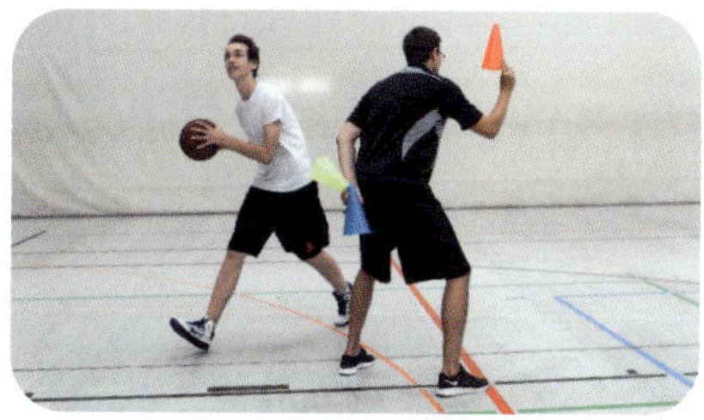

Zielgruppe

AGA	GLT	ABT	AST	HLT
●	●	●	●	

Spielerzahl:
2+

Lernziele/Drillschwerpunkt:
Verbesserung der Reaktion in Kombination mit der korrekten Handlungsweise

Empfohlene Dauer:
5–10 Minuten

Übungsbeschreibung:
Die Spieler stehen an der Mittellinie, der Trainer ca. in Höhe der Dreierlinie. Der Trainer hält die verschiedenfarbigen Säckchen oder Hütchen hinter dem Rücken. Der erste Spieler dribbelt auf den Trainer zu, dieser zeigt ihm eine Farbe, die einer bestimmten Handlung zugeordnet ist. Zum Beispiel bedeutet »Rot«: Rechts am Trainer vorbeidribbeln und mit einem beliebigen Layup abschließen. »Blau« könnte zum Beispiel bedeuten: »Links vorbeiziehen und mit einem Powermove abschließen!«

Variationen:
Diese Übung kann von allen Positionen des Feldes und mit beliebigen Abschlussmöglichkeiten und Handwechseln durchgeführt werden. Man kann als Steigerung dann andere Kommandos anstatt der Farben geben, z. B. in die Richtung zeigen wohin die Spieler gehen sollen, oder in die entgegengesetzte Richtung zeigen wohin die Spieler gehen sollen, oder ein verbales Kommando geben. Hierbei immer auch die vorangegangenen Kommandos einbauen, um die Spieler zum Nachdenken zu bewegen.

Korrekturhinweise:
Auf die richtige Ausführung und Handwechsel achten. Geschwindigkeit beim Andribbeln und Handwechsel beachten. Kopf hoch beim Dribbeln! Erst spät die jeweilige Farbe oder Kommando geben.

Materialbedarf:
1 Basketball pro Spieler, drei verschiedenfarbige Sandsäckchen o. Ä.

→ 265

1 on 1 Read and React

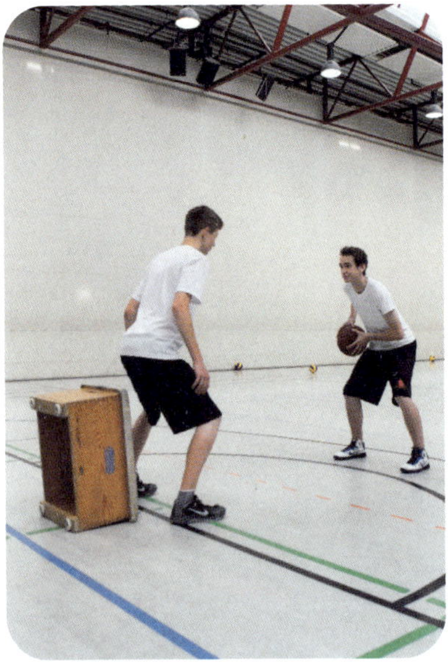

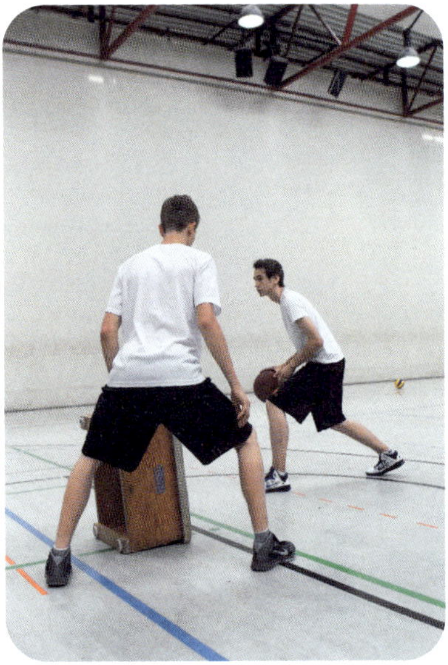

Zielgruppe

AGA	GLT	ABT	AST	HLT
●	●	●	●	

Spielerzahl:
2+

Lernziele/Drillschwerpunkt:
Verbesserung der Reaktion in Kombination mit der korrekten Handlungsweise

Empfohlene Dauer:
5–10 Minuten

Übungsbeschreibung:
Ein Kasten steht hochkant mittig etwa auf Höhe der Freiwurflinie. Ein Verteidiger steht vor dem Kasten und schaut den Angreifer an, welcher auf der Dreierlinie steht. Der Verteidiger beginnt die Übung, indem er sich für eine Seite entscheidet und um den Kasten herumläuft. Der Angreifer muss nun über die freie Seite den Korb attackieren, der Verteidiger versucht ihn zu stoppen. Hierbei muss der Angreifer ein Kreuz- oder Passgang-Dribbling benutzen, je nach Vorgabe.

Variationen:
Diese Übung kann von allen Positionen des Feldes und mit variablem Abstand der Spieler und der Kästen durchgeführt werden. Sie kann aus dem Ein-Kontakt, Zwei-Kontakt oder aus dem Dribbling durchgeführt werden.

Korrekturhinweise:
Auf die richtige Ausführung und Schrittfehler achten.

Materialbedarf:
1 Basketball, 1 Kasten/Stuhl

Wettkampf:
Wer hat zuerst x -Offense-/Defense Punkte?

→ 266

Advanced Combination Read and React Passing Drill

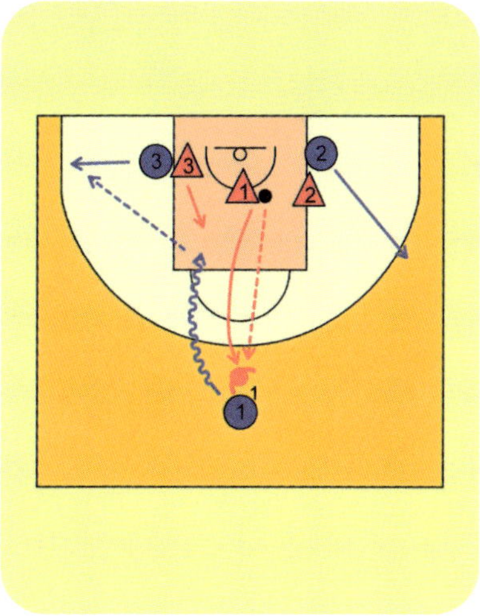

Zielgruppe

AGA	GLT	ABT	AST	HLT

Spielerzahl:
6+

Lernziele/Drillschwerpunkt:
Verbesserung der Reaktion in Kombination mit der korrekten Handlungsweise

Empfohlene Dauer:
5–10 Minuten

Übungsbeschreibung:
Ein Angreifer steht ca. 1 m hinter der Dreierlinie auf der 90-Grad-Position. Zwei weitere Angreifer stehen mit ihren Verteidigern unten am Zonenrand links und rechts. Ein weiterer Verteidiger steht unter dem Korb und passt den Ball zum Angreifer an der 3er-Linie und macht dorthin einen Close-Out-Sprint. Der Angreifer mit Ball muss nun die vordere Schulter/Fuß des Verteidigers schlagen, gleichzeitig haben sich die beiden anderen Angreifer entweder auf der 45-Grad- oder der 0-Grad-Position freigemacht. Nun muss einer der beiden Verteidiger helfen, der Angreifer muss dies lesen und zum frei gewordenen Angreifer passen, dieser schließt dann ab. Sollte keine Hilfe gegeben werden, muss der Angreifer selber abschließen.

Variationen:
In diese Übung kann man auch eigene Offense-Prinzipien einbauen, z. B. Strongside-Angreifer raus und Weakside-Angreifer rein. Auch kann man den Close-Out-Verteidiger dann rotieren lassen, um ein 3 on3 zu simulieren.

Korrekturhinweise:
Auf die richtige Ausführung und Schrittfehler achten. Passtechnik beachten! Evtl. richtige Laufwege beachten.

Materialbedarf:
1 Basketball

→ 260

Pick and Roll finishing Drill 1 (finish)

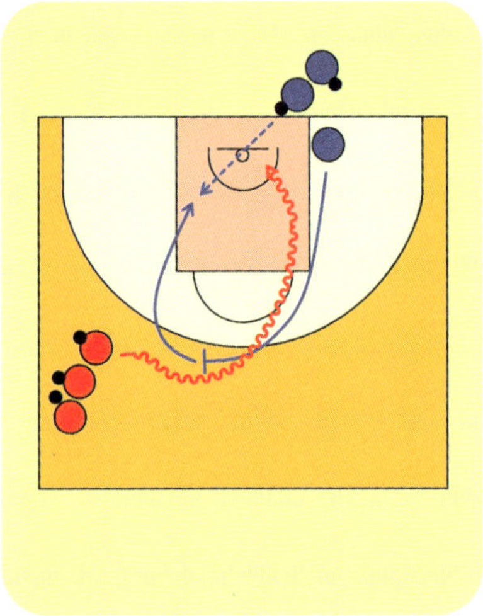

Zielgruppe

AGA	GLT	ABT	AST	HLT

Spielerzahl:
6 pro Korb

Lernziele/Drillschwerpunkt:
Blocknutzung, Timing und Passtechniken verbessern

Empfohlene Dauer:
8-10 Minuten

Übungsbeschreibung:
Eine Reihe von mindestens drei Spielern steht oberhalb der Dreierlinie auf dem linken Guardspot. Eine weitere Reihe von mindestens drei Spielern steht unterhalb der Baseline am gegenüberliegenden Zonenrand. Alle Spieler haben einen Ball außer dem ersten Spieler an der Baseline. Dieser Spieler sprintet zur Dreierlinie auf die Splitline und stellt dort einen Block für den Dribbler, der vom Guardspot kommt. Der Dribbler nutzt den Block (2-0) und penetriert hart zum Korb, wo er nach Vorgabe des Trainers abschließt. Der Blockspieler rollt zum Korb ab und erhält einen Pass vom zweiten Spieler an der Baseline, den er ebenfalls nach Anweisung der Trainers auf den Korb wirft. Beide Spieler holen ihren eigenen Rebound und schließen sich an der jeweils anderen Reihe hinten an.

Variationen:
Beide Seiten nutzen! Hesitation Dribbble (gegen Stepout) einbauen

Korrekturhinweise:
Blocknutzung: Schulter tief, hart zum Korb dribbeln. Blocker: Block halten und dann nach Anweisung des Trainers abrollen.

Materialbedarf:
Pro Korb ein Ball weniger als Spieler

Wettkampf:
Wer erzielt individuell oder auch als Gruppe die meisten Treffer?

→ 268

Pick and Roll finishing Drill 2 (dish)

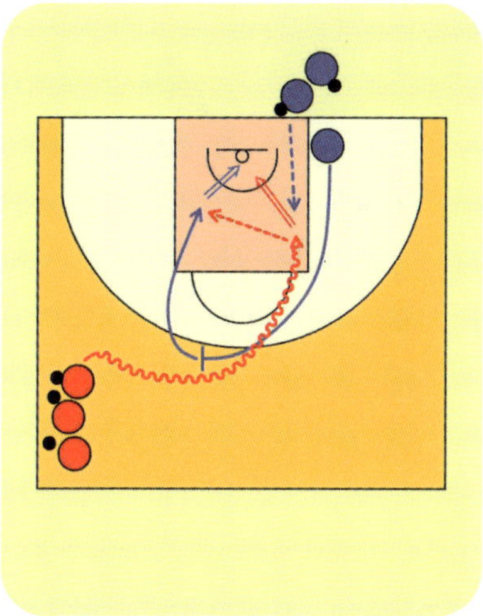

Zielgruppe

AGA	GLT	ABT	AST	HLT

Spielerzahl:
6 pro Korb

Lernziele/Drillschwerpunkt:
Blocknutzung, Timing und Passtechniken verbessern

Empfohlene Dauer:
8–10 Minuten

Übungsbeschreibung:
Eine Reihe von mindestens drei Spielern steht oberhalb der Dreierlinie auf dem linken Guardspot. Eine weitere Reihe von mindestens drei Spielern steht unterhalb der Baseline am gegenüberliegenden Zonenrand. Alle Spieler haben einen Ball außer dem ersten Spieler an der Baseline. Dieser Spieler sprintet zur Dreierlinie auf die Splitline und stellt dort einen Block für den Dribbler, der vom Guardspot kommt. Der Dribbler nutzt den Block (2-0) und penetriert hart Richtung Korb. Wenn er die Zone erreicht gibt er mit der Innenhand einen Dishpass zum abrollenden Spieler, der nach Vorgabe des Trainers abschließt. Der Passgeber erhält einen Pass von der Baseline, den er ebenfalls mit einem Korbwurf abschließt. Beide Spieler holen ihren eigenen Rebound und schließen sich an der jeweils anderen Reihe hinten an.

Variationen:
Beide Seiten nutzen! Hesitation Dribbble (gegen Stepout) einbauen

Korrekturhinweise:
Blocknutzung: Schulter tief, hart zum Korb dribbeln. Blocker: Block halten und dann nach Anweisung des Trainers abrollen. Passtechnik beachten

Materialbedarf:
Pro Korb ein Ball weniger als Spieler

Wettkampf:
Wer erzielt individuell oder auch als Gruppe die meisten Treffer?

→ 269

Pick and Roll finishing Drill 3 (reject and finish)

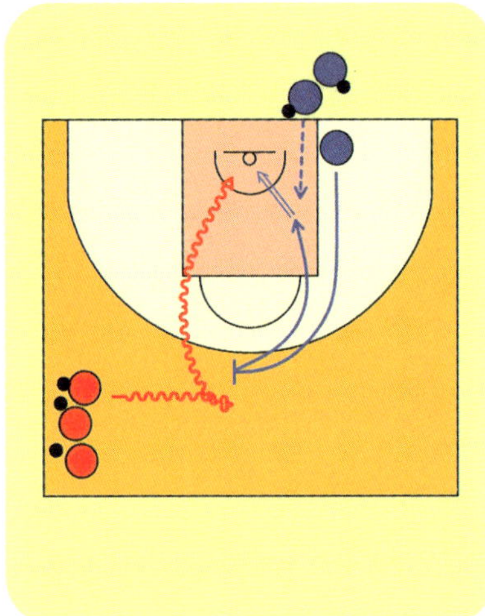

Zielgruppe

AGA	GLT	ABT	AST	HLT

Spielerzahl:
6 pro Korb

Lernziele/Drillschwerpunkt:
Fußarbeit für Reject trainieren

Empfohlene Dauer:
8–10 Minuten

Übungsbeschreibung:
Gleiche Übungsform wie 268, jedoch täuscht der Dribbler die Blocknutzung nur an, separiert sich durch einen Spinmove vom Blocksteller und greift anschließend den Korb an. Er schließt nach Anweisung des Trainers ab. Der nun in die andere Richtung abrollende Spieler erhält von der Grundlinie einen Pass und schließt seinerseits nach Vorgabe des Trainers ab.

Variationen:
Beide Seiten nutzen!

Korrekturhinweise:
Harter Spinmove, harte Penetration

Materialbedarf:
Pro Korb ein Ball weniger als Spieler

Wettkampf:
Wer erzielt individuell oder auch als Gruppe die meisten Treffer?

→ 270

Pick and Roll finishing Drill 4 (reject and dish)

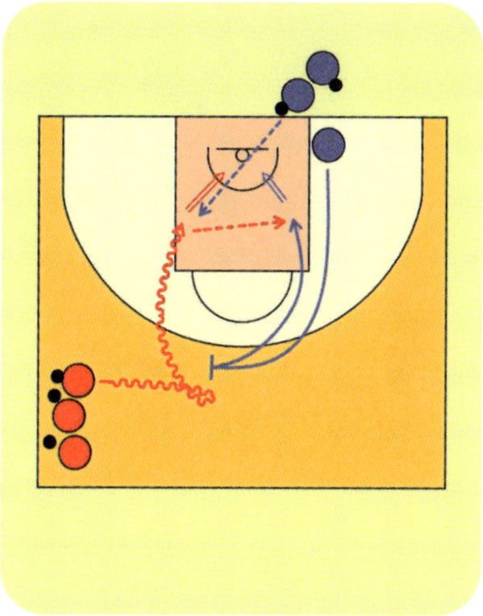

Zielgruppe

AGA	GLT	ABT	AST	HLT
		🏀	🏀	

Spielerzahl:
6 pro Korb

Lernziele/Drillschwerpunkt:
Fußarbeit für Reject trainieren, Passtechnik verbessern

Empfohlene Dauer:
8–10 Minuten

Übungsbeschreibung:
Gleiche Übungsform wie 268, jedoch täuscht der Dribbler die Blocknutzung nur an und separiert sich durch einen Spinmove vom Blocksteller. Anschließend spielt er einen Bodenpass mit der Innenhand auf den abrollenden Spieler, erhält einen Pass von der Baseline, beide Spieler schließen nach Vorgabe des Trainers ab

Variationen:
Beide Seiten nutzen!

Korrekturhinweise:
Harter Spinmove, harte Penetration, Passtechnik beachten

Materialbedarf:
Pro Korb ein Ball weniger als Spieler

Wettkampf:
Wer erzielt individuell oder auch als Gruppe die meisten Treffer?

→ 271

Pick and Roll finishing Drill 5 (slip)

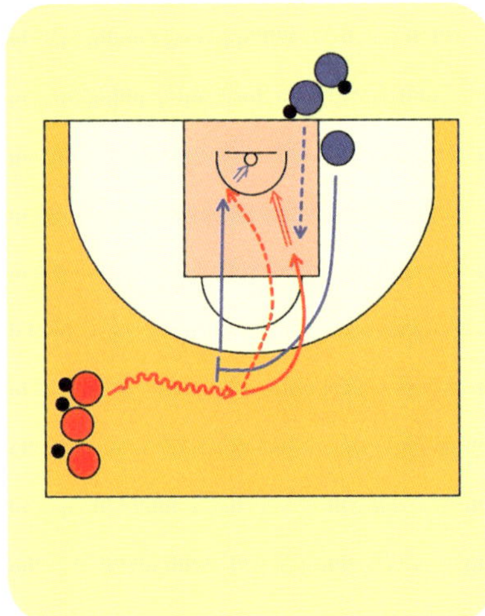

Zielgruppe

AGA	GLT	ABT	AST	HLT

Spielerzahl:
6 pro Korb

Lernziele/Drillschwerpunkt:
Passtechnik verbessern

Empfohlene Dauer:
8–10 Minuten

Übungsbeschreibung:
Gleiche Übungsform wie 268, jedoch »slipt« der Blocksteller den Block und erhält einen Pass »zur Brettspitze«, den er fängt und abschließt. Der Passgeber erhält einen Pass von der Baseline, schließt entweder per Sprungwurf von der 3er-Linie oder mit einem Pullup Jumper ab.

Variationen:
Beide Seiten nutzen!

Korrekturhinweise:
Pass zu flach oder zu kurz

Materialbedarf:
Pro Korb ein Ball weniger als Spieler

Wettkampf:
Wer erzielt individuell oder auch als Gruppe die meisten Treffer?

→ 272

Pick and Roll finishing Drill 6 (reject, kick and feed)

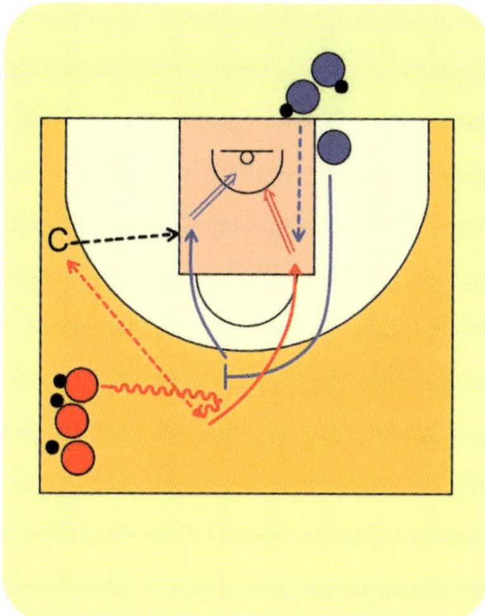

Zielgruppe

AGA	GLT	ABT	AST	HLT

Spielerzahl:
6 pro Korb

Lernziele/Drillschwerpunkt:
Fußarbeit für Reject trainieren, Passtechnik verbessern, Postfeed trainieren

Empfohlene Dauer:
8–10 Minuten

Übungsbeschreibung:
Gleiche Übungsform wie 268, jedoch unterbricht der Dribbler die Blocknutzung durch einen Vorwärtssternschritt um 180 Grad weg vom Korb und passt den Ball auf den Flügelspieler (gleiche Seite, kann auch ein Coach sein). Gleichzeitig rollt der Blocksteller ab und erhält einen Pass vom Coach oder Flügelspieler, den er nach Vorgabe abschließt. Der Dribbler erhält einen Pass von der Baseline zum 3 Punkt Wurf oder zum Pullup Jumper.

Variationen:
Beide Seiten nutzen!

Korrekturhinweise:
Fußarbeit des Dribblers beim Sternschritt beachten, Harte genaue Pässe geben.

Materialbedarf:
Pro Korb ein Ball weniger als Spieler

Wettkampf:
Wer erzielt individuell oder auch als Gruppe die meisten Treffer?

→ 273

Pick and Roll 2 vs. 1 (finish/dish)

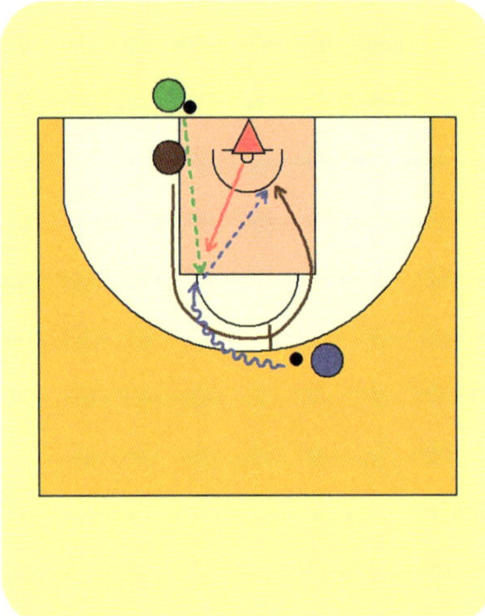

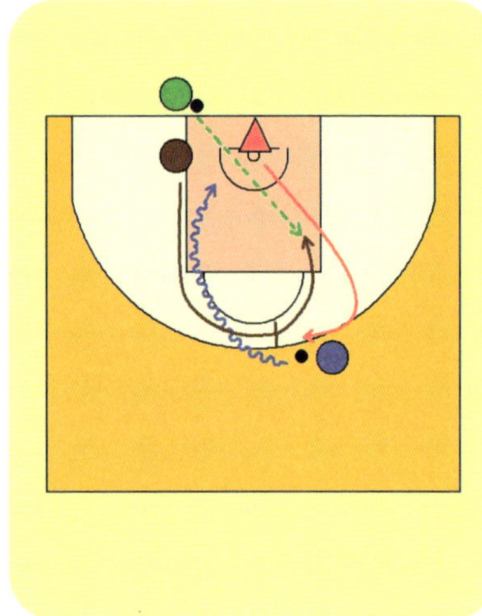

Zielgruppe

AGA	GLT	ABT	AST	HLT
		●	●	

Spielerzahl:
8 pro Korb

Lernziele/Drillschwerpunkt:
Blocknutzung, Timing, Passtechnik, Finishing, Entscheidungsverhalten, Footwork

Empfohlene Dauer:
8–10 Minuten

Übungsbeschreibung:
Aufstellung und Vorgehensweise wie in Drill 267. Es wird jedoch ein Verteidiger hinzugefügt, dessen Reihe sich unterm Korb an er Baseline aufstellt. Der Verteidiger hat die Aufgabe das Pick and Roll so zu verteidigen, dass der Blocknutzer nun die Entscheidung treffen muss selbst abzuschließen oder den abrollenden Blocksteller anzupassen. Weiterhin erhält der 2. Spieler einen Pass und schließt ebenfalls ab. Der Verteidiger holt den Rebound des Passnutzers und stellt sich in der Reihe der Blocknutzer an. Der Blocknutzer holt den Rebound des Blockstellers und stellt sich in der Reihe des Blockstellers an. Der Blocksteller stellt sich in der Verteidiger Reihe an.

Variationen:
Beide Seiten nutzen!

Korrekturhinweise:
Korrekte Ausführung des Pick and Roll, richtige Entscheidung treffen, Passtechnik beachten, konzentriertes Finishing.

Materialbedarf:
Pro Korb 3 Bälle weniger als Spieler

Wettkampf:
Wer erzielt individuell oder auch als Gruppe die meisten Treffer?

→ 274

Pick and Roll 2 vs. 1 (reject and finish/dish)

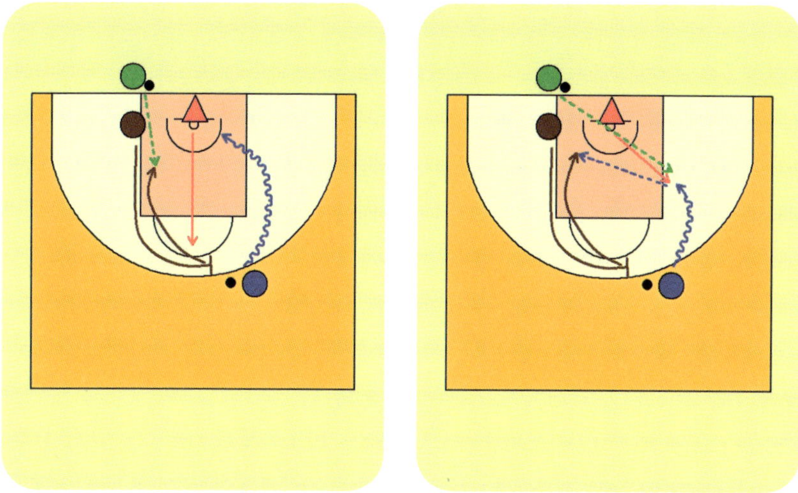

Zielgruppe

AGA	GLT	ABT	AST	HLT
		🏀	🏀	

Spielerzahl:
8 pro Korb

Lernziele/Drillschwerpunkt:
Blocknutzung, Timing, Passtechnik, Finishing, Entscheidungsverhalten, Footwork

Empfohlene Dauer:
8–10 Minuten

Übungsbeschreibung:
Aufstellung und Vorgehensweise wie in Drill 269. Ballführer nutzt in diesem Drill den Block nicht (analog zu den Drills 269 und 270). Der Verteidiger stellt den Ballführer nun vor die Entscheidung selbst zu finishen oder den abrollenden Blocksteller anzupassen.

Variationen:
Beide Seiten nutzen!

Korrekturhinweise:
Korrekte Ausführung des Pick and Roll, richtige Entscheidung treffen, Passtechnik beachten, konzentriertes Finishing.

Materialbedarf:
Pro Korb 3 Bälle weniger als Spieler

Wettkampf:
Wer erzielt individuell oder auch als Gruppe die meisten Treffer?

→ 275

Pick and Roll 2 vs. 1 (slip/reject, kick and feed)

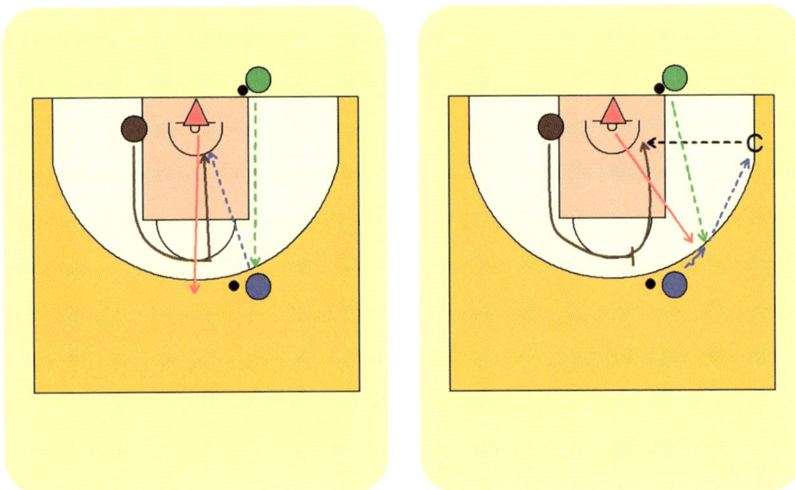

Zielgruppe

AGA	GLT	ABT	AST	HLT
		🏀	🏀	

Spielerzahl:
8 pro Korb

Lernziele/Drillschwerpunkt:
Blocknutzung, Timing, Passtechnik, Finishing, Entscheidungsverhalten, Footwork

Empfohlene Dauer:
8–10 Minuten

Übungsbeschreibung:
Aufstellung und Vorgehensweise wie in Drill 272. Die Spielsituationen der Drills 271 und 272 werden nun in der Form des Entscheidungdrills fortgeführt. Der Verteidiger stellt die Angreifer nun vor die Entscheidung den Block zu »slippen« oder die Variante des reject, kick and feed auszuführen.

Variationen:
Beide Seiten nutzen!

Korrekturhinweise:
Korrekte Ausführung des Pick and Roll, richtige Entscheidung treffen, Passtechnik beachten, konzentriertes Finishing.

Materialbedarf:
Pro Korb 3 Bälle weniger als Spieler

Wettkampf:
Wer erzielt individuell oder auch als Gruppe die meisten Treffer?

→ 276

Pick and Roll 2vs2 (finish/dish)

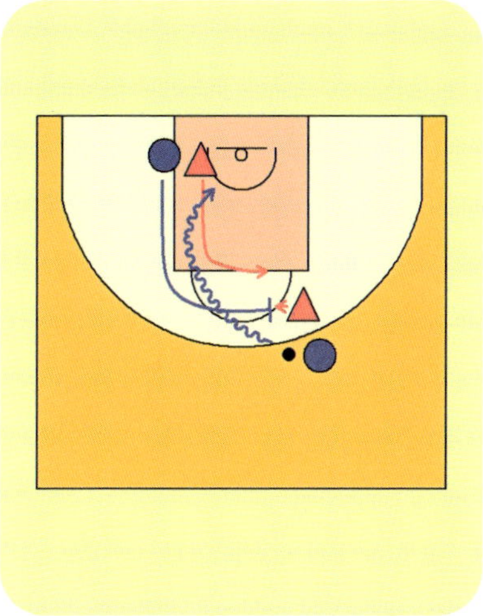

Zielgruppe

AGA	GLT	ABT	AST	HLT
		●	●	

Spielerzahl:
6 pro Korb

Lernziele/Drillschwerpunkt:
Blocknutzung, Timing, Passtechnik, Finishing, Entscheidungsverhalten, Footwork

Empfohlene Dauer:
8–10 Minuten

Übungsbeschreibung:
Es werden 2er-Gruppen gebildet. Die Startpositionen entsprechen denen des Drill 273. Die ersten beiden Spieler spielen Angriff, das zweite Pärchen verteidigt. Von den ersten beiden Spielern, hat einer einen Ball. Nun versucht der Angriff mittels eines Blocks und den Reaktionen finish oder dish zu punkten. Die Verteidiger geben anfangs eine dieser Optionen klar vor. Im Verlauf des Drills wird die Intensität der Verteidigung gesteigert. Die Angreifer rotieren auf die Position außerhalb des Feldes, die Verteidiger wechseln in den Angriff und die beiden Spieler außerhalb des Feld übernehmen die Verteidigung.

Variationen:
Beide Seiten nutzen!

Korrekturhinweise:
Korrekte Ausführung des Pick and Roll, richtige Entscheidung treffen, Passtechnik beachten, konzentriertes Finishing.

Materialbedarf:
1 Ball, 1 Korb

Wettkampf:
Welche Gruppe erzielt die meisten Treffer?

→ 277

Pick and Roll 2vs2 (reject and finish/dish)

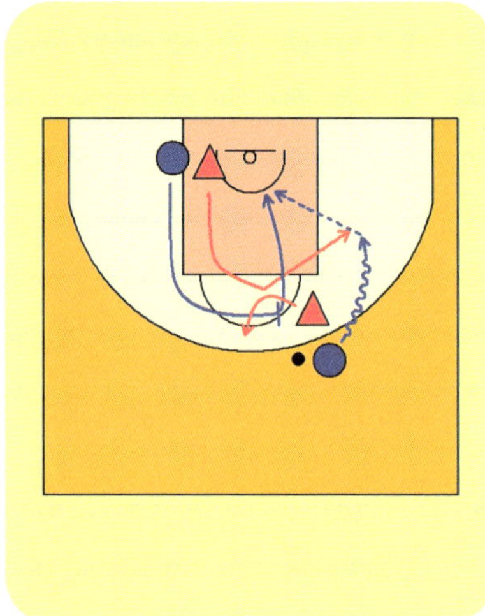

Zielgruppe

AGA	GLT	ABT	AST	HLT
		●	●	

Spielerzahl:
6 pro Korb

Lernziele/Drillschwerpunkt:
Blocknutzung, Timing, Passtechnik, Finishing, Entscheidungsverhalten, Footwork

Empfohlene Dauer:
8–10 Minuten

Übungsbeschreibung:
Aufstellung und Vorgehensweise wie in Drill 274. Der Angriff nutzt nun die reject finish, reject dish und slip Varianten der Blocknutzung um zu punkten.

Variationen:
Beide Seiten nutzen!

Korrekturhinweise:
Korrekte Ausführung des Pick and Roll, richtige Entscheidung treffen, Passtechnik beachten, konzentriertes Finishing.

Materialbedarf:
1 Ball, 1 Korb

Wettkampf:
Welche Gruppe erzielt die meisten Treffer?

→ 278

Pick and Roll 2vs2 (slip/reject, kick and feed)

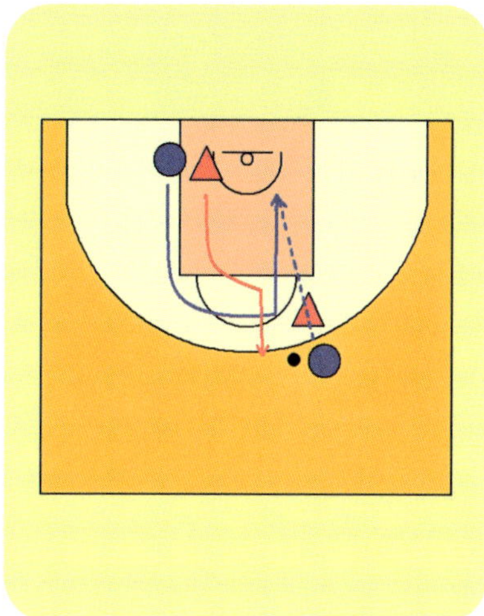

Zielgruppe

AGA	GLT	ABT	AST	HLT

Spielerzahl:
6 pro Korb

Lernziele/Drillschwerpunkt:
Blocknutzung, Timing, Passtechnik, Finishing, Entscheidungsverhalten, Footwork

Empfohlene Dauer:
8–10 Minuten

Übungsbeschreibung:
Aufstellung und Vorgehensweise wie in Drill 276. Der Angriff nutzt nun alle erlernten Varianten der Blocknutzung um zu punkten.

Variationen:
Beide Seiten nutzen!

Korrekturhinweise:
Korrekte Ausführung des Pick and Roll, richtige Entscheidung treffen, Passtechnik beachten, konzentriertes Finishing.

Materialbedarf:
1 Ball, 1 Korb

Wettkampf:
Wer erzielt individuell oder auch als Gruppe die meisten Treffer?

→ 279

Pick and Pop finishing Drill

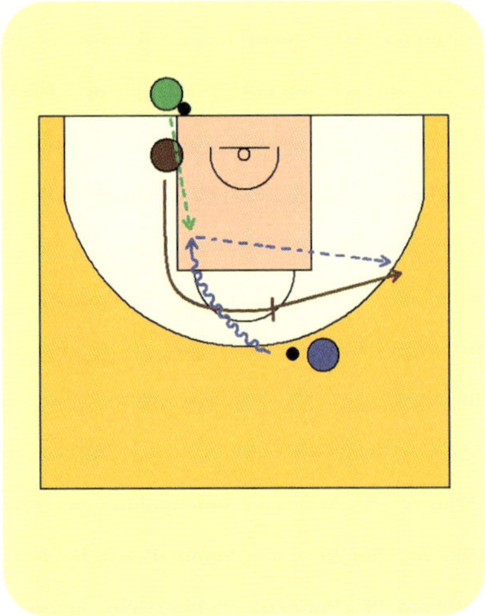

Zielgruppe

AGA	GLT	ABT	AST	HLT
		🏀	🏀	

Spielerzahl:
6 pro Korb

Lernziele/Drillschwerpunkt:
Blocknutzung, Timing, Passtechnik, Finishing, Entscheidungsverhalten, Footwork

Empfohlene Dauer:
8–10 Minuten

Übungsbeschreibung:
Aufstellung und Vorgehensweise wie in Drill 278. Die erlernten Blocknutzungsvarianten werden ausgeführt, nur dass der Blocksteller nicht zum Korb rollt, sondern zur 3er-Linie popt, um mit einem Schuss abzuschließen.

Variationen:
Beide Seiten nutzen!

Korrekturhinweise:
Korrekte Ausführung des Pick and Pop, richtige Entscheidung treffen, Passtechnik beachten, konzentriertes Finishing.

Materialbedarf:
Pro Korb ein Ball weniger als Spieler

Wettkampf:
Wer erzielt individuell oder auch als Gruppe die meisten Treffer?

→ 280

Pick and Pop 2vs2

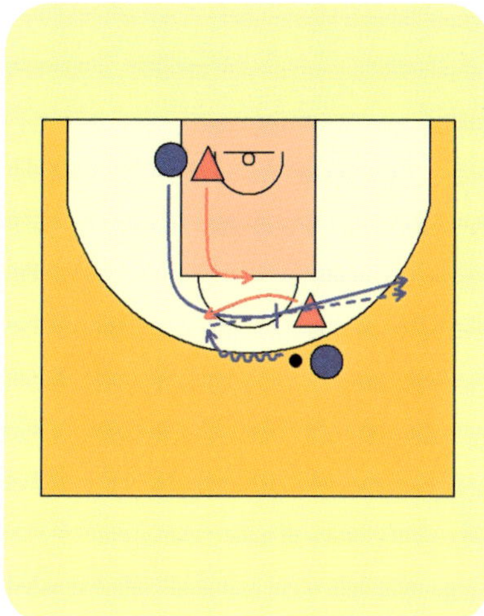

Zielgruppe

AGA	GLT	ABT	AST	HLT
		●	●	

Spielerzahl:
6 pro Korb

Lernziele/Drillschwerpunkt:
Blocknutzung, Timing, Passtechnik, Finishing, Entscheidungsverhalten, Footwork

Empfohlene Dauer:
8–10 Minuten

Übungsbeschreibung:
Aufstellung und Vorgehensweise wie in Drill 278. Die Angreifer nutzen alle erlernten Blocknutzungsvarianten, um zu punkten. Der Blocksteller popt allerdings statt abzurollen.

Variationen:
Beide Seiten nutzen!

Korrekturhinweise:
Korrekte Ausführung des Pick and Pop, richtige Entscheidung treffen, Passtechnik beachten, konzentriertes Finishing.

Materialbedarf:
1 Ball, 1 Korb

Wettkampf:
Wer erzielt individuell oder auch als Gruppe die meisten Treffer?

→ 267

3-2 Beat the Defense

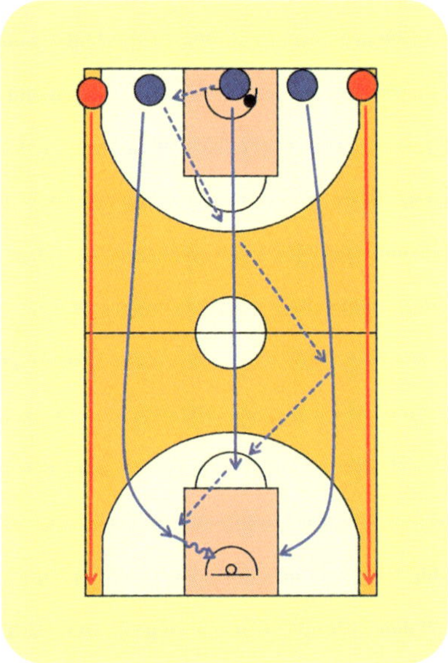

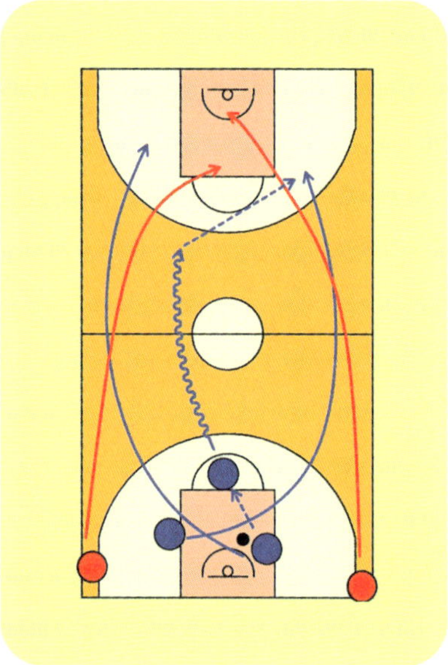

Zielgruppe

AGA	GLT	ABT	AST	HLT
	●	●	●	

Spielerzahl:
5+

Lernziele/Drillschwerpunkt:
Transitionverhalten verbessern, Pässe im schnellen Lauf trainieren

Empfohlene Dauer:
6–12 Minuten

Übungsbeschreibung:
Die Spieler verteilen sich an der Baseline in fünf Reihen auf. Reihe A steht an der Sideline, Reihe C steht auf der Splitline, Reihe E steht an der anderen Sideline, B und D stehen jeweils rechts und links auf halbem Weg zwischen Splitline und Sideline. Der Spieler in der Mitte hat einen Ball. Zeichen zum Beginn der Übung ist, dass der Ball zum ersten Spieler in Reihe B oder D gepasst wird. Bis zur gegenüberliegenden 3er-Linie wird der Ball hin und her gepasst, ab der 3er-Linie dribbelt dann ein vorher bestimmter Spieler (z. B. rechts) zum Korb und schließt mit Korbleger ab. In der Zeit sprinten die Spieler in der Außenspur zur anderen Baseline und wieder zurück zum Korb, an dem sie angefangen haben. Auf dem Weg zurück spielen dann die drei »Angreifer« 3-2 gegen die zurückgesprintete Verteidigung. Die Reihen werden systematisch gewechselt.

Variationen:
Angreifer erhalten Vorsprung bis zur Freiwurflinie/Verteidiger laufen erst los, wenn der Ball über die Freiwurflinie hinaus gepasst wurde.

Korrekturhinweise:
Verteidiger dürfen nicht zu früh loslaufen/Pässe in den Lauf spielen, Verteidigerverhalten (Tandem beobachten)

Materialbedarf:
1 Ball

→ 282

Progressiondrill

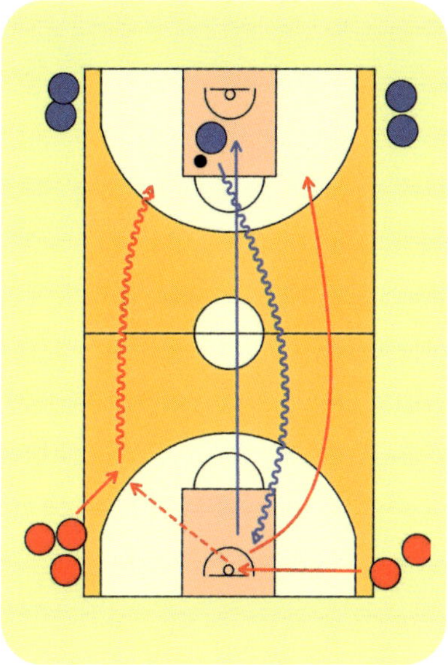

Zielgruppe

AGA	GLT	ABT	AST	HLT
	●	●	●	

Spielerzahl:
10

Lernziele/Drillschwerpunkt:
Transitionverhalten verbessern, Überzahlsituationen lösen

Empfohlene Dauer:
10–12 Minuten

Übungsbeschreibung:
An jeder Baseline stehen fünf Spieler. Ein Spieler auf einer Seite hat einen Ball. Dieser dribbelt so schnell wie er kann zum Korb auf der anderen Seite und schließt dort entweder beliebig oder nach Vorgabe des Trainers ab. Zwei Spieler von dieser Seite nehmen den Ball aus dem Netz oder rebounden ihn und spielen 2-1 auf den gegenüberliegenden Korb, den der zurücksprintende Einzelspieler verteidigt. Wird der Ball in den Korb geworfen, geht verloren oder wird vom Gegner gereboundet, so wird der einzelne Verteidiger durch 2 Spieler aus seiner Gruppe verstärkt. Dieses Dreierteam greift dann den anderen Korb 3-2 an. Nach dem Abschluss kommen dann auf der Seite wieder zwei neue Angreifer hinzu, und es wird 4-3 auf den anderen Korb gespielt. Dort kommen dann wiederum 2 Spieler hinzu und auf dem Rückweg kommt es zur 5-4 Situation. Letztlich kommt noch der letzte Spieler hinzu und man spielt 5-5. Für jeden Korberfolg gibt es einen Punkt, wer zuerst elf Punkte hat gewinnt. (Achtung: Reihenfolge der Spieler ändern!)

Korrekturhinweise:
Verteidigung sprintet zurück! Aufpassen, dass bei Transition von Defense zu Offense niemand zu früh losläuft.

Materialbedarf:
1 Ball

Wettkampf:
Siehe Übung!

→ 283

Eleven men break

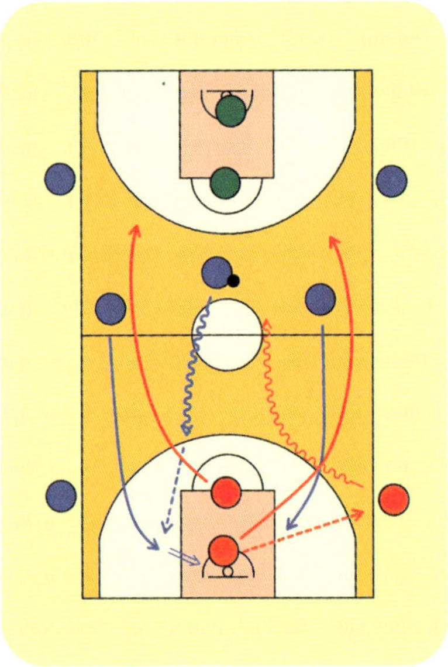

Zielgruppe

AGA	GLT	ABT	AST	HLT
	🏀	🏀	🏀	

Spielerzahl:
11

Lernziele/Drillschwerpunkt:
Transitionverhalten verbessern, Überzahlsituationen 3-2 lösen

Empfohlene Dauer:
10-12 Minuten

Übungsbeschreibung:
Drei Spieler stehen mit einem Ball an der Mittellinie, je zwei Spieler stehen innerhalb einer Zone und je ein Spieler steht auf jeder Seite in Höhe von einer der beiden Freiwurflinien. Die Spieler mit Ball greifen einen Korb 3-2 an und versuchen zum Korberfolg zu kommen. Nach Rebound oder Ballgewinn passt der betr. Verteidiger auf einen Spieler am Spielfeldrand in Höhe der Freiwurflinie. Dieser dribbelt den Ball in Richtung Splitline und greift mit den beiden Verteidigern den anderen Korb an. Die verbliebenen Spieler füllen die freigewordenen Plätze auf. Auf der anderen Spielfeldseite wiederholt sich der Vorgang usw.

Variationen:
Nach Korberfolg den Einwurf an der Grundlinie machen

Korrekturhinweise:
Die Breite des Spielfeldes nutzen, Mittelspur freilassen (Rimrunner)

Materialbedarf:
1 Ball

Wettkampf:
Wer erzielt die meisten Punkte? Wer erarbeitet die meisten Rebounds?

→ 284

2-1 Continuous

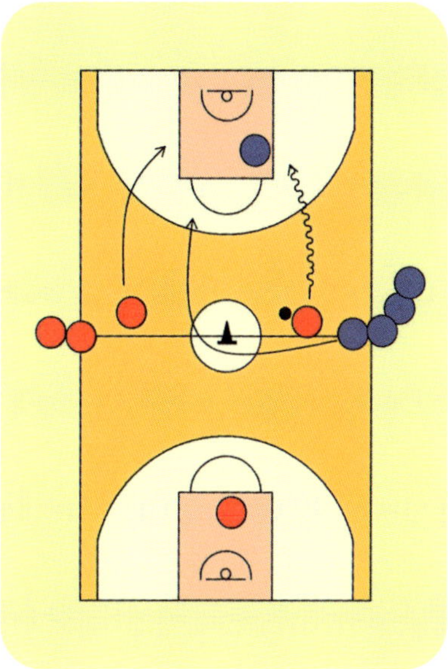

Zielgruppe

AGA	GLT	ABT	AST	HLT

Spielerzahl:
6

Lernziele/Drillschwerpunkt:
Transitionverhalten verbessern, Überzahlsituationen 2-1 unter Zeitdruck lösen

Empfohlene Dauer:
10–12 Minuten

Übungsbeschreibung:
Zwei Spieler mit einem Ball stehen an der Mittellinie. Je ein Spieler steht unter dem einen oder dem anderen Korb. Die restlichen Spieler stehen an der Mittellinie außerhalb des Spielfeldes. Die zwei Spieler mit Ball greifen einen Korb 2-1 an. In dem Moment, wenn der Ball die Mittellinie überquert, läuft ein Spieler, der an der Mittellinie außerhalb des Feldes wartet um ein auf dem Mittelpunkt stehendes Hütchen und versucht, dem Verteidiger zur Hilfe zu kommen. Nach Korberfolg der Angreifer oder Ball-gewinn greifen die beiden Verteidiger auf die andere Seite des Feldes an usw. Der Angreifer, der den Angriff abgeschlossen oder den Ball verloren hat, wird neuer Verteidiger, der andere Angreifer schließt sich den Spielern an der Mittellinie an. Die Gruppen am Spielfeldrand helfen jeweils, von ihnen aus gesehen, wenn der Angriff von rechts nach links verläuft!

Variationen:
Der nachlaufende Spieler läuft durch das Rückfeld um den Mittelkreis, bevor er dem Verteidiger helfen kann.

Korrekturhinweise:
Erst nachlaufen, wenn der Ball die Mittellinie überquert hat. Solange man nicht angegriffen wird, auf direktem Weg den Korb angreifen!

Materialbedarf:
1 Ball, 1 Hütchen

Wettkampf:
Welcher Spieler erzielt die meisten Punkte (Jeweils beide Angreifer erhalten einen Punkt). Welche Verteidiger erzielen die meisten Stopps? (Jeweils beide Verteidiger erhalten einen Punkt)

➔ 285

3-2 Continuous

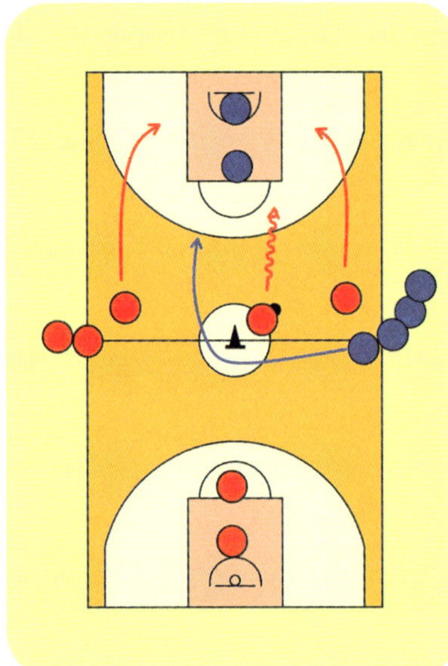

Zielgruppe

AGA	GLT	ABT	AST	HLT
	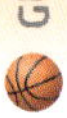	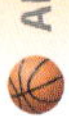	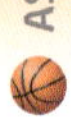	

Spielerzahl:
9

Lernziele/Drillschwerpunkt:
Transitionverhalten verbessern, Überzahlsituationen 2-1 unter Zeitdruck lösen

Empfohlene Dauer:
10-12 Minuten

Übungsbeschreibung:
Wie Drill 284, nur stehen 3 Spieler an der Mittellinie und jeweils 2 Verteidiger unter den Körben, sodass es zur Überzahlsituation 3-2 kommt.

Variationen:
Der nachlaufende Spieler läuft durch das Rückfeld um den Mittelkreis, bevor er dem Verteidiger helfen kann.

Korrekturhinweise:
Erst nachlaufen, wenn der Ball die Mittellinie überquert hat. Solange man nicht angegriffen wird, auf direktem Weg den Korb angreifen!

Materialbedarf:
1 Ball, 1 Hütchen

Wettkampf:
Welcher Spieler erzielt die meisten Punkte (Jeweils beide Angreifer erhalten einen Punkt). Welche Verteidiger erzielen die meisten Stopps? (Jeweils beide Verteidiger erhalten einen Punkt)

→ 286

2 Men Transition Reaction Drill

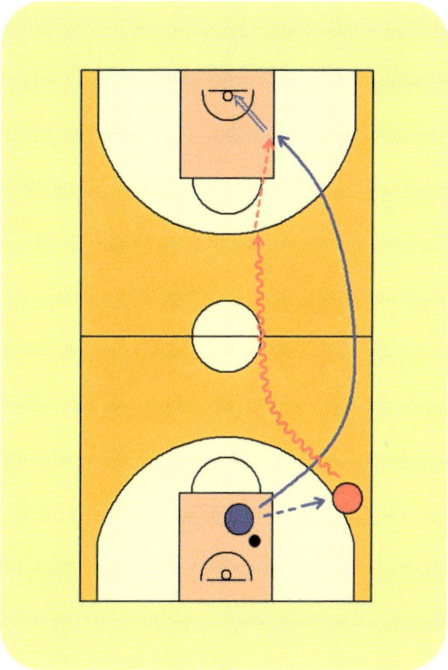

Zielgruppe

AGA	GLT	ABT	AST	HLT
🏀	🏀	🏀		

Spielerzahl:
2+

Lernziele/Drillschwerpunkt:
Rebound, Passen und Fangen, Raumaufteilung beim Fastbreak, Abschlussvarianten einüben

Empfohlene Dauer:
1–2 Minuten pro Variante und Seite

Übungsbeschreibung:
Der eine Spieler positioniert sich mit Ball innerhalb der Zone am Korb. Der andere auf der Outletposition (Verlängerung der Freiwurflinie außerhalb der 3er-Linie). Der Spieler in der Zone wirft den Ball ans Brett, reboundet und sichert den Ball. Auf Signal des Spielers auf der Outletposition, dreht sich der Spieler mit dem Ball dorthin und spielt einen Outletpass. Der Pass-geber sprintet sofort über die Außenspur auf den anderen Korb zu. Der Outletspieler fängt den Ball und beginnt auf der Innenspur bzw. der nahen Laneline-Spur, dribbelnd ebenfalls in Richtung des anderen Korbes zu sprinten. An der 3er-Linie stoppt er ab und passt den Rebounder an, der nun zum Korb cuttet. Dieser schließt mit einem Layup ab. Der Passgeber holt den Rebound bevor der Ball den Boden berührt. Nun wechseln die Spieler die Aufgaben. Nach 2 Minuten wird die Abschlussart von Layup zu Powermove geändert.

Variationen:
Weitere Abschlussvarianten sind: Pullup Jumper, Give'n Go, Shotfake and Drive, Shotfake-Returnpass-Shot, Shotfake-Returnpass-Shotfake-Drive-Kick-Shot, Outletpass long. Stopps und Pässe können variiert werden.

Korrekturhinweise:
Am Anfang ist es sinnvoll Hütchen als Markierungen für die Spuren und Positionen, Rebound sichern, korrekte Fußarbeit, Position beim Stoppen richtig Stabilisieren, Umlenkung der Kraft korrekt ausführen.

Materialbedarf:
Pro Gruppe 1 Ball, 2 Körbe, am Anfang 10 Hütchen

→ 287

Transition Finishing

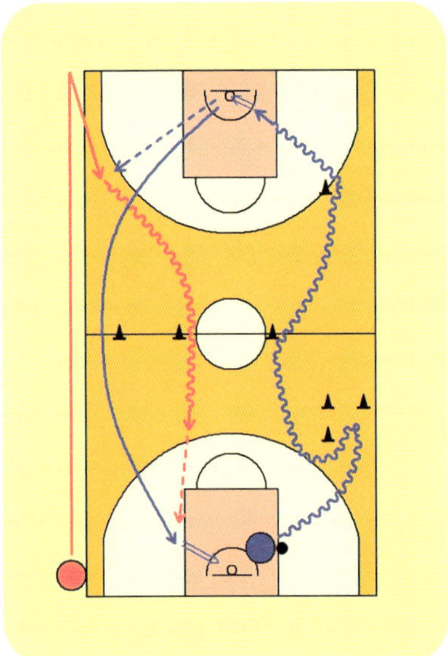

Zielgruppe

AGA	GLT	ABT	AST	HLT
	●	●	●	

Spielerzahl:
2+

Lernziele/Drillschwerpunkt:
Verbessern von Rebound, Dribbling, Finishing, Passen und Fangen

Empfohlene Dauer:
1–2 Minuten pro Variante und Seite

Übungsbeschreibung:
Der eine Spieler positioniert sich mit Ball innerhalb der Zone am Korb. Der andere Spieler stellt sich an der weiten Sideline auf. Es wird mit Hütchen eine Trap aufgestellt. Zudem werden Hütchen am Mittelkreis und den 3er-Linien benötigt. Der Spiele in der Zone wirft den Ball ans Brett, reboundet und sichert den Ball. Er dreht sich zur nahen Sideline. Da kein Outletpass möglich ist, beginnt er in Richtung des anderen Korbes zu dribbeln. Er dribbelt in die Trap, macht ein Backup Dribble und attackiert die Mitte. Am Hütchen am Mittelkreis führt er einen Handwechsel durch. Am Hütchen an der 3er-Linie folgt ein weiterer Dribblemove und ein Abschluss am Korb oder Sprungwurf. Er holt den Rebound. Der andere Spieler sprintet, sobald der Rebounder die Mittellinie überschreitet, über das Spielfeld, berührt die Baseline und bietet sich als Outlet an. Vom Rebounder folgt ein Outletpass. Es folgt ein 2vs0 wie in Drill 236. Es wird ein vorgegebener Abschluss ausgeführt. Dann wechseln die Spieler die Reihen und Aufgaben.

Variationen:
Dribblingmoves und Abschlüsse können variiert werden.

Korrekturhinweise:
Korrekte Ausführung der Dribblingmoves, korrekte Fußarbeit, Tempo hochhalten

Materialbedarf:
Pro Gruppe 1 Ball, 2 Körbe, mindestens 7 Hütchen

→ 288

Up and Down

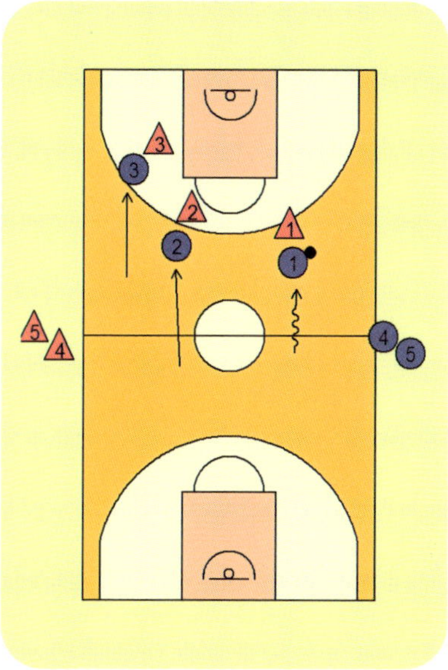

Zielgruppe

AGA	GLT	ABT	AST	HLT
	●	●	●	

Spielerzahl:
10

Lernziele/Drillschwerpunkt:
Transitionverhalten verbessern, Kommunikation und Organisation trainieren

Empfohlene Dauer:
9 Minuten

Übungsbeschreibung:
Es werden zwei Teams (A und B) à fünf Spieler gebildet, welche sich außerhalb des Feldes an der Mittellinie aufstellen. Jeder Spieler erhält dabei eine Nummer. Spieler 1 aus Team A spielt gegen Spieler 1 aus Team B, und so weiter. Beide Spieler 1 beginnen mit dem Drill, indem sie 1 gegen 1 auf zwei Körbe spielen. Nach einer Minute kommt das Spielerpärchen 2 dazu, nach einer weiteren Minuten das Spielerpärchen 3. Nach 5 Minuten verlässt das Spielerpärchen 1 das Feld, die verbleibenden Spieler spielen 4 gegen 4 weiter. In der letzten Minute spielen die Spieler 5 beider Teams ein 1 gegen 1.

Korrekturhinweise:
Das Tempo muss hochgehalten werden. Laut und effizient miteinander kommunizieren.

Materialbedarf:
1 Ball, 2 Körbe

Wettkampf:
Welches Team erzielt mehr Treffer?

→ 289

Capped Rim Transition

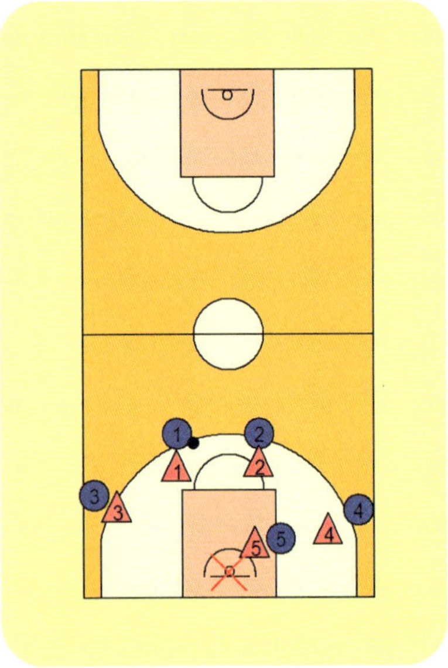

Zielgruppe

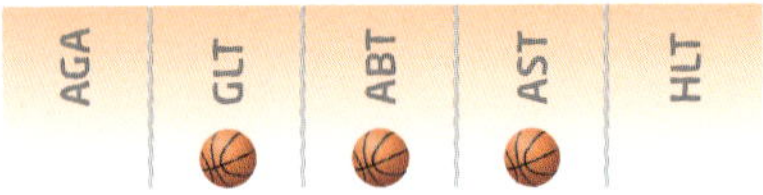

Spielerzahl:
4+

Lernziele/Drillschwerpunkt:
Transitionverhalten verbessern, Kommunikation und Organisation trainieren

Empfohlene Dauer:
2 Durchgänge

Übungsbeschreibung:
Der Drill beginnt mit zwei Spielern am Ball im Mittelkreis, die anderen darum verteilt (analog zu einem Jump Ball). Die beiden Spieler im Mittelkreis kämpfen um den Ball. Das Siegerteam erhält den Ballbesitz, es wird sofort verteidigt. Das Siegerteam greift den Korb, der mit einem Reboundtrainer – oder auf andere Weise – geschlossen ist, an. Nach einem Schuss kommt es zu einer Reboundsituation. Das Team welches sich den Rebound sichert erhält nicht nur einen Punkt, sondern greift auch direkt auf den anderen – offenen – Korb an. Scort das angreifende Team erhält es wieder einen Punkt und greift nun den geschlossenen Korb an. Stoppt die Verteidigung den Angriff durch einen Steal, forced Turnover oder defensiven Rebound, greift sie an und erhält einen Punkt. Der Drill wird fortgeführt, bis eines der Teams eine vorgegebene Punktzahl erreicht hat.

Variationen:
Statt 2vs2 kann der Drill auch im 3vs3, 4vs4 oder 5vs5 durchgeführt werden. Die Anzahl der Punkte kann variiert werden. Statt nach einem Rebound am geschlossenen Korb immer in den Angriff zu wechseln, kann dies erst auf einem Defensive-Rebound erfolgen, wobei dann jeder Offensiv-Rebound mit einem 1 Punkt für das angreifende Team gewertet wird.

Korrekturhinweise:
Kommunikation, Rebound und Boxout-Verhalten, Überzahl-Situationen schaffen, Schussauswahl

Materialbedarf:
1 Ball, 2 Körbe, 1 Reboundtrainer oder etwas ähnliches

Wettkampf:
Welches Team erreicht die vorgegebene Trefferanzahl schneller?

→ 290

Transition Competition 1

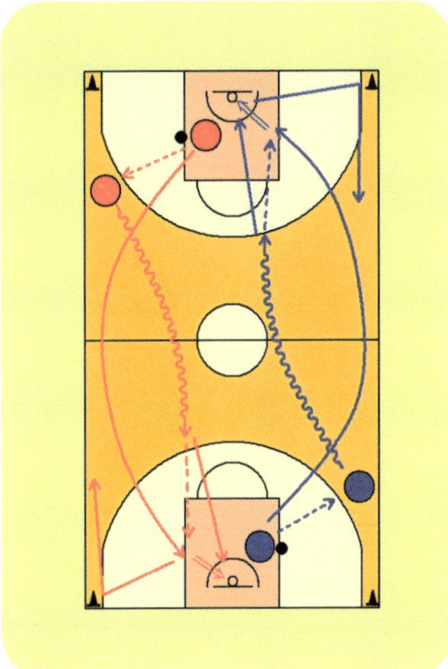

Zielgruppe

AGA	GLT	ABT	AST	HLT
		🏀	🏀	🏀

Spielerzahl:
4+

Lernziele/Drillschwerpunkt:
Conditioning

Empfohlene Dauer:
2 Minuten je Durchgang, 2 Durchgänge je Variante

Übungsbeschreibung:
Zwei Teams treten gegeneinander an. Es steht jeweils ein Spieler mit Ball unter einem Korb, der Mitspieler positioniert sich auf der Outlet-Position. In den Ecken des Spielfeldes sind Hütchen aufgestellt. Die Splitline ist die Trennlinie, die Teams überschreiten sie während des Drills möglichst nicht. Der Spieler mit Ball wirft diesen ans Brett, reboundet ihn, spielt einen Outletpass und sprintet über die Außenspur zum anderen Korb. Der Spieler auf der Outletposition sprintet dribbelnd ebenfalls zum andern Korb. Er stoppt ab und spielt einen Pass auf den Rebounder. Dieser schließt mit einem Layup ab und sprintet sofort zum Hütchen, berührt es und bietet sich auf der Outletposition an. Der Passgeber sprintet zum Korb, holt den Rebound und spielt den Outletpass. Der Ablauf beginnt von vorne. Jeder Treffer zählt als ein Punkt.

Variationen:
Weitere Abschlussvarianten sind: Pullup Jumper und 3er

Korrekturhinweise:
Tempo hochhalten, korrekte Ausführung der Pässe und Abschlüsse, Hütchen berühren

Materialbedarf:
2 Bälle, 2 Körbe, 4 Hütchen

Wettkampf:
Welches Team erzielt mehr Treffer?

→ 291

Transition Competition 2

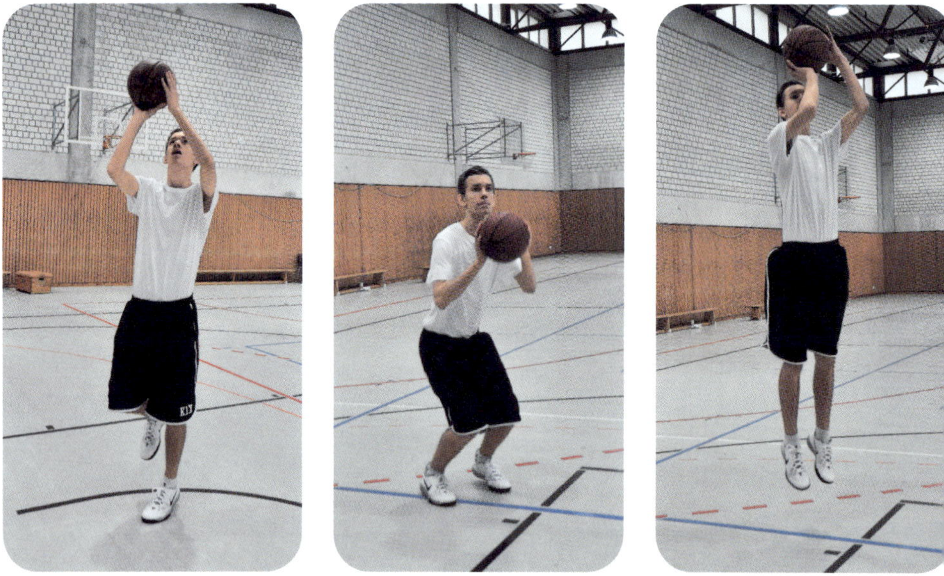

Zielgruppe

AGA	GLT	ABT	AST	HLT
		●	●	●

Spielerzahl:
4+

Lernziele/Drillschwerpunkt:
Conditioning

Empfohlene Dauer:
2 Minuten je Durchgang, 2 Durchgänge je Variante

Übungsbeschreibung:
Wie Drill 290, mit den folgenden Änderungen. Statt eines Abschlusses wird nun eine Abschlussreihe durchgeführt. Beide schließen mit einem Layup ab, dann folgt ein Pullup Jumper, zuletzt ein 3er. Dann beginnt die Reihe von vorne, bis die Zeit abgelaufen ist. Zudem holt der abschließende Spieler seinen eigenen Rebound, statt eines Outletpasses bringt er selbst den Ball. Der Passgeber sprintet nun nach dem Pass in die Ecke, um das Hütchen zu berühren.

Korrekturhinweise:
Tempo hochhalten, korrekte Ausführung der Pässe und Abschlüsse, Hütchen berühren

Materialbedarf:
2 Bälle, 2 Körbe, 4 Hütchen

Wettkampf:
Welches Team erzielt mehr Treffer?

→ 292

Transition 1vs1

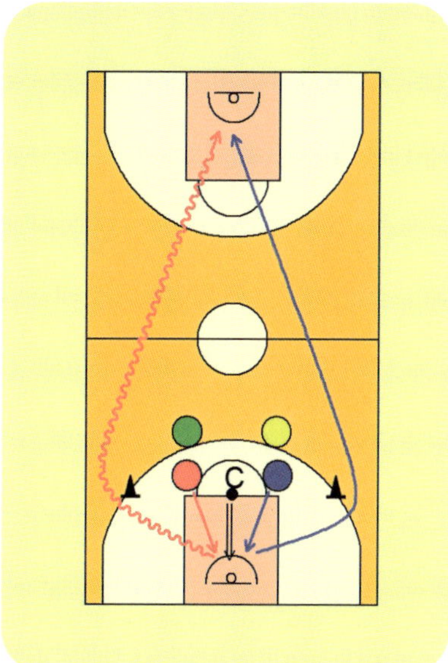

Zielgruppe

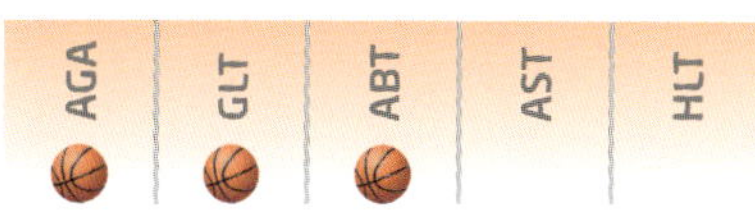

Spielerzahl:
6+

Lernziele/Drillschwerpunkt:
Finishing, 1vs1

Empfohlene Dauer:
5–8 Minuten

Übungsbeschreibung:
Der Trainer steht mit Bällen an der Freiwurflinie. An den Elbows teilen sich die Spieler in gleich große Gruppen auf. Zwei Hütchen stehen in Verlängerung der Freiwurflinie an der 3er-Linie. Wenn der Trainer einen Ball auf den Korb wirft gehen die ersten beiden Spieler aus den Reihen zum Rebound. Der Spieler, der den Rebound sichert, wird Angreifer, dribbelt zunächst um das nahe Hütchen, bevor er den anderen Korb angreift. Der Verteidiger muss um das andere Hütchen sprinten, bevor er verteidigen darf. Trifft der Angreifer, zählt dies einen Punkt. Beide stellen sich wieder an und geben den Ball an den Trainer zurück.

Variationen:
Der Trainer kann verbal oder per Handzeichen das Hütchen des Angreifers vorgeben. Statt zum Rebound zu laufen, können die Spieler bereits in der Zone um Position kämpfen. Position der Hütchen kann variiert werden.

Korrekturhinweise:
Ballkontrolle, hohes Tempo, Rebound korrekt sichern.

Materialbedarf:
3 Bälle, 2 Körbe, 2 Hütchen

Wettkampf:
Welcher Spieler erreicht eine vorgegebene Punktanzahl als Erster?

→ 293

Rebound Transition

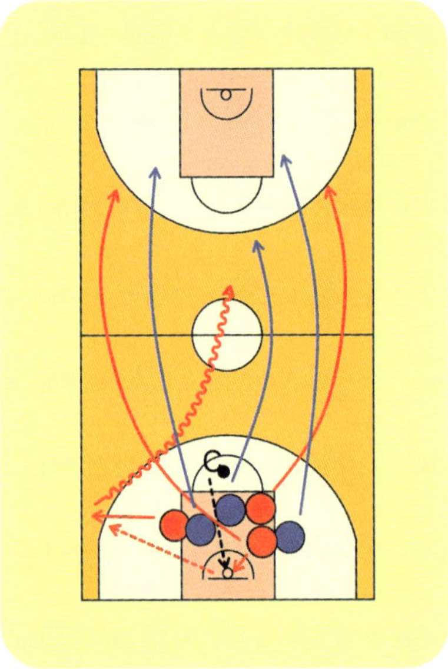

Zielgruppe

AGA	GLT	ABT	AST	HLT
	x	x	x	

Spielerzahl:
6+

Lernziele/Drillschwerpunkt:
Transitionverhalten verbessern, Kommunikation, Organisation

Empfohlene Dauer:
5–8 Minuten

Übungsbeschreibung:
Zwei Teams à drei Spieler nehmen Aufstellung in der Zone. Der Trainer steht mit Ball an der Freiwurflinie. Die Spieler beginnen um Position in der Zone zu kämpfen. Wenn der Trainer auf den Korb wirft gehen alle Spieler zum Rebound. Das Team, welches den Rebound sichert, greift sofort den anderen Korb an. Das andere Team muss verteidigen. Trifft das angreifende Team so, erhält es einen Punkt. Beide Teams kehren zum Korb, an dem der Trainer steht, zurück und übergeben den Ball.

Variationen:
Der Gegenspielers des Rebounders muss eine Aufgabe erfüllen, bevor er verteidigen darf, z. B. die Grundlinie berühren.

Korrekturhinweise:
Hohes Tempo, Überzahl ausnutzen, Rebound korrekt sichern.

Materialbedarf:
3 Bälle, 2 Körbe

Wettkampf:
Welches Team erreicht eine vorgegebene Punktzahl als Erstes?

→ 294

Wolf 1

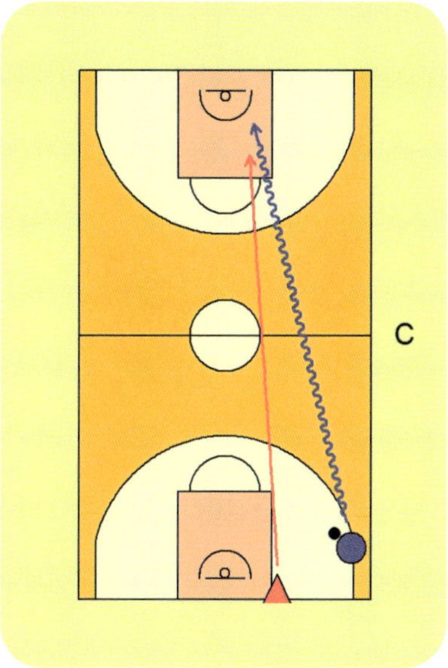

Zielgruppe

AGA	GLT	ABT	AST	HLT
●	●	●		

Spielerzahl:
2+

Lernziele/Drillschwerpunkt:
Conditioning, Ballkontrolle bei hoher Geschwindigkeit

Empfohlene Dauer:
2–3 Minuten je Seite

Übungsbeschreibung:
Ein Spieler ohne Ball stellt sich auf der Laneline an der Baseline auf. Der Spieler mit Ball positioniert sich, je nach Vorgabe des Trainers, 1–3 m innerhalb des Feldes 2 m zur Sideline vom Spieler ohne Ball. Auf Signal greift der Spieler mit Ball sofort den anderen Korb an. Der Spieler ohne Ball versucht aufzuschließen, zu überholen und den Angreifer zu verteidigen. Nach Abschlussversuch stellen sich die Spieler am anderen Korb erneut mit umgekehrten Aufgaben auf.

Variationen:
Der Verteidiger nimmt die Position näher zur Sideline, der Angreifer die Position an der Laneline ein.

Korrekturhinweise:
Konzentration beim Abschluss, Ballkontrolle, hohes Tempo

Materialbedarf:
Pro 2 Spieler 1 Ball, 2 Körbe

Wettkampf:
Treffer zählen

→ 295

Wolf 2

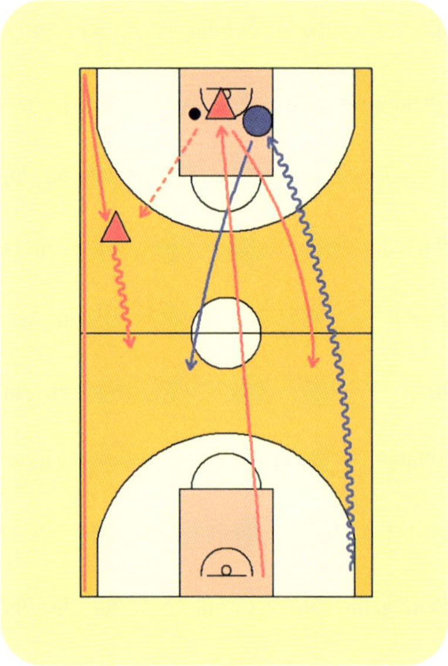

Zielgruppe

AGA	GLT	ABT	AST	HLT
	🏀	🏀	🏀	

Spielerzahl:
3+

Lernziele/Drillschwerpunkt:
Transitionverhalten verbessern, Ausnutzung von Überzahl

Empfohlene Dauer:
5 Minuten je Seite

Übungsbeschreibung:
Zwei Spieler nehmen die gleichen Positionen wie in Drill 294 ein und führen diesen auch analog aus. Ein dritter Spieler nimmt die Position an 3er-Linie und Baseline auf der anderen Seite der Splitline ein. Während die beiden Spieler Wolf 1 ausführen, sprintet der dritte Spieler von Baseline zu Baseline, berührt diese und bietet sich als Outlet an. Nachdem Abschlussversuch holte der Verteidiger den Rebound. Er und der dritte Spieler spielen ein 2vs1 gegen den ursprünglichen Angreifer.

Variationen:
Der Verteidiger nimmt die Position näher zur Sideline, der Angreifer die Position an der Laneline ein.

Korrekturhinweise:
Überzahl schnell ausnutzen, Konzentration bei Abschluss

Materialbedarf:
3 Bälle, 2 Körbe

Wettkampf:
Treffer zählen

→ 281

Contain the Dribbler

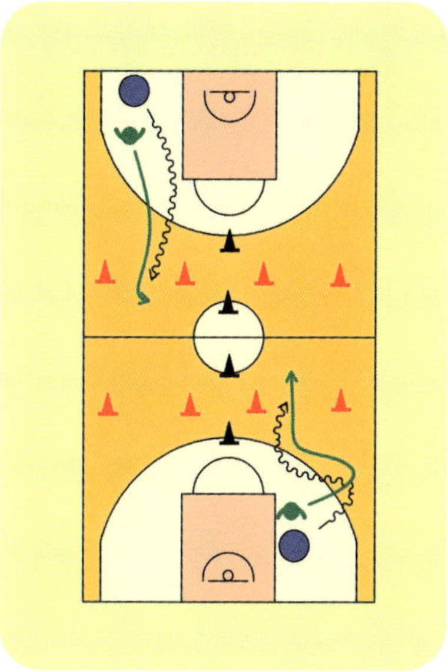

Zielgruppe

AGA	GLT	ABT	AST	HLT
	●	●	●	

Spielerzahl:
2–20 pro Feld

Lernziele/Drillschwerpunkt:
Verbesserung der Fußarbeit, Erhöhung des Intensitätslevels in der Defense und Verbesserung der Handles in der Offense

Empfohlene Dauer:
12 Minuten

Übungsbeschreibung:
Die Spieler werden paarweise (möglichst nach Schnelligkeit) eingeteilt. Jedes Paar hat einen Ball. Das Feld wird entweder »virtuell« oder mit Markierungen an der Splitline (Korb – Korb – Linie) geteilt. In jedem Spielfeldviertel wird zwischen Freiwurflinie und Mittellinie mit Kegeln ein etwa 4 m breites Tor markiert. Der Dribbler hat die Aufgabe, durch die Tore zu dribbeln, der Verteidiger hat die Aufgabe, dies zu verhindern. Wenn der Dribbler durch das Tor gedribbelt ist, wartet er, bis der Verteidiger sich neu positioniert hat. Nachdem er das zweite Tor geschafft hat, spielen die beiden live auf den Korb. Steals sind nur beim Spiel auf den Korb erlaubt. Auf der anderen Hallenhälfte erhält der Verteidiger den Ball und greift an!

Variationen:
Torbreite verändern, Steals zulassen

Korrekturhinweise:
Fußtechnik in der Defense: Slidesteps, Matrixsteps, Sprintsteps, Dropsteps/Körperposition/
Armposition – Offense Ballschutz!

Materialbedarf:
Je ein Ball für zwei Spieler, Mindestens 8 Markierungskegel

Wettkampf:
Wie viele Turnovers kannst Du erzwingen? Wie viele Male kannst Du einen Korberfolg verhindern?

→ 297

Protect your Gate Drill (ähnlich wie Drill 296)

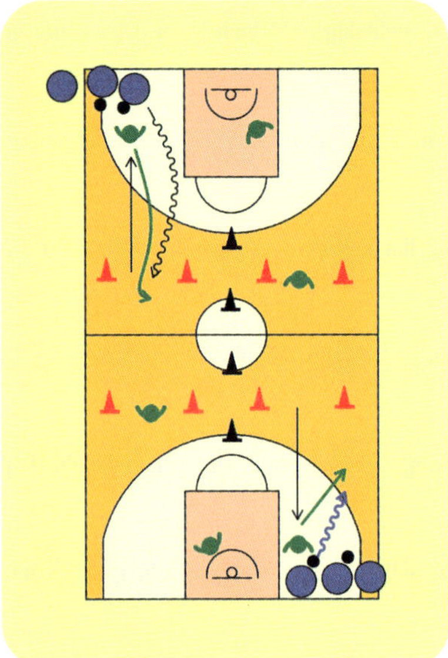

Zielgruppe

AGA	GLT	ABT	AST	HLT

Spielerzahl:
8+

Lernziele/Drillschwerpunkt:
Ballvortrag unter Druck verbessern, Closeout und Onball-Defense verbessern

Empfohlene Dauer:
Je nach Spieleranzahl 10–15 Minuten

Übungsbeschreibung:
Das Feld wird an der Splitline in zwei Hälften geteilt. Auf jeder Hälfte werden zwei etwa 4–5 m breite »Tore« durch Kegel markiert. Jedes Tor wird von einem Verteidiger »bewacht« und jeder Korb ebenfalls. An der Baseline steht ein Spieler mit Ball. Dieser passt den Ball zum Spieler am ersten Tor, der, rollt ihn zurück und folgt mit einer Closeout-Bewegung. Der Angreifer versucht nun, durch das Tor zu dribbeln, was der Verteidiger zu verhindern sucht. Sobald der Angreifer zwischen den Kegeln ist, ist die Aufgabe für diesen Verteidiger beendet. Der Spieler mit Ball wiederholt diesen Vorgang gegen den zweiten Verteidiger am Tor und dann gegen den dritten Verteidiger am Korb und versucht einen Korb zu erzielen. Danach passt er den Ball zur Spielerreihe an der Baseline des Korbes, auf den er geworfen hat. Seine nächste Aufgabe ist es, den Korb zu verteidigen, dann das 2. Tor und zuletzt das erste Tor. Danach wird er wieder zum Angreifer.

Variationen:
Beide Richtungen spielen!

Korrekturhinweise:
Dribbler wartet, bis der Verteidiger seine Closeout-Bewegung gemacht hat, defensive Fußarbeit beachten!

Materialbedarf:
4 Bälle, mindestens 8 Kegel

Wettkampf:
Wer erzielt die meisten Treffer?

→ 298

Stop the Ball Drill

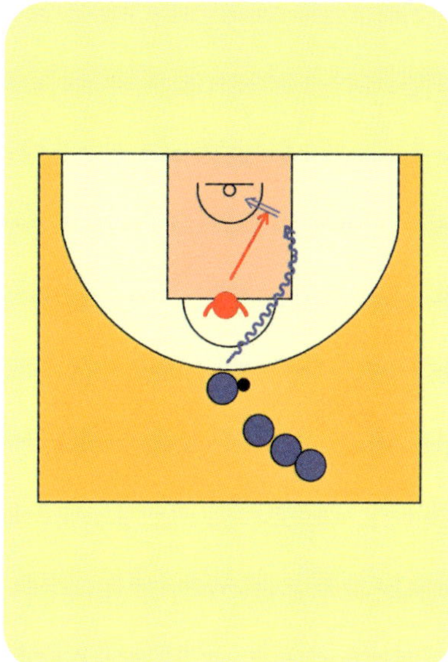

Zielgruppe

AGA	GLT	ABT	AST	HLT

Spielerzahl:
3+

Lernziele/Drillschwerpunkt:
Den Angreifer stoppen und daran hindern zu scoren, den ersten Schritt verteidigen!

Empfohlene Dauer:
10–15 Minuten

Übungsbeschreibung:
Für diesen Drill teilt man das Team in etwa nach den Spielerpositionen (z. B. Außenspieler und Innenspieler oder Guards, Wings and Bigs). Die Gruppen stellen sich jeweils vor einem Korb an der 3er-Linie auf. Der erste Spieler ist Verteidiger, der nächste Spieler hat einen Ball und ist Angreifer. Der Angreifer hat maximal drei Dribblings und muss dann versuchen zu scoren. Wenn er den Wurf verfehlt, hat er die Chance durch einen Putback nachzulegen. Gelingt dies auch nicht oder der Verteidiger gewinnt den Ball, bekommt der Verteidiger einen Punkt (ein Punkt pro Stopp) und darf weiter verteidigen. Der erfolglose Angreifer stellt sich ans Ende der Reihe. Wenn der Angreifer punktet, wird er Verteidiger!

Korrekturhinweise:
Pushstep zur Seite machen um den Angreifer zu einem Umweg zu zwingen. »Don't get beat!«, Tiefe Position einnehmen.

Materialbedarf:
1 Ball pro Gruppe

Wettkampf:
Wer erzielt die meisten Punkte in einer vorgegebenen Zeit? Wer erarbeitet die meisten Stopps hintereinander?

→ 299

Jailhouse

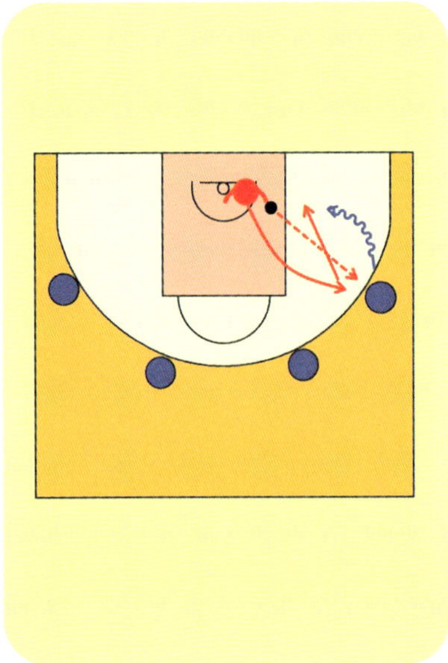

Zielgruppe

AGA	GLT	ABT	AST	HLT
	🏀	🏀	🏀	🏀

Spielerzahl:
mindestens 5

Lernziele/Drillschwerpunkt:
Den Angreifer stoppen und daran hindern zu scoren, den ersten Schritt verteidigen!

Empfohlene Dauer:
8–12 Minuten

Übungsbeschreibung:
Vier Spieler verteilen sich an der 3 Point-Line. Ein Spieler mit Ball steht unter dem Korb. Er rollt den Ball zum ersten der anderen Spieler, der hebt den Ball auf. Der Spieler, der den Ball gerollt hat, macht eine Closeout-Bewegung auf den Spieler mit Ball zu und verteidigt den Korb. Der Angreifer darf nur dreimal dribbeln und nur einmal rebounden. Nach dem Rebound muss er sofort werfen. Danach wiederholt der Verteidiger den Vorgang der Reihe nach mit allen Spielern je einmal (Ball rollen, Closeout, Verteidigen, Rebounden usw.). Wenn er gegen alle Spieler verteidigt hat, kommt der nächste Spieler an die Reihe, solange, bis alle Spieler je einmal gegen alle anderen Spieler (hintereinander) verteidigt haben.

Variationen:
Mehr oder weniger Spieler pro Korb einteilen, Mehr Dribblings oder Rebounds erlauben.

Korrekturhinweise:
Pushstep zur Seite machen um den Angreifer zu einem Umweg zu zwingen. »Don't get beat!«, Tiefe Position einnehmen, Closeout Bewegung sauber durchführen.

Materialbedarf:
1 Ball pro Gruppe

Wettkampf:
Wer erzielt die meisten Stopps?

→ 300

Sprint and Slide Drill

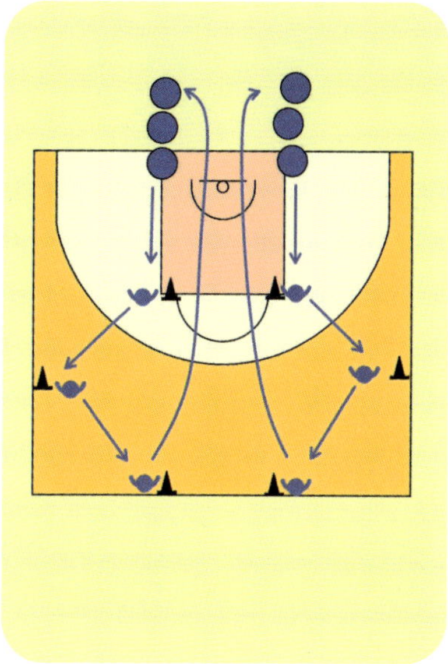

Zielgruppe

AGA	GLT	ABT	AST	HLT

Spielerzahl:
2+

Lernziele/Drillschwerpunkt:
Fußschnelligkeit für Sprint und Slides erhöhen

Empfohlene Dauer:
5–10 Minuten

Übungsbeschreibung:
Die Spieler werden in zwei möglichst gleich große Gruppen eingeteilt. Die Gruppen stellen sich an die Baseline am Zonenrand. Wenn der Coach pfeift, sprinten die ersten beiden Spieler der Reihen jeweils zum Elbow auf ihrer Seite des Feldes, drehen sich um und »quivern«. Pfeift der Coach erneut sliden Sie im 45-Grad-Winkel zur Sideline auf ihrer Seite, wo sie erneut »quivern«. Pfeift der Coach wieder, sliden sie im 45-Grad-Winkel zum Mittelkreis, wo sie zum letzten Mal quivern. Mit jedem Pfiff startet eine neue Gruppe den Drill.

Variationen:
Die Strecke kann verlängert werden. Statt Slides kann auch eine längere Bahn Slide-Release-Sprint-Slide eingebaut werden.

Korrekturhinweise:
Tiefer Körperschwerpunkt beim Quivern, Füße beim Slidestep nicht kreuzen!

Materialbedarf:
6 Kegel

→ 301

Bubble

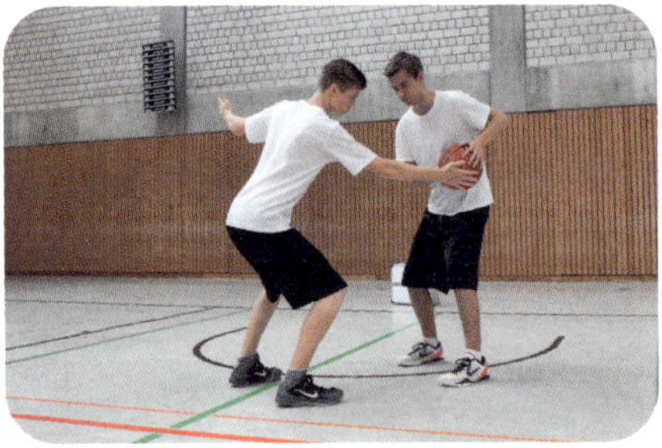
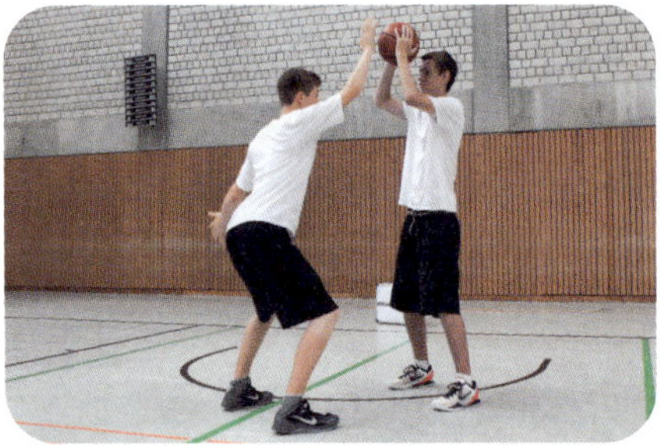
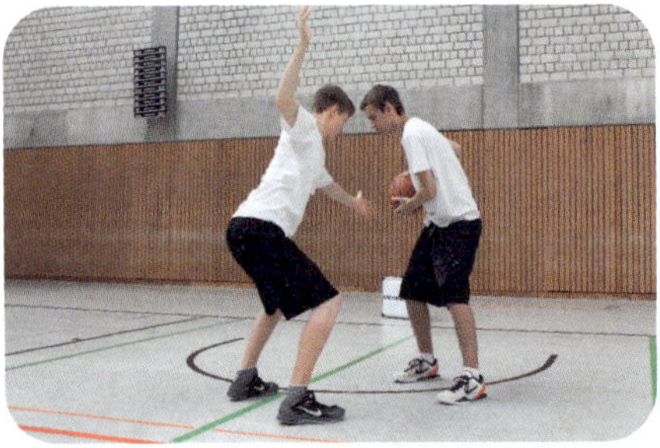
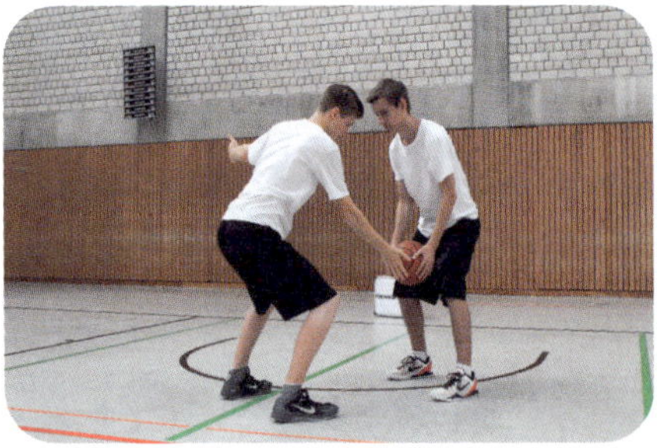

Zielgruppe

AGA	GLT	ABT	AST	HLT
🏀	🏀			

Spielerzahl:
2+

Lernziele/Drillschwerpunkt:
Ballpressure durch gute Handarbeit

Empfohlene Dauer:
2 x 30 Sekunden pro Spieler

Übungsbeschreibung:
Der Spieler mit dem Ball versucht in eine gute Pass- bzw. Wurfposition zu kommen. Er darf sich dabei nur jeweils 90 Grad nach links und rechts mit einem Sternschritt drehen. Es ist kein Dribbling kein Schrittfehler oder Wegdrehen vom Verteidiger erlaubt. Der Verteidiger nimmt eine tiefe athletische Position ein und hat die Aufgabe mit seinen Händen Druck auf den Ball auszuüben. Containment und Pressure sind dabei die Ziele des Verteidigers NICHT ein direkter Steal. Nach 30 Sekunden wechseln Angreifer und Verteidiger die Aufgaben.

Variationen:
Wenn der Ball über Kopfniveau gehoben wird, sollte der Abstand zum Angreifer deutlich verkürzt und noch mehr Druck ausgeübt werden (body up). Wird der Ball heruntergenommen, muss der Verteidiger den korrekten Abstand zum Angreifer wieder herstellen. Wenn eine Passstation hinzukommt, kann der Angreifer auch versuchen zu passen, was der Verteidiger möglichst erschwert.

Korrekturhinweise:
Verteidiger behält einen tiefen Körperschwerpunkt, beide Hände sind aktiv, kein Reinschlagen trotz Aggressivität.

Materialbedarf:
1 Ball pro Gruppe

→ 302

Capoeira Step

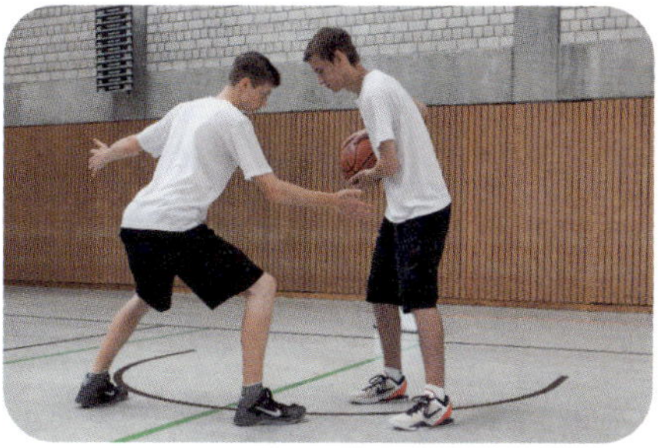
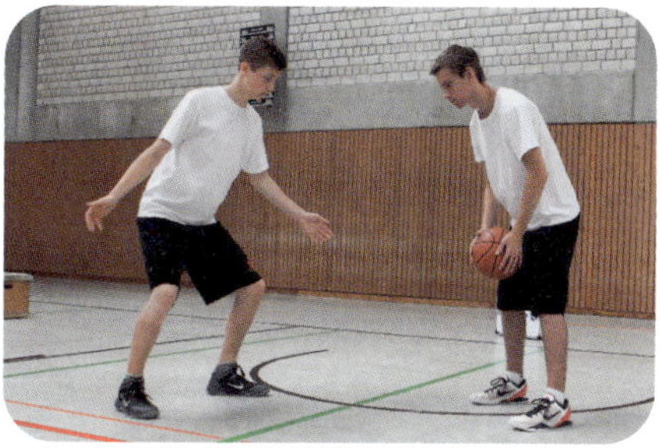
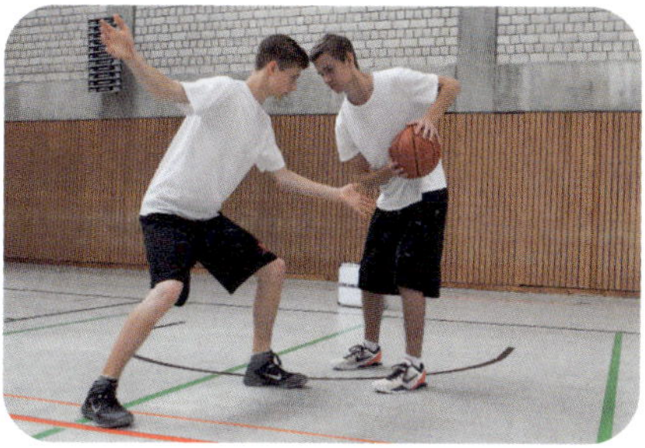

Zielgruppe

AGA	GLT	ABT	AST	HLT
●	●			

Spielerzahl:
2+

Lernziele/Drillschwerpunkt:
Erlernen der richtigen Fußarbeit bei Hand- bzw. Richtungswechsel des Angreifers

Empfohlene Dauer:
2 x 30 Sekunden pro Spieler

Übungsbeschreibung:
Der Spieler mit dem Ball dribbelt auf der Stelle und führt in unregelmäßigen Abständen einen Handwechsel aus. Der Verteidiger nimmt die korrekte On-Ball Defense Position ein. Um mehr Druck am Ball zu machen, »splittet« er die Füße des Angreifers, sodass er auf der Ballseite des Angreifers steht. Die Innenhand übt Druck auf das Dribbling aus, die Außenhand stört die Sicht und Passmöglichkeit des Angreifers. Führt dieser nun einen Handwechsel aus, setzt der Verteidiger den Splitfuß mit einem Reverse Pivot zurück und »splittet« nun mit dem anderen Fuß die Füße des Angreifers. Auch die Hände des Verteidigers wechseln die Aufgaben. Nach 30 Sekunden wechseln Angreifer und Verteidiger die Aufgaben.

Korrekturhinweise:
Verteidiger behält einen tiefen Körperschwerpunkt, beide Hände sind aktiv, richtige Ausführung der Schrittfolge.

Materialbedarf:
1 Ball pro Gruppe

→ 303

Zick Zack Max

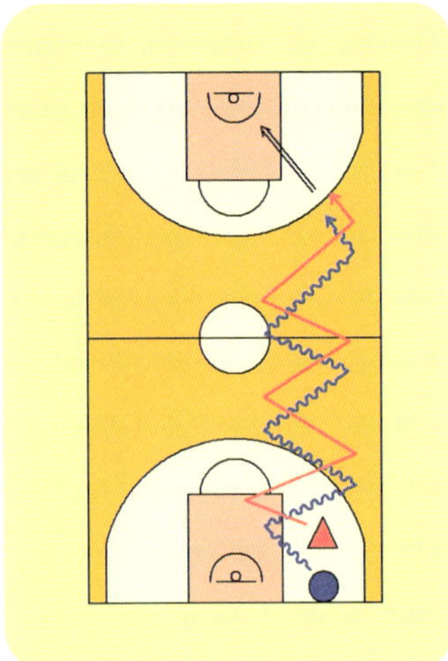

Zielgruppe

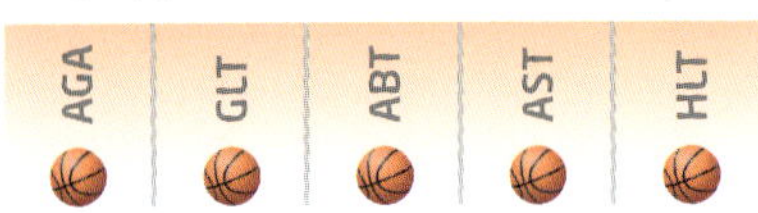

Spielerzahl:
2+

Lernziele/Drillschwerpunkt:
Verbessern von Fußarbeit in verschiedenen Varianten, Ballpressure, Force-The-Turn, Ballkontrolle unter Druck, Lead-The-Man, Open Up & Recover, 1vs1, Conditioning

Empfohlene Dauer:
1–2 Durchgänge

Übungsbeschreibung:
Es handelt hierbei um eine Abwandlung des klassischen Zick Zack Drills. Zwei Spieler mit einem Ball wechseln mit Angreifen und Verteidigen ab. Der Raum wird durch die Side- und die Laneline begrenzt. Ein Spieler beginnt mit dem Ball im Angriff und arbeitet an seinem Ballhandling. Der zweite Spieler arbeitet an seiner On Ball Defense. Sie beginnen an der Baseline, arbeiten sich über das Feld und spielen, mit einem Check des Balls, ab der entfernten 3er-Linie 1vs1. Jede der vier Runden verfolgt ein anderes Ziel. In der ersten Runde führt der Angreifer viele Handwechsel und Dribblemoves mit einer geringen Vorwärtsgeschwindigkeit aus. Der Verteidiger arbeitet an seiner Fußschnelligkeit, Ball Pressure und Fußarbeit. Er versucht immer auf Ballseite des Angreifers zu verteidigen und ihn so unter Druck zu setzen. In der zweiten Runde nimmt die Vorwärtsgeschwindigkeit des Angreifer zu und die Anzahl der Handwechsel ab. Wenn er den Verteidiger überlaufen hat, wartet er, bis dieser wieder aufgeschlossen hat. Der Verteidiger arbeitet nun daran den Angreifer zu kontrollieren, ihn in die eine oder andere Richtung zu bringen, Druck am Ball auszuüben und an den seitlichen Begrenzungen den Angreifer zu stellen. In der dritten Runde gilt für den Angreifer maximale Vorwärtsbewegung mit möglichst wenigen, nur notwendigen Handwechseln bzw. Dribblemoves. Hat er den Verteidiger überlaufen wartet er nicht auf diesen sondern attackiert den Korb. In dieser Runde ist kein Check an der 3er-Linie notwendig. Der Verteidiger arbeitet daran den Angreifer langsam zu machen, ihn zu Handwechseln und Dribblemoves zu zwingen. Ist er überlaufen muss er sich öffnen, den Angreifer überholen und wieder aufnehmen. Die vierte und letzte Runde ist »free for all«. Angreifer und Verteidiger spielen live ohne Vorgaben und versuchen einander zu schlagen. In dieser Runde ist ein Check an der 3er-Linie vor dem 1vs1 notwendig.

Variationen:
Es kann nur eine der Varianten geübt werden.

Korrekturhinweise:
Ballhandling und -kontrolle, korrekte Fuß- und Handarbeit

Materialbedarf:
1 Ball pro Gruppe, 2 Körbe

→ 304

1vs1vs1vs1

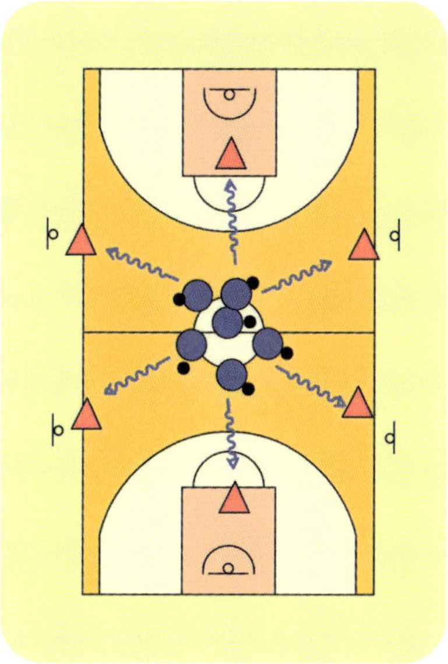

Zielgruppe

AGA	GLT	ABT	AST	HLT
🏀	🏀	🏀	🏀	

Spielerzahl:
10+

Lernziele/Drillschwerpunkt:
Verteidigung, Entscheidungen treffen, Umfeld wahrnehmen, Rebounden

Empfohlene Dauer:
1–2 Durchgänge

Übungsbeschreibung:
Unter jedem Korb steht ein Spieler ohne Ball, im Mittelkreis stehen alle verbleibenden Spieler mit Ball. Auf Signal beginnen die Spieler mit Ball die Körbe zu attackieren. Trifft der Angreifer direkt oder nach Offensiv Rebound, erhält er einen Punkt und greift einen anderen Korb an. Wird er vom Verteidiger gestoppt, wird der Ball vom Verteidiger gesichert, wechseln die Aufgaben der beiden Spieler. Der Drill wird so fortgesetzt, bis die Zeit abgelaufen oder eine vorgegebene Punktzahl erreicht worden ist.

Korrekturhinweise:
Saubere On-Ball Defense, ausboxen und rebounden.

Materialbedarf:
mindestens 5 Bälle

Wettkampf:
Wer erzielt die meisten Punkte? Wer ist am schnellsten?

→ 305

Blackhawk 1vs1

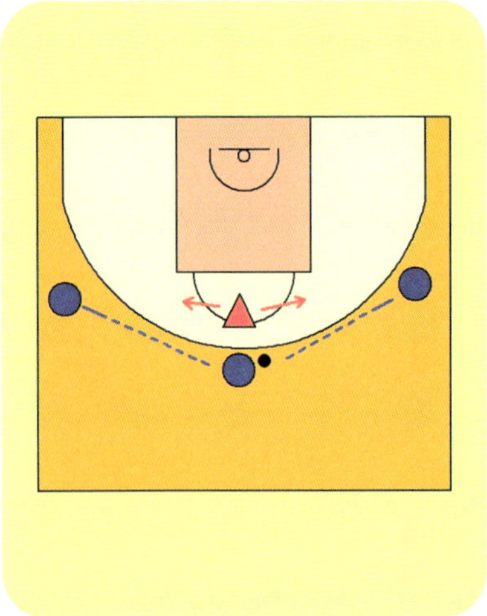

Zielgruppe

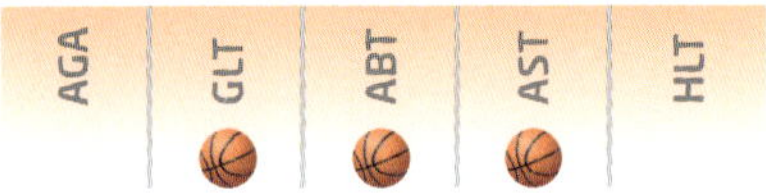

Spielerzahl:
4+

Lernziele/Drillschwerpunkt:
On Ball, Sprint to the Ball, Deny, Fake Help, Close Out, 1vs1

Empfohlene Dauer:
5–8 Minuten

Übungsbeschreibung:
Drei Spieler nehmen im Angriff auf den Wing-Positionen und der Point Position Aufstellung. Der Angreifer auf der Point Position hat einen Ball. Ihm steht der Verteidiger gegenüber. Der Drill beginnt, indem der Verteidiger auf Signal Druck auf den Angreifer macht, dieser darf nicht dribbeln oder den Rücken zum Korb drehen. Nach ca. drei Sekunden passt der Angreifer den Ball zu einem Spieler auf der Wing Position. Der Verteidiger sprintet mit dem Pass in die Deny Position. Der Angreifer auf dem Wing kann nun einen Zug zum Korb über die Mitte machen. Er sollte durch eine Fake Help durch den Verteidiger gestoppt werden. Zudem hat der Angreifer auf dem Wing die Wahl einen Pass zum Point oder zum anderen Wing zu spielen. Der Verteidiger bewegt sich mit dem Pass. Er macht einen Close Out, wenn der Ball auf den Point gepasst wird. Er wechselt über die Splitline in eine weitere Deny Position, wenn der Skip Pass auf den anderen Wing gespielt wird. Wenn der Point zum dritten Mal den Ball erhält, greift er das Close Out an. Er und der Verteidiger spielen ein 1vs1, bis der Verteidiger den Ball sichert oder der Angreifer scort. Der Angreifer wechselt auf die Position des Spielers, der den letzten Pass auf den Wing gespielt hat. Der Verteidiger geht auf die Point Position in den Angriff. Der ausgewechselte Spieler vom Wing übernimmt die Verteidigung, der andere Wingspieler bleibt auf der Position. der Drill wird so fortgeführt, bis die vorgegebene Zeit abgelaufen ist.

Variationen:
Den Drill auf einer Seite der Splitline mit den Positionen Point, Wing und Corner durchführen, weitere Spieler können eingebunden werden.

Korrekturhinweise:
Saubere On-Ball Defense, richtige Deny Position einnehmen, mit dem Pass bewegen.

Materialbedarf:
1 Ball, 1 Korb

Wettkampf:
Wer erzielt die meisten Punkte?

→ 296

Closeout and Shoot Drill

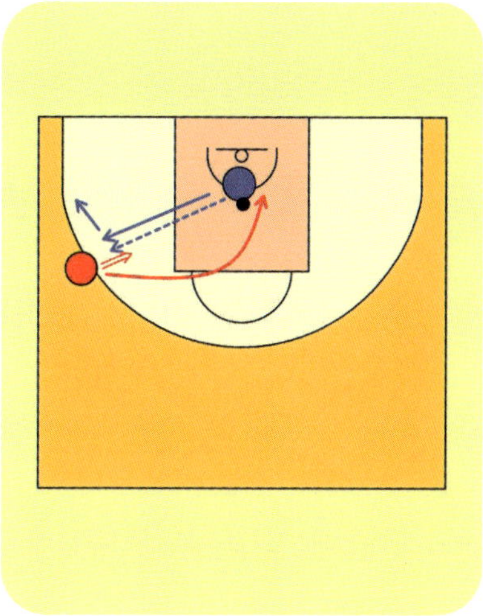

Zielgruppe

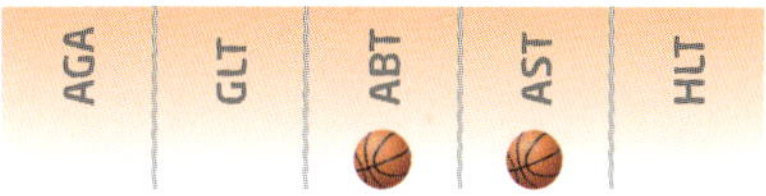

Spielerzahl:
2+

Lernziele/Drillschwerpunkt:
Verbesserung der Fußarbeit beim Closeout, Verbesserung der Wurfquote gegen einen Verteidiger

Empfohlene Dauer:
10 Minuten

Übungsbeschreibung:
Ein Spieler steht mit Ball unter dem Korb, der andere Spieler steht in einem vom Trainer vorgegebenen Abstand zum Korb. Der Spieler mit Ball rollt diesen zum Partner und führt eine Closeout-Bewegung in seine Richtung aus. Dieser wirft über die hochgehaltene Hand des heraneilenden Spielers. Er holt seinen eigenen Rebound und passt zu seinem Partner, der jetzt der Werfer ist.

Variationen:
Der Werfer führt vor dem Wurf eine Wurftäuschung und ein Dribbling durch

Korrekturhinweise:
Closeout-Bewegung kontrollieren, Wurftechnik korrekt durchführen

Materialbedarf:
Zwei Spieler haben einen Ball, Pro Korb max. drei Paare

Wettkampf:
Wer erzielt zuerst x Körbe?

→ 307

3-3 Closeout

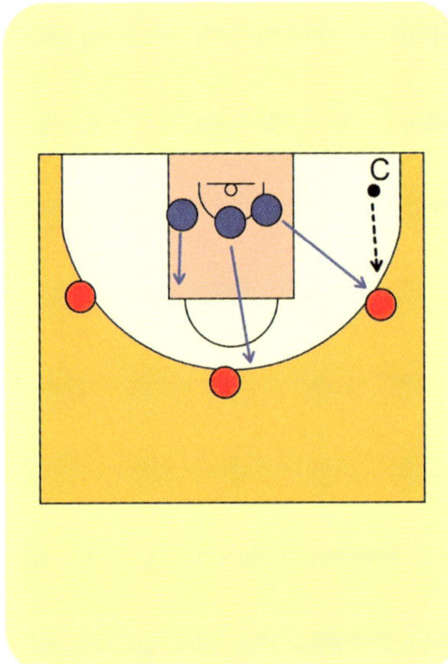

Zielgruppe

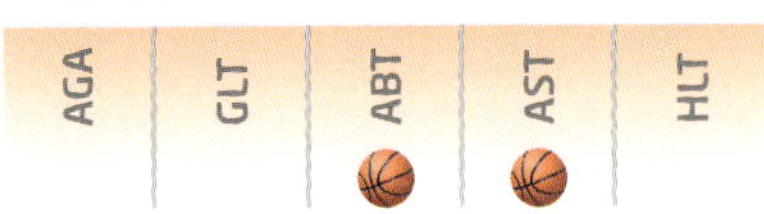

Spielerzahl:
6+

Lernziele/Drillschwerpunkt:
Situation erfassen lernen und Reaktion darauf erlernen

Empfohlene Dauer:
8–10 Minuten

Übungsbeschreibung:
Drei Verteidiger stehen unter dem Korb, der Coach steht daneben und hat einen Ball. Auf den beiden Wing Positionen und auf der Pointguard Position steht jeweils ein Angreifer. Der Coach rollt den Ball einem der Angreifer zu, dieser nimmt den Ball auf. Die Verteidiger sprinten in ihre Positionen. Ball-Verteidiger: On Ball, »Ein Passweg entfernt«: Deny, zwei Passwege oder mehr entfernt: Helpside. Wenn die Verteidiger ihre Positionen eingenommen haben, wird live 3-3 gespielt, max. 2 Pässe, max. 2 Dribblings, Abschluss/Boxout/Rebound

Variationen:
4-4, 5-5

Korrekturhinweise:
Closeout kontrollieren, Boxout und Rebound beobachten

Materialbedarf:
Ein Ball pro Korb

Wettkampf:
Wer erzielt die meisten Punkte? Jeder Stopp zählt einen Punkt.

→ 308

Closeout and Slide

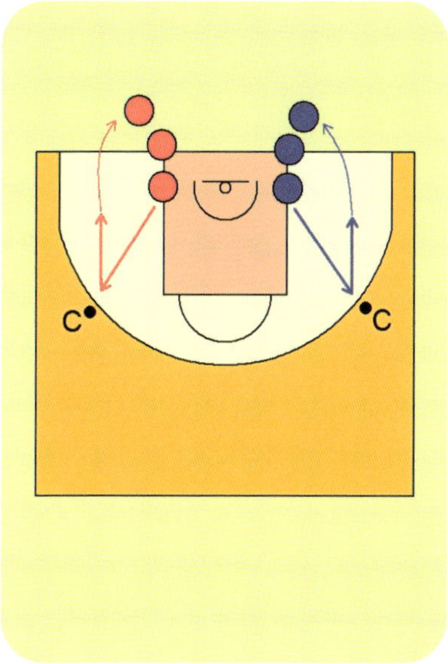

Zielgruppe

AGA	GLT	ABT	AST	HLT
	🏀	🏀		

Spielerzahl:
6+

Lernziele/Drillschwerpunkt:
korrekte Fußarbeit des Closeout erlernen ohne die Penetration abzugeben

Empfohlene Dauer:
2–3 x 1 Minute

Übungsbeschreibung:
Der Trainer und ein Helfer stehen mit je einem Ball auf der jeweiligen Wing Position an der 3er-Linie. Die Spieler stellen sich in zwei Reihen an der Base- und Laneline auf. Auf Signal sprinten die Spieler nacheinander auf den Trainer bzw. Helfer zu, führen ein korrektes Closeout aus, berühren den Ball und machen drei harte Defense Slides – dem Closeout entsprechend Richtung Baseline oder Freiwurflinie, je nach defensiver Strategie. Danach sprinten sie ans Ende ihrer Reihe und führen den Drill erneut aus. Der Drill wird für eine Minute so fortgeführt. Dann wechseln die Spieler die Reihen, sodass sie den selben Drill auf beiden Seiten der Splitline ausgeführt haben.

Variationen:
Die Spieler wechseln direkt nach den Slides die Reihen.

Korrekturhinweise:
Closeout kontrollieren, Hände sind oben, harte, lange und schnelle Slides

Materialbedarf:
2 Bälle

➔ 309

Box Closeout 2vs2

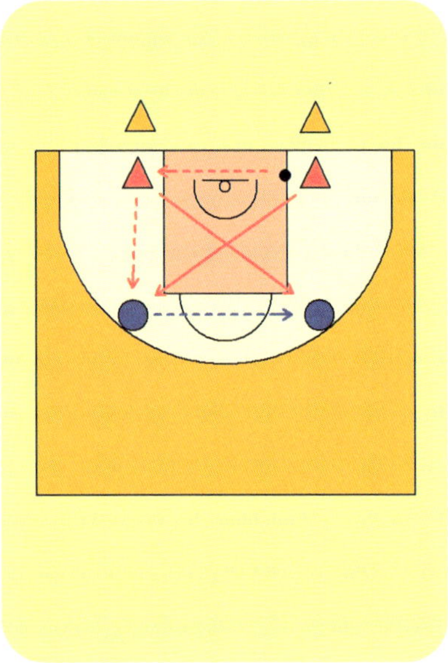

Zielgruppe

AGA	GLT	ABT	AST	HLT

Spielerzahl:
6+

Lernziele/Drillschwerpunkt:
gute Passarbeit, richtige Closeout-Bewegung, Verhinderung der Penetration, 2vs2

Empfohlene Dauer:
3–5 Minuten je Richtung

Übungsbeschreibung:
Zwei Angreifer positionieren sich dem Alter bzw. den Fähigkeiten entsprechend zwischen Freiwurf- und 3er-Linie mit einem Abstand von 4 bis 8 m. Die Verteidiger stellen sich dazu parallel an der Baseline auf. Einer der Verteidiger hat einen Ball, er passt diesen zu seinem Partner, dieser passt ihn weiter zu dem Angreifer, der ihm gegenüber steht. dieser passt ihn wiederum zu seinem Partner. Nachdem die Verteidiger gepasst haben, sprinten sie diagonal auf die Angreifer zu, um diese zu verteidigen. Ist der Ball beim zweiten Angreifer angekommen, wird sofort der Korb angegriffen. Es wird ein 2vs2 gespielt. Nach einem Korbversuch wechseln die Verteidiger in den Angriff, die Angreifer haben Pause und zwei neue Verteidiger machen sich bereit den Drill auszuführen.

Korrekturhinweise:
Präzise Pässe, korrekte Closeouts, richtige Entscheidungen im Angriff, Hände oben

Materialbedarf:
1 Ball, 1 Korb

Wettkampf:
welches Team erzielt die meisten Treffer?

→ 310

Closeout 1vs1

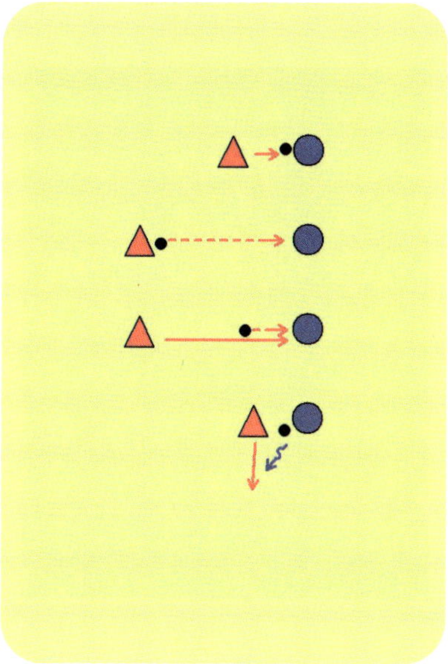

Zielgruppe

AGA	GLT	ABT	AST	HLT
🏀	🏀			

Spielerzahl:
8+

Lernziele/Drillschwerpunkt:
korrekte Fußarbeit des Closeout erlernen, das erste Dribbling stoppen

Empfohlene Dauer:
10 Wiederholungen je Seite pro Spieler

Übungsbeschreibung:
Die Spieler stellen sich in 2er-Gruppen in einem Abstand von ca. drei m gegenüber auf. Der Verteidiger passt den Ball zum Angreifer, führt ein korrektes Closeout aus und versucht mit einem harten, langen Slide die angedeutete Penetration des Angreifers zu verhindern.

Korrekturhinweise:
Präzise Pässe, korrekte Closeouts, richtige Entscheidungen im Angriff, Hände oben

Materialbedarf:
1 Ball pro Gruppe

→ 306

In & Out Fulldeny

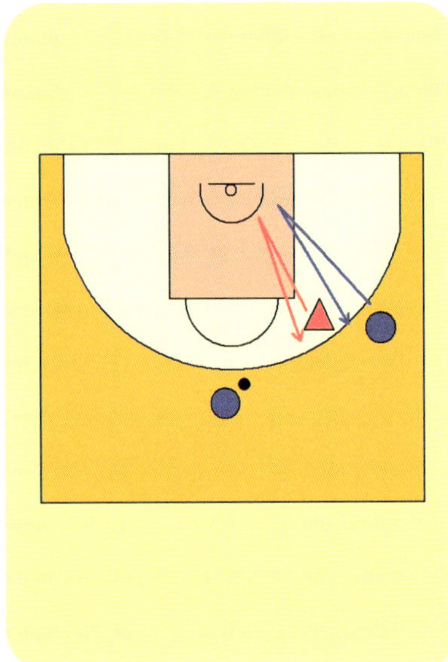

Zielgruppe

AGA	GLT	ABT	AST	HLT

Spielerzahl:
3+

Lernziele/Drillschwerpunkt:
Erlernen der richtigen Deny Fußarbeit, 1vs1

Empfohlene Dauer:
2–5 Durchgänge pro Gruppe je Seite

Übungsbeschreibung:
Der Drill findet alternierend auf der linken und rechten Feldhälfte statt. Ein Angreifer steht mit Ball auf der Point Position und ein Angreifer auf der Wing Position. Dieser Spieler wird von einem Verteidiger verteidigt, der die Aufgabe hat, das Anspiel zu unterbinden. Wenn das Anspiel gelingt, spielt der Wingspieler 1vs1 gegen den Verteidiger (3 Dribblings max.). Nach Korbwurf und Rebound, nach fünf vergeblichen Befreiungsbewegungen oder nach Ballgewinn durch den Verteidiger werden die Aufgaben gewechselt. Wenn alle drei Spieler einmal verteidigt haben, wird die Seite gewechselt.

Korrekturhinweise:
Korrekte Fußarbeit in der Deny Verteidigung, gute On Ball Defense, richtige Angriffsentscheidung .

Materialbedarf:
1 Ball pro Gruppe, 1/2 Halbfeld mit Korb

→ 312

4 Men Shut Down

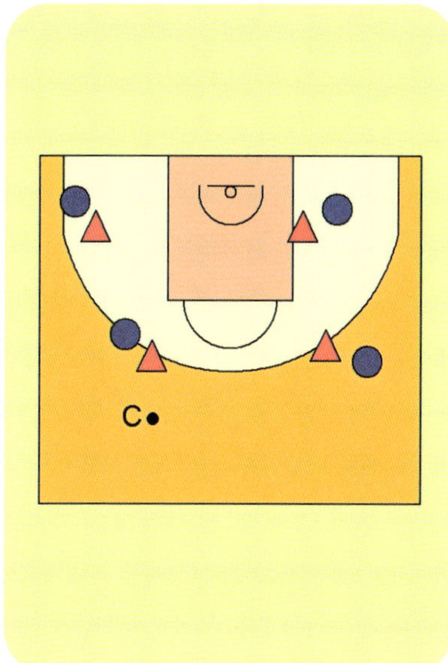

Zielgruppe

AGA	GLT	ABT	AST	HLT

Spielerzahl:
8

Lernziele/Drillschwerpunkt:
Nutzung des Deny, On Ball, 4vs4

Empfohlene Dauer:
2–5 Durchgänge pro Gruppe

Übungsbeschreibung:
Vier Angreifern stehen vier Verteidigern gegenüber. Die Angreifer sind relativ statisch zu Beginn, können im Verlauf des Drills mehr Bewegungsfreiheit erhalten. Der Trainer hat den Ball und versucht ihn zu einem Angreifer zu passen. Hat ein Angreifer den Ball erhalten wird ein 4vs4 auf den Korb gespielt. Stoppt die Verteidigung fünf Entrypass Versuche oder den Angriff, erhält sie einen Punkt und wechselt mit dem Angriff die Aufgaben.

Variationen:
Weitere Gruppen können hinzugenommen werden.

Korrekturhinweise:
Gute Deny Position, Offense, Defense.

Materialbedarf:
1 Ball

Wettkampf:
Welches Team erzielt mehr Punkte?

→ 313

Close Quarter Passing

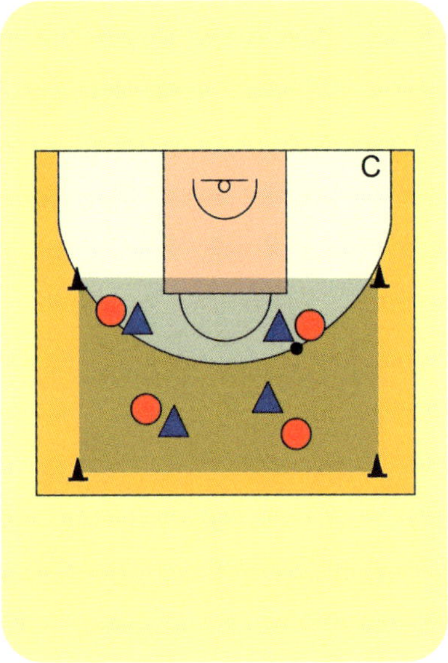

Zielgruppe

AGA	GLT	ABT	AST	HLT
🏀	🏀	🏀	🏀	

Spielerzahl:
8+

Lernziele/Drillschwerpunkt:
Freimachen, Passen und fangen, Deny, On Ball.

Empfohlene Dauer:
2 Durchgänge

Übungsbeschreibung:
Es werden zwei gleichgroße Teams gebildet, ein Feld mittels Hütchen abgesteckt. Aufgabe des Angriffs ist es zehn erfolgreiche Pässe hintereinander zu spielen. Erzwingt die Verteidigung einen Turnover erhält sie den Ball und versucht nun selbst die Passanzahl zu erreichen. Deflected die Verteidigung den Ball ins Aus, wirft der Angriff ein, zählt aber weiter von der Anzahl der erreichten Pässe. Deflected die Verteidigung einen Pass und bleibt der Angriff in Ballbesitz, wird der Pass nicht gezählt. Falls ein Angreifer einen guten Pass nicht kontrollieren kann und dieser auf den Boden fällt, wird dieser ebenfalls nicht gewertet.

Korrekturhinweise:
Gute Deny Position, aggressive Passverteidigung, gutes und sicheres passen und fangen, freimachen.

Materialbedarf:
1 Ball, 4 Hütchen

Wettkampf:
Welches Team schafft die Passanzahl?

→ 314

Deny Fullcourt 1

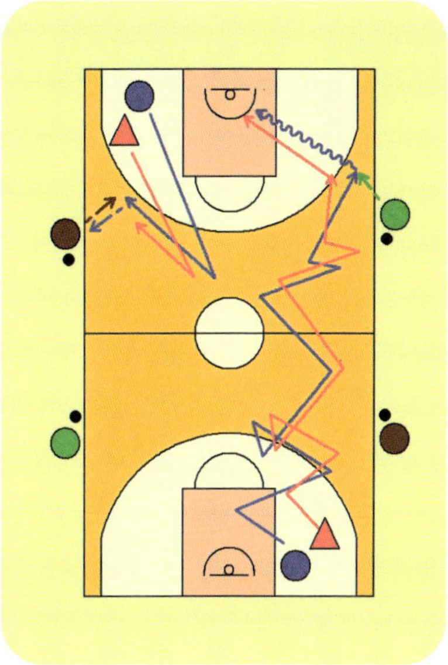

Zielgruppe

AGA | GLT | ABT | AST | HLT

Spielerzahl:
8+

Lernziele/Drillschwerpunkt:
Ballhandling, Dribbling, passen und fangen, freimachen, Deny

Empfohlene Dauer:
5–8 Minuten je Richtung

Übungsbeschreibung:
Ein Angreifer steht einem Verteidiger an der Baseline auf der einen Seite der Splitline gegenüber. Auf der anderen Seite der Mittellinie und der Splitline steht ebenfalls ein Angreifer und ein Verteidiger. Keiner dieser vier Spieler hat einen Ball. Pro Seite stellt sich in jedem Halbfeld ein weiterer Spieler an der Sideline auf. Diese Spieler haben je einen Ball und dribbeln diesen, sie selbst sind zunächst statisch. Die Angreifer versuchen sich freizumachen und einen Pass zu erhalten. Die Verteidiger versuchen dies zu stoppen. Nach erfolgreichem Pass im Rückfeld wird der Ball zurück zum Passgeber an der Sideline gepasst. Im Vorfeld wird nach dem zweiten erfolgreichen Pass ein 1vs1 gespielt. Nach dem Rebound wechselt der Verteidiger mit Ball auf die Position des Passgebers im Vorfeld, dieser nimmt die Position des Passgebers im Rückfeld ein, der wiederum zum Angreifer an der Baseline wird. Der Angreifer wechselt über die Splitline und wird zum Verteidiger. Der Drill wird so fortgeführt, bis die vorgegebene Zeit abgelaufen ist.

Variationen:
Passgeber werden dynamisch an der Sideline, weitere Passgeber können hinzugefügt werden, das Feld kann mittels Markierungen verkleinert werden.

Korrekturhinweise:
Richtige Fuß- und Handarbeit in der Verteidigung, korrekte Passtechnik und freilaufen, finishen.

Materialbedarf:
4 Bälle, 2 Körbe

→ 315

Deny Fullcourt 2

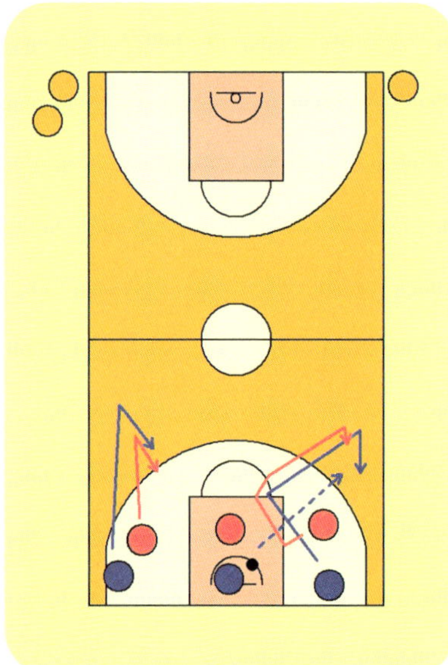

Zielgruppe

AGA	GLT	ABT	AST	HLT

Spielerzahl:
6+

Lernziele/Drillschwerpunkt:
Ballhandling, Dribbling, passen und fangen, freimachen, Deny

Empfohlene Dauer:
5–10 Minuten

Übungsbeschreibung:
Drei Angreifer stehen drei Verteidigern an der Baseline gegenüber. An der anderen Baseline nimmt ein drittes Team Aufstellung. Die Angreifer haben einen Ball, sie dürfen nicht dribbeln, keine Blöcke stellen und keine Lobpässe spielen. Ihr Ziel ist es auf dem gegenüberliegenden Korb zu punkten. Dann wechselt die Verteidigung in den Angriff, drei neue Verteidiger betreten das Spielfeld, während die Angreifer das Feld verlassen, um das Feld joggen und sich auf der anderen Seite wieder aufstellen. Der Drill wird fortgeführt, bis die vorgegebene Zeit abgelaufen ist.

Variationen:
4vs4, 5vs5.

Korrekturhinweise:
Richtige Fuß- und Handarbeit in der Verteidigung, korrekte Passtechnik und freilaufen.

Materialbedarf:
1 Ball, 2 Körbe

Wettkampf:
Welches Team schafft mehr Treffer?

→ 316

Inside Deny

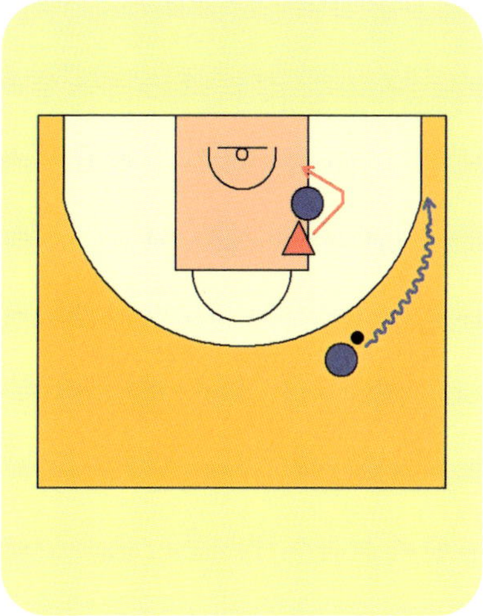

Zielgruppe

AGA	GLT	ABT	AST	HLT

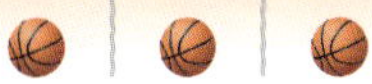

Spielerzahl:
3+

Lernziele/Drillschwerpunkt:
Deny im Post, 3/4 Deny, Step Over, Full Deny, passen und fangen

Empfohlene Dauer:
10 Durchgänge pro Spieler je Seite

Übungsbeschreibung:
Ein Spieler mit Ball positioniert sich an der 3er-Linie auf der Wing Position. Ein Angreifer postet auf, während der Verteidiger eine 3/4 Deny Position einnimmt. Der Verteidiger bleibt dabei immer zwischen Angreifer und Passgeber. Dribbelt der Passgeber Richtung Baseline führt der Verteidiger einen Step Over aus, spielt also für kurze Zeit Full Deny um auf die andere Seite des Angreifers zu kommen. Der Passgeber dribbelt nun wieder Richtung Wing oder Point Position. Der Verteidiger wiederholt die Step Over Bewegung. Zwischendurch versucht der Passgeber den Ball zum Angreifer zu passen. Nach zehn Versuchen wechselt der Angreifer auf die Passgeber Position, der Verteidiger wird zum Angreifer und der Passgeber zum Verteidiger. Der Drill wird so fortgeführt, bis alle Spieler die vorgegebene Anzahl an Wiederholungen erreicht haben.

Variationen:
Der Angreifer flasht von der Weakside, der Verteidiger muss aus der Helpside Position den Cut bumpen und dann die Deny-Position einnehmen.

Korrekturhinweise:
Richtige Fuß- und Handarbeit in der Verteidigung, korrekte Passtechnik.

Materialbedarf:
1 Ball, 1 Korb

→ 311

Two Line Rebounding Drill

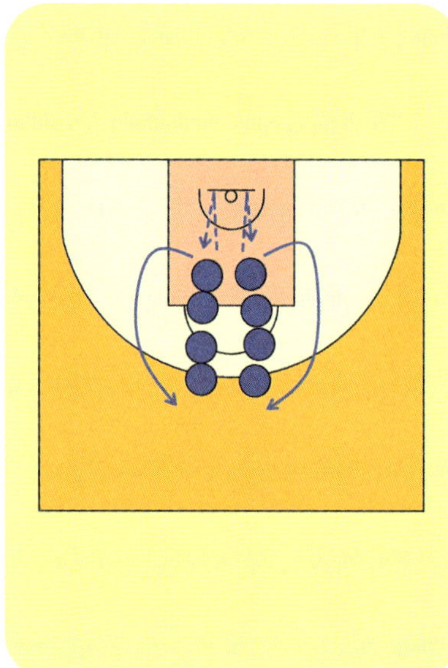

Zielgruppe

AGA	GLT	ABT	AST	HLT

Spielerzahl:
6+

Lernziele/Drillschwerpunkt:
Verbesserung von Timing und Ballsicherung

Empfohlene Dauer:
6–8 Minuten

Übungsbeschreibung:
Die Spieler werden in zwei gleichgroße Gruppen eingeteilt und stehen hintereinander. Die eine Gruppe steht auf der rechten Seite etwa 2 m vom Brett entfernt mit dem Gesicht zum Brett und die andere auf der linken Seite. Der erste Spieler in der Reihe hat jeweils einen Ball. Diesen wirft er so ans Brett, dass dieser in etwa an der Position wieder herunterkommt, wo er gerade steht. Nachdem er den Ball ans Brett geworfen hat, stellt er sich am Ende der anderen Reihe wieder an. Der nächste Spieler in der Reihe versucht den Ball am höchsten Punkt mit zwei Händen zu fangen und ihn sofort ans Kinn zu reißen, wo er ihn mit den Ellenbogen schützt. Dann wirft er ihn, wie beschrieben, wieder ans Brett und stellt sich an der anderen Reihe hinten an usw.

Variationen:
Die Spieler werfen/tippen den Ball bereits wieder ans Brett, während sie noch in der Luft sind »Alley hoop«.

Korrekturhinweise:
Ball am höchsten Punkt fangen, Ball vor der Brust schützen, Ball hoch genug ans Brett werfen.

Materialbedarf:
2 Bälle pro Trainingsgruppe

→ 318

Two Line Rebounding and Outlet Drill

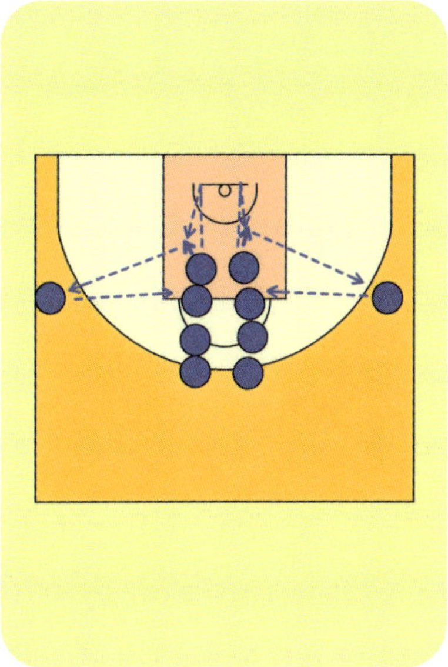

Zielgruppe

AGA	GLT	ABT	AST	HLT

Spielerzahl:
8+

Lernziele/Drillschwerpunkt:
Verbesserung von Timing und Ballsicherung, Outletpass trainieren

Empfohlene Dauer:
6–8 Minuten

Übungsbeschreibung:
Dieser Drill ist eine Weiterentwicklung von Drill Nr. 317 und beschäftigt sich zusätzlich mit dem Outletpass. Die Spieler werden in zwei gleichgroße Gruppen eingeteilt und stehen hintereinander. Die eine Gruppe steht auf der rechten Seite etwa 2 m vom Brett entfernt mit dem Gesicht zum Brett und die andere auf der linken Seite. Auf jeder Seite steht ein Spieler etwa 4 m oberhalb der Baseline in Höhe der 3Point-Line. Der erste Spieler in der Reihe hat jeweils einen Ball. Diesen wirft er so ans Brett, dass dieser in etwa an der Position wieder herunterkommt, wo er gerade steht. Nachdem er den Ball ans Brett geworfen hat, läuft er auf die Position des Spieler auf der Wingposition. Der nächste Spieler in der Reihe versucht den Ball am höchsten Punkt mit zwei Händen zu fangen und ihn sofort ans Kinn zu reißen, wo er ihn mit den Ellenbogen schützt. Er machte einen Vorwärtssternschritt und passt den Ball (Einhandpass/Überkopfpass/Hookpass) auf die Wingposition. Dieser Spieler passt ihn dann zum ersten Spieler der Reihe, der ihn, wie beschreiben, wieder ans Brett wirft. Er stellt sich dann am Ende der anderen Reihe an.

Variationen:
Der Rebounder erhält einen Verteidiger, der nur die Aufgabe hat, den Outletpass zu stören.

Korrekturhinweise:
Ball am höchsten Punkt fangen, Ball vor der Brust schützen, Ball hoch genug ans Brett werfen. Korrekte Passtechniken anwenden und bei Einhandpässen die richtige Hand verwenden.

Materialbedarf:
2 Bälle pro Trainingsgruppe

→ 319

14 Shot Anticipation Drill

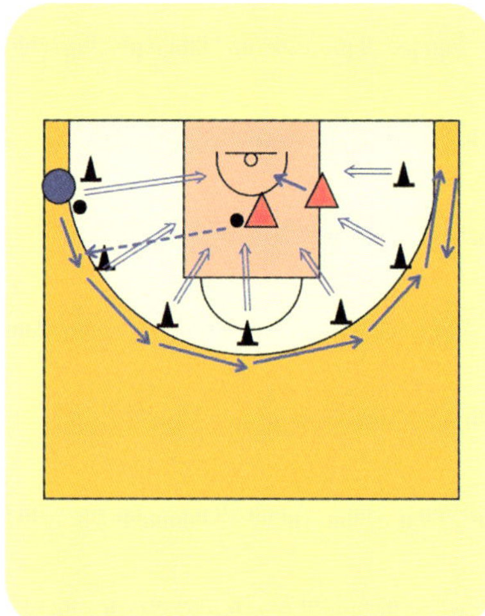

Zielgruppe

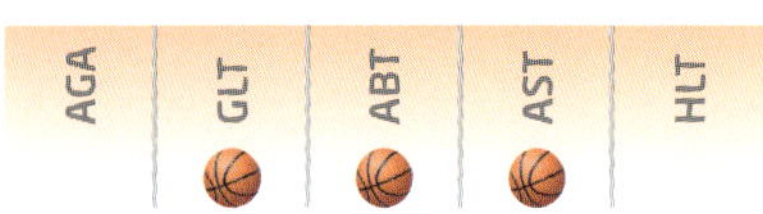

Spielerzahl:
3 pro Korb

Lernziele/Drillschwerpunkt:
Verbesserung von Antizipation/gleichzeitiges Wurftraining

Empfohlene Dauer:
2–3 Durchgänge/6–9 Minuten

Übungsbeschreibung:
Sieben Positionen rund um den Korb markieren (oder beschreiben). Diese Positionen sollten altersgerecht so gewählt werden, dass die Wurfquote nicht so hoch ist. Ein Spieler wirft von der ersten Markierung auf den Korb, Spieler 2 reboundet, Spieler 3 passt dem Werfer einen zweiten Ball auf der nächsten Position zu und reboundet seinerseits. Der Werfer erhält auf der nächsten Position wieder den Ball von Spieler 2 usw., bis er von allen sieben markierten Wurfpunkten zweimal geworfen hat. Ziel für die Rebounder ist es, den Ball nicht auf dem Boden aufkommen zu lassen (auch bei Korberfolg) und den Ball sauber zum Werfer zurückzupassen und zwar so, dass er nach Ballerhalt sofort werfen kann. Nach 14 Würfen wird gewechselt.

Variationen:
Anzahl der Spots variieren

Korrekturhinweise:
Ball am höchsten Punkt fangen, Ball vor der Brust schützen. Korrekte Passtechniken anwenden und bei Einhandpässen die richtige Hand verwenden.

Materialbedarf:
2 Bälle pro Trainingsgruppe

Wettkampf:
Nur einen Ball verwenden, Spieler kämpfen um den Rebound. Wer erarbeitet die meisten Rebounds?

→ 320

3 Shooters - Two Rebounders

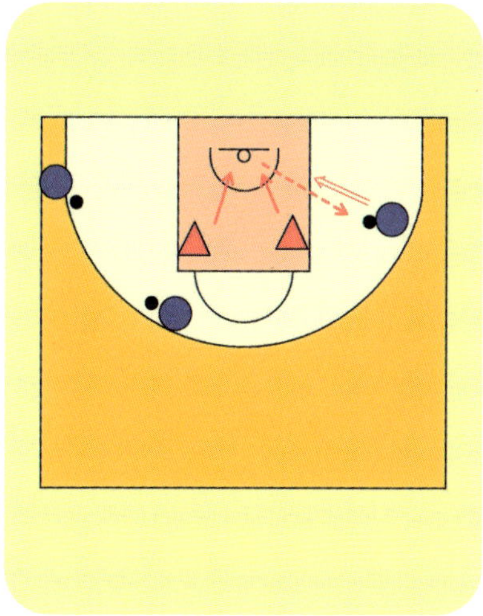

Zielgruppe

AGA	GLT	ABT	AST	HLT

Spielerzahl:
5 pro Korb

Lernziele/Drillschwerpunkt:
Verbesserung von Antizipation/gleichzeitiges Wurftraining

Empfohlene Dauer:
2 Durchgänge

Übungsbeschreibung:
Drei Spieler mit je einem Ball verteilen sich um den Korb in einem für das jeweilige Alter eher großen Abstand. Zwei Spieler kämpfen gegeneinander um den Rebound. Die Werfer werfen reihum und wechseln nach jedem Wurf die Position, wobei sie mindestens 4 m Abstand zueinander haben sollen. Der Spieler, der den Rebound erarbeitet hat, passt ihn zum Schützen zurück. Dann wirft der nächste Spieler auf den Korb. Der Spieler, der zuerst 5 Rebounds erarbeitet hat, gewinnt das Match! Rebounder werden Werfer, zwei Werfer werden Rebounder

Variationen:
Anzahl der Rebounds verändern

Korrekturhinweise:
Ball am höchsten Punkt fangen, Ball vor der Brust schützen. Korrekte Passtechniken anwenden und bei Einhandpässen die richtige Hand verwenden.

Materialbedarf:
3 Bälle pro Trainingsgruppe

Wettkampf:
Der Sieger mit den meisten Rebounds darf weiter rebounden und nur der Verlierer wird neuer Werfer.

→ 321

Rebound Battle

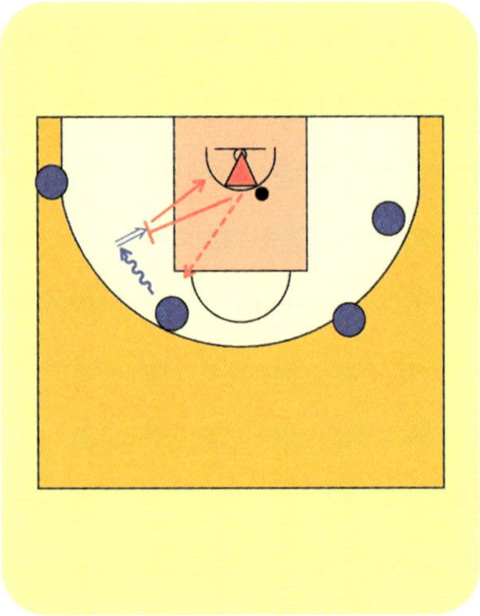

Zielgruppe

AGA	GLT	ABT	AST	HLT

Spielerzahl:
4–6 Spieler

Lernziele/Drillschwerpunkt:
Verbessern von Box-out, Rebound-Arbeit und Closeout-Bewegung

Empfohlene Dauer:
10 Minuten

Übungsbeschreibung:
Ein Spieler ist Rebounder, steht unter dem Korb und hat einen Ball. Der Spieler passt den Ball zu einem der anderen Spieler, die sich um den Korb herum verteilt haben.
Er nähert sich dem Spieler in einer Closeout-Bewegung. Der Spieler, der den Ball erhalten hat, hat die Aufgabe, ein Dribbling zur Seite oder schräg nach vorne zu machen und auf den Korb zu werfen. Rebounder und Werfer kämpfen um den Rebound. Der Sieger wird neuer (oder alter) Rebounder und der Verlierer nimmt die Position des Schützen ein. Die Pässe zu den Werfern werden »reihum« gespielt!

Variationen:
1. »Verlierer« wird Rebounder 2. Schütze muss vor seinem Dribbling erst den Ball einmal um die Hüfte kreisen lassen 3. Wurfreihenfolge ändern!

Korrekturhinweise:
Korrekte Closeout-Bewegung durchführen, Boxout-Technik kontrollieren, Ball am höchsten Punkt fangen und dann schützen, korrekte Passtechniken für den nächsten Pass verwenden.

Materialbedarf:
1 Ball pro Trainingsgruppe

Wettkampf:
Sieger ist, wer die meisten Rebounds erarbeitet hat/Verlierer ist, wer am häufigsten rebounden musste.

→ 322

Shell Position

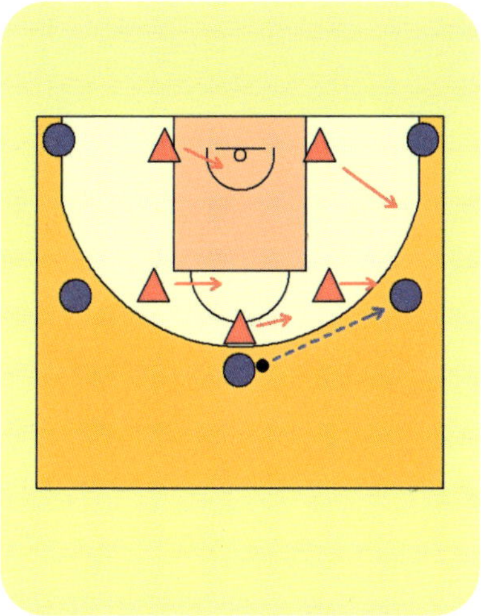

Zielgruppe

AGA	GLT	ABT	AST	HLT
	●			

Spielerzahl:
10

Lernziele/Drillschwerpunkt:
Defensive Positionen, Kommunikation

Empfohlene Dauer:
2-5 x 1 Minute pro Team

Übungsbeschreibung:
Die Spieler teilen sich in zwei Teams auf. Ein Team hat einen Ball und greift an. Das andere Team verteidigt. In diesem Shell Drill ist der Angriff statisch, jeder Spieler bleibt auf der von ihm besetzten Position. Die Verteidiger stellen sich analog zum Angriff auf. Der Ballbesitzer passt den Ball zu einem anderen Angreifer. Die Verteidigung wechselt per Sprint mit dem Pass zu den richtigen defensiven Positionen und sagt diese laut an. Die Positionen sind/heißen »Ball«, »Deny« und »Helpside«. Nach einer Sekunde erfolgt der nächste Pass. Die Verteidiger müssen erneut die Position wechseln. Nach Ablauf einer vorgegebenen Zeit wechseln die Angreifer in die Verteidigung und umgekehrt. Die Pässe werden nicht abgefangen.

Variationen:
Nach einer bestimmten Passanzahl suchen sich die Angreifer bis auf den Ballführer eine neue Position, die Verteidiger bleiben bei Ihrem Mann.

Korrekturhinweise:
Einnahme der korrekten defensiven Position, laute Kommunikation.

Materialbedarf:
1 Ball, 1 Korb

→ 323

Shell Box Out 1

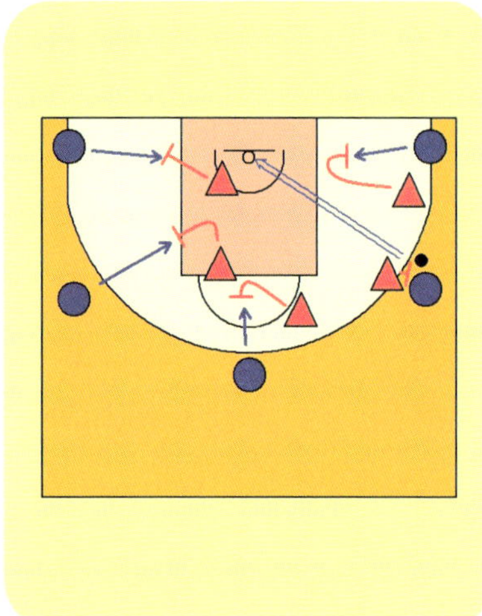

Zielgruppe

AGA	GLT	ABT	AST	HLT

Spielerzahl:
10

Lernziele/Drillschwerpunkt:
Defensive Positionen, Kommunikation, Stoppen der Penetration

Empfohlene Dauer:
2-5 x 1 Minute pro Team

Übungsbeschreibung:
Aufstellung und Vorgehensweise wie in Drill 322. Zusätzlich zu den Pässen wirft auf ein Signal des Trainers oder nach einer bestimmten Passanzahl der Angreifer in Ballbesitz auf den Korb. Die Verteidiger boxen aus und sichern den Rebound. Der Angriff versucht einen Offensiv Rebound zu erarbeiten.

Variationen:
Nach einer bestimmten Passanzahl suchen sich die Angreifer bis auf den Ballführer eine neue Position, die Verteidiger bleiben bei Ihrem Mann.

Korrekturhinweise:
Einnahme der richtigen defensiven Position, laute Kommunikation, korrektes Ausboxen und Sichern des Rebounds.

Materialbedarf:
1 Ball, 1 Korb

→ 324

Shell Penetration

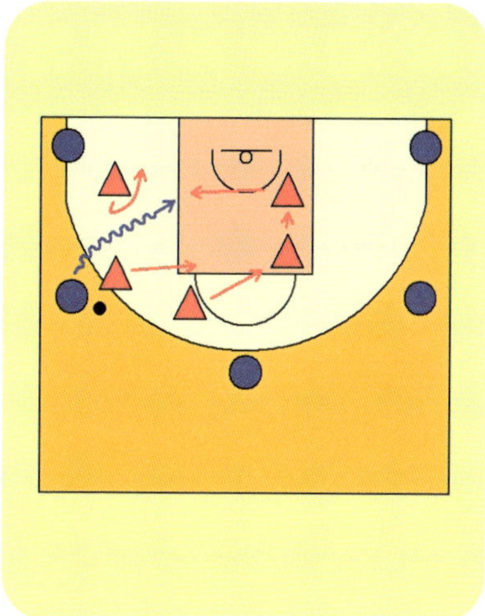

Zielgruppe

AGA	GLT	ABT	AST	HLT
	●	●		

Spielerzahl:
10

Lernziele/Drillschwerpunkt:
Defensive Positionen, Kommunikation, Stoppen der Penetration

Empfohlene Dauer:
2-5 x 1 Minute pro Team

Übungsbeschreibung:
Aufstellung und Vorgehensweise wie in Drill 322. Zusätzlich zu den Pässen penetriert der Spieler mit Ball auf Signal oder nach einer bestimmten Anzahl von Pässen und muss von der Helpside gestoppt werden. Die Penetration muss von der Verteidigung kommuniziert werden. Nach dem Kick-Pass füllt der Angreifer wieder auf, die Verteidiger sortieren sich ihren Gegenspieler zu, nehmen die entsprechende Position ein und kommunizieren diese entsprechend laut.

Variationen:
Nach einer bestimmten Anzahl von Pässen oder Penetrationen versucht der Angriff aus den Penetrationen zu punkten.

Korrekturhinweise:
Einnahme der richtigen defensiven Position, laute Kommunikation, foulfreies Stoppen der Penetration.

Materialbedarf:
1 Ball, 1 Korb

→ 325

Shell Pass & Cut

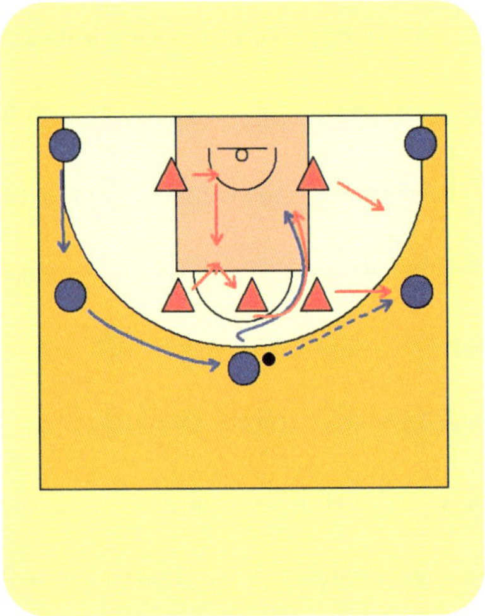

Zielgruppe

AGA	GLT	ABT	AST	HLT
	●	●		

Spielerzahl:
10

Lernziele/Drillschwerpunkt:
Defensive Positionen, Kommunikation, Bump-the-Cut

Empfohlene Dauer:
2-5 x 1 Minute pro Team

Übungsbeschreibung:
Aufstellung und Vorgehensweise wie in Drill 322. Nach einem Pass cuttet der Passgeber zum Korb und die anderen Spieler füllen auf. Die Verteidigung ist gezwungen entsprechend mitzurotieren, die neue entsprechende defensive Position einzunehmen und zu kommunizieren. Der Verteidiger des Cutters bumped den Cut und versucht einen Front- bzw. Face-Cut zu verhindern. Um eine spielnähere Version herzustellen, sollte der Angriff nicht warten, bis alle Angreifer nach einem Cut ihre Positionen eingenommen haben, sondern von einer Aktion in die nächste überleiten.

Variationen:
Nach einer bestimmten Passanzahl oder einem Signal des Trainers versucht der Angriff aus den Cuts zu punkten. Hinzunahme der Penetration möglich.

Korrekturhinweise:
Einnahme der richtigen defensiven Position, laute Kommunikation, foulfreies Bumpen der Cuts.

Materialbedarf:
1 Ball, 1 Korb

→ 326

Shell Screen

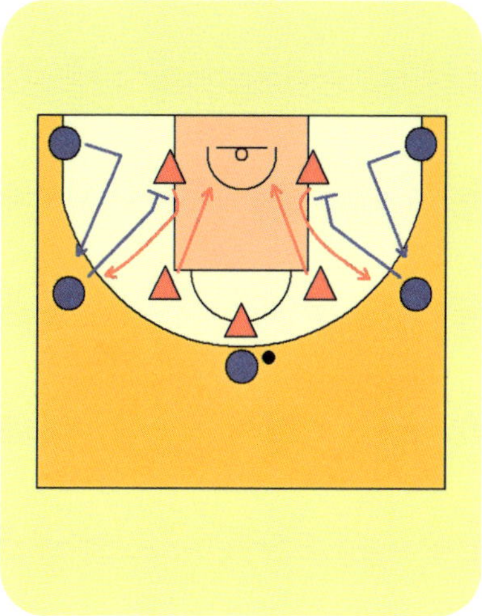

Zielgruppe

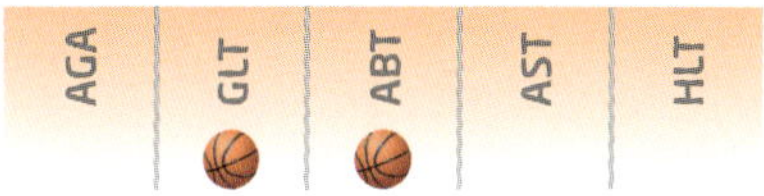

Spielerzahl:
10

Lernziele/Drillschwerpunkt:
Defensive Positionen, Kommunikation, Block Verteidigung

Empfohlene Dauer:
2-5 x 1 Minute pro Team

Übungsbeschreibung:
Aufstellung und Vorgehensweise wie in Drill 322. Die Angreifer stellen Blöcke weg vom Ball und füllen danach auf. Ist Ball auf der Point Position werden Downscreens vom Wing auf die Baseline oder Post Position gestellt. Ist der Ball auf der Wing Position werden Cross-Screens von der Point auf die Wing und von der Baseline auf die Baseline Position gestellt. Ist der Ball auf der Baseline Position werden Backscreens von der Wing auf die Point Position und von der Baseline auf die Wing Position gestellt. Screens von und auf eine Post Position sind ebenfalls nach dem gleichen Schema möglich. Analog zur defensiven Strategie werden die Blöcke verteidigt, defensive Position eingenommen und beides laut kommuniziert.

Variationen:
Nach einer bestimmten Passanzahl oder einem Signal des Trainers versucht der Angriff aus den Screens zu punkten. Hinzunahme der Penetration und oder der Cuts möglich.

Korrekturhinweise:
Einnahme der richtigen defensiven Position, laute Kommunikation, korrekte Verteidigung der Screens.

Materialbedarf:
1 Ball, 1 Korb

→ 327

Shell Transition

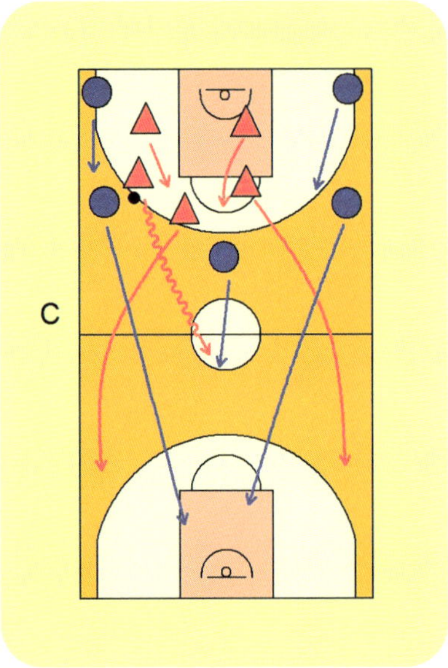

Zielgruppe

AGA	GLT	ABT	AST	HLT
	🏀	🏀	🏀	

Spielerzahl:
10

Lernziele/Drillschwerpunkt:
Defensive Positionen, Kommunikation, Transition Defense und Offense

Empfohlene Dauer:
2–5 x 1 Minute pro Team

Übungsbeschreibung:
Aufstellung und Vorgehensweise wie in Drill 322. Der Trainer gibt eine der bereits eingeübten Shell Varianten vor, bspw. Shell Position. Der Drill wird wie eingeübt ausgeführt. Auf Signal des Trainers legt der Angreifer den Ball auf den Boden, die Verteidiger werden zu Angreifern und die Angreifer zu Verteidigern. Die neuen Angreifer laufen einen Fastbreak auf den anderen Korb und versucht zu punkten. Nach Abschlussversuch beginnt der Drill erneut, wobei die Aufgabenverteilung gewechselt wird.

Variationen:
Alle Varianten sind spielbar. Überzahl Situationen können vom Trainer hinzugefügt werden.

Korrekturhinweise:
Einnahme der richtigen defensiven Position, laute Kommunikation, korrekte Organisation und Ausführung der Transition Defense und Offense

Materialbedarf:
1 Ball, 2 Körbe

→ 328

Shell Box Out 2 (Transition)

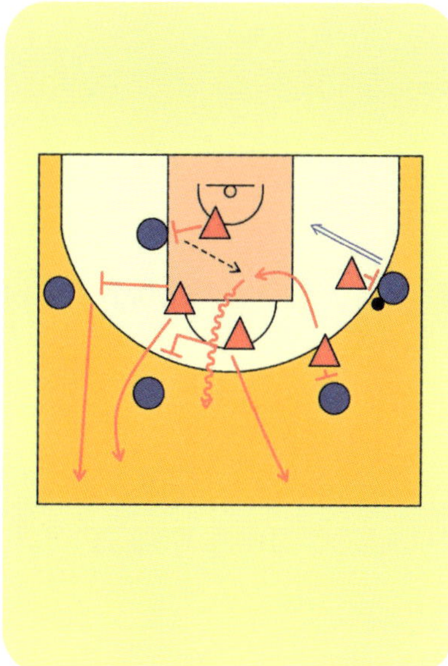

Zielgruppe

AGA	GLT	ABT	AST	HLT
	●	●	●	

Spielerzahl:
10

Lernziele/Drillschwerpunkt:
Defensive Positionen, Kommunikation, ausboxen, rebounden, Transition Defense und Offense

Empfohlene Dauer:
2-5 x 1 Minute pro Team

Übungsbeschreibung:
Aufstellung und Vorgehensweise wie in Drill 327 allerdings auf Signal des Trainers nimmt der Angreifer im Ballbesitz einen Wurf. Die Verteidiger boxen aus und versuchen den Rebound zu sichern, laufen einen Fastbreak und versuchen zu punkten. Die Angreifer versuchen einen Offensiv Rebound zu holen. Gelingt dies nicht verteidigen sie den Fastbreak. Nach einem Abschlussversuch beginnt der Drill erneut. Wobei die Aufgabenverteilung bestehen bleibt.

Variationen:
Alle Varianten sind spielbar. Überzahl Situationen können vom Trainer hinzugefügt werden.

Korrekturhinweise:
Einnahme der richtigen defensiven Position, laute Kommunikation, ausboxen und rebounden, korrekte Organisation und Ausführung der Transition Defense und Offense

Materialbedarf:
1 Ball, 2 Körbe

→ 329

Shell 5vs4

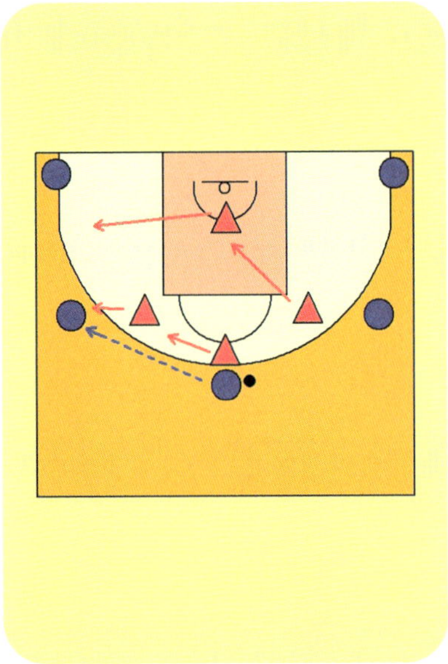

Zielgruppe

AGA	GLT	ABT	AST	HLT
	🏀	🏀	🏀	🏀

Spielerzahl:
9+

Lernziele/Drillschwerpunkt:
Defensive Positionen und Rotation, Kommunikation

Empfohlene Dauer:
2-5 x 1 Minute pro Team

Übungsbeschreibung:
Aufstellung und Vorgehensweise wie in Drill 322. Es stehen 5 Angreifer 4 Verteidigern gegenüber. Die Angreifer bleiben auf ihren Positionen, die Verteidiger müssen dafür sorgen, dass immer alle Positionen verteidigt werden. Auf ein Signal des Trainers oder nach einer bestimmten Passanzahl wirft der Angreifer in Ballbesitz auf den Korb.

Variationen:
Abschlüsse wie Penetration oder Cuts sind variierbar.

Korrekturhinweise:
Einnahme der richtigen defensiven Position, laute Kommunikation, korrekte Rotation.

Materialbedarf:
1 Ball, 1 Korb

→ 330

Shell Cutthroat 1

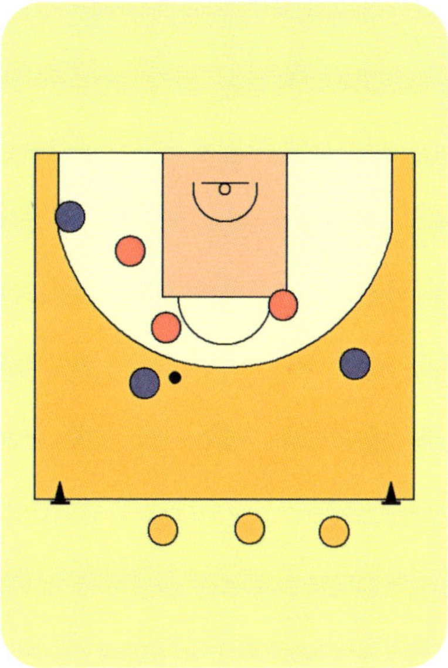

Zielgruppe

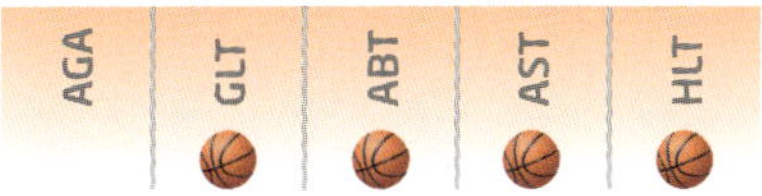

Spielerzahl:
9+

Lernziele/Drillschwerpunkt:
Kommunikation, Defense, Positionen, Rotationen, Offense

Empfohlene Dauer:
5–10 Minuten

Übungsbeschreibung:
Es werden drei Teams gebildet. Ein Team (A) verteidigt, ein Team (B) greift an, ein Team (C) hat Pause. Schließt das angreifende Team erfolgreich ab, geht es in die Verteidigung. Stoppt das verteidigende Team die Angreifer, erhält es einen Punkt. Die Angreifer wechseln mit dem Team, das Pause macht. Foult die Verteidigung das angreifende Team in der gleichen Sequenz zweimal, zählt dies wie ein Treffer. Holt ein angreifendes Team einen Offensiven Rebound wird der Verteidigung ein Punkt abgezogen. Es wird gespielt, bis ein Team sechs Punkte erreicht.

Variationen:
Anzahl der Teammitglieder und Höhe der zu erreichenden Punktzahl ist variabel.

Korrekturhinweise:
Einnahme der richtigen defensiven Position, laute Kommunikation, korrekte Rotation, richtiges ausboxen und rebounden.

Materialbedarf:
1 Ball, 1 Korb

Wettkampf:
Welches Team erreicht zuerst die vorgegebene Trefferanzahl

→ 331

Shell Cutthroat 2

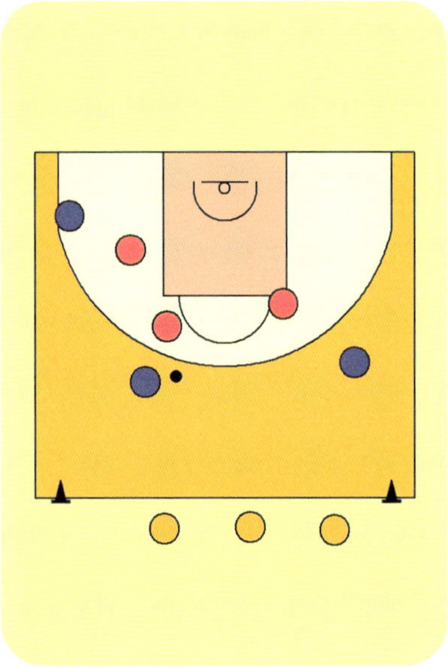

Zielgruppe

AGA	GLT	ABT	AST	HLT
	🏀	🏀	🏀	🏀

Spielerzahl:
9+

Lernziele/Drillschwerpunkt:
Kommunikation, Defense, Positionen, Rotationen, Offense

Empfohlene Dauer:
5–10 Minuten

Übungsbeschreibung:
Aufstellung und Vorgehensweise wie in Drill 330. Stoppt die Verteidigung den Angriff, wechselt sie in den Angriff, das pausierende Team kommt rein und verteidigt. Schließt der Angriff erfolgreich ab, bleibt das Team im Angriff, erhält einen Punkt, die beiden anderen Teams tauschen die Plätze. Erzielt die Verteidigung 3 Deflections wird das wie ein Stopp gewertet mit den entsprechenden Konsequenzen.

Variationen:
Anzahl der Teammitglieder und Höhe der zu erreichenden Punktzahl ist variabel.

Korrekturhinweise:
Einnahme der richtigen defensiven Position, laute Kommunikation, korrekte Rotation, richtiges ausboxen und rebounden.

Materialbedarf:
1 Ball, 1 Korb

Wettkampf:
Welches Team erreicht zuerst die vorgegebene Trefferanzahl

→ 322

Transition Delay

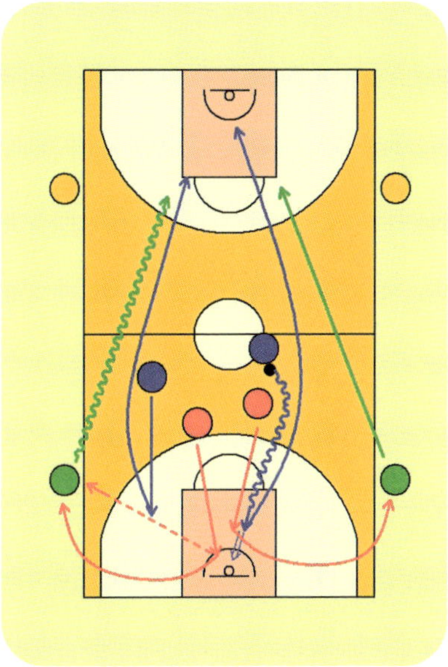

Zielgruppe

AGA	GLT	ABT	AST	HLT
	🏀	🏀	🏀	🏀

Spielerzahl:
8+

Lernziele/Drillschwerpunkt:
Verbesserung der Transition Defense

Empfohlene Dauer:
15 Minuten

Übungsbeschreibung:
Zwei Spieler stehen an der Freiwurflinie mit einem Ball. Zwei Spieler stehen in der gegenüberliegenden Zone. Vier Spieler stehen jeweils an einem Punkt am Spielfeldrand in Verlängerung der Freiwurflinie. Die überzähligen Spieler stehen hinter den Spielern am Spielfeldrand. Die beiden Spieler mit Ball greifen den gegenüberliegenden Korb an und die dort befindlichen Verteidiger versuchen, den Korberfolg zu verhindern. Der Coach sollte die Angriffszeit auf zehn Sekunden max. festsetzen. Wenn der Angriff abgeschlossen ist, egal ob erfolgreich oder nicht, passen die Verteidiger den Ball schnellstmöglich zu einem der beiden Spieler, die an der Seitenlinie warten. Dieser Spieler und sein Gegenüber greifen dann den anderen Korb an, der von den Angreifern des letzten Angriffs verteidigt wird usw.

Variationen:
Spieleranzahl ändern! 2-2, 3-3, 4-4, Zeit für den Angriff variieren.

Korrekturhinweise:
Offense schaltet zu langsam auf Defense um, Spieler an der Seitenlinie laufen zu früh los, Angriffe dauern zu lange.

Materialbedarf:
1 Ball

Wettkampf:
Welche Gruppe/Welcher Spieler lässt die wenigsten Körbe zu/scort die meisten Körbe?

→ 333

Equalizer

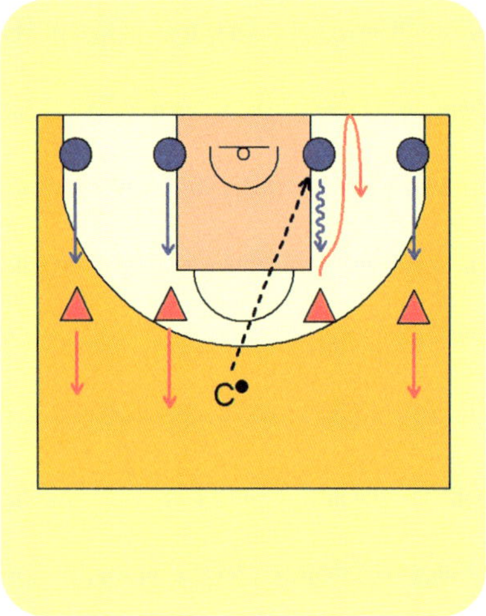

Zielgruppe

AGA	GLT	ABT	AST	HLT
	🏀	🏀	🏀	

Spielerzahl:
6+

Lernziele/Drillschwerpunkt:
Verbesserung der Transition Defense, Kommunikation

Empfohlene Dauer:
10 Minuten

Übungsbeschreibung:
Die Spieler bilden zwei Reihen parallel zur Baseline in Höhe der Freiwurflinie und einer gedachten Postblock-Linie. Sie schauen sich dabei an. Der Trainer, der sich mit einem Ball hinter der Freiwurflinie positioniert, passt den Ball zu einem Spieler auf der Postblock-Line. Das Team des Spielers greift sofort den gegenüberliegenden Korb an. Der Gegenspieler des Spielers, der den Pass erhalten hat, muss zur Baseline sprinten und sie berühren, bevor er mit dem Rest des Teams verteidigen kann. Nach dem Angriff werden die Aufgaben getauscht. Gibt es mehr als zwei Teams, wechselt der Angriff in die Verteidigung, die Verteidigung erhält eine Pause, das nächste Team geht in den Angriff.

Variationen:
Statt 2vs2 kann der Drill auch im 3vs3, 4vs4 oder 5vs5 durchgeführt werden. Durch Zeichen kann der Trainer weitere Spieler für den Baseline-Sprint bestimmen. Trifft der Angriff erhält das Team einen Punkt.

Korrekturhinweise:
Tempo hochhalten, die Überzahl ausnutzen

Materialbedarf:
1 Ball, zwei Körbe

Wettkampf:
Welches Team erreicht zuerst die vorgegebene Trefferanzahl

→ 334

Ball

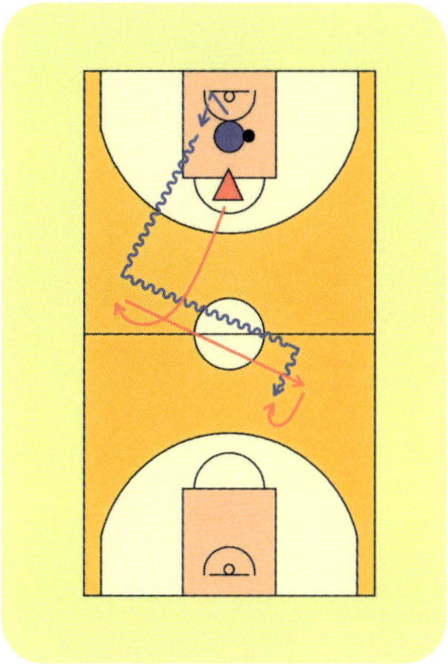

Zielgruppe

AGA	GLT	ABT	AST	HLT
●	●			

Spielerzahl:
2+

Lernziele/Drillschwerpunkt:
Erlernen von Transition Defense Prinzipien

Empfohlene Dauer:
5–10 Minuten

Übungsbeschreibung:
Ein Spieler mit Ball steht in der Zone am Korb, der zweite Spieler positioniert sich an der Freiwurflinie. Der Spieler mit Ball wirft diesen ans Brett, reboundet ihn und attackiert sofort den anderen Korb. Der Verteidiger ruft laut »Ball« und nimmt den Angreifer auf. Aufgabe des Verteidigers ist den Angreifer langsam zu machen ohne überlaufen zu werden. Ab der 3er-Linie, nach einem Check, spielen die beiden 1vs1. Nachdem die Spieler außerhalb des Feldes zurückgekehrt sind, stellen sie sich mit getauschten Rollen wieder auf.

Korrekturhinweise:
Korrekte Fußarbeit in der Verteidigung, Ballkontrolle

Materialbedarf:
Pro Gruppe 1 Ball, 2 Körbe

Wettkampf:
Welcher Spieler erzielt die meisten Treffer?

→ 335

Safety

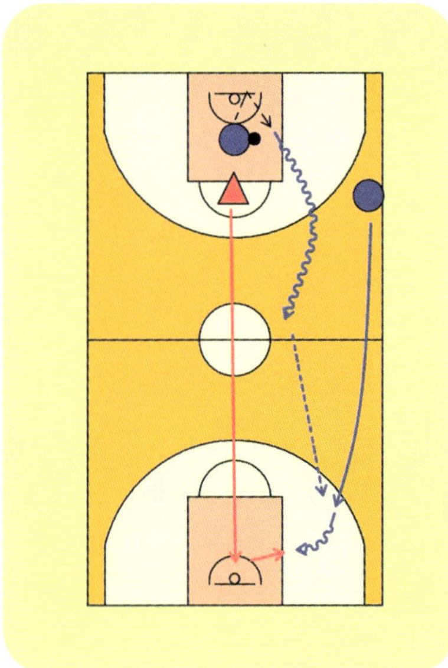

Zielgruppe

AGA	GLT	ABT	AST	HLT

Spielerzahl:

3+

Lernziele/Drillschwerpunkt:

Erlernen von Transition Defense Prinzipien

Empfohlene Dauer:

5-10 Minuten

Übungsbeschreibung:

Der Rebounder nimmt die gleiche Position wie in Drill 334 ein. Der Verteidiger positioniert sich an der 3er-Linie. Ein zweiter Angreifer nimmt Aufstellung auf der Outlet Position. Nachdem Rebound, wird wie in Drill 334 der Korb attackiert. Der Angreifer von der Outletposition sprintet in Richtung des anderen Korbes. Der Verteidiger ruft laut »Safety« und sprintet bis zum No-Charge-Kreis und dreht sich um. Der Rebounder dribbelt bis zur Mittellinie und passt den sprintenden Outlet Spieler an. Dieser attackiert den Korb und wird vom Verteidiger gestoppt. Nachdem die Spieler außerhalb des Feldes zurückgekehrt sind, stellen sich in getauschten Rolle wieder an. Die Rotation ist dabei: Rebounder, Outlet Spieler, Verteidiger.

Korrekturhinweise:

Korrekte Fußarbeit in der Verteidigung, Ballkontrolle, korrekte Passtechnik

Materialbedarf:

Pro Gruppe 1 Ball, 2 Körbe

Wettkampf:

Welcher Spieler erzielt die meisten Treffer?

→ 336

Ball + Safety Combination

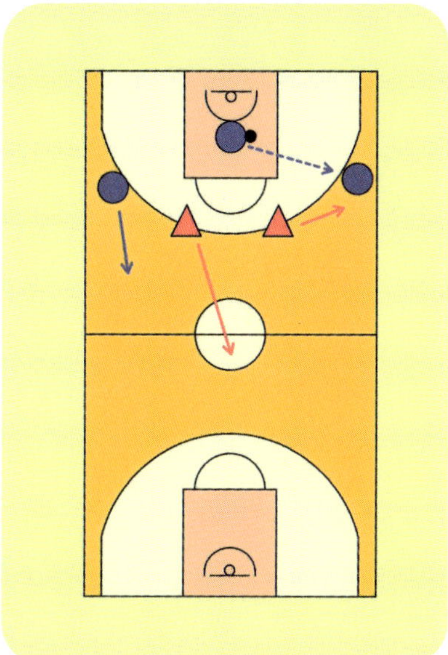

Zielgruppe

AGA	GLT	ABT	AST	HLT
	●	●		

Spielerzahl:
5+

Lernziele/Drillschwerpunkt:
Verbesserung der Transition Defense, Kommunikation

Empfohlene Dauer:
5–10 Minuten

Übungsbeschreibung:
Drei Angreifer vs. zwei Verteidiger. Die Verteidiger stellen sich an der 3er-Linie auf. Zwei Angreifer nehmen die Outlet Positionen ein. Der dritte Angreifer ist der Rebounder. Sobald der Ball im Spiel ist, müssen die beiden Verteidiger mittels Ansage ihre Positionen und Aufgaben organisieren, während die Angreifer versuchen einen Fastbreak mit Abschluss zu laufen. Ist der Ball Verteidiger überspielt, soll ein Aufgabenwechsel stattfinden. Der Ball Verteidiger sprintet in die Zone und übernimmt unter lautem Ansagen die Safety Position. Der Safety Verteidiger sagt entsprechen laut »Ball« an und versucht den Ballvortrag zu verlangsamen.

Variationen:
Der Ball kann auch per Einwurf ins Spiel gebracht werden.

Korrekturhinweise:
Korrekte Kommunikation, richtige Positionierung der Verteidiger, Ballkontrolle, Passtechnik

Materialbedarf:
Pro Gruppe 1 Ball, 2 Körbe

Wettkampf:
Welches Team erzielt die meisten Treffer?

→ 332

Grinder 1

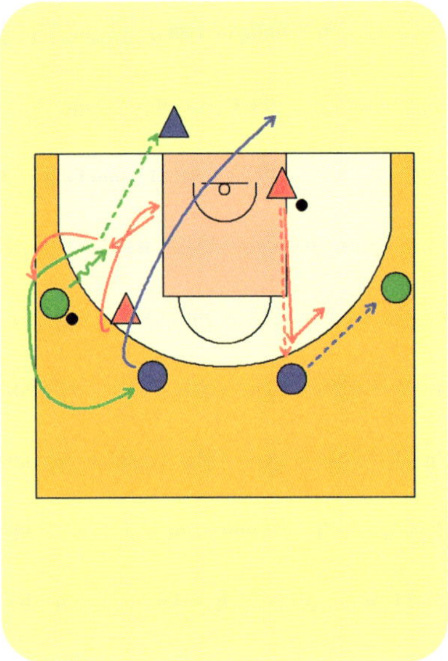

Zielgruppe

AGA	GLT	ABT	AST	HLT
	●	●	●	

Spielerzahl:
8+

Lernziele/Drillschwerpunkt:
Close Out, Pressure-The-Ball, Sprint-To-The-Ball, Bump-The-Cut, Help-Side, Stop-The-Penetration

Empfohlene Dauer:
5 Minuten

Übungsbeschreibung:
Je zwei Spieler nehmen die Position Lane- und Baseline ein. Die ersten beiden Spieler haben einen Ball und werden als erstes den Drill als Verteidiger durchlaufen. Je ein Spieler stellt sich auf den Wing Positionen und Laneline/3er-Linie auf. Jede Defenseposition muss laut vom Verteidiger kommuniziert werden. Der Drill läuft auf beiden Seite der Splitline identisch ab. Der Spieler mit Ball dribbelt bis zum Midpost und spielt einen Pass zum Spieler auf der Laneline/3er-Linienposition. Der Verteidiger führt nach dem Pass ein Close Out aus und pressured den Ball. Nach ca. zwei Sekunden passt der Spieler in Ballbesitz zum Spieler auf dem Wing. Der Verteidiger sprintet mit dem Pass zum Ball und nimmt die Deny Position ein. Nach weiteren zwei Sekunden führt der Passgeber einen Cut zum Korb aus. Der Verteidiger bumped ihn und verhindert einen Front- bzw. Face Cut. Der Cutter läuft durch und stellt sich auf der anderen Seite der Splitline in der Reihe der Verteidiger an. Der Verteidiger begleitet den Cutter bis zum Zonenrand, hier nimmt der Verteidiger die Helpside Position ein. Nach zwei weiteren Sekunden penetriert der Spieler vom Wing zum Korb. Der Verteidiger stoppt die Penetration und pressured den Ball nach Aufnahme des Angreifers für zwei Sekunden. Dann passt der Angreifer zum nächsten Spieler in der Verteidigungsreihe. Der Angreifer rotiert zur Laneline/3er-Linienposition. Der Verteidiger nimmt die Wingposition ein. Der Drill wird so fortgeführt, bis die Zeit abgelaufen ist.

Variationen:
Spieleranzahl kann erhöht werden, indem alle Positionen doppelt besetzt werden.

Korrekturhinweise:
Laute Kommunikation, korrekte Positionen, richtige Fußarbeit, foulfreies Bumpen und Stoppen der Penetration.

Materialbedarf:
1 Ball

→ 338

Grinder 2

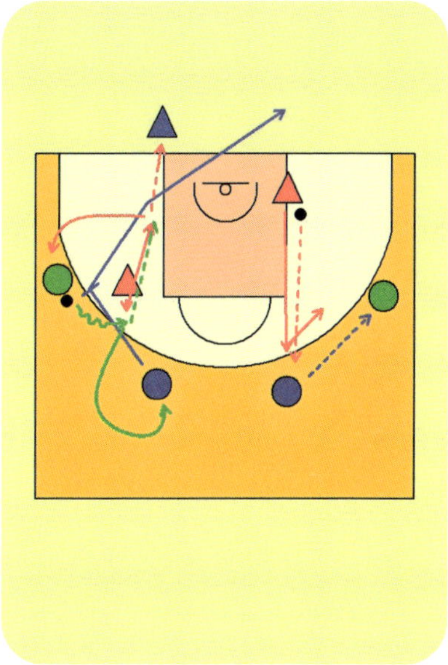

Zielgruppe

AGA	GLT	ABT	AST	HLT
	●	●	●	

Spielerzahl:
8+

Lernziele/Drillschwerpunkt:
Close Out, Pressure-The-Ball, Sprint-To-The-Ball, Hedging beim Ball Screen, Recover

Empfohlene Dauer:
5 Minuten

Übungsbeschreibung:
Aufstellung und Vorgehensweise wie in Drill 337. Statt eines Cuts zum Korb nach seinem Pass zum Spieler auf der Wing Position, stellt der Spieler von der Laneline/3er-Linienposition einen Screen für den Spieler auf der Wing Position. Der Verteidiger hat die Aufgabe die Bewegung zu erschweren und den Screen anzusagen. Nachdem der Screen gestellt ist, nutzt der Spieler auf der Wingposition diesen aus um den Korb zu attackieren. Der Verteidiger hedget hart und verlängert damit den Weg des Angreifers. Dieser nimmt den Ball auf und versucht einen (schlechten) Pass auf den abrollenden Spieler zu spielen. Der Verteidiger recovert zum Blocksteller und fängt den Pass ab. Der Blocksteller wechselt über die Splitline und stellt sich in der Verteidiger-Reihe an. Der Verteidiger passt den nächsten Verteidiger an und nimmt die Wing Position ein, der Spieler von der Wing Position besetzt die Laneline/3er-Linienposition. Der Drill wird so fortgeführt, bis die Zeit abgelaufen ist.

Variationen:
Spieleranzahl kann erhöht werden, indem alle Positionen doppelt besetzt werden.

Korrekturhinweise:
Laute Kommunikation, korrekte Positionen, richtige Fußarbeit, foulfreies bumpen und hedging.

Materialbedarf:
1 Ball

→ 339

All In 1

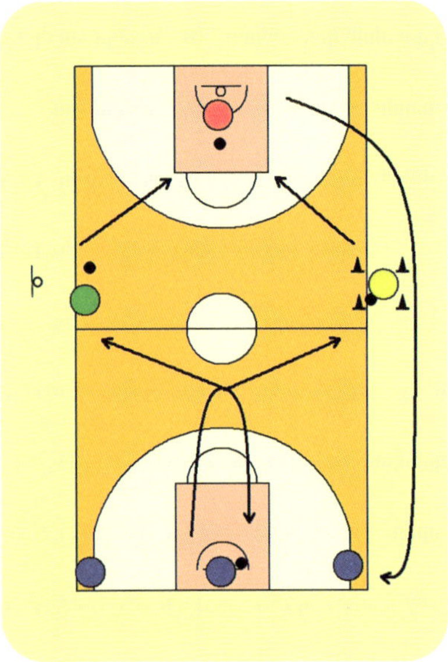

Zielgruppe

AGA	GLT	ABT	AST	HLT

Spielerzahl:
9+

Lernziele/Drillschwerpunkt:
Dribbling, Passen und Fangen, Finishing mit Kontakt, 2vs1 Überzahl, Shooting

Empfohlene Dauer:
10 Minuten

Übungsbeschreibung:
Es beginnt ein Spieler mit Ball unter dem entfernteren Hauptkorb. Je ein Spieler ebenfalls mit Ball positioniert sich an der Mittellinie/Sideline. Die verbleibenden sechs Spieler stellen sich in drei Reihen mit einem Ball an der Baseline auf. Die ersten drei Spieler führen bis zur Mittellinie einen Three-Men-Weave aus. Der Spieler in Ballbesitz dreht um und greift den Korb, von dem er gestartet ist, und schließt ab. Einer der beiden an der Mittellinie/Sideline positionierten Spieler dribbelt stationär und führt verschiedene Dribblemoves aus. Der andere wirft auf einen Seitenkorb, holt seinen eigenen Rebound und wirft wieder. Steht kein Seitenkorb zur Verfügung, passt dieser Spieler stationär mit verschiedenen Passvarianten gegen die Wand. Beide Spieler werden durch die ankommenden Three-Men-Weave Spieler ohne Ball ersetzt. Diese erhalten durch einen Pass die Bälle und begeben sich sofort an die Aufgabe. Beide Passgeber greifen nach den Pässen in einem 2vs1 den entfernten Korb an. Sie erhalten den Ball durch einen Pass vom Verteidiger. Nach dem 2vs1 nimmt der offensive Spieler, der zuletzt am Ball, die Position des Verteidigers ein. Die beiden anderen Spieler stellen sich an der Baseline zum Three-Men-Weave an. Der Drill wird so fortgeführt, bis die Zeit abgelaufen ist.

Variationen:
Beim 1vs0 mit Kontakt finishen oder 1vs1 spielen.

Korrekturhinweise:
Richtige Techniken nutzen, korrekte Entscheidungen im Überzahlspiel treffen, kreativ mit den Aufgabenstellung arbeiten.

Materialbedarf:
4 Bälle, 8 Hütchen, ggfs. 1 Kontaktkissen

→ 340

All In 1 Reloaded

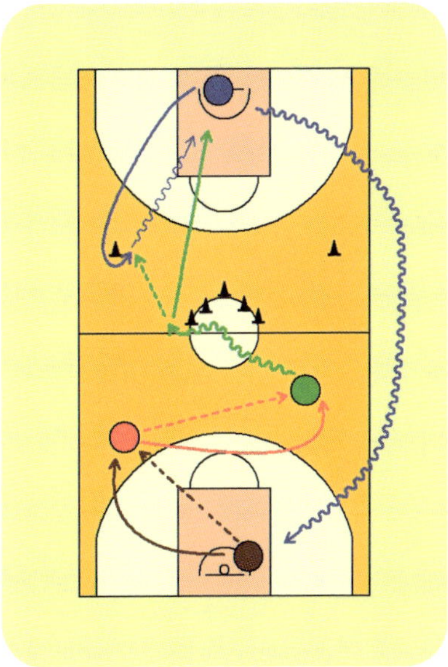

Zielgruppe

AGA	GLT	ABT	AST	HLT
	●	●	●	

Spielerzahl:
10+

Lernziele/Drillschwerpunkt:
Dribbling, Passen und Fangen, Finishing mit Kontakt, 1vs1

Empfohlene Dauer:
10 Minuten

Übungsbeschreibung:
Drei Spieler ohne Ball nehmen die Position unter dem entfernten Hauptkorb ein. Je ein weiterer Spieler ebenfalls ohne Ball nimmt eine Position zwischen naher 3er-Linie und Mittellinie ein, sodass die beiden Spieler versetzt zu einander stehen. Mit einem Abstand von ca. 3 m zu Spielern werden Hütchen zwischen die Spieler und die jeweilige Sideline aufgestellt. Hinter der Mittellinie auf der Splitline wird ein Hindernis aus Hütchen aufgebaut. Weitere Hütchen befinden sich zwischen Mittellinie und 3er-Linie außerhalb der Laneline. Unter dem nahen Korb steht ein Spieler ohne Ball. Weitere vier Spieler mit Ball beginnen den Drill auf der Splitline an der Baseline des nahen Korbes. Der erste Spieler dieser Reihe passt den nähren der beiden im Feld stehenden Spieler an und sprintet seinem Pass folgend um das Hütchen. Der Passempfänger passt zum zweiten im Feld stehenden Spieler und sprintet seinem Pass folgend um das Hütchen. Der zweite Passempfänger dribbelt über die Mittellinie und erreicht das Hindernis. An diesem dribbelt er links oder rechts vorbei. Der erste der drei Spieler unter dem Korb sprintet an der Seite, die der Dribbler ausgewählt hat, um das Hütchen und erhält einen Pass vom Dribbler. Dieser spielt Verteidigung gegen den Passempfänger 1vs1. Nach einem Korbversuch stellt sich der Verteidiger in der Reihe unterm Korb an. Der Angreifer dribbelt auf der Außenspur über das gesamte Feld und schließt mit einer vorgegebenen Bewegung am Korb gegen den wartenden Spieler ohne Ball ab. Dieser übernimmt danach den Ball und beginnt den Drill von vorne. Der Drill wird fortgeführt, bis die Zeit abgelaufen ist.

Korrekturhinweise:
Richtige Techniken nutzen, korrekte Entscheidungen im Überzahlspiel treffen, kreativ mit den Aufgabenstellungen arbeiten.

Materialbedarf:
4 Bälle, 7 Hütchen, ggfs. 1 Kontaktkissen

→ 341

Pressure Cooker

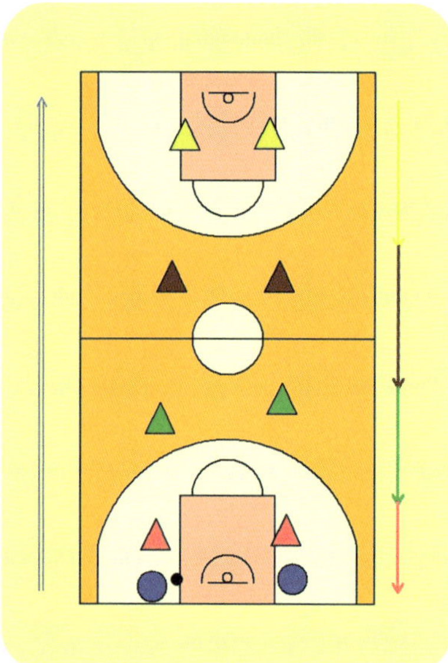

Zielgruppe

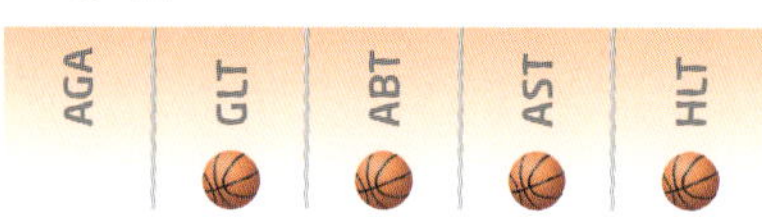

Spielerzahl:
10+

Lernziele/Drillschwerpunkt:
Ballhandling unter Druck, Passen und Fangen, 2vs2, Finishing,

Empfohlene Dauer:
10 Minuten

Übungsbeschreibung:
Die Spieler teilen sich in 2er-Gruppen ein. Das erste Team hat einen Basketball. Je eins der verbleibenden Teams stellt sich dem ersten Team in den Bereichen Baseline-Freiwurf Linie, Freiwurf Linie-Mittellinie, Mittellinie-Freiwurf Linie, Freiwurf Linie-Baseline gegenüber auf. Das Team mit Ball hat die Aufgabe am entfernten Korb zu scoren. Die anderen Teams versuchen dies, durch andauernden Druck zu verhindern. Die verteidigenden Teams dürfen Ihre Bereiche dabei nicht verlassen. Nach erfolgreichem Score oder Stopp wechseln die Verteidiger eine Zone in Richtung des Starts weiter. Die Angreifer sind somit die letzte Verteidiger Gruppe (Freiwurflinie-Baseline), die ehemals erste Verteidiger-Gruppe wechselt in den Angriff. Der Drill wird so fortgeführt, bis die Zeit abgelaufen ist.

Variationen:
Der Drill kann auch 3vs3 oder 4vs4 ausgeführt werden.

Korrekturhinweise:
Doppeldribbling, Schrittfehler, etc. vermeiden

Materialbedarf:
1 Ball

Wettkampf:
Welche Gruppe schafft die meisten Treffer? Welche Gruppe schafft die meisten Stopps?

→ 342

Tough as Nails

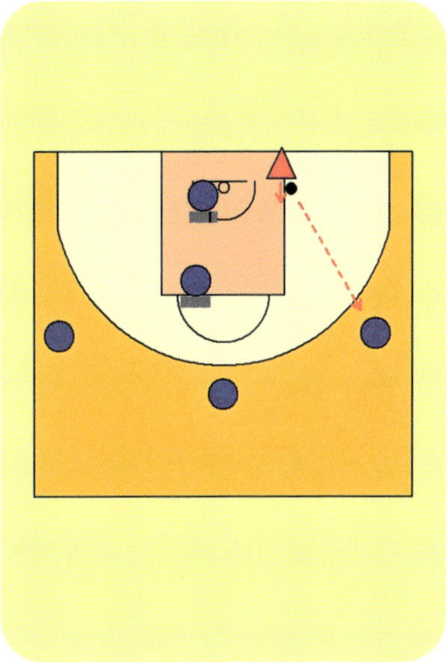

Zielgruppe

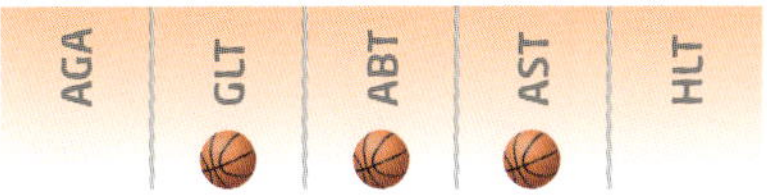

Spielerzahl:
6+

Lernziele/Drillschwerpunkt:
Ballsicherheit, Rebounding, Finishing, Help-Side Defense, stoppen der Penetration, Ball Pressure, Offensiv Fouls annehmen, Loose Ball Recovery

Empfohlene Dauer:
2 Durchgänge pro Spieler

Übungsbeschreibung:
Ein Spieler steht auf der Point-Position, je ein Spieler auf den beiden Wing-Positionen, ein Spieler mit Kontaktkissen an der Freiwurf Linie, ein Spieler mit Kontaktkissen am Korb und ein Spieler mit Ball an der Lane-/ Baseline Position. Der Spieler mit Ball passt zu dem nahen Wing-Spieler, begibt sich in die Helpside Position und sagt diese laut an. Sobald der Wing-Spieler den Korb attackiert, stoppt der Verteidiger den Zug zum Korb. Der Angreifer nimmt den Ball auf und wird fünf Sekunden durch den Verteidiger unter Druck gesetzt. Es folgt ein Skip Pass zum anderen Wing. Der Verteidiger folgt, nimmt an der Laneline wieder die Help Side Position ein und sagt diese laut an. Auf dieses Signal dribbelt der Spieler vom Wing zum Korb, der Verteidiger nimmt ein Offensiv Foul an. Der Wing-Spieler rollt den Ball in Richtung Mittellinie, der Verteidiger springt auf, sprintet hinter dem Ball her und sichert den Ball mit einem Dive. Er passt diesen vom Boden aus zum Spieler auf der Point Position. Dieser wirft den Ball gerade hoch und der Verteidiger muss den Ball in der Luft fangen und sichern. Er wird darauf vom Spieler an der Freiwurflinie mit dem Kontaktkissen hart angegangen. Kein Schrittfehler oder anderer Ballverlust ist gestattet. Nach ca. fünf Sekunden zieht der Spieler mit Ball zum Korb, wirft den Ball ans Brett, setzt sich mit dem zweiten Spieler mit Kontaktkissen in der Reboundsituation auseinander. Hat er den Rebound erfolgreich gesichert muss er noch gegen Kontakt scoren, um den Drill zu beenden. Die Spieler rotieren eine Station weiter. Der Drill wird so lange fortgeführt, bis jeder Spieler die vorgegebene Anzahl an Durchgängen absolviert hat.

Variationen:
Mit einem weiteren Spieler mit Kontaktkissen an der Freiwurflinie, lässt sich eine Trap Situation simulieren.

Korrekturhinweise:
Richtige Technik beim Annehmen des Offensiv Fouls, hoher Energie Einsatz, solide gegen den Druck arbeiten.

Materialbedarf:
1 Ball, 2 Kontaktkissen

→ 343

3vs3 Competition

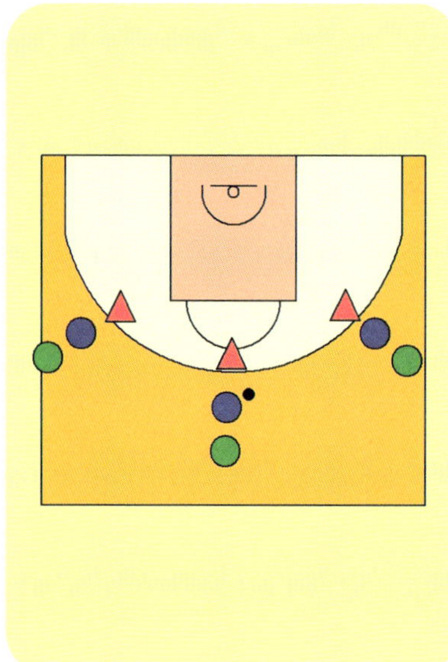

Zielgruppe

AGA	GLT	ABT	AST	HLT
	🏀	🏀	🏀	🏀

Spielerzahl:
9+

Lernziele/Drillschwerpunkt:
Finishing, Teamdefense, Rebounding

Empfohlene Dauer:
2 Durchgänge

Übungsbeschreibung:
Drei Spieler beginnen ohne Ball in der Verteidigung. Drei Spieler mit einem Ball nehmen als Angreifer die beiden Wing und die Point Position ein. Ziel der Verteidigung ist es, drei Stopps zu erzielen. Dazu zählen Defensive Rebounds, Steals, Turnover erzwingen oder Offensiv Foul aufnehmen. Scort der Angriff, wechselt er in die Verteidigung und neue Angreifer wechseln ein.

Der Drill ist beendet, wenn ein Team fünf Stopps erreicht hat.

Variationen:
4vs4

Korrekturhinweise:
foulfreie Verteidigung, Offense, Defense, Rebounding

Materialbedarf:
1 Ball, 1 Korb

→ 344

Counting Down

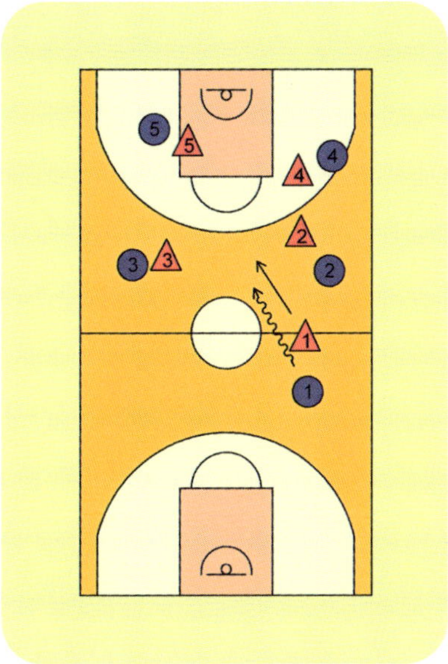

Zielgruppe

AGA	GLT	ABT	AST	HLT

Spielerzahl:
6+

Lernziele/Drillschwerpunkt:
Offense, Defense, passen und fangen, Freimachen, Deny, On Ball, Finishing, Dribbling, Entscheidungsverhalten

Empfohlene Dauer:
2 Durchgänge

Übungsbeschreibung:
Zwei gleichgroße Teams spielen »Fullcourt« gegeneinander. Das Team, welches zuerst fünf Treffer erzielt, gewinnt das Spiel. Jedem Spieler stehen bei jedem eigenen Ballbesitz vier Dribblings zur Verfügung, danach muss er entweder auf den Korb werfen oder den Ball zu einem Mitspieler weiterpassen (wenn ein Spieler den Ball weiterpasst und im Laufe der Posession den Ball zurückerhält, stehen ihm erneut vier Dribblings zur Verfügung). Die Anzahl der Dribblings reduziert sich nach jedem Treffer um eines. Hat z. B eine Mannschaft vier Treffer erzielt, darf nicht mehr gedribbelt, sondern nur noch gepasst werden. Das Spiel endet mit dem fünften Treffer!

Variationen:
Jeder Spieler hat pro Angriff insgesamt die Anzahl an Dribblings.

Korrekturhinweise:
Schrittfehler, zu hohe Dribbleanzahl und Doppeldribble ahnden.

Materialbedarf:
1 Ball, 2 Körbe

Wettkampf:
Welches Team erzielt die 5 Treffer zuerst?

→ 345

All Defense Team

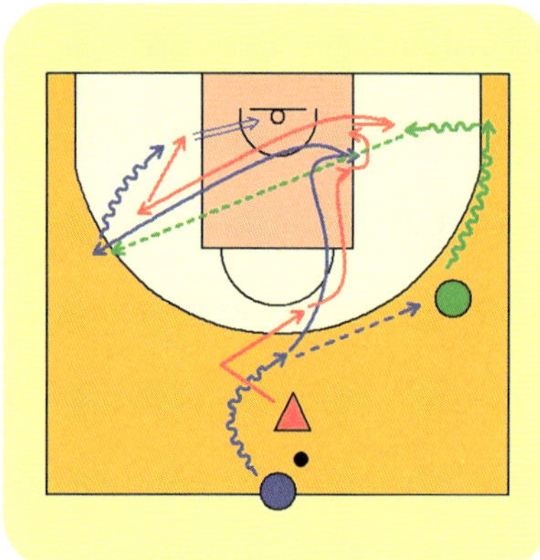

Zielgruppe

AGA	GLT	ABT	AST	HLT
	🏀	🏀	🏀	

Spielerzahl:
3+

Lernziele/Drillschwerpunkt:
Defense, On Ball, Deny, Help Side, Stopp der Penetration, 1vs1

Empfohlene Dauer:
2 Durchgänge pro Spieler pro Seite

Übungsbeschreibung:
Ein Spieler nimmt ohne Ball die Wing- Position ein. Ein Angreifer mit Ball und ein Verteidiger stehen an der Mittellinie. Der Drill beginnt mit einem Dribbling des Angreifers zur Point-Position, der Verteidiger setzt ihn dabei unter Druck. Auf der Position angekommen nimmt der Angreifer den Ball auf und wird vom Verteidiger ca. drei Sekunden unter Druck gesetzt. Der Angreifer spielt einen Pass auf den Spieler auf der Wing-Position. Der Verteidiger sprintet mit dem Pass in die Deny-Position und gibt Fake-Hilfe bei jedem Penetrations-Versuch des Wing-Players über die Mitte. Nach ein bis drei Ver-suchen cuttet der Angreifer von der Point-Position zum Korb und besetzt die Baseline-Position. Der Verteidiger bumped den Cut und verhindert einen Frontcut und das Anspiel. Ist der Angreifer auf der Baseline-Position angekommen, wiederholt der Angreifer auf der Wing-Position seine Versuche zum Korb zu ziehen, diesmal jedoch über die Base-line. Wieder gibt der Verteidiger Fake-Help. Nach ein bis drei Versuchen postet sich der Angreifer von der Baseline-Position auf. Der Verteidiger folgt dem Angreifer in den Post und geht in eine 3/4 Deny-Position. Dribbelt der Wing-Spieler auf eine andere Position muss der Verteidiger seine Verteidigungsposition entsprechend anpassen, indem er einen Step Over Full-Deny macht und auf der anderen Seite des Angreifers wieder in ein 3/4 Deny-Position geht. Ist der Post nach mehreren Positionsveränderungen durch den Wing-Player nicht anspielbar, cuttet der Angreifer im Post über die Splitline auf die Weakside. Der Verteidiger bewegt sich auf die Help-Side-Position und spie-gelt die Bewegungen seines Gegenspielers. Der Angreifer mit Ball zieht zum Korb, der Verteidiger gibt Hilfe und stoppt den Zug zum Korb. Spielt der Angreifer mit Ball einen Pass zum Angreifer auf der Weakside, löst sich der Verteidiger, sprintet zu seinem Gegenspieler und führt einen Close-Out aus. Der Angreifer attackiert den Verteidiger und sie spielen 1vs1. Nach Abschluss oder Ballsicherung wechselt der Verteidiger in den Angriff, der Angreifer geht auf die Wing-Position und der ehemalige Wing-Player wechselt in die Verteidigung. Der Drill wird fortgeführt, bis jeder Spieler zwei Durchgänge absolviert hat.

Variationen:
Beide Seiten nutzen, jedes Mal, wenn der Angreifer den Ball erhält, wird ein 1vs1 gespielt, wenn ein Ganzfeld zur Verfügung steht kann auch noch nach dem 1vs1 ein 2vs1 Fastbreak hinzugefügt werden, die Angreifer müssen dabei beide die Baseline berühren, bevor sie angreifen dürfen.

Korrekturhinweise:
Sprint to the Ball bei Pass, korrekte Fußarbeit, foulfreie Verteidigung.

Materialbedarf:
1 Ball, 1 Korb

→ 346

All Defense Team

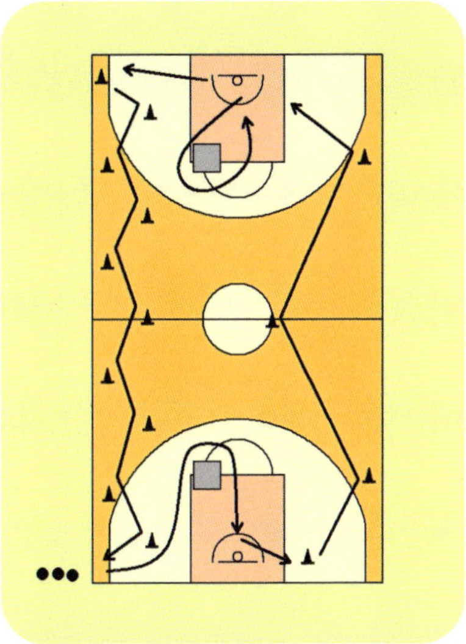

Zielgruppe

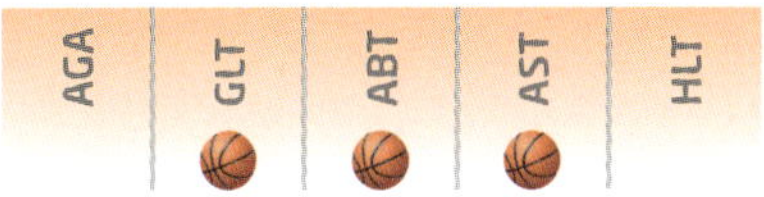

Spielerzahl:
8+

Lernziele/Drillschwerpunkt:
Defense Slides, Close Out, Finishing, Sprungwürfe, Dribbling, Turn and Recover, Conditioning

Empfohlene Dauer:
1 Durchgang

Übungsbeschreibung:
Auf dem Feld werden Hütchen, Stühle und Bälle entsprechend der Grafik aufgebaut. Die Spieler beginnen ohne Ball an der Baseline. Der erste Spieler quivert, auf Signal des Trainers beginnt er zwischen den Hütchen hin und her zu sliden. Bei jedem dritten Hütchen führt er zudem ein Close-Out aus. Der nächste Spieler beginnt mit den Slides, wenn er seinen Vordermann das Close-Out ansagen hört. Nach Beendigung der Slides nimmt sich der Spieler einen Ball und dribbelt zum Stuhl. Er legt den Ball darauf ab, führt eine vorgegebene Bewegung aus – tiefe SPD Position einnehmen, Cut, ... – nimmt den Ball auf, attackiert den Korb und schließt mit einer vorgegebenen Bewegung auf der linken Seite am Korb ab. Er holt seinen Rebound und beginnt mit maximaler Geschwindigkeit die Hütchen auf der anderen Seite der Splitline abzudribbeln. Nach dem letzten Hütchen attackiert er den Korb und schließt mit einer vorgegebenen Bewegung auf der rechten Seite am Korb ab. Er holt seinen Rebound, dribbelt zu dem aufgestellten Stuhl, legt den Ball darauf ab, führt eine vorgegebene Bewegung aus, nimmt den Ball wieder auf und nimmt den Vorgaben entsprechend einen Sprungwurf. Er holt seinen Rebound und beginnt die Hütchen, die er bereits von den Slides kennt, dribbelnd abzulaufen. Hat er dies abgeschlossen, dribbelt er zum Stuhl, legt den Ball darauf ab, führt eine vorgegebene Bewegung aus, nimmt den Ball auf und schließt mit einem Sprungwurf ab. Er holt seinen Rebound und legt den Ball an der Baseline ab. Er wechselt ohne Ball über die Splitline und beginnt damit an jedem Hütchen zwei Slides in Richtung des nächsten Hütchens auszuführen, gefolgt von einem Öffnen und einem Sprint zum nächsten Hütchen, dort recovered – den gedachten Angreifer stoppt – und in die andere Richtung zum nächsten Hütchen zu sliden beginnt. Nachdem letzten Hütchen folgt ein Sprint zum Drill Start. Danach geht der Spieler eine Runde um das Feld aus.

Variationen:
2. Durchgang direkt im Anschluss.

Korrekturhinweise:
Tiefe Position, Explosive Richtungsänderungen.

Materialbedarf:
Pro Spieler 1 Ball, 2 Körbe, 2 Stühle, ca. 14 Hütchen.

→ 347

Pride

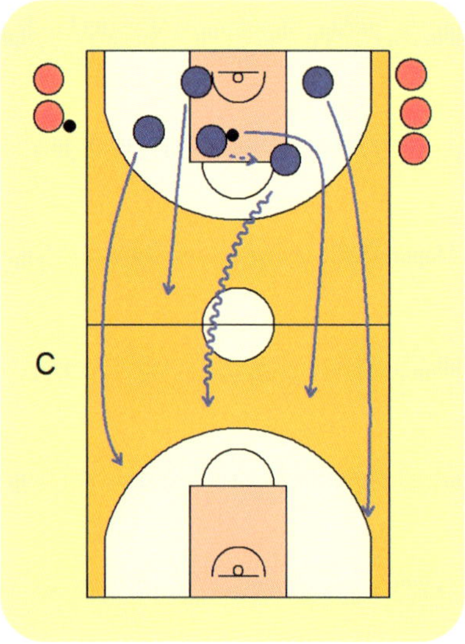

Zielgruppe

AGA	GLT	ABT	AST	HLT
	🏀	🏀	🏀	

Spielerzahl:
10

Lernziele/Drillschwerpunkt:
Transition, Rebounding, Finishing, Offense, Plays, Hustle

Empfohlene Dauer:
1 Durchgang

Übungsbeschreibung:
Es werden zwei Teams à fünf Spieler gebildet. Jedes Team erhält einen Ball. Beide Teams nehmen Aufstellung unter einem der beiden Körbe entlang der Baseline. Auf Startsignal durch den Trainer, wirft der Spieler mit Ball auf den Korb, sein Team holt den Rebound und führt einen Fastbreak auf den anderen Korb aus. Dort angekommen kann der Trainer vorgeben ob das Team direkt aus dem Fastbreak, aus dem Halbfeld Angriff oder einem spezifischem Play scoren soll. Das Team schließt aus der angesagten Variante ab, alle Spieler sprinten zum Korb und springen mit erhobenen Armen auf und ab. Jeder Spieler muss einen Offensiv Rebound mit Put Back erfolgreich abschließen. Der Coach nimmt dann den Ball aus dem Netz und rollt ihn schnell hinter den zurücksprintenden Spielern her. Diese haben die Aufgabe, ihren eigenen 3-Sekunden-Bereich zu erreichen und eine stabile Verteidigungsposition einzunehmen, bevor der Ball die 3-Punkte-Linie überquert. Der Coach vergibt Punkte für folgende Bereiche: Fastbreak, Halbfeldoffense, Zurücksprinten. Es gibt 0 Punkte für schlechte Arbeit, einen Punkt für brauchbare Arbeit und 2 Punkte für gute Arbeit. Die Punkte werden addiert. Der Drill endet, wenn die vorgegebene Punktzahl von z. B. 30 Pride-Punkten erreicht wird.

Korrekturhinweise:
Ausführung, Intensität, Einsatz, Richtigkeit der Plays.

Materialbedarf:
2 Bälle, 2 Körbe

Wettkampf:
welches Team erreicht mehr Pride Punkte?

→ 348

X

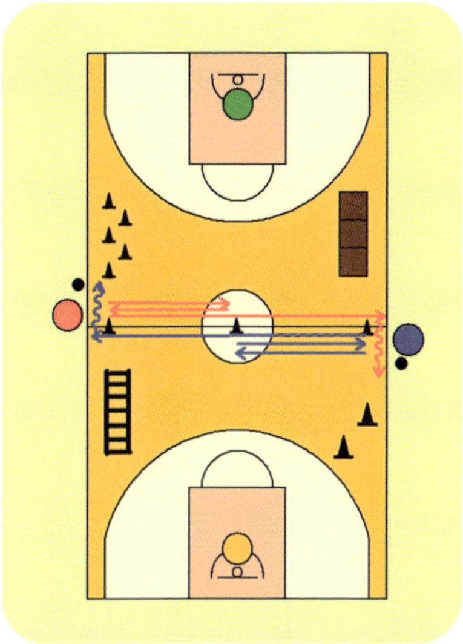

Zielgruppe

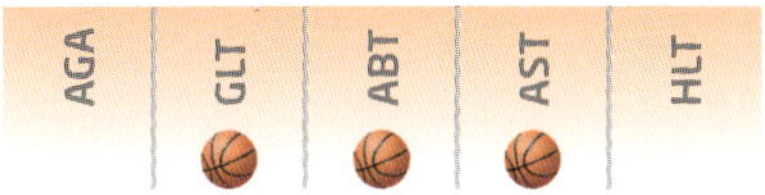

Spielerzahl:
4+

Lernziele/Drillschwerpunkt:
Dribbling, Ballhandling, passen und fangen, 1vs1, Conditioning, Defense Slides

Empfohlene Dauer:
5 Minuten je Richtung

Übungsbeschreibung:
Zwei Spieler ohne Ball nehmen unter den Körben Aufstellung, zwei Spieler mit je einem Ball beginnen an der Mittellinie/Sideline. Zunächst beginnen beide Spieler mit Ball mit Defense-Slides bis zur Splitline, zurück zur Sideline, zur gegenüberliegenden Sideline, zur Splitline und zurück zur nahen Sideline. Im Anschluss bewegen sich die Spieler dribbelnd auf je einen Korb zu, lösen die Aufgaben (Slalom, Bank, Speedleiter mit Pässen und Kasten Back Up Dribble), passen den Spieler unterm Korb an, erhalten einen Rückpass und spielen 1vs1 gegen den Passgeber. Dieser erhält nach dem 1vs1 den Ball und dribbelt Richtung Mittellinie. Er nimmt den Ball an der Mittellinie auf und beginnt mit den Slides. Der Drill wird so fortgeführt, bis die vorgegebene Zeit abgelaufen ist. Dann wird die Bewegungsrichtung gewechselt und der Drill wiederholt.

Variationen:
Andere Aufgaben können als Stationen eingebaut werden, ein weiter Spieler hinzugefügt werden.

Korrekturhinweise:
Präzise technische Ausführung.

Materialbedarf:
Mindestens 2 Bälle, 2 Körbe, 1 Speedleiter, 2 Kästen, 1 Bank, 6 Hütchen.

→ 349

Busy Gym

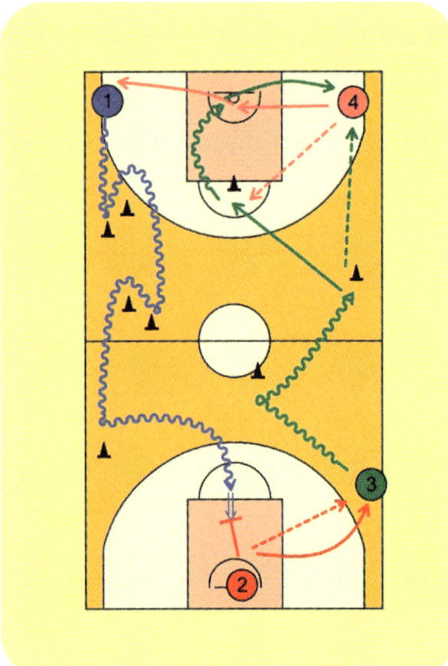

Zielgruppe

AGA	GLT	ABT	AST	HLT
	●	●	●	

Spielerzahl:
5+

Lernziele/Drillschwerpunkt:
Verbessert: Dribblinghandles, Boxout/ Rebound, Passing, Shooting, Layups

Empfohlene Dauer:
10–15 Minuten

Übungsbeschreibung:
Spieler 1 beginnt den Drill in der eigenen, rechten Corner. Er dribbelt auf die ersten beiden Kegel zu, macht ein Backupdribbling und einen anschließenden Handwechsel, dribbelt zu den nächsten beiden Kegeln und macht das Gleiche spiegelverkehrt. Er dribbelt dann auf den fünften Kegel zu, wo er einen Spinmove Richtung Splitline macht und anschließend den Korb angreift. In Höhe der Freiwurflinie wirft er auf den Korb, ein Verteidiger (Spieler 2) kommt ihm entgegen und hält die Hand hoch, er soll aber nicht eingreifen. Nach dem Wurf kämpfen die beiden Spieler um den Rebound, bei einem Treffer nimmt der Verteidiger den Ball, tritt hinter die Grundlinie und passt zu Spieler 3 an der Sideline, bei einem Rebound tut dies der erfolgreiche Spieler. Der jeweilige Passgeber stellt sich dann an dessen Stelle. Der Spieler, der den Rebound nicht erarbeiten konnte, bleibt als nächster »Verteidiger« in der Zone stehen. Der Passempfänger an der Seitenlinie macht ein Pushdribbling mit der linken Hand Richtung des nächsten, am Mittelkreis stehenden Kegels, wo er einen Handwechsel per Spinmove macht. Er dribbelt weiter zum nächsten Kegel, von wo er den in der Corner stehenden Spieler 4 anpasst und zur Freiwurflinie schneidet. Dort erhält er den Pass vom Spieler aus der Corner und schließt nach Vorgabe des Trainers ab (Layup recht oder links oder Pullupjumper, Floater etc.). Der Spieler aus der Corner reboundet den Ball , der Werfer läuft in die Corner und wartet auf den nächsten Pass. Der Rebounder dribbelt zum Ausgangspunkt der Übung und stellt sich dort ans Ende der Reihe.

Variationen:
Spieler 1 reboundet am ersten Korb seinen eigenen Ball und passt zur Seitenlinie. Handwechsel ändern und andere Abschlüsse vorgeben.

Korrekturhinweise:
Alle Einzelbewegungen sauber ausführen, genügend Abstand zum Vordermann lassen. Der nächste Spieler startet, wenn der Vordermann das zweite Kegelpaar erreicht hat.

Materialbedarf:
Je nach Spieleranzahl 4–6 Bälle

Wettkampf:
Punktewertung: 1 Punkt für Def. Rebound und Korbleger, 2 Punkte für Wurftreffer und Offensivrebound.
10 Punkte gewinnen.

→ 350

Slick Rick

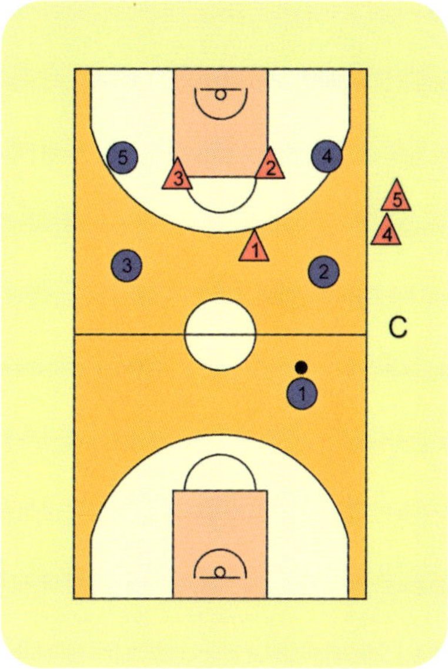

Zielgruppe

AGA	GLT	ABT	AST	HLT
	🏀	🏀	🏀	🏀

Spielerzahl:
10

Lernziele/Drillschwerpunkt:
Überzahl- und Unterzahlsituationen erkennen und lösen

Empfohlene Dauer:
15–30 Minuten

Übungsbeschreibung:
Die Spieler werden in zwei etwa gleich starke Mannschaften aufgeteilt und spielen 5vs5. Bei einem Fehler (Turnover, Foul, zugelassener Offensivrebound etc.) verliert die Mannschaft einen Spieler. Für eine besondere Leistung (Fastbreakpunkte, Steal, Forced Turnover etc.) bekommt sie einen Spieler wieder zurück. Pausierende Spieler warten am Spielfeldrand. Die Mannschaft, die zuerst nur noch zwei Spieler auf dem Feld hat, verliert das Spiel.

Variationen:
Wenn man in Unterzahl punktet, bekommt man einen Spieler zurück

Materialbedarf:
1 Ball

Wettkampf:
Die Mannschaft, die den Gegner auf nur noch 2 Spieler reduziert, gewinnt das Spiel

→ 351

Manhattan

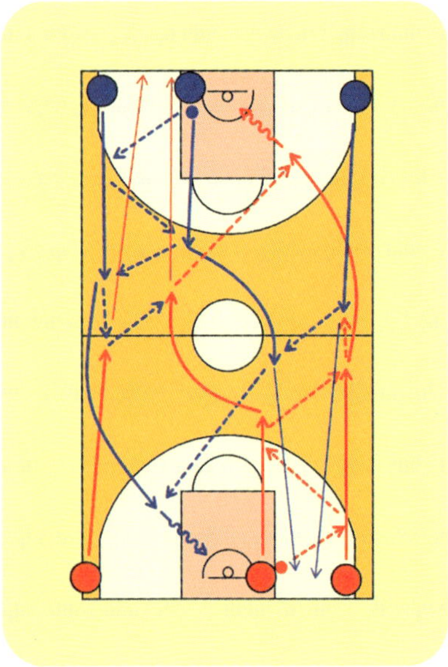

Zielgruppe

AGA	GLT	ABT	AST	HLT
	●	●	●	

Spielerzahl:
6+

Lernziele/Drillschwerpunkt:
Verbesserung der Passgenauigkeit in Bewegung/Finishing

Empfohlene Dauer:
7–10 Minuten

Übungsbeschreibung:
Die Spieler werden hälftig an die beiden Baselines verteilt. Zwei Spieler stehen jeweils im Abstand von etwa 4 m auf der jeweils rechten Spielfeldhälfte an der Baseline und ein Spieler steht auf der anderen Spielfeldhälfte in der Corner. Der mittlere Spieler an jeder Baseline hat einen Ball. Der Drill wird dadurch gestartet, dass der Ballbesitzer an einer vom Coach bestimmten Baseline den Ball zu dem Spieler passt, der auf seiner Seite in der Außenspur steht. Der Spieler an der anderen Baseline macht das gleiche und alle sechs Spieler laufen in Richtung des jeweils gegenüber liegenden Korbes. Der Spieler auf der Außenspur passt jeweils den Ball zurück zum Spieler auf der Innenspur und nochmals zurück in die Außenspur. Nach dem zweiten Pass in die Außenspur kreuzt der Spieler die Splitline und der Außenspieler passt dem entgegenkommenden Spieler, der bisher noch keine Ballberührung hatte, den Ball zu. Dieser passt dem Spieler den Ball in den Lauf, der in seine Richtung läuft und gerade die Splitline gekreuzt hat. Der wiederum passt in die andere Außenspur, der Spieler dort schließt per Layup ab. Im Anschluss stellen sich die Spieler wieder auf die Positionen an der Baseline, wobei sie immer eine Position weiter rücken.

Variationen:
Passarten vorschreiben, Layupvarianten vorschreiben, Extra-Pass vorschreiben, Drill auf der anderen Seite starten

Korrekturhinweise:
Langsam anfangen. Pass- und Layuptechniken korrigieren, Spieler soll vor dem Mittelkreis die Splitline kreuzen

Materialbedarf:
2 Bälle

→ 337

Clothespin Game

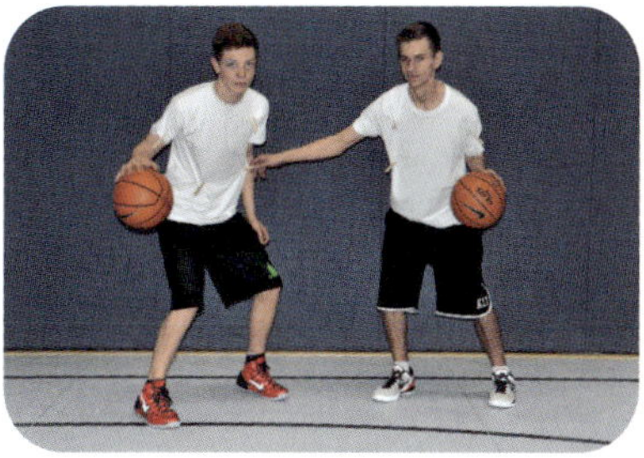

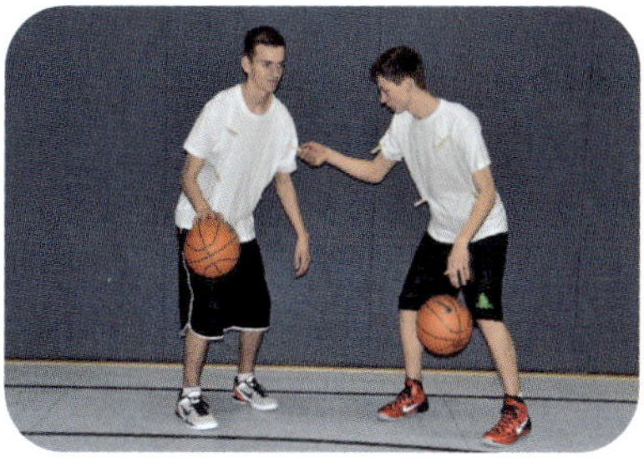

Zielgruppe

AGA	GLT	ABT	AST	HLT
●	●			

Spielerzahl:
10+

Lernziele/Drillschwerpunkt:
Ballkontrolle, dabei das Umfeld wahrnehmen

Empfohlene Dauer:
2 Minuten je Durchgang

Übungsbeschreibung:
Jeder Spieler erhält 4-8 Wäscheklammern, die er am T-Shirt verteilt befestigt. Ist dies geschehen nimmt jeder Spieler einen Basketball. Auf Signal beginnen die Spieler dribbelnd den anderen Spielern deren Wäscheklammern zu klauen. Dies gilt nur dann, wenn gleichzeitig mit dem Nehmen der Wäscheklammer auch Ballkontrolle besteht. Ist es einem Spieler geglückt, die Wäscheklammer eines anderen Spielers zu klauen, befestigt er diese an seinem Oberteil. Während der Befestigungsphase – die möglichst kurz ist – ist der Spieler nicht angreifbar.

Korrekturhinweise:
Ballkontrolle, Kopf oben, korrekter Zugriff auf die Wäscheklammer eines Mitspielers.

Materialbedarf:
Pro Spieler 1 Ball, mindestens 4 Wäscheklammern

Wettkampf:
Wer hat die meisten Wäscheklammern gesammelt?

→ 353

Chinese Wall

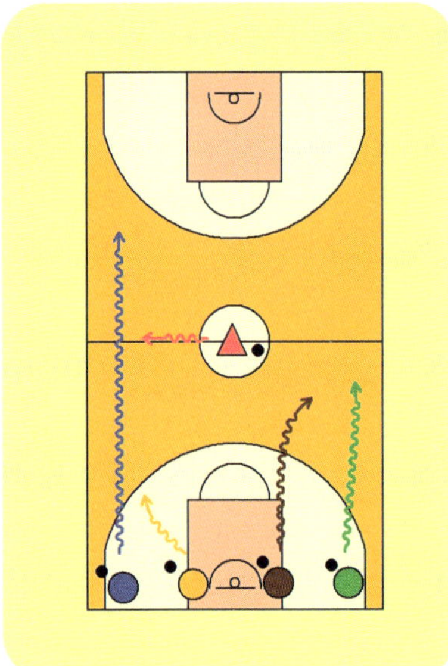

Zielgruppe

AGA	GLT	ABT	AST	HLT

Spielerzahl:
10+

Lernziele/Drillschwerpunkt:
Verbessern der Ballkontrolle bei hohem Tempo, dabei das Umfeld wahrnehmen

Empfohlene Dauer:
1–2 Durchgänge

Übungsbeschreibung:
Alle Spieler haben einen Ball und stellen sich an der Baseline auf. Ein Spieler positioniert sich mit Ball auf der Mittellinie. Er gibt vor mit welcher Hand die anderen Spieler dribbeln während sie versuchen von einer Baseline zur anderen zu dribbeln. Es gibt drei Möglichkeiten: Dribbeln mit der rechten Hand, Dribbeln mit der linken Hand oder alternierend. Auf Signal dribbeln alle Spieler an der Baseline los und versuchen das Feld zu überqueren. Der Spieler auf der Mittellinie versucht die anderen Spieler zu fangen (mit der freien Hand berühren), darf aber dabei die Mittellinie nicht verlassen. Ist ein Spieler gefangen, wird er ebenfalls zu einem Fänger auf der Mittellinie. Das Spiel ist beendet wenn alle Spieler gefangen sind.

Variationen:
Mit Kegeln wird ein zu überquerender Korridor markiert/maximal drei Verteidiger werden zugelassen, weitere »Gefangene« haben kurz Pause.

Korrekturhinweise:
Ballkontrolle, Nutzung der richtigen Dribblevariante, Schrittfehler und Doppeldribble beachten, Kopf oben

Materialbedarf:
Pro Spieler 1 Ball

Wettkampf:
Wer bleibt übrig?

→ 354

Greetings

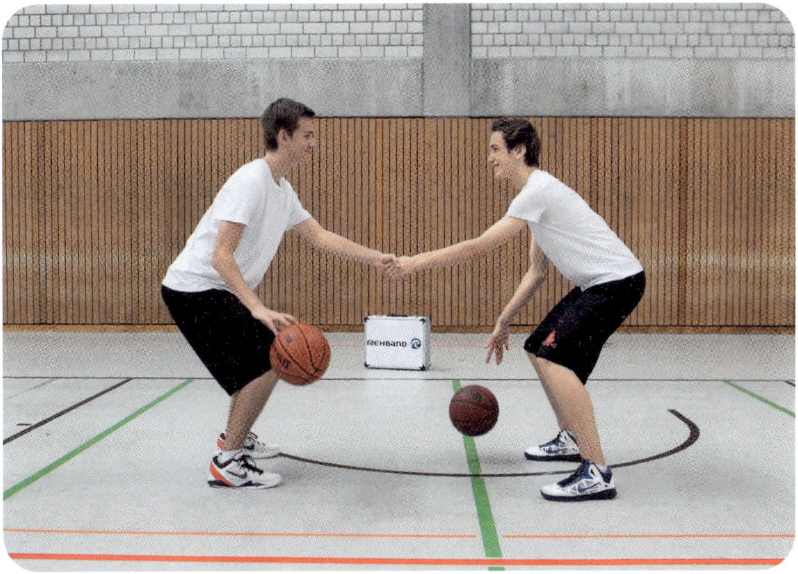

Zielgruppe

AGA	GLT	ABT	AST	HLT
🏀	🏀			

Spielerzahl:
4+

Lernziele/Drillschwerpunkt:
Ballkontrolle verbessern, dabei das Umfeld wahrnehmen

Empfohlene Dauer:
1 Durchgang je Seite

Übungsbeschreibung:
Die Spieler suchen sich dribbelnd einen Partner. Die Beiden geben sich, während sie weiterdribbeln, die freie Hand, schauen sich in die Augen und tauschen zu einem vorgegebenen Thema kurz eine Info aus (z. B. Lieblingsfarbe und warum). Dann suchen sie sich neue Partner, bis sie mit jedem Spieler gesprochen haben. Es folgt ein weiterer Durchgang mit der anderen Hand.

Korrekturhinweise:
Ballkontrolle ohne dabei auf den Ball zu schauen, sich während des Dribblings auf etwas anderes zu konzentrieren

Materialbedarf:
Pro Spieler 1 Ball

→ 355

Tidy

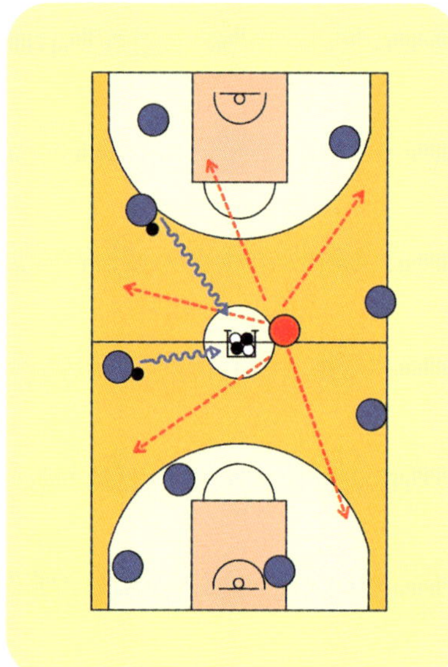

Zielgruppe

AGA	GLT	ABT	AST	HLT

Spielerzahl:
6+

Lernziele/Drillschwerpunkt:
Feldwahrnehmung verbessern, Organisation, Dribbeltechnik, Passen und Fangen trainieren

Empfohlene Dauer:
1 Durchgang je Spieler

Übungsbeschreibung:
In einem umgedrehten Sportkasten werden so viele Bälle wie möglich gestapelt. Ein Spieler stellt sich an den Kasten, während die übrigen Spieler sich in der Halle verteilen. Der Spieler am Kasten beginnt auf Signal die Bälle aus dem Kasten nach Belieben in die Halle zu werfen. Die anderen Spieler haben die Aufgabe, die Bälle möglichst schnell wieder im Kasten abzulegen. Bei Ablauf der Zeitvorgabe wird kontrolliert, wie viele Bälle noch im Kasten sind.

Korrekturhinweise:
Schrittfehler, Doppeldribblings ahnden.

Materialbedarf:
mindestens 10 Bälle

→ 356

Fire, Water, Lightning

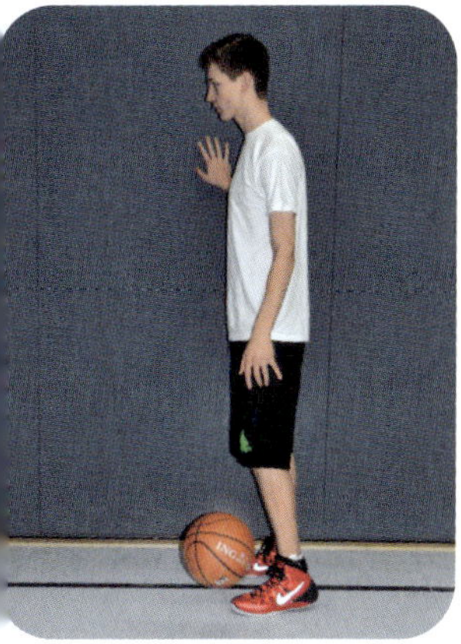
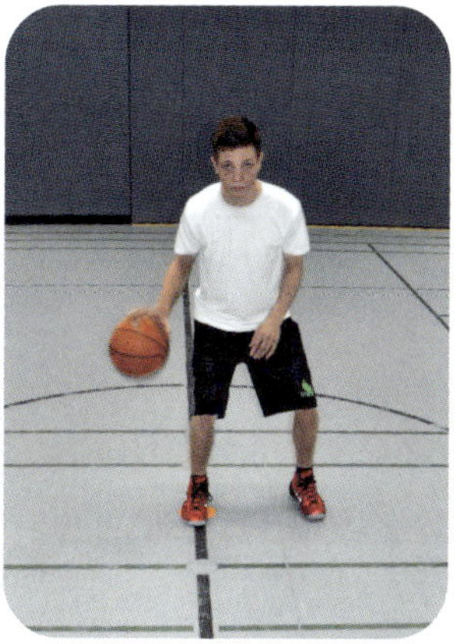
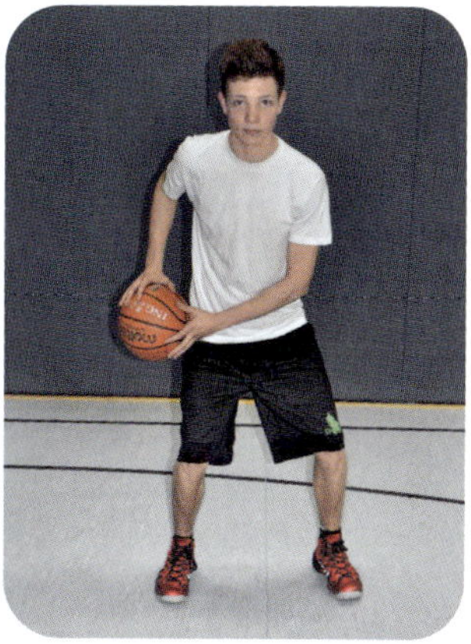
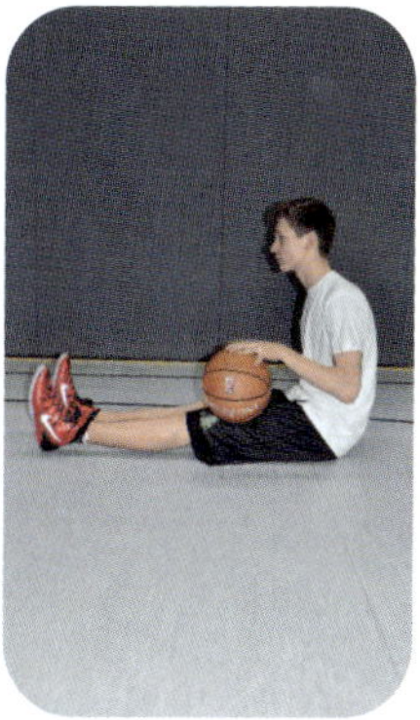
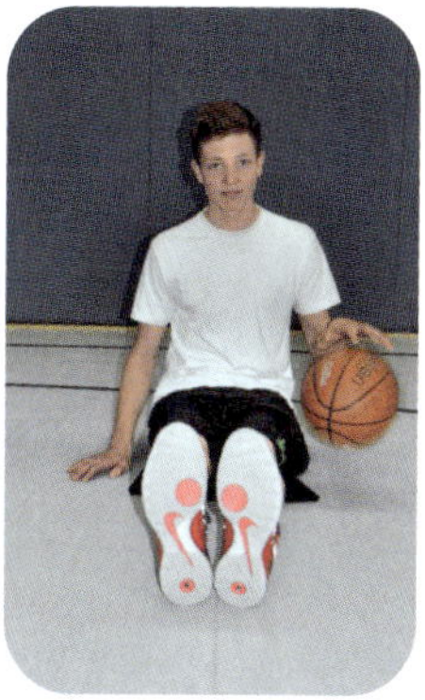

Zielgruppe

AGA	GLT	ABT	AST	HLT
●	●			

Spielerzahl:
4+

Lernziele/Drillschwerpunkt:
Informationsauswertung und Kommunikation erlernen, Ballkontrolle verbessern

Empfohlene Dauer:
1–2 Durchgänge

Übungsbeschreibung:
Jeder Spieler hat einen Ball und dribbelt auf die vorgegebene Weise. Auf Signal durch den Trainer haben die Spieler eine Aufgabe zu erfüllen. Zum Beispiel bei »Feuer« muss eine Hallenwand berührt, bei »Wasser« in den Mittelkreis gedribbelt, bei »Blitz« stehen geblieben, bei »Erde« hingesetzt und bei »Luft« ein erfolgreicher Abschluss ausgeführt werden. Die Spieler müssen permanent dribbeln. Der letzte Spieler scheidet aus. Der Drill wird fortgeführt, bis nur ein Spieler übrig geblieben ist.

Variationen:
Andere Aufgaben können vorgegeben werden.

Korrekturhinweise:
Schrittfehler, Doppeldribblings ahnden.

Materialbedarf:
Pro Spieler 1 Ball

Wettkampf:
Wer bleibt übrig?

→ 357

Roll the Dice

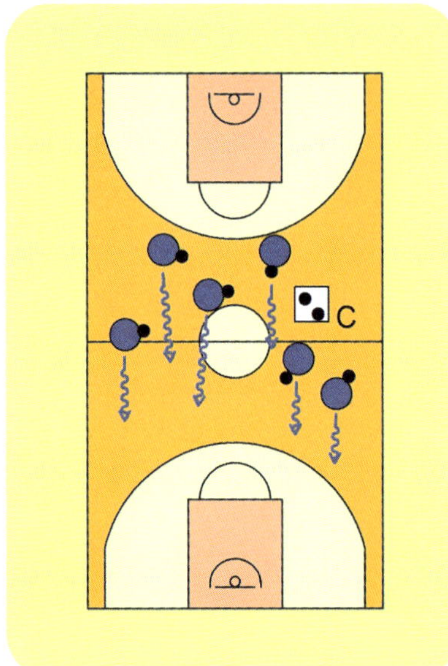

Zielgruppe

AGA	GLT	ABT	AST	HLT

Spielerzahl:
4+

Lernziele/Drillschwerpunkt:
Informationsauswertung und Kommunikation erlernen, Ballkontrolle verbessern

Empfohlene Dauer:
5 Minuten

Übungsbeschreibung:
Jeder Spieler hat einen Ball. Der Trainer wirft einen großen Würfel. Bei einer geraden Augenzahl dribbeln die Spieler zur rechten, bei einer ungeraden zur linken Baseline. Der letzte Spieler scheidet aus. Der Drill wird fortgeführt, bis die Zeit abgelaufen oder nur ein Spieler übrig geblieben ist.

Variationen:
Bei Nutzung mehrerer Würfel kann die Augenzahl addiert, subtrahiert, multipliziert oder geteilt werden.

Korrekturhinweise:
Schrittfehler, Doppeldribblings ahnden.

Materialbedarf:
1 Ball pro Spieler, mindestens 1 Würfel

Wettkampf:
Wer bleibt übrig?

→ 358

Is this your Card?

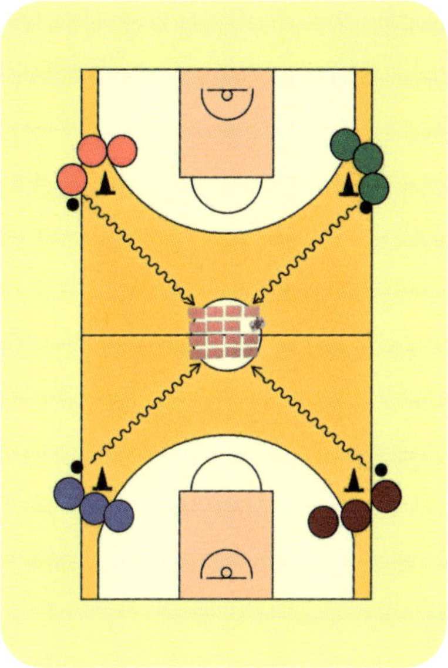

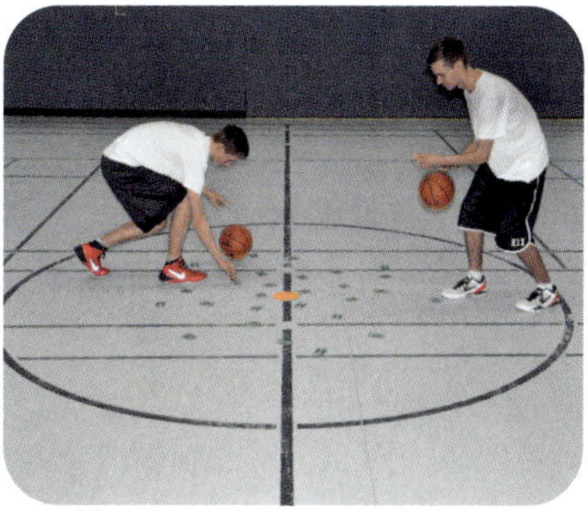

Zielgruppe

AGA	GLT	ABT	AST	HLT
🏀	🏀			

Spielerzahl:
8+

Lernziele/Drillschwerpunkt:
Informationsauswertung und Kommunikation erlernen, Ballkontrolle verbessern

Empfohlene Dauer:
1–2 Durchgänge

Übungsbeschreibung:
Es werden vier gleich große Gruppen gebildet, die sich an den durch Hütchen markierten Ecken eines Spielfeldes aufstellen. Jede Gruppe hat einen Ball. In der Mitte des Spielfeldes werden Spielkarten mit dem Gesicht nach unten ausgelegt. Jede Gruppe erhält nun eine Sorte Karten, die sie sammeln soll (Kreuz, Pick, Herz oder Karo). Nacheinander dribbeln die Spieler der Gruppen mit der rechten Hand in die Spielfeldmitte und drehen eine Karte um. Ist es eine Karte der Gruppensorte, wird sie aufgenommen und mit der linken Hand dribbelnd in die Gruppenecke mitgenommen, wo sie abgelegt wird. Ist es keine Karte der Gruppensorte, wird sie wieder umgedreht und der Spieler dribbelt mit der linken Hand in die Gruppenecke zurück. Dann wird der Ball übergeben und der nächste Spieler der Gruppe dribbelt los. Die Mannschaft, die alle Karten ihrer Sorte gesammelt hat, ist Sieger!

Variationen:
Die verbleibenden Spieler erhalten Aufgaben, zum Beispiel müssen sie um das Spielfeld joggen, dribbeln. Die Karten müssen in einer bestimmten Reihenfolge gesammelt werden.

Korrekturhinweise:
Schrittfehler, Doppeldribblings ahnden.

Materialbedarf:
1 Ball pro Gruppe, 4 Hütchen, 1 Kartenspiel

Wettkampf:
Welches Team ist am schnellsten?

→ 359

Robin Hood

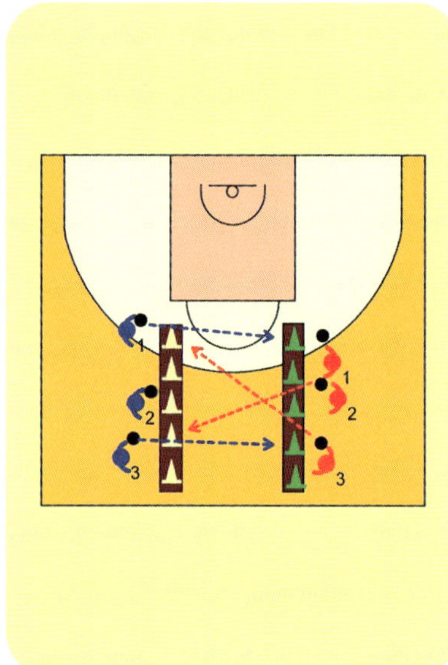

Zielgruppe

AGA	GLT	ABT	AST	HLT
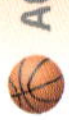	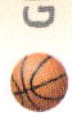			

Spielerzahl:
8+

Lernziele/Drillschwerpunkt:
Präzision beim Passen verbessern, Organisation und Teamwork erlernen

Empfohlene Dauer:
1–2 Durchgänge je Variante

Übungsbeschreibung:
Jeder Spieler hat einen Ball. Auf zwei in einem Abstand von ca. 4 m parallel aufgestellten Bänken wird die gleiche Anzahl an Hütchen positioniert. Es werden zwei gleichgroße Teams gebildet. Die Teams stellen sich jeweils hinter einer Bank auf. Ziel der Teams ist es, mit einem Brustpass die Hütchen der anderen Mannschaft von der Bank zu passen. Die eigenen Hütchen können mit einem Pass auf den gegnerischen Ball abgewehrt werden. Hat ein Team es geschafft, alle Hütchen von der gegnerischen Bank zu passen, hat es gewonnen.

Variationen:
Weitere Passvarianten sind möglich, die Distanz zwischen den Bänken kann vergrößert werden.

Korrekturhinweise:
Auf die Passtechnik achten.

Materialbedarf:
1 Ball pro Spieler, 2 Bänke, mindestens 10 Hütchen

Wettkampf:
Welches Team ist schneller?

→ 260

Red & Blue

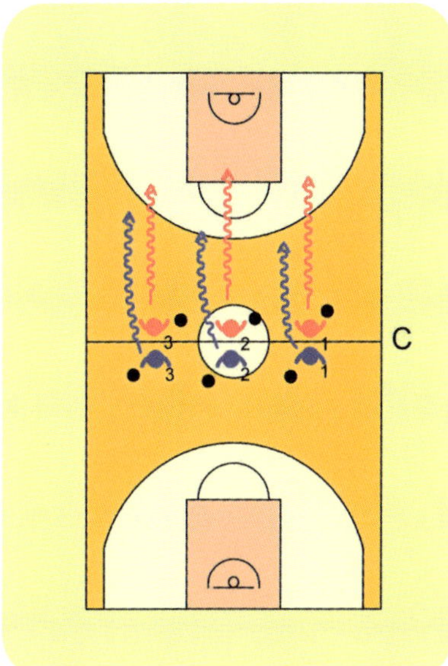

Zielgruppe

AGA	GLT	ABT	AST	HLT

Spielerzahl:
6+

Lernziele/Drillschwerpunkt:
Reaktionsverhalten verbessern, Informationsauswertung fördern, Ballkontrolle bei hohen Geschwindigkeiten verbessern

Empfohlene Dauer:
5 Minuten

Übungsbeschreibung:
Alle Spieler haben einen Ball und teilen sich in zwei gleichgroße Gruppen. Die Gruppen stellen sich zu beiden Seiten der Mittellinie auf, sodass jeder Spieler einen Gegenspieler hat. Die Spieler nehmen eine durch den Trainer vorgegebene Position ein, z. B. Rücken an Rücken sitzend oder Fuß an Fuß auf dem Rücken liegend. Die Gruppen erhalten eine Bezeichnung (Zum Beispiel die eine Gruppe »red« oder »1«, die andere Gruppe entsprechend »blue« oder »2«). Auf die Erwähnung oder das Zeigen der Bezeichnung, springen die Spieler der Gruppe auf und versuchen den Gegenspielern zu entkommen. Sollten sie, bevor sie gefangen werden, die Freiwurflinie, die Hallenwand, oder eine andere vorgegebene Markierung erreichen, haben sie gewonnen. Der Drill wird fortgesetzt, bis die vorgegebene Zeit abgelaufen ist.

Variationen:
Statt des tatsächlichen Begriffs können auch Assoziationen verwendet werden (Feuerwehrauto = rot).

Korrekturhinweise:
Schrittfehler, Doppeldribblings ahnden.

Materialbedarf:
1 Ball pro Spieler

Wettkampf:
Wem gelingt es am häufigsten zu entkommen – den Gegenspieler zu fangen?

→ 361

Trip to Jerusalem

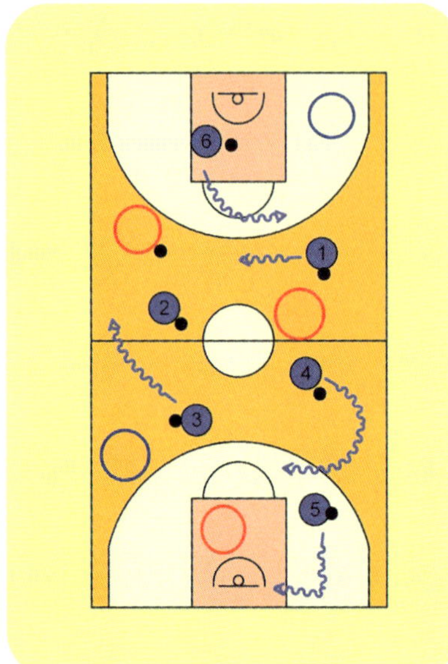

Zielgruppe

AGA	GLT	ABT	AST	HLT

Spielerzahl:
6+

Lernziele/Drillschwerpunkt:
Orientierung und Entscheidungsverhalten verbessern, Ballkontrolle bei hohen Geschwindigkeiten erlernen

Empfohlene Dauer:
1–2 Durchgänge

Übungsbeschreibung:
Jeder Spieler hat einen Ball. Es werden Hula-Hoop-Reifen ausgelegt. Die Anzahl der Ringe ist um einen geringer als die Anzahl der Spieler. Der Trainer gibt eine Dribblevariante vor. Alle Spieler bewegen sich dribbelnd durch die Halle. Auf Signal sprintet jeder Spieler dribbelnd zu einem Ring und nimmt darin Aufstellung. Der Spieler, der übrig bleibt, scheidet aus und erhält eine Aufgabe an der Seite, sodass er den weiteren Verlauf des Drills nicht stört. Es wird ein Ring entfernt und der Drill wiederholt sich, bis ein Spieler übrig bleibt.

Variationen:
Statt Ringe können Hütchen, Stühle ... verwendet werden.

Korrekturhinweise:
Schrittfehler, Doppeldribblings ahnden.

Materialbedarf:
Mindestens 6 Bälle, mindestens 5 Ringe

Wettkampf:
Wer bleibt übrig?

→ 362

Matball

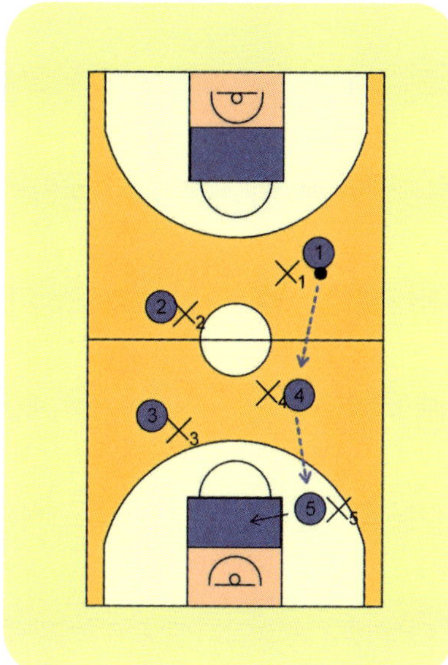

Zielgruppe

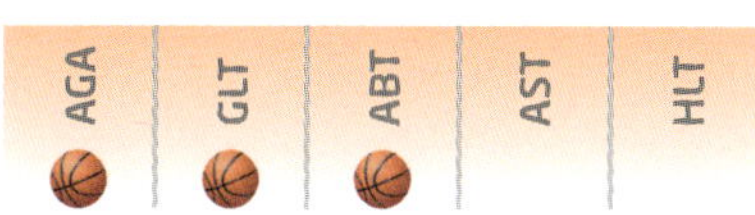

Spielerzahl:
8+

Lernziele/Drillschwerpunkt:
Raum- und Ballorientierung verbessern, Passen und Fangen üben,

Empfohlene Dauer:
10–15 Minuten

Übungsbeschreibung:
An den beiden Freiwurflinien wird jeweils eine Weichbodenmatte mit einer langen Seite an die Freiwurflinie gelegt. Dabei liegt die Matte »in der Zone«. Die Spieler werden in zwei gleichgroße Teams aufgeteilt. Das Spiel beginnt mit einem Sprungball. Der Ball darf nur durch Passen bewegt werden, bei Schrittfehler wechselt der Ballbesitz. Ziel ist es, dass sich ein Spieler mit dem Ball auf die gegnerische Matte wirft ohne dabei einen Schrittfehler zu machen. Wer erzielt die meisten Punkte? Manndeckung ist vorgeschrieben.

Variationen:
Der Phantasie sind kaum Grenzen gesetzt. Nur bestimmte Passarten zulassen, Alley Hoop zählt doppelt, jeder Spieler muss einmal den Ball gehabt haben, bevor man scoren kann etc ...

Korrekturhinweise:
Sternschritt zur Befreiung nutzen, richtige Passart wählen, nicht auf der Matte stehen oder darüber laufen.

Materialbedarf:
1 Ball, 2 Weichbodenmatten

Wettkampf:
Welche Mannschaft erzielt mehr Punkte?

→ 363

Clean Up

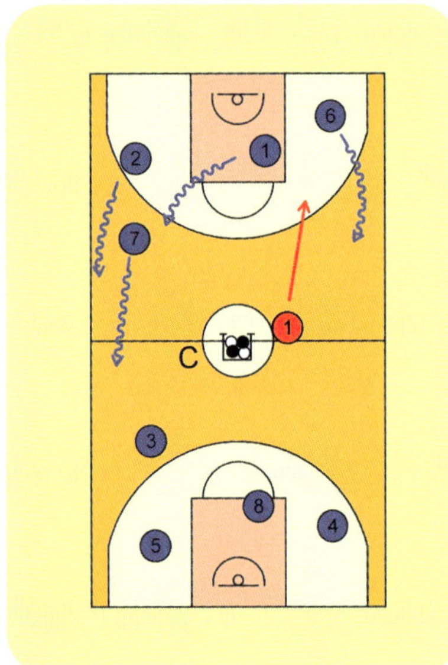

Zielgruppe

AGA	GLT	ABT	AST	HLT
●	●			

Spielerzahl:
8+

Lernziele/Drillschwerpunkt:
Ballkontrolle unter Druck, Orientierung, Umfeld wahrnehmen

Empfohlene Dauer:
1–2 Durchgänge

Übungsbeschreibung:
Ein Kasten wird im Mittelkreis aufgestellt. An diesem positioniert sich ein Spieler, der erste Fänger. Alle anderen Spieler verteilen sich auf dem Spielfeld mit je einem Ball. Sie dürfen sich nur dribbelnd fortbewegen. Auf Signal des Trainers versucht der Fänger den Dribblern ohne Foul den Ball abzujagen. Ist dies erfolgreich geschehen bringt der Fänger den eroberten Ball dribbelnd zum Kasten und legt ihn dort hinein. Danach versucht er erneut einen Spieler vom Ball zu trennen. Jeder Spieler, der seinen Ball verliert, wird ebenfalls Fänger. Der Drill wird fortgesetzt, bis kein Spieler mit Ball mehr übrig ist.

Variationen:
Das Spielfeld eingrenzen, Dribblevarianten vorgeben.

Korrekturhinweise:
Schrittfehler und Doppeldribblings ahnden.

Materialbedarf:
1 Ball weniger als Spieler, 1 Kasten.

Wettkampf:
Wer ist der letzte Spieler mit Ball?

→ 364

Volcano, Flood, Thunderstorm

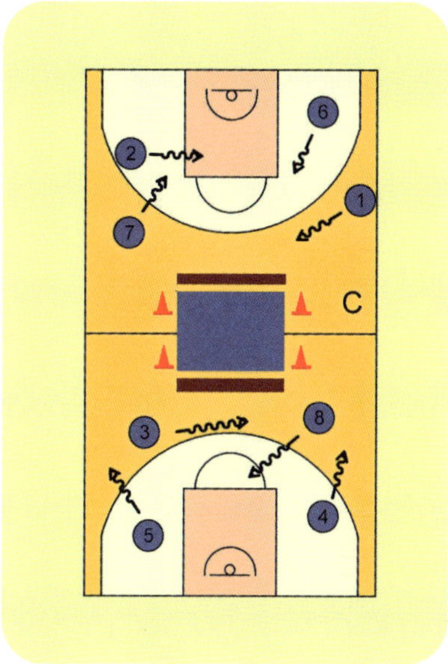

Zielgruppe

AGA	GLT	ABT	AST	HLT

Spielerzahl:
8+

Lernziele/Drillschwerpunkt:
Ballkontrolle verbessern, Ballhandling trainieren und dabei das Umfeld wahrnehmen

Empfohlene Dauer:
1–2 Durchgänge

Übungsbeschreibung:
Eine Weichbodenmatte wird in die Mitte des Spielfeldes gelegt, zwei Bänke auf gegenüberliegenden Seiten der Weichbodenmatte aufgebaut und vier Hütchen auf den verbleibenden zwei freien Seiten aufgestellt. Jeder Spieler hat einen Ball. Alle Spieler laufen dribbelnd auf dem Feld umher, auf Ansage des Trainers müssen sie sich in »Sicherheit« bringen. Bei »Volcano« gilt es die Weichbodenmatte zu erreichen. Wenn »Flood« angesagt wird, müssen die Spieler auf eine der beiden Bänke steigen und bei »Thunderstorm« eines der vier Hütchen mit einer Hand berühren. Der letzte Spieler scheidet immer aus. Der Drill wird fortgesetzt, bis ein Spieler übrig bleibt.

Variationen:
Dribblingvarianten vorgeben.

Korrekturhinweise:
Schrittfehler und Doppeldribblings ahnden.

Materialbedarf:
1 Ball pro Spieler, 1 Weichbodenmatte, 2 Bänke, 4 Hütchen.

Wettkampf:
Welcher Spieler bleibt übrig?

→ 365

Don't step off

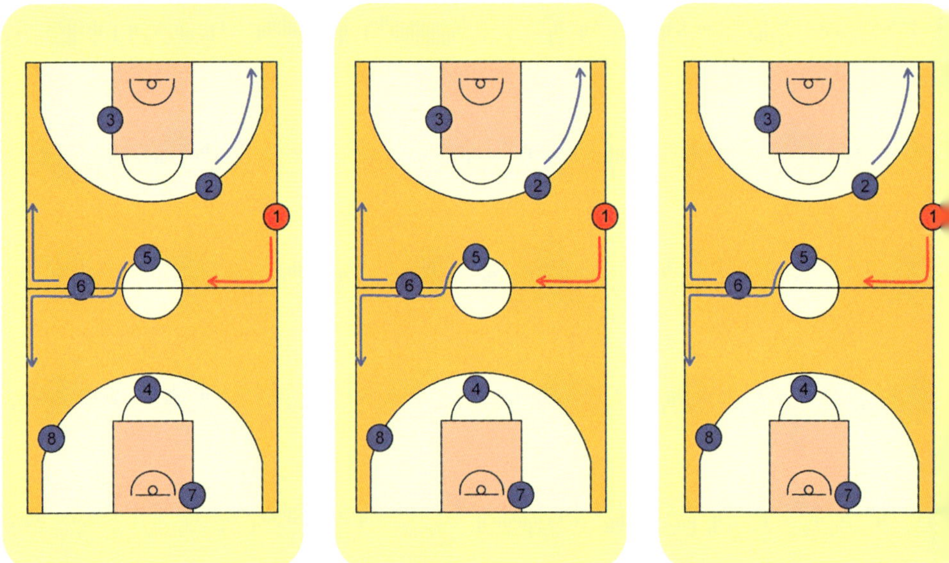

Zielgruppe

AGA	GLT	ABT	AST	HLT

Spielerzahl:
8+

Lernziele/Drillschwerpunkt:
Ballkontrolle verbessern, Ballhandling trainieren und dabei das Umfeld wahrnehmen

Empfohlene Dauer:
1–2 Durchgänge

Übungsbeschreibung:
Alle Spieler haben einen Ball. Sie dürfen nur auf den Linien, die am Boden eingezeichnet sind, lau-fen. Es werden ein oder zwei Fänger ausgewählt, die auf Signal beginnen die anderen Spieler zu fangen, auch sie dürfen nur auf den Linien laufen. Ein Spieler der nicht auf einer Linie läuft, gilt als abgestürzt und wird zum Fänger. Wenn ein Spieler gefangen wird, fängt er ebenfalls. Der Drill wird fortgesetzt, bis alle Spieler gefangen worden sind.

Variationen:
Dribblingvarianten vorgeben, »Don't step on« – die Spieler dürfen keine Linie berühren.

Korrekturhinweise:
Schrittfehler und Doppeldribblings ahnden.

Materialbedarf:
1 Ball pro Spieler.

Wettkampf:
Welcher Spieler bleibt übrig?

→ 352

Danksagung

365 Basketballdrills! Sicher, der eine Coach kennt viele Übungen, der andere Coach kennt ein paar Übungen weniger, der nächste wiederum ein paar mehr. Unser Sport hat viele Facetten und es gibt deshalb tausende, wenn nicht zehntausende Drills. Fängt man erst einmal an, sie zusammenzutragen und in eine sinnvolle Ordnung zu bringen, so merkt man spätestens bei Drill Nummer 200, dass es doch nicht so einfach ist, wie man sich das vorgestellt hat. Ich war deshalb froh, dass ich zwei erfahrene Trainer gefunden habe, die mich bei der Zusammenstellung des Übungskatalogs unterstützt haben.

Zunächst bedanke ich mit herzlich bei Johannes Aron Trawinski. Johannes ist ausgebildeter Physiotherapeut und hat den größten Teil der Warmup- und Koordinations-Übungen beigesteuert und war für den Bereich KSÜ verantwortlich. Er begann seine Coaching-Karriere 2007 beim TSV Bayer Leverkusen als Co-Trainer in der U14-NRW-Liga. Von dort wechselte er zum BBV Köln-Nordwest, wo er im Laufe der Jahre von der U10 bis zur U18 fast sämtliche Jahrgänge in den jeweils höchsten Ligen betreut hat. Er ist dort auch im Grundschulprogramm tätig. Von 2010 bis 2013 war er dort hauptamtlicher Trainer. Im Jahr 2009 schloss er seine C-Trainer-Prüfung erfolgreich ab und seit 2011 ist er im Besitz der B-Trainer-Lizenz des DBB. Seit 2013 leitet er als Associate Head Coach gemeinsam mit Andreas Aust das »Perspektivfördertraining Rheinland« und ist Co-Trainer bei der NBBL Mannschaft von TSV Bayer Leverkusen unter Headcoach Katrin Hering. Außerdem ist er sportlicher Leiter beim BBV Köln-Nordwest.

Der zweite Co-Autor ist Jens-Peter Müller. Jens begann seine Coaching-Karriere in Herten und Duisburg, bevor er vor fünf Jahren zum BBV Köln-Nordwest wechselte. Er war und ist dort in verschiedenen Bereichen tätig, zu seinen Hauptaufgaben gehörte die Betreuung der JBBL sowie der U14-NRW-Liga-Mannschaft. Auch im Seniorenbereich hat Jens schon verschiedene Mannschaften betreut. Aktuell verfügt Jens über eine C-Trainer-Lizenz. An dieser Stelle bedanke ich mich nicht nur für die vielen Drills, die er eingebracht hat, sondern auch ganz besonders für die organisatorische Hilfe und die Koordination der Fotoshootings.

Auch bei unseren »Models« möchte ich mich herzlich bedanken:

- Leon Thomé, NBBL-Spieler beim TSV Bayer Leverkusen.
- Janik Wetzstein, aktueller U16-Nationalspieler, spielte in der letzten Saison bei BBV Köln-Nordwest in der JBBL und wechselte zu Beginn der Saison in die JBBL des TSV Bayer Leverkusen.

- Lars Wetzstein, ehem. JBBL-Spieler bei BBV Köln-Nordwest, aktuell U18-NRW-Liga im gleichen Verein.
- Philipp Pfeifer, ehem. JBBL-Spieler bei BBV Köln-Nordwest, aktuell NBBL-Spieler beim TSV Bayer Leverkusen

Für die Fotos bedanke ich mich bei folgenden Fotografen:

- Michael Fleschenberg (www.michael-fleschenberg.de)
- Ute Johannes
- Peter Gotzmann

Außerdem danke ich meinen Trainerassistenten bei den von mir betreuten WBV-Kadern, Valentin Bauer, Mashdi Shaladi, Matthias Sonnenschein und Nils Trautmann, sowie zwei Trainerkollegen, Tobias Liebke und Ricardo Washington, dem der Drill »Slick Rick« gewidmet ist. Imre Szittya gilt mein besonderer Dank für die großartigen Entscheidungsdrills, die er veröffentlicht hat und die ich in viele meiner Trainingspläne eingearbeitet habe. Last but not least danke ich meinem guten Freund und WBV-Landestrainer Michael »Mike« Kasch für die vielen Drills, die ich mir im Laufe meiner Headcoach-Tätigkeit beim WBV von ihm abschauen konnte.

Alle Leser dieses Buches möchte ich dazu ermutigen, möglichst viele der Drill auszuprobieren. Abwechslungsreiches Training, besonders im jungen Alter sorgt für hohe Aufmerksamkeit und führt zu schnellen Lernfortschritten!

Thomas Röhrich